FIW-SCHRIFTENREIHE

FORSCHUNGSINSTITUT FÜR WIRTSCHAFTSVERFASSUNG

UND WETTBEWERB E.V. KÖLN

HEFT 166

Die Kammern freier Berufe als Unternehmensvereinigungen

Zur Anwendbarkeit kartellrechtlicher Einzeltatbestände auf hoheitliches Handeln und zur Lösung eines Behördenkonflikts

von

DR. HANS OEHLERS
Osnabrück

1996

CARL HEYMANNS VERLAG KG

Köln · Berlin · Bonn · München

Die Deutsche Bibliothek – CIP-Einheitsaufnahme

Oehlers, Hans:
Die Kammern freier Berufe als Unternehmensvereinigungen: zur Anwendbarkeit kartellrechtlicher Einzeltatbestände auf hoheitliches Handeln und zur Lösung eines Behördenkonflikts / von Hans Oehlers. – Köln; Berlin; Bonn; München: Heymanns, 1996
(FIW-Schriftenreihe; H. 166)
Zugl.: Osnabrück, Univ., Diss., 1994
ISBN 3-452-23461-4
NE: Forschungsinstitut für Wirtschaftsverfassung und Wettbewerb <Köln>: FIW-Schriftenreihe

ISSN 0429-9485
ISBN 3-452-23461-4

Gedruckt von der A. Hellendoorn KG in Bad Bentheim

Vorwort des Herausgebers

Das FIW hat sich entschlossen, die Arbeit von Oehlers in die Schriftenreihe aufzunehmen, weil sie ein schwieriges Nebeneinander von Behörden mit hoheitlichen Kompetenzen umfassend behandelt und einer Lösung zuzuführen sucht. Sie beschränkt sich dabei allerdings auf das geltende deutsche Recht.

Die Kammern der freien Berufe, wie auch die Handwerkskammern, sind ein Überbleibsel aus der ständischen Organisation der Wirtschaft. Sie erfaßte früher den größten Teil des wirtschaftlichen Geschehens. Die Reste der ständischen Ordnung führen heute dazu, daß in gewisser Weise auch hier Ausnahmebereiche innerhalb der Wettbewerbsordnung bestehen.

Die Arbeit kommt zu dem Ergebnis, daß die deutschen Kartellbehörden nicht berechtigt sind, in die Kammerkompetenzen einzugreifen, soweit die berufsständischen Kammern im Rahmen ihrer hoheitlichen Zuständigkeiten handeln, die Anlaß der Kammerbildung waren. Insoweit sind dann nach Meinung des Autors die Kammern dafür zuständig, den Wettbewerb in ureigener Kompetenz zu überwachen. Es fragt sich, ob damit dem System unverfälschten Wettbewerbs im Sinne des Art. 3g und 5 EGV Rechnung getragen wird. Nur in extremen Ausnahmefällen kommt ein Eingreifen der Kartellbehörden gegen hoheitliches Handeln der Kammern in Betracht. Zum Beispiel: »Warenproben in Apotheken.«

Da die freien Berufe unter die Gewährleistung des freien Dienstleistungsverkehrs des EGV fallen (s. hierzu Art. 59 und 60 EGV), ist zu fragen, inwieweit sich die gefundenen Ergebnisse auch im Rahmen einer Europäischen Wettbewerbsordnung halten lassen. Die Organe der EG haben in umfangreicher Weise in das Recht der freien Berufe eingegriffen und versuchen, den freien Dienstleistungsverkehr und das freie Niederlassungsrecht (Art. 52 EGV-Vertrag) sicherzustellen.

§ 1 GWB und Art. 85 EGV unterscheiden sich in Bezug auf Beschlüsse von Unternehmensvereinigungen nicht grundsätzlich. Der grenzüberschreitende Charakter nationaler Regelungen für freie Berufe steht in vielen Fällen außer Frage. Auch insoweit dürfte daher eine Harmonisierung auf der Ebene der EG im Sinne der Regelungen des EG-Vertrages erforderlich sein. Die Arbeit von Oehlers ist als Grundlage und Fundgrube für das geltende deutsche Recht sicherlich hervorragend geeignet, dazu beizutragen.

Köln, den 29. Februar 1996

FORSCHUNGSINSTITUT FÜR
WIRTSCHAFTSVERFASSUNG UND WETTBEWERB E.V.

Inhaltsverzeichnis

§ 2 Allgemeine Grundlagen der wettbewerbsrechtlichenErfassung hoheitlichen Handelns

§ 3 Der Begriff der Unternehmensvereinigung

§ 4 Klagen im Innenverhältnis (§§ 35, 25 II GWB)

§ 5 Kartellbehördliche Untersagungsverfügungen (§ 37a GWB)

§ 6 Kartellrechtliche Klagen Standesexterner

Einführung

I. Untersuchungsgegenstand und Fragestellung

Gegenstand der vorliegenden Arbeit ist die Frage, in welcher Weise das GWB auf das Verhalten der Kammern freier Berufe Anwendung findet.

Die Koordination von Kartellrecht und Berufsrecht war Gegenstand einer langanhaltenden wissenschaftlichen Diskussion. Das Problem bestand darin, daß die beiden Gesetzeskomplexe gegenläufige Verhaltensanforderungen normieren. Während das GWB darauf ausgerichtet ist, den freien Wettbewerb zu gewährleisten, enthalten die verschiedenen Berufsgesetze und Berufsordnungen Wettbewerbsbeschränkungen. So ist z.B. in vielen Berufsordnungen ein Gebührenunterschreitungsverbot normiert.[1] Ein solches Unterschreitungsverbot dient dem berufsrechtlichen Regelungsziel, den Wettbewerb der kammerangehörigen Freiberufler auf bloßen Leistungswettbewerb zu konzentrieren. Gleichzeitig stellt eine solche Berufsordnungsvorschrift jedoch formell betrachtet einen wettbewerbsbeschränkenden (und daher nach GWB unwirksamen) Beschluß i.S.v. § 1 GWB dar. Die Durchsetzung dieser Berufsordnungsvorschrift gegen standesvergessene Kammermitglieder im Wege der Standesaufsicht (Rüge oder ehren- bzw. berufsgerichtliche Verfahren) wäre bei Anwendung des GWB eine verbotene Druckausübung i.S.v. § 25 II GWB; die Befolgung der Standesvorschrift seitens der Mitglieder kann als Durchführung des unwirksamen Beschlusses im Sinne von § 37a I GWB verstanden werden. Wegen dieser Gegenläufigkeit der Normkomplexe galt es, das materiellrechtliche Verhältnis von GWB und Berufsrecht zu klären.

Wie dies zu geschehen hat, war umstritten. Zum Teil wurde ein allgemeiner Vorrang des Berufsrechts vor dem Kartellrecht reklamiert in dem Sinne, daß jede berufsrechtliche Wettbewerbsbeschränkung das Kartellrecht verdränge,[2] bzw. daß die Angehörigen der freien Berufe grundsätzlich von der Anwendung des Kartellrechts ausgenommen seien.[3]

Die h.M. ist dem nicht gefolgt, sondern wendet das GWB im Einzelfall auf das Marktverhalten der Freiberufler an. Zurückgehend auf eine Formulierung des Bundeskartellamtes, die auch vom wirtschaftspolitischen Ausschuß in den Beratungen zur 2. GWB-Novelle verwendet wurde, soll das GWB nur insoweit nicht angewendet werden, wie »staatliches oder aufgrund staatlicher Ermächtigung gesetztes Berufsrecht der Vertragsfreiheit [der Freiberufler] Grenzen setzt.«[4] Diese Abgrenzungsformel ver-

---

[1] vgl. § 1 , Anhang.

[2] vgl. z.B. Dünisch BayVBl 1982, 102 (105 f); *Ganten* ZHR 139 (1975), 401 (427 f.); *Harms* NJW 1976, 1289 (1295 noch 1.); *Narr*, Ärztliches Berufsrecht, Rn. 1015.

[3] vgl. z.B. *Brandi*, Das geistige Kapital 1959, 65 (69 ff); *Deneke*, Die freien Berufe, S.248, 332; *Reinhart* GRUR 1976, 517 (521 f.); R. *Schmidt*, Freie Berufe und Kartellgesetz, S.75 (und passim); *Spitzbarth* NJW 1954, 453 (456 sub VIII. zu Dekartellierungsgesetzen) neuerdings einschränkend *Michalski*, Gesellschafts- und Kartellrecht, S.431 ff, 459 f.

[4] BT-Drucks. 7/765, S. 13; BKartA TB 1960, S. 16; I/M-*Immenga* § 1 GWB Rn. 90 f.; *v. Gamm* § 1 GWB Rn. 10; *Westrick* in Loewenheim/Belke § 1 GWB Rn. 13 f.; FK-*Huber/Baums* § 1 GWB Tz. 67.

dient grundsätzlich Zustimmung. Einerseits verhindert sie eine völlige Freistellung der Freiberufler von den Anforderungen des GWB. Auf der anderen Seite berücksichtigt sie den grundsätzlichen Vorrang des Berufsrechts in seiner Eigenschaft als besonderes Marktverhaltensrecht der Freiberufler.

Sie ist auch grundsätzlich geeignet, die gegenläufigen Normbefehle zu harmonisieren. Indem die Anwendung des Kartellrechts davon abhängig gemacht wird, daß keine wirksame berufsrechtliche Legitimation der Wettbewerbsbeschränkung besteht, ist grundsätzlich sichergestellt, daß den Freiberuflern kartellrechtlich nicht untersagt werden kann, was ihnen berufsrechtlich gestattet ist. Die Anwendung kartellrechtlicher Tatbestände ist also von der (Berufs-) Rechtswidrigkeit der ergriffenen Maßnahme abhängig. In diesem Sinne kann man die genannte Formulierung als *Rechtswidrigkeitsformel* bezeichnen.

Allerdings haben *Leisner*[5], *Taupitz*[6], *Ring*[7] und andere[8] zutreffend darauf aufmerksam gemacht, daß gleichwohl nicht von einem einseitigen Vorrang des Berufsrecht ausgegangen werden darf, weil das GWB seinerseits das Berufsrecht beeinflußt.[9] So folgt z.B. daraus, daß der Bundesgesetzgeber mit dem Erlaß des GWB von seiner Gesetzgebungskompetenz im Sinne einer grundsätzlichen Entscheidung für den freien Wettbewerb Gebrauch gemacht hat, daß die berufsrechtliche Regelungskompetenz der Landesgesetzgeber und damit auch der landesgesetzlich ermächtigten Kammern eingeschränkt ist. Der Landesgesetzgeber kann den Wettbewerb in den verschiedenen Landesberufsgesetzen (Heilberufe, Architekten, Apotheker) nicht beliebig beschränken. Er hat im Bereich des ihm überantworteten Berufsordnungsrechts überhaupt nur insoweit eine Kompetenz zum Erlaß von Wettbewerbsbeschränkungen oder entsprechenden Kammerermächtigungen, wie die jeweilige Beschränkung zur Erfüllung der den Berufsangehörigen übertragenen öffentlichen Aufgaben unerläßlich[10] oder unabdingbar[11] ist. Diese Erkenntnis liegt der vorliegenden Arbeit als Ausgangspunkt zugrunde.

Demnach ist der oben angesprochene materielle Normanwendungskonflikt in der Weise zu lösen, daß das Kartellrecht auf solches Handeln des kammerangehörigen Freiberuflers anzuwenden ist, das nicht durch entgegenstehendes staatliches oder auf staatlicher Ermächtigung beruhendes (Berufs-) Recht legitimiert ist.[12] Dabei ist zu beachten, daß das entgegenstehende (Berufs-) Recht wiederum unter Bezug auf das seinerseits z.T. vorrangige GWB auszulegen ist (Unabdingbarkeit der landesgesetzlichen Wettbewerbsbeschränkung). In diesem Sinne konstatiert die o.g. Rechtswidrigkeitsformel keinen einseitigen Vorrang; sie verdeutlicht vielmehr, daß die Grenzen von Kartell- und Berufsrecht wechselbezüglich im Einzelfall festzustellen sind.

---

[5] *Leisner,* Berufsordnungsrecht und Werbeverbote, S.23 ff.

[6] *Taupitz* ZHR 153 (1989), 681 (687 ff, insbes. 704 f.).

[7] *Ring,* Das Wettbewerbsrecht der freien Berufe, S.170 ff.

[8] z.B. *Hitzler* GRUR 1981, 110 (114 f.); jüngst *M. Schmidt,* Standesrecht und Standesmoral, S. 124, 140 ff.

[9] vgl. im einzelnen unten § 4 B.II.1., S. 172 ff.

[10] so z.B. BKartA WRP 1986, 552 (554 sub a.) - Werbung für apothekenübliche Waren; I/M-*Emmerich* § 98 Abs. 1 GWB Rn. 59 c.

[11] so z.B. *Hitzler* GRUR 1981, 110 (115); *Leisner,* Berufsordnungsrecht und Werbeverbote, S. 37 (und passim); *Taupitz* ZHR 153 (1989), 681 (704); ähnlich: *Kresse* WRP 1986, 524 (528); *Reichelt* WRP 1993, 448 (450); *Ring,* Wettbewerbsrecht, S. 196 f. abweichend: *M. Schmidt,* Standesrecht und Standesmoral, S. 140 ff.

[12] *v. Gamm* § 1 GWB Rn.10 m.w.Nachw.

Mit der genannten Einschränkung (Wechselbezüglichkeit) ist die von der h.M. verwendete allgemeine Formel geeignet, die gegenläufigen Normbefehle materiellrechtlich zu harmonisieren. Solange man die Rechtswidrigkeitsformel nur in diesem Sinne versteht, ist sie grundsätzlich unproblematisch.

Bedenken bestehen jedoch dagegen, daß die Rechtswidrigkeitsformel dazu verwendet wird, die Kartellrechtsunterworfenheit der hoheitlich handelnden Kammern zu begründen.[13] Der BGH hat die Kammern der freien Berufe dann als Unternehmensvereinigungen im Sinne des GWB angesehen, wenn ihr wettbewerbsbeschränkendes Verhalten nicht durch staatliches oder auf staatlicher Ermächtigung beruhendes Recht legitimiert war.[14]

Bezogen auf die materielle Rechtmäßigkeitsbeurteilung des Kammerverhaltens ist dieses Vorgehen richtig. Wie bereits gezeigt, bestehen zwischen Berufsrecht und Kartellrecht Interdependenzen. Die Kammern dürfen den Wettbewerb also nur insoweit beschränken, als sie vom Gesetzgeber dazu ermächtigt sind, wobei die Ermächtigungen ihrerseits unter Bezug auf das GWB auszulegen sind. Die Richtigkeit dieser Erkenntnis soll vorliegend nicht in Frage gestellt werden. Indessen ist fraglich, ob sie zur Anwendung kartellrechtlicher Einzeltatbestände auf das Kammerverhalten berechtigt. Die bislang herrschende Meinung geht von dieser Annahme aus und ignoriert bzw. leugnet, daß die Kammern, wenn sie Berufsordnungen beschließen oder standesaufsichtlich durchsetzen, hoheitlich handeln.[15] Darin besteht ein wesentlicher Unterschied zur Anwendung des GWB auf das Verhalten der kammerangehörigen Freiberufler. Der einzelne Freiberufler handelt als Privatrechtssubjekt. Es bestehen keine grundsätzlichen Bedenken dagegen, sein Verhalten an kartellrechtlichen Einzeltatbeständen zu messen.[16] Für den einzelnen Freiberufler hat also zu gelten, daß er insoweit dem GWB unterfällt, als seine Vertrags- oder Handlungsfreiheit nicht durch vorrangiges Berufsrecht beschränkt ist,[17] das seinerseits unter Bezug auf das GWB auszulegen ist.

Zweifelhaft ist jedoch, ob die kartellrechtlichen Einzeltatbestände in gleicher Weise auf das zumeist hoheitliche Kammerhandeln angewendet werden können.

Diese Sichtweise, die jedenfalls für die frühere Rechtsprechung der Kartellgerichte maßgeblich war[18] und wohl auch gegenwärtig noch von einem Großteil des kartell-

---

[13] so z.B. BGH WuW/E BGH 1474 (1477 sub 2.,3.) - Architektenkammer; BGH WRP 1987, 310 (311 sub 3.a.) - Guten Tag-Apotheke II.

[14] wie Fn.13.

[15] *Hitzler* GRUR 1982, 474 (476); I/M-*Emmerich* § 98 Abs. 1 GWB Rn. 60; *Kramm* WRP 1992, 365 (366 ff.); *Michalski*, EWiR § 25 GWB 1/91, 789 (789 sub 2.1.); *Oesterle* WRP 1993, 456 (457 ff.); *Ring*, Wettbewerbsrecht, S.209, 211 sub 1.; besonders deutlich: *M. Schmidt*, Standesrecht und Standesmoral, S. 160 f., insbes. Fn.393; a.A.: *Harms* NJW 1976, 1289 (1295 sub 2.); differenzierend: *Messer*, FS f. Pfeiffer, 973 (982 f.); ihm folgend BGH GRUR 1991, 622 (625 sub II.2.) - Warenproben in Apotheken.

[16] anders *Harms* NJW 1976, 1289 (1295 sub 2.a.E.).

[17] so allgemein zur Anwendung auf die Angehörigen der freien Berufe: I/M-*Immenga* § 1 GWB Rn. 90 f.; *von Gamm* § 1 GWB Rn. 10; *Westrick* in Loewenheim/Belke § 1 GWB Rn. 13 f.; vgl. auch Bericht des wirtschaftspolitischen Ausschusses zur 2. GWB-Novelle, BT-Drucks. 7/765, S. 13.

[18] BGH WuW/E BGH 1474 (1477 f.) - Architektenkammer; BGH WRP 1987, 310 (311) - Guten Tag-Apotheke II; OLG Celle WuW/E OLG 3535 (3536) - Apothekenwerbung für Randsortiment; KG WuW/E OLG 4008 (4009) - Apothekenkammer Bremen; OLG Bremen WuW/E 4367 (4368) - Proben apothekenüblicher Waren.

rechtlichen Schrifttums vertreten wird[19], ist problematisch. Zum einen ist grundsätzlich fraglich, ob sie mit den allgemeinen Grundsätzen zur Anwendung des Wettbewerbsrechts auf hoheitliches Verhalten zu vereinbaren ist. Zum anderen führt die Rechtswidrigkeitsformel, wenn sie auf die Freiberuflerkammern angewendet wird, um deren Kartellrechtsunterworfenheit zu begründen, zu zahlreichen Folgeproblemen. Zwar erfüllt die genannte Formel auch in diesem Zusammenhang ihre materielle Koordinationsfunktion; der Kammer kann nicht untersagt werden, was ihr berufsrechtlich gestattet ist. Sie greift möglicherweise aber gleichwohl zu kurz, weil sie keine formelle Koordinationswirkung in dem Sinne entfaltet, daß die verschiedenen Verwaltungsverfahren miteinander harmonisiert würden. Weil die Rechtswidrigkeitsformel völlig unberücksichtigt läßt, daß die Kammer in vielen Fällen hoheitlich handelt, so z.B. wenn sie Wettbewerbsbeschränkungen mit den Mitteln der Standesaufsicht durchsetzt, führt sie zu einem weitgehenden Vorrang kartellrechtlicher Verfahren. Diese verkürzende Sichtweise, die Hoheitsträger indifferent den Privatrechtssubjekten gleichsetzt, führt zu Friktionen. So stellt sich z.B. die Frage, ob der kammerangehörige Freiberufler mit einer auf §§ 35 I, 25 II GWB gestützten Klage gegen die standesaufsichtlich tätige Kammer vorgehen kann, um die mißliebigen Berufs- oder Ehrengerichte, die eigentlich zur Überprüfung standesaufsichtlicher Maßnahmen berufen wären, gegen die möglicherweise wettbewerbsfreundlicher gesonnenen Kartellgerichte einzutauschen. In Anwendung der Rechtswidrigkeitsformel wäre sogar die Konstellation denkbar, daß ein Freiberufler, nachdem er vor den Berufsgerichten unterlegen ist, eine auf §§ 35, 25 II GWB gestützte Schadensersatzklage gegen die Kammer erhebt. Die Rechtskraft des berufsgerichtlichen Verfahrens stünde dem nach Aufassung des BGH wohl nicht entgegen.[20] Die Rechtswidrigkeitsformel führt weiterhin zu einer Kompetenzverschiebung. Indem jedes rechtswidrige hoheitliche Verhalten mit wettbewerbsbeschränkender Wirkung zum Gegenstand einer kartellbehördlichen Untersagungsverfügung gemacht werden kann, werden die Kartellbehörden zu Aufsichtsinstanzen im Hinblick auf die berufsrechtliche Kontrolle des Standesrechts und seines Vollzuges.

Fraglich ist auch, ob den Kartellbehörden überhaupt die Kompetenz zukommt, mit hoheitlichen Mitteln in den hoheitlichen Tätigkeitsbereich der Kammern einzugreifen. Die wohl immer noch herrschende Meinung im öffentlich-rechtlichen Schrifttum bezeichnet es als einen ungeschriebenen Grundsatz des Verwaltungsrechts, daß es einer Behörde verwehrt sei, mit hoheitlichen Mitteln in den hoheitlichen Tätigkeitsbereich einer anderen Behörde einzugreifen.[21] Nicht geklärt ist auch die Rolle der Kör-

[19] *Hitzler* GRUR 1982, 474 (476); I/M-*Emmerich* § 98 Abs. 1 GWB Rn. 60; *Kramm* WRP 1992, 365 (366 ff.); *Oesterle* WRP 1993, 456 (457 ff.); *Ring*, Wettbewerbsrecht, S.209, 211 sub 1.; insoweit übereinstimmend: *M. Schmidt*, Standesrecht und Standesmoral, S.160 f.

[20] vgl. BGH WRP 1993, 382 (382 sub II.2.) - Rechtswegprüfung I [zum Streitgegenstand].

[21] BVerwGE 29, 52 (58 f.); so auch OVG Lüneburg OVGE 12, 340 (341 f.); OVG Lüneburg ZfW 1990, 314 (316f.); VG Stade NVwZ 1989, 497 (499 f.); so auch: BGH DVBl 1970, 499 (499 f.); *Drews/Wacke/Vogel/Martens*, Gefahrenabwehr, § 15 b., S. 240 ff.; *Gebhard* DÖV 1986, 545 (549 f.); *Götz*, Polizeirecht, Rn.224 f.; *Friauf* in v. Münch/Schmidt-Aßmann, VerwR BT, 2. Abschn. Rn.104 f.; *Saipa*, Vorb. zu § 6 bis § 8 Nds.SOG Rn. 11; *Schenke* in: Steiner, VerwR BT, Abschn. II Rn. 84; *Wolff/Bachof*, Verwaltungsrecht III § 127 Rn. 30; *Würtenberger* in: Achterberg/Püttner, VerwR BT II, Kap. 7/1 Rn. 178; a.A.: *Sadler* § 17 VwVG Rn. 2; *Schultes*, Die Polizeipflicht von Hoheitsträgern, S. 96 sub e); diff.: *Scholz* DVBl 1968, 732 (738 sub 5.a.).

perschaftsaufsichtsbehörden, die eigentlich eine umfassende Rechtsaufsicht durchführen. In der weiten Auslegung kartellbehördlicher Kompetenzen könnte ein Eingriff in ihre Zuständigkeit zu sehen sein. Ungeklärt ist auch, ob nicht wenigstens eine Koordination zwischen Körperschafts- und Kartellaufsicht stattzufinden hat. Dafür spräche immerhin, daß die Körperschaftsaufsichtsbehörden – wie die Kammern – zur Einleitung berufsgerichtlicher Verfahren berechtigt sind und sie folglich die gegen die Kammern gerichteten, kartellbehördlichen Untersagungsverfügungen konterkarieren könnten.

Mit der behördlichen Kompetenzverschiebung ist weiterhin eine Verschiebung der Rechtswege verbunden. Eine Kammer, die sich einer Untersagungsverfügung nach § 37 a II GWB ausgesetzt sieht, muß zuerst den Rechtsweg zu den Kartellgerichten (§ 62 IV GWB) beschreiten und möglicherweise bis zum BGH durchlaufen, bis die Berufsgerichte mit der entsprechenden Rechtsfrage befaßt werden. Aus der Verschiebung der Behördenkompetenzen folgt rechtstatsächlich ein Vorrang der Kartellgerichtsbarkeit.

Hinsichtlich der verkammerten Heilberufe ergibt sich als weiteres Folgeproblem, daß sich ihre standesaufsichtlichen Befugnisse in der Anrufung der Berufsgerichte erschöpfen. Untersagt die Kartellbehörde einer Kammer also die standesaufsichtliche Durchsetzung bestimmter als kartellrechtswidrig eingestufter Berufsordnungsvorschriften, so bedeutet dies, daß den Kammern die Anrufung der eigentlich zuständigen Gerichte untersagt wird. Indessen ist bereits problematisch, ob in der subjektiv redlichen Anrufung von Gerichten überhaupt eine rechtswidrige Handlung gesehen werden kann.[22]

Die beispielhaft genannten Probleme sind Folgen der indifferenten Gleichsetzung des hoheitlichen Kammerhandelns mit dem privatrechtlichen Verhalten der kammerangehörigen Freiberufler. Ziel dieser Arbeit ist es, die Tauglichkeit der Rechtswidrigkeitsformel zu überprüfen und gegebenenfalls ein Alternativmodell zu entwickeln. Der BGH hat sich zwar in der Entscheidung »Warenproben in Apotheken« unter dem Eindruck der von *Messer*[23] geübten Kritik von der Rechtswidrigkeitsformel gelöst und die hoheitliche Handlungsform der Kammern bei der Anwendung des GWB berücksichtigt.[24] Gleichwohl ist nach wie vor unklar, wie die vom BGH reklamierte »Gesamtbewertung der Umstände« vorzunehmen ist, die darüber Aufschluß geben soll, wann eine Kammer als Behörde und wann sie als Unternehmensvereinigung anzusehen ist. Außerdem ist an der angedeuteten Rechtsprechungsänderung bereits Kritik geübt worden, die für eine Beibehaltung der alten Formel plädiert.[25]

Die Arbeit beschränkt sich also auf die Klärung der Frage, inwieweit kartellrechtliche Einzeltatbestände auf das Kammerverhalten angewendet werden können. Der materielle Normanwendungskonflikt ist nicht primärer Untersuchungsgegenstand. Insofern werden die von *Leisner, Ring* und *Taupitz* gewonnenen Erkenntnisse als

[22] vgl. z.B. BGH NJW 1979, 1351 (1352).

[23] *Messer,* FS f. Pfeiffer, 973 (982 f.).

[24] BGH GRUR 1991, 622 ff. - Warenproben in Apotheken; so auch OLG Stuttgart StB 1992, 212 (213 f.); OLG Düsseldorf WuW/E OLG 4998 (5000 f.) - Landesapothekerkammer.

[25] I/M-*Emmerich* § 98 Abs. 1 GWB Rn. 60; *Oesterle* WRP 1993, 456 (457 ff.); kritisch auch *M. Schmidt,* Standesrecht und Standesmoral, S. 161 Fn. 393.

zutreffend zugrunde gelegt. Zu problematisieren ist jedoch, ob daraus notwendigerweise folgt, daß auch hoheitliches Kammerverhalten an kartellrechtlichen Verbotsnormen zu messen ist, bzw. in welchem Umfang dies gegebenenfalls zu erfolgen hat.

II. Gang der Untersuchung

Die kartellbehördliche Zuständigkeit – wie auch die Notwendigkeit, das Kartellrecht auf das hoheitliche Verhalten der Kammern anzuwenden – wird unter anderem mit der Erwägung begründet, daß die Kammern vielfach zünftisch motiviert handelten,[26] daß also bei der vorgeblichen Verfolgung von Gemeinwohlbelangen in Wirklichkeit Konkurrenzschutz praktiziert werde. Daher ist in einem ersten ausführlicheren Teil (§ 1) für den Zeitraum nach 1945 dargestellt, inwieweit die Kammern der freien Berufe tatsächlich konkurrenzreduzierende Maßnahmen im Bereich des Berufsrechts getroffen haben. Dabei wird gleichzeitig ein Überblick über die gegenwärtige berufs- bzw. standesrechtliche Rechtslage gegeben, so daß veranschaulicht werden kann, in welchem Ausmaß überhaupt gesetzesausfüllende (also originär standesrechtliche) Wettbewerbsbeschränkungen in den verschiedenen Berufsordnungen vorhanden sind. Soweit es die Berufsstände der Rechtsanwälte, Steuerberater und Wirtschaftsprüfer betrifft, sind die auf Grund der alten Rechtslage (bis 1994) ergangenen Standesrichtlinien gemäß § 177 II Nr. 2 BRAO a. F., § 86 II Nr. 2 StBerG a. F., § 57 II Nr. 5 WPO a. F. in den Vordergrund der Untersuchung gestellt, weil die vorgenannten Kammern von der ihnen nunmehr verschafften Satzungskompetenz zum Erlaß von Berufsordnungen[27] bislang keinen Gebrauch gemacht haben.

Im anschließenden dogmatischen Teil wird die Anwendung des Kartellrechts auf das Verhalten der Freiberuflerkammern untersucht. In einem ersten Teil sind die allgemeinen Grundlagen zur Anwendung des Wettbewerbsrechts auf Rechtssubjekte des öffentlichen Rechts dargestellt (§ 2).

Anschließend wird die Rechtswidrigkeitsformel auf ihre Vereinbarkeit mit diesen Grundsätzen überprüft, wobei zwischen grundsätzlichen Erwägungen (§ 3) und den konkreten Anwendungsproblemen im Bereich der Freiberuflerkammern unterschieden wird (§ 4, § 5 und § 6).

Hinsichtlich der verwendeten Terminologie ist noch anzumerken, daß mit dem Begriff Standesrecht in der vorliegenden Arbeit nur das autonom gesetzte Berufsrecht der Kammern (Satzungen oder Richtlinien) bezeichnet wird. Für die Gesamtheit der berufsrechtlichen Normen, also formelle Berufsgesetze und autonom gesetztes Berufsrecht, wird der allgemeine Terminus Berufsrecht verwendet.[28]

---

[26] s. dazu § 1 .

[27] § 59b II BRAO i.d.F. vom 2.9.1994, BGBl. I S. 2278; § 86 II Nr. 2 StBerG i.d.F. vom 24.7.1994, BGBl. I S. 1387; § 57 III, IV WPO i.d.F. vom 15.7.1994, BGBl. I S. 1596.

[28] vgl. *Taupitz*, Standesordnungen, S.155ff.; *ders.* MDR 1989, 385 (385).

§ 1 Konkurrenzreduzierung durch Kammern freier Berufe

Mit der heute ganz h.M.[1] ist die grundsätzliche Anwendbarkeit des GWB auf die Angehörigen der freien Berufe nicht mehr in Frage zu stellen. Genauere Betrachtung verdient jedoch die bislang ungenügend geklärte Frage, in welchem Umfang und in welcher Weise die Kammern kartellrechtlicher Kontrolle unterworfen sind.

Zweifelhaft ist, ob es dem Wesen der Kammern als Träger mittelbarer Staatsverwaltung gerecht wird, sie in jedem Fall rechtswidrigen und wettbewerbsbeschränkenden Verhaltens als kartellrechtsunterworfene Unternehmensvereinigungen zu qualifizieren. Im Hinblick auf ihre Eigenschaft als Verbotsadressat werden sie damit behandelt wie beliebige Subjekte des Privatrechts.

Dabei ist festzustellen, daß bereits bei der Bestandsaufnahme vielfach die genannten Adressatenkreise indifferent gleichgesetzt werden. So führt z.B. *Lammel*[2] zur Veranschaulichung seiner These, daß die standesrechtlichen Wettbewerbsbeschränkungen ausschließlich wirtschaftlichen Interessen dienten[3], zahlreiche wettbewerbsbeschränkende Praktiken privater Interessenverbände an[4], die er pauschal als »Standesorganisationen« bezeichnet. Daß diese Gleichsetzung von privaten Verbänden und öffentlichrechtlich verfaßten Kammern argumentativ bedenklich ist, ergibt sich bereits aus den unterschiedlichen Kompetenzen von zwangsmitgliedschaftlich verfaßten öffentlichrechtlichen Körperschaften und freiwilligen privatrechtlichen Zusammenschlüssen. Nahezu unstreitig ist den Kammern nämlich im Gegensatz zu den privaten Verbänden die Wahrnehmung rein wirtschaftlicher Interessen ihrer Mitglieder verwehrt,[5] insbesondere sind ausschließlich durch Konkurrenzschutzerwägungen motivierte Maßnahmen der Kammern unzulässig.[6] Will man aber die Notwendigkeit kartellrechtlicher Kontrolle u.a. mit dem Versagen der öffentlich-rechtlichen Pflichtenbindung der Kammern begründen, welches man unterstellt, wenn man einseitige Konkurrenzschutzerwägungen und die Wahrnehmung rein wirtschaftlicher Interessen als Motive

---

[1] FK-*Huber/Baums* § 1 GWB Rn. 59; I/M-*Immenga* § 1 GWB Rn. 84 f.; *Emmerich*, Kartellrecht, § 4 1.c), S. 37 m.w.Nachw.

[2] WuW 1984, 853 ff.

[3] a.a.O. S. 871 sub VII.

[4] a.a.O. S. 853 Fn. 3: »Institut der Wirtschaftsprüfer in Deutschland e.V.«, Fn. 4: »Freier Verband Deutscher Zahnärzte e.V.«, Fn. 5: »Marburger Bund«; vergleichbare Argumentation bei *Sue*, Rechtsstaatliche Probleme, S. 159 zu Fn. 2.

[5] für Rechtsanwaltskammern so: BGH NJW 1961, 1864 (1864); BGH NJW 1975, 1559 (1561); BGH NJW 1986, 992 (993); etwas weiter der Kartellsenat in: BGH NJW 1980, 186 (186 a.E.); für Bundesnotarkammer so: BGH NJW 1983, 1000 (1001);offengelassen vom BVerwG, im Urteil vom 10.6.1986, Buchholz 430.1. Nr. 14, S. 29; *Gelhausen*, Die staatlich gebundenen Berufe, S.117; *Seeger* DVBl 1958, 487 (488); differenzierend: *Tettinger*, Zum Tätigkeitsfeld der Bundesrechtsanwaltskammer, S. 83 ff.; kritisch zu der weitgefaßten Formel auch *Taupitz*, Standesordnungen, S 859 bei Fn. 80.

[6] *Brandstätter*, Berufsordnungen, S. 161; *Ring* DÖV 1989, 838 (845); *ders.* Wettbewerbsrecht der freien Berufe, S. 55; *Sue*, Rechtsstaatliche Probleme, S. 158 f.; *Thümmel*, Werbung und Wettbewerb, S. 73 .

konstatiert[7], ist eine differenzierende Bestandsaufnahme erforderlich, die ausschließlich das Verhalten der Kammern zum Gegenstand hat.

Daher ist im folgenden für den Zeitraum seit 1945 zu untersuchen, inwieweit das Verhalten der verschiedenen Kammerorganisationen durch eine allgemeine Tendenz zu weitestgehender Konkurrenzreduzierung gekennzeichnet ist. Neben der Standesrechtsetzung sind auch Einflußnahmen auf den parlamentarischen Gesetzgeber mit in die Untersuchung einbezogen, soweit sie geeignet sind, Aufschluß über derartige Tendenzen zu geben. Dabei wird gleichzeitig ein Überblick über die berufsrechtliche Regulierung der Märkte für freiberufliche Dienstleistungen gegeben.

A. Bundesverband der Freien Berufe

Neben den darzustellenden wettbewerbsbeschränkenden Maßnahmen im Berufsrecht, der eigentlichen Domäne der Kammern, sind Einflußnahmen auf die Kartellgesetzgebung durch den Bundesverband der freien Berufe zu verzeichnen. In diesem Zusammenhang ist zwar durchaus problematisch, ob Kammern überhaupt Mitglieder ständischer Interessenvertretungen, wie z.B. des BFB, sein dürfen.[8] Dies ändert aber nichts an dem tatsächlichen Befund, nämlich der Mitgliedschaft zahlreicher zwangsmitgliedschaftlich verfaßter Körperschaften im BFB.[9] Daher ist es sinnvoll, das Verhalten des BFB mit in die Untersuchung einzubeziehen.

Nach Angaben seines damaligen Geschäftsführers *Brandi* hat der BFB in der Zeit um 1952 durch massive Einflußnahmen verhindert, daß ein dritter Absatz zu § 1 Eingang in das zu schaffende GWB fand.[10] Das Ziel war, die Anwendung des GWB auf die freien Berufe zu verhindern.[11] 1952 hatte nämlich der Bundesrat als klarstellenden Zusatz jenen Absatz 3 zu § 1 GWB vorgeschlagen, wonach auch freie Berufe als Unternehmen i.S. des GWB anzusehen seien.[12] Obgleich die Bundesregierung seinerzeit nichts gegen diesen Änderungsvorschlag einwandte[13], tauchte dieser Absatz 3 im neuen Regierungsentwurf nicht mehr auf[14], was nach Brandi auf »eingehende Verhandlungen« des BFB mit den zuständigen Stellen der BReg zurückzuführen ist.[15]

Ebenso kam es 1955, als bei den Gesetzesberatungen vereinzelt erwogen wurde, zur Einbeziehung der freien Berufe das Wort »gewerblich« vor dem Tatbestandsmerkmal »Leistung« im GWB streichen zu lassen, zu einem Briefwechsel zwischen BFB und

---

[7] so *Koch* WuW 1986, 983; *Lammel* a.a.O.; andeutungsweise auch *Taupitz* ZHR 1989 (153), 681 (697 a.E.); *ders.*, Standesordnungen, S. 910 noch (a); allgemein so auch *Schütte*, Konkurrenzreduzierung und Monopolisierung als Berufsstrategien, S. 171 .

[8] vgl. dazu m.w.Nachw.: *Tettinger*, Zum Tätigkeitsfeld der BRAK, S.150 ff; sowie BVerwG, U vom 10.6.1986, Buchholz 430.1. Nr.14; VG Bremen AnwBl 1992, 187 ff.

[9] z.B. BRAK, BÄK, BNotarK, BStBerK.

[10] *Brandi*, Das geistige Kapital 1959, 65 (71 a.E.f.); vgl. zu den Eingaben des BFB und anderer Interessenverbände auch *Robert*, Konzentrationspolitik, S. 171 f.

[11] *Brandi* a.a.O., S. 69 f.

[12] BT-Drucks. I/3462, Anl. 2, S. 53 f.

[13] BT-Drucks. I/3462, Anl. 3, S. 66 f.

[14] vgl. BT-Drucks. II/1158, Anl. 1.

[15] *Brandi* a.a.O., S. 71.

dem MdB Nägel, dem Vorsitzenden des wirtschaftspolitischen Ausschusses, der am 7.11.1955 mit dem (brieflich angekündigten) Beschluß des Ausschusses endete, es bei der ursprünglich beabsichtigten Gesetzesfassung zu belassen.[16]

In ähnlicher Weise intervenierte der BFB (im Ergebnis erfolglos[17]) in der Zeit vor der zweiten Novelle des GWB mit dem Ziel, eine Freistellung der freien Berufe durch eine einzufügende Negativklausel zu § 1 GWB zu erreichen.[18]

Festzuhalten ist, daß die Kammern in ihrer Eigenschaft als Mitglieder des BFB bereits im Vorfeld des eigentlichen Berufsrechts Maßnahmen ergriffen haben, die geeignet waren, eine uneingeschränkte Anwendung des Wettbewerbsprinzips auf freiberufliches Marktverhalten zu verhindern.

B. Die Rechtsanwaltskammern

Nachzugehen ist der Frage, inwieweit die Rechtsanwaltskammern, insbesondere die Bundesrechtanwaltskammer, im Zeitraum seit 1945 Konkurrenzreduzierungen bewirkt haben und ob, sofern wettbewerbseröffnende Maßnahmen erfolgten, diese lediglich Reaktion auf externen Druck darstellten.

I. Marktzugang

Der Marktzugang ist reguliert durch die Monopolisierung rechtsberatender Dienstleistungen beim Rechtsanwalt mittels Rechtsberatungsgesetz (RBerG) (vgl. §§ 1,3 Ziff. 2 RBerG)[19] und ZPO (§§ 78, 157 ZPO) sowie durch die in der Bundesrechtsanwaltsordnung (BRAO)[20] (§§ 4ff.) geregelte Zulassung zum Anwaltsberuf. Diese Regelungskomplexe sind in ihrem Zusammenwirken wettbewerbsbeschränkend. Da es sich insoweit um parlamentargesetzliche Normen handelt, spielen Einflußnahmen durch die Kammern naturgemäß eine geringere Rolle als bei den Feldern, die den Kammern originär überantwortet sind, wie das Standesrecht (dazu unten III.). Gleichwohl lassen sich einige Aktionen mit gemeinsamer Grundtendenz ausmachen.

1. Kanalisierung der Rechtsberatung

Der Kompetenzkatalog der BRAK umfaßt in § 177 Nr. 3, Nr. 5 BRAO auch die Beratung des Gesetzgebers[21]. In Wahrnehmung dieser Aufgabe ist die BRAK wiederholt als Bewahrer des Rechtsberatungsmonopols der Anwaltschaft aufgetreten, wie es sich

---

[16] *Brandi* a.a.O., S. 72.

[17] vgl. Ausschußbericht, S. 13 in: BT-Drucks. VII/765.

[18] vgl. StB 1968, 184; StB 1970, 228; StB 1971, 258.

[19] »Gesetz zur Verhütung von Mißbräuchen auf dem Gebiete der Rechtsberatung« vom 13.12.1935, RGBl. I, S. 1478; BGBl. III, 303-12; Gesetzesüberschrift vereinfacht gemäß § 2 IV des Gesetzes über die Sammlung des Bundesrechts vom 10.7.1958, BGBl. I S. 437.

[20] vom 1.8.1959, BGBl. I S.565, zuletzt geändert durch Gesetz vom 27.2.1992, BGBl. I S. 369.

[21] Seit BGH NJW 1961, 220 (221) ist eine aus dem Verbandszweck der BRAK folgende umfassende Kompetenz, anwaltlichen Sachverstand in Gesetzgebungsvorhaben jeder Art einzubringen, anerkannt.

aus RBerG und Anwaltszwang ergibt. Dementsprechend haben sich BRAK und regionale Einzelkammern immer wieder in Gesetzgebungsvorhaben eingeschaltet, um die Beratungsmöglichkeiten anderer Berufsgruppen gering zu halten und im Hinblick auf die forensische Tätigkeit einen möglichst weitgehenden Anwaltszwang durchzusetzen. So hat sich die BRAK z.B. 1982 gegen die in NRW geplante Einführung eines obligatorischen Schiedsmannverfahrens in Zivilsachen, mit dem eine Justizentlastung angestrebt wurde, mit dem Argument gewandt, daß eine Erweiterung der Zuständigkeit von Nichtjuristen »in der gesicherten Erkenntnis einer in Zukunft zu erwartenden unverhältnismäßigen Zahl arbeitsloser Juristen gesellschaftspolitisch fragwürdig« sei.[22] Dem korrespondiert, daß die BRAK 1991 gemeinsam mit dem DAV in Erwiderung auf die Beschlüsse der gemeinsamen Justizministerkonferenz vom 24. 4. 1991, welche Maßnahmen zur Entlastung der Rechtspflege zum Gegenstand hatte, unter Berufung auf die »Filterwirkung der Anwaltschaft« eine Ausdehnung des Anwaltszwangs forderte, um die gewünschte Entlastung herbeizuführen.[23] Mit dem gleichen Argument hatte sich auch schon der Verfassungsausschuß der BRAK 1985 für die Einführung des Anwaltszwangs vor dem BVerfG ausgesprochen.[24] Ähnlich intervenierte die BRAK im Hinblick auf außerforensische Tätigkeiten, um z.B. die Rechtsberatungsmöglichkeiten von Lohnsteuerhilfevereinen[25] und Steuerberatern[26] gering zu halten. Auch auf europäischer Ebene wurden BRAK und DAV, die paritätisch in der CCBE[27]vertreten sind, tätig, um Gefahren, die der Monopolisierung anwaltlicher Dienstleistungen durch die neue EG-Rechtsschutzversicherungsrichtlinie[28] drohen, abzuwehren.[29]

Es kann bezweifelt werden, ob ein derartiges Verhalten, das unmittelbar auf Konkurrenzschutz ausgerichtet ist, noch in die Kompetenz der BRAK als zwangsmitgliedschaftlich verfaßte öffentlich-rechtliche Körperschaft fällt und nicht privatrechtlichen Zusammenschlüssen wie dem DAV ausschließlich vorbehalten ist. Nach ständiger Rechtsprechung[30] und einer beachtlichen Meinung im Schrifttum[31] ist nämlich die Vertretung rein wirtschaftlicher Interessen nicht vom Verbandszweck der Kammern gedeckt, so daß eine entsprechende Interessenwahrnehmung kompetenzwidrig ist. Im Ergebnis wird man die beispielhaft aufgezählten Maßnahmen der BRAK mit der Wahrnehmung von öffentlichen Interessen (Filterwirkung der Anwaltschaft, Schutz vor »Winkeladvokatentum«) rechtfertigen können. Indessen zeigen die Ausführungen

---

[22] BRAK-Mitt 1982, 52 (54).

[23] AnwBl 1991, 309.

[24] BRAK-Mitt 1985, 201 f.; vgl. auch 57. HV der BRAK, BRAK-Mitt 1985, 140 (140); vgl. die Kritik an der Rolle von Anwälten vor dem BVerfG von Bundesverfassungsrichter *Henschel* in BRAK-Mitt 1985, 8 (10 f.).

[25] BRAK-Mitt 1988, 256 f.

[26] BRAK-Mitt 1991, 132 (137).

[27] Beratende Kommission der Europäischen Anwaltschaften.

[28] ABl.EG 1987, L 185, S. 77.

[29] vgl. 61. HV BRAK-Mitt 1987, 117 (126 f.); 62. HV BRAK-Mitt 1987, 169 (175 f.).

[30] BGH NJW 1961, 1864 (1864); BGH NJW 1975, 1559 (1561); BGH NJW 1983, 1000 (1001); BGH NJW 1986, 992 (993); etwas weiter wohl allerdings der Kartellsenat des BGH in NJW 1980, 186 (186 a.E.).

[31] *Kalsbach* § 177 BRAO Rn.2; *Redeker* NJW 1982, 1266 (1267); *Feuerich* § 177 BRAO Rn.8; sowie bereits *Ewers* AnwBl 1950/1951, 92 (93); vgl. auch RegBegr. zu § 86 StBerG in BT-Drucks. VI/ 3456, S.7 li.Sp. zu Nr. 13 a; a.A.: *Tettinger*, Zum Tätigkeitsfeld der BRAK, S.83 ff; *Gehre* § 86 StBerG Rn.3 (zu entspr. Kompetenz der BStBerK); noch weitergehend *Ladda* NJW 1974, 1692 (1693 f.).

der BRAK zur Einführung eines obligatorischen Schiedsmannverfahrens, daß zünftische Erwägungen bei der Entscheidungsfindung der Kammern durchaus eine Rolle spielen können.

Ergänzend ist darauf hinzuweisen, daß die BRAK auch vermittels des Standesrechts auf die Bewahrung des Rechtsberatungsmonopols hinwirkt. Gem. § 4 I RiliRA[32] ist dem Rechtsanwalt jede Mitwirkung an unerlaubter Rechtsberatung untersagt. Darüberhinausgehend hat die BRAK 1957 in den sog. Sodener Beschlüssen ein allgemeines Verbot normiert, an Rechtsauskünften durch Zeitungen mitzuwirken (§ 2 III RiliRA 1957[33], § 4 II RiliRA n.F.), um auf diese Weise die Konkurrenz durch die Presse auszuschalten.[34] § 4 RiliRA dient also der Disziplinierung des eigenen Standes, um ein Aufweichen des Rechtsberatungsmonopols zu verhindern.

2. *Einflußnahmen, um die Zugangsschwelle zum Anwaltsberuf zu erhöhen*

Daneben haben die Kammern in vielfacher Weise darauf hingewirkt, den Berufszugang für Berufsneulinge und Standesaußenseiter zu erschweren.

a) Numerus clausus

1936 wurde in die RAO im Rahmen weiterer Umarbeitungen in § 15 II ein sog. numerus clausus i.S. einer objektiven Bedürfnisprüfung als Voraussetzung der Zulassung zur Anwaltschaft eingefügt[35], wie man sie gegenwärtig noch in § 4 BNotO findet. In der Nachkriegszeit stellte sich im Zusammenhang mit dem allseits beschworenen Grundsatz der freien Advokatur die Frage nach der Übernahme des numerus clausus als Zulassungsvoraussetzung in die zu schaffenden Berufsordnungen.[36]

Auf der einen Seite erkannte man, daß eine Übernahme der alten Regelung nur schwer mit dem genannten Grundsatz vereinbar sein würde[37], während auf der anderen Seite geltend gemacht wurde, daß insbesondere durch Vertriebene, ehemalige Richter etc., die sich um Aufnahme in die Anwaltschaft bemühen würden, eine mögliche Verelendung des Anwaltsstandes drohe, die letztlich zu einer Verwilderung der Sitten führen müßte[38]. Um dieser befürchteten Gefährdung der Rechtspflege zu begegnen, wurden seinerzeit zwei Möglichkeiten favorisiert: Zum einen der genannte numerus clausus[39], zum anderen eine verschärfte standesrechtliche Ahndung möglicherweise

---

[32] Grundsätze des anwaltlichen Standesrechts, Richtlinien der Bundesrechtsanwaltskammer gem. § 177 II Nr. 2 BRAO a. F.; auszugsweise wiedergegeben im Anhang unter I.

[33] abgedruckt bei Kalsbach, Nach § 43 BRAO, S. 175.

[34] vgl *Lingenberg/Hummel/Zuck/Eich* § 4 RiliRA Rn. 7.

[35] RGBl. I, S. 107; zum Konkurrenzschutzdenken des DAV, das ihn seinerzeit veranlaßte, auf die Einführung einer solchen Norm zu drängen, vgl. *Reifner/Knobloch* DuR 1987, 289 (303 f.).

[36] vgl. z.B. die Diskussionsbeiträge von *Natter* DRZ 1946, 46 ff.; *Kimmig* DRZ 1946, 170 ff.; *Wolter* DRZ 1947, 366 f.; *Szlezak* DRZ 1949, 129; *Fischer* MDR 1949, 318.

[37] vgl. z.B. *Koch* ZJBl.BrZ 1949, 41 (42); *Natter* a.a.O., S. 47.

[38] *Friesenhahn* NJW 1949, 701 (703 a.E.f.); *Fischer* SJZ 1950, 813 (815 f.); *Kimmig* a.a.O., S. 170 f.

[39] so z.B. *Fischer* a.a.O.; *Kimmig* a.a.O., S. 170 f.

gehäuft auftretender Standesverstöße[40]. Soweit Stellungnahmen der Rechtsanwaltskammern vorliegen, wurde in ihnen ausnahmslos die (marktwirtschaftlich betrachtet) rigorosere Alternative des n. c. bevorzugt.

So plädierte *Kimmig*[41] namens und auftrags der Badischen RAK für die Beibehaltung der in § 15 II RAO n.F. gefundenen Regelung (insofern nimmt es nicht wunder, daß in der frz. Zone tatsächlich bis zur Inkraftsetzung der BRAO ein n.c. als Zulassungskriterium normiert war[42] und praktiziert wurde[43]).

Ebenso sah der Entwurf einer RAO für die britische Zone, für den die Vereinigung der Rechtsanwaltskammern der britische Zone verantwortlich zeichnete, eine objektive Bedürfnisprüfung als Zulassungsvoraussetzung vor.[44] Daß es letztlich nur zu einer zeitlich befristeten Bedürfnisprüfung (bis zum 31.12.1950) innerhalb der Britischen Zone kam[45], deren Durchführung darüberhinaus nicht – wie gewünscht – den Kammern sondern der Justizverwaltung überantwortet wurde, ist ausschließlich auf die Initiative des Zentral-Justizamtes der britischen Zone zurückzuführen[46] und hat entsprechende Kritik bei *Cüppers,* dem Präsidenten der RAK Düsseldorf, hervorgerufen[47].

Auch die Arbeitsgemeinschaft der Anwaltskammervorstände im Bundesgebiet (Vorläufer der BRAK) schlug sich in ihrem Entwurf für eine BRAO auf die Seite der n.c.-Befürworter. Im Jahre 1950 begannen die Arbeiten an der BRAO mit einem Vorentwurf dieses Gesetzes durch die Arbeitsgemeinschaft der Anwaltskammervorstände, der dem BJM zugeleitet[48] und von diesem in wesentlichen Punkten abgelehnt wurde[49]. Auch dieser Entwurf enthielt einen auf fünf Jahre befristeten numerus clausus.[50] Der interne Entwurf der Arbeitsgemeinschaft sah sogar die Einführung eines unbefristeten numerus clausus vor, über dessen Aufhebung die Arbeitsgemeinschaft sollte autonom entscheiden können.[51] Daß es letztlich nicht zu einer solchen Regelung kam, ist in erster Linie auf den Widerstand *Dehlers* zurückzuführen, der sich schon 1950 gegen den von einigen BT-Abgeordneten initiierten Versuch erfolgreich zur Wehr gesetzt hatte, die genannte Regelung der BrZone auf Bundesebene durch Bundesgesetz zu

---

40 *Schultz* MDR 1950, 533 (534); *Wolter* a.a.O., S. 366.

41 a.a.O.

42 vgl. § 4 des Erlasses des Oberpräsidenten von Rheinland-Hessen-Nassau vom 18.10.1946 in: Amtsblatt für das Oberpräsidium von Rheinland-Hessen-Nassau und für die Regierungen in Koblenz und Montabaur S. 228.

43 vgl. die Angaben bei *Ostler,* Die dt. Rechtsanwälte, S. 490 Anm. 27; sowie das Urteil des OLG Koblenz, das die Vereinbarkeit der genannten Regelung mit Art 12 GG bejahte, in: EGE III, 79 (89).

44 vgl. die entspr. Angaben bei *Cüppers* NJW 1949, 363 (365).

45 gl. Art VII EinführungsVO RAO BrZone, VOBl. BrZone 1949, S. 82.

46 vgl. entsprechende Stellungnahme des Vizepräsidenten des Zentral-Justizamtes *Koch* in ZJBl. BrZone 1949, 41 (42).

47 NJW 1949, 363 (365 ff., insbes. 366); vgl. auch die von der Vereinigung der Rechtsanwaltskammern der BrZone in Auftrag gegebene Studie zum n.c. von *Georg Erler:* Rechtsnot durch Anwaltsnot, Denkschrift zum numerus clausus, Münster 1950.

48 vgl. die Angaben bei *v .Sauer* AnwBl 1950, 4 ff.

49 vgl. die entspr. Mitteilung in AnwBl 1950, 62.

50 vgl. *v. Sauer* a.a.O.; *Schultz* MDR 1950, 599 (600 a.E.f.).

51 vgl. *Schultz* MDR 1950, 533 (534); und die Anm. dazu von *Fischer* MDR 1950, 724 (724 f.); sowie MdB *Ewers* AnwBl 1950/51, 92 (92 f.).

verlängern[52]; dementsprechend sah der BRAO-Entwurf des BJM auch keinen numerus clausus vor.[53]

Daß es seitdem seitens der Kammern nicht wieder zu einer entsprechenden Initiative gekommen ist, liegt wohl daran, daß die Einführung eines numerus clausus als objektiver Berufszulassungsbeschränkung kaum mit Art. 12 GG vereinbar sein dürfte[54]. In der jüngeren Vergangenheit haben sich Kammern stattdessen mit gleicher Argumentation und Zielrichtung verschiedentlich auf die Hochschulpolitik verlagert.[55] So protestierte die RAK Hamm mit dem bekannten Argument der Gefährdung der Rechtspflege[56] in den frühen achtziger Jahren, als manch Verbandsfunktionär bereits vorsichtig einem numerus clausus bei der Anwaltszulassung das Wort redete[57], in einem öffentlichen Brief an die Justizministerin von NRW gegen die Einführung des Fachs Rechtswissenschaften an der Fernuniversität Hagen. Gleichzeitg kritisierte man den Kultusminster von NRW, weil dieser sich weigerte, einen numerus clausus für das Fach Rechtswissenschaften einzuführen; nur ein »gesunder Wettbewerb in vernünftigem Rahmen«[58], den die RAK offenbar durch die Studienanfänger für die Zukunft gefährdet sah, könne zu einer Leistungssteigerung der Anwaltschaft führen. In diesen Zeitraum fällt auch die Forderung der BRAK nach »echten« Zwischenprüfungen (unter Examensbedingungen) im Studium.[59]

b) Sonstige Maßnahmen

Vor allem im Hinblick auf die Konkurrenz durch Ruhestandsbeamte und ehemalige Richter haben die Kammern mehrfach den Versuch unternommen, für die Genannten den Zugang zum Rechtsberatungsmarkt zu beschränken. So enthielt schon der erste BRAO-Entwurf der BRAK-Kommission (1950) in § 7 die zwingende[60] Anordnung, dem Bewerber die Zulassung zur Anwaltschaft zu versagen, sofern dieser bereits Ruhe-, Versorgungsbezüge oder ähnliches erhielt.[61] Der Gesetzgeber hat sich dem jedoch verschlossen und in § 7 Nr. 11 BRAO lediglich für aktive Beamte eine Inkompatibilität normiert und sich in der amtlichen Begründung ausdrücklich gegen eine Erstreckung auf Ruhestandsbeamte ausgesprochen.[62]

Entsprechend drängte die BRAK in den Jahren 1984 ff., als eine Reform der BRAO

---

52 vgl. Protokoll der 104. Sitzung des BT vom 6.12.1950, 3822 ff. (insbes. 3823 a.E.f.).

53 vgl. BRAO-Entwurf des BJM (§§ 20 ff.) vom 11.9.1952 in: BT-Drucks. (Anl.) 3650, S. 8f.; sowie entsprechende Äußerung *Dehlers* in 133. Sitzung des BT am 11.4.1951 in: BT-Prot. 133/ 5128 f.

54 vgl. BVerfGE 17, 371 (377ff.).

55 Auf der 52. HV in Nürnberg beschloß die BRAK wegen Überfüllung der Anwaltschaft (sic) einen Hochschulausschuß einzurichten, vgl. BRAK-Mitt 1982, 156; kritisch zu dieser Tendenz: *Schütte* in: Konkurrenzreduzierung und Monopolisierung als Berufsstrategien, S. 191.

56 kritisch zu solcher Argumentation *Krach* AnwBl 1991, 73 ff.

57 *Winters,* Tätigkeitsbericht des DAV 1984/1985, AnwBl 1985, 338 (340 f.).

58 Entschließung der RAK Hamm vom 27.11.1982, mitgeteilt in AnwBl 1983, 76; zum gesamten Briefwechsel vgl. AnwBl 1983, 75 f.; kritisch zu dieser Argumentationsweise z.B. *Krach,* AnwBl 1991, 73 ff.

59 vgl. BRAK-Mitt 1984, 56 (56); Presseerklärung der BRAK in: BRAK-Mitt 1984, 68.

60 Im endgültigen Entwurf war dann eine Ermessensregelung vorgesehen.

61 vgl. die Angaben bei *v. Sauer* AnwBl 1950, 4 (7).

62 BT-Drucks. III/120, 58 zu § 19 Ziff 10 BRAO a.F.

anstand, erneut auf eine entsprechende Änderung der BRAO. So nannte der Vorsitzende des BRAO-Ausschusses der BRAK, *Heyl,* die beabsichtigte Erweiterung des § 7 Nr. 10[63] BRAO »ein seit langem verfolgtes Anliegen der Rechtsanwaltschaft«[64] und *Ostler* berichtet von entsprechenden Vorschlägen der BRAK gegenüber dem BJM.[65] Letztlich hat sich der Gesetzgeber diesem Wunsch erneut verschlossen.[66] Allerdings konnten sich die Kammern teilweise mit der von ihnen gleichzeitig verfolgten Verschärfung der Voraussetzungen des § 20 I Nr. 1 BRAO durchsetzen. Ursprünglich konnte gemäß § 20 I Nr. 1 BRAO die Zulassung bei einem Gericht versagt werden, wenn der Bewerber innerhalb der letzten fünf Jahre in dem Bezirk des Landgerichts, in dem er zugelassen werden wollte, als Richter oder als Beamter auf Lebenszeit tätig war.[67] Diese Regelung ist auf maßgebliches Betreiben der auf Verschärfung drängenden Kammern[68] in eine Soll-Vorschrift geändert worden[69], wobei anzumerken ist, daß sich die Kammern mit der von ihnen favorisierten Ausdehnung der Sperrfrist auf zehn Jahre[70] nicht durchsetzen konnten.

c) Marktzugang für Ausländer

Entsprechend zögerlich verhielten sich BRAK und DAV im Hinblick auf die Öffnung des inländischen Rechtsberatungsmarktes (vgl. Art. 52ff. und Art 59ff. EWGV) für ausländische Anwälte. Der einzige Unterschied zu den bisher genannten Regelungskomplexen besteht darin, daß bei der Umsetzung von EG-Recht die Bundesregierung selbst auch eher verlangsamend in Brüssel wirkte.

So ist die gegenwärtige liberale Neufassung des RADG[71] auf eine Niederlage der Bundesregierung vor dem EuGH zurückzuführen, der das RADG alter restriktiver Fassung für nicht vereinbar mit EG-Recht erklärte.[72] Während der dienstleistende Anwalt nach § 4 I RADG a.F. für jede Verfahrenshandlung das Einvernehmen eines einheimischen Anwalts benötigte (sog. »Gouvernantenklausel«), ist der EG-Anwalt nach dem neuen RADG nicht mehr auf ansässige Kollegen angewiesen und darüberhinausgehend von der Zulassung an einem bestimmten Gericht mit Ausnahme des BGH freigestellt.

Bemerkenswert ist in diesem Zusammenhang, daß BRAK und DAV gegenüber der Bundesregierung bei der Umsetzung des EuGH-Urteils darauf gedrängt haben, ausländischen dienstleistenden Anwälten auch den Zugang zu den Oberlandesgerichten

---

[63] seit 1989: Nr. 11.

[64] *Heyl,* BRAO- eine Bestandsaufnahme, in: 25 Jahre BRAK, 25 (28).

[65] *Ostler* ZRP 1984, 257 (257).

[66] vgl. BT-Drucks. 11/3253, BGBl. I 1989, 2135 ff.

[67] BRAO vom 1.8.1959, BGBl. I S. 565.

[68] vgl. *Heyl* a.a.O. S. 29; BT-Drucks. 10/3854, S.26 sub c); vgl. BRAK-Stellungnahme zum Änderungsgesetzentwurf vom 15.10.1987, BRAK-Mitt 1988, 124 (124).

[69] vgl. BT-Drucks.11/3253 und das Gesetz zur Änderung des Berufsrechts der Rechtsanwälte und der Patentanwälte vom 13.12.1989, BGBl I S. 2135.

[70] vgl. BRAK-Stellungnahme zum Änderungsgesetzentwurf vom 15.10.1987, in: BRAK-Mitt 1988, 124 (124) und BT-Drucks. 10/3854 S. 26 sub c).

[71] RechtsanwaltsdienstleistungsG in der Neufassung vom 14.3.1990, BGBl. I 1990, 479.

[72] EuGH NJW 1988, 887 ff.; vgl. auch die amtl. Begründung zur Neufassung, BT-Drucks. XI/4793, S. 6 f.

zu versagen[73], obgleich der EuGH eine ausdrückliche Ausnahme (also eine europarechtliche Gestattung nationaler Zulassungsbeschränkung für EG-Anwälte) in dem genannten Urteil lediglich für die Anwaltschaft beim BGH machte.[74] Die Initiative der Organisationen scheiterte dementsprechend daran, daß der BJM eine solche Regelung für europarechtlich unzulässig hielt[75] und demzufolge in § 3 I 2 RADG n.F. für die Tätigkeit vor Oberlandesgerichten lediglich das sog. »Vier-Augen-Prinzip« normierte, also das Verbot in derselben Sache in beiden Instanzen tätig zu sein. Dennoch wird auch für diese verhältnismäßig milde Einschränkung der Dienstleistungsfreiheit die Vereinbarkeit mit Art 59, 60 EWGV bezweifelt.[76]

Neben dem genannten RADG, das die vorübergehende grenzüberschreitende Dienstleistung eines ausländischen Anwalts auf dem inländischen Rechtsberatungsmarkt regelt, ist für den Marktzugang durch Ausländer § 206 BRAO i.d.F. vom 13.12.1989[77] von Belang, der einem EG-Anwalt die Möglichkeit der Niederlassung und Mitgliedschaft in einer RAK eröffnet, sowie eine zwar gegenständlich begrenzte (ausländisches und internationales Recht), aber dauernde Rechtsberatungserlaubnis gewährt. Auch bei der Einführung dieser Regelung hat sich die BRAK ausgesprochen restriktiv verhalten. Während man der Regelung in § 206 I BRAO zustimmte, u.a. deswegen weil man EG-Ausländern nicht versagen konnte, was man sich selbst zeitgleich durch den neu zu schaffenden § 29a BRAO ermöglichen wollte (dazu unten II.4.), haben sich BRAK und DAV vehement -aber letztlich erfolglos- gegen die Einführung des zweiten Absatzes von § 206 gewehrt[78], der die Möglichkeiten des § 206 I auf Nicht-EG-Ausländer ausdehnt, sofern staatliche Gegenseitigkeit verbürgt ist. Dies geschah vor allem aus Furcht, daß US-amerikanische law firms in den bundesdeutschen Markt eindringen würden, ohne daß der mittelständisch geprägten bundesdeutschen Konkurrenz ähnliches gelingen könnte.[79] Inzwischen hat sich der Kampf auf die Ebene der Anerkennung verlagert, wo sich die BRAK gegen eine Anerkennung der USA wehrt, solange nicht Gegenseitigkeit mit jedem Einzelstaat verbürgt ist.[80]

Die dritte Regelung mit den weitestgehenden Konsequenzen für die Öffnung nationaler Märkte ist die sog. EG-Diplomanerkennungsrichtlinie vom 21.12.1988[81], die in der Hauptsache durch das Gesetz über die Eignungsprüfung für die Zulassung zur Rechtsanwaltschaft vom 6.6.1990[82] umgesetzt wurde. Auch hier haben sich BRAK und DAV, die in der CCBE-Kommission[83] paritätisch vertreten sind, zu Beginn

[73] Stellungnahme der BRAK zum BJM-Entwurf, BRAK-Mitt 1988, 184f.; *Winters,* Tätigkeitsbericht DAV 1988/1989, AnwBl 1989, 372 (375).

[74] EuGH NJW 1988, 887 (889).

[75] *Winters* a.a.O.; vgl. auch Äußerung des ParlStSekr im BJM *Jahn* in: BT-Drucks. XI/ 2860, S. 3 f.

[76] *Eidenmüller* Modern Law Review 1990, 604 (605 a.E.).

[77] BGBl. I, 2135.

[78] *Winters,* Tätigkeitsbericht des DAV 1988/1989, AnwBl 1989, 372 (375 a.E.f.); Stellungnahme der BRAK zum Änderungsentwurf vom 15.10.1987 in: BRAK-Mitt 1988, 124 (125) sowie auch 65. HV der BRAK, BRAK-Mitt 1989, 128 (128); vgl. weiterhin amtl. Begr. zu § 206 BRAO n.F. in: BT-Drucks. XI/ 3253, S. 17 sub A. a) bb).

[79] *Winters* a.a.O., S.376 Fn.51; *ders.* im Tätigkeitsbericht DAV 1987/ 1988, AnwBl 1988, 387 (390).

[80] BRAK-Mitt 1991, 132 (132).

[81] ABl.EG 1989, L 19, S.16.

[82] BGBl. I, 1349; abgedr. bei Feuerich, BRAO, III.8., S. 1092 ff.

[83] Beratende Kommission der Europäischen Anwaltschaften.

grundsätzlich dagegen gewandt, ausländischen niedergelassenen Anwälten überhaupt eine Rechtsberatungsmöglichkeit in deutschem Recht einzuräumen. Wie der Vorsitzende des BRAK-Ausschusses Niederlassungsrecht berichtet, war man mit dieser Ansicht aber in der CCBE »hoffnungslos isoliert«.[84] Infolgedessen versuchte man, die EG wenigstens daran zu hindern, den europaweiten Marktzugang in der relativ liberalen Weise einer gegenseitigen Anerkennung von Hochschulabschlüssen zu regeln; stattdessen forderte man eine eigene »Anwaltsrichtlinie«, die den Marktzugang selbst regeln sollte.[85] Als erkennbar wurde, daß man mit dieser Forderung nicht würde durchdringen können[86], verlegte sich die deutsche CCBE-Delegation darauf, dann wenigstens für eine Verschärfung der EG-Richtlinie zu sorgen, die nach dem Willen der EG-Kommission die Niederlassung im Ausland lediglich von der Absolvierung eines Anpassungslehrgangs (ohne Prüfung) und einer Anwaltsstage abhängig machen sollte.[87] Hier ist es BRAK, DAV und Bundesregierung gelungen, sich dergestalt durchzusetzen[88], daß die Rili dem nationalen Gesetzgeber die Wahl zwischen einem schlichten Anpassungslehrgang oder einer Eignungsprüfung als Zulassungsvoraussetzung ließ, die vom Bundesgesetzgeber für letztere ergriffen wurde.[89]

II. Regionalisierung der Berufsausübung/Marktsegmentierung durch BRAO, ZPO, RiliRA

1. Lokalisierung / Eingeschränkte Postulationsfähigkeit

Eine weitere Wettbewerbsbeschränkung[90] wird durch das Lokalisierungsprinzip bewirkt. Gem. § 18 BRAO i.V.m. § 78 ZPO in der derzeit noch geltenden Fassung[91] kann der Anwalt in allgemeinen Zivilsachen lediglich vor dem Landgericht als postulationsfähiger Parteivertreter tätig sein, an dem er zugelassen ist, so daß die Wahlmöglichkeit potentieller Klientel auf die Anzahl örtlich zugelassener Rechtsanwälte beschränkt ist. Die wettbewerbsbeschränkende Wirkung war vom Gesetzgeber gewollt[92] und wird von der Rechtsprechung als teleologischer Hintergrund der Norm anerkannt[93]. Trotzdem war die rechtpolitische Berechtigung dieser Norm seit jeher

---

[84] *Hüchting* BRAK-Mitt 1984, 2 (4).

[85] vgl. *Schmalz* BRAK-Mitt 1986, 1; *Winters* Tätigkeitsbericht DAV 1986/ 1987, AnwBl 1987, 302 (314).

[86] im Januar 1987 fügte sich die BReg der EG-Kommission, nun doch keine eigene Anwaltsrichtlinie zu verlangen, und gab sich mit der allgemeinen Hochschulanerkennungsrichtlinie zufrieden, vgl. BRAK-Mitt 1987, 117 (125).

[87] vgl. *Winters* a.a.O., S.314 f.; *ders.* AnwBl 1988, 387 (397 f.); *ders.* AnwBl 1989, 372 (376).

[88] vgl. *Winters* AnwBl 1989 a.a.O.

[89] BGBl. I 1990, 1349; s.auch entspr. Vorschlag der BRAK an den Bundesgesetzgeber in: BRAK-Mitt 1989, 58 (58 sub 1.).

[90] allgemein zur Definition der Wettbewerbsbeschränkung, *Möschel* § 4 I 1 a), Rn. 85 a.E.

[91] gemäß Art. 22 des Gesetzes zur Neuordnung des Berufsrechts der Rechtsanwälte und Patentanwälte vom 2.9.1994, BGBl. I S. 2278 tritt der neugefaßte § 78 I ZPO, der die Postulationsfähigkeit nur noch von der Zulassung an *einem* Amts- oder Landgericht abhängig macht (dazu unten) erst zum 1.1.2000 in Kraft.

[92] vgl. die Betonung von Konkurrenzschutzaspekten in der Begründung zum BRAO-E in: BT-Drucks. III/ 120, S.64: »(...) Zusammenballung der Mandate bei einer kleinen Zahl von Anwälten (...)«.

[93] BVerfG NJW 1990, 1033 (sub 1.); EGH Hamm AnwBl 1967, 35 (36); a.A.: *Schumann*, Überörtliche Sozietät, S. 31 Fn.12.

bestritten[94], so auch nach dem Zweiten Weltkrieg, als es galt, eine neue RAO zu schaffen.[95] Gleichwohl haben sich die Kammern seit jeher für die Beibehaltung dieses Grundsatzes eingesetzt. So sah der Entwurf der Anwaltskammervorstände im Bundesgebiet unverändert das Lokalisationsprinzip vor.[96] Ebenso hat sich die BRAK in den Vorarbeiten zur BRAO-Reform in den frühen achtziger Jahren für die Beibehaltung von Lokalisierung und Residenzpflicht ausgesprochen.[97] Gleichfalls haben sich die Kammern in der jüngst entfachten Diskussion um ein neues Berufsrecht – letztlich erfolglos –[98] erneut für die Beibehaltung der Lokalisation und der damit verbundenen beschränkten Postulationsfähigkeit eingesetzt.

Insbesondere der DAV hat sich angesichts der EuGH-Rechtsprechung zum RADG a.F. (vgl. oben I.2.) und der neuen (dienstleistende EG-Ausländer von der Lokalisierung entbindenden) Regelung in § 3 RADG für eine »Horizontalliberalisierung«[99] anwaltlicher Dienstleistungen eingesetzt und in seinem Vorschlag zur Neuordnung des Berufsrechts vorgesehen, daß der RA mit seiner Zulassung an einem bestimmten Gericht die Postulationsfähigkeit an allen anderen Gerichten erwirbt.[100] Die BRAK hat sich demgegenüber auf der 66.[101] (Oktober 1989) und der 67.[102] Hauptversammlung (Mai 1990) für die Beibehaltung der Lokalisierung in ihrem bisherigen Umfang ausgesprochen.[103] Entsprechend sieht auch die von der BRAK ausgearbeitete »Neuordnung des anwaltlichen Berufsrecht« die Beibehaltung der Lokalisierung vor.[104]

Der Gesetzgeber hat sich zum 1.1.2000 für die vom DAV vorgeschlagene Version entschieden.

2. *Zweigstellenverbot (überörtliche Sozietät)*

In engem Zusammenhang mit der rechtspolitischen Diskussion um die Lokalisierung steht die Debatte um das Zweigstellenverbot des § 28 BRAO bzw. um die Vereinbarkeit der überörtlichen Sozietät mit diesem Verbot.

---

[94] vgl. z.B. *Berger* JW 1913, »Zugabe« zu Nr. 13, S. 1 ff; *Friedlaender,* RAO, § 8 Rn. 1 m.w.Nachw.; *Kleine-Cosack* in: Beck'sches RA-Handbuch, H I, Rn. 93; *Hettinger* BRAK-Mitt 1988, 98 (98 f.); zur Geschichte der Diskussionen um diesen Regelungskomplex m.w.Nachw. *Boele,* Organisation von Rechtsanwaltssozietäten, S. 84 ff.

[95] vgl. z.B. *Geissler* NJW 1947/1948, 134 (136); *Heins* NJW 1958, 201 (202 f.).

[96] vgl. Text abgedruckt bei *Isele,* § 18 I.

[97] *Heyl* BRAK-Mitt 1982, 138 (139).

[98] vgl. Art 3 Ziff. 1 (§ 78 ZPO) des Gesetzes zur Neuordnung des Berufsrechts der Rechtsanwälte und Patentanwälte vom 2.9.1994, BGBl. I. S. 2278: » Vor den Landgerichten müssen sich die Parteien durch einen bei *einem* Amts- oder Landgericht zugelassenen Rechtsanwalt (...) vertreten lassen.«

[99] DAV-Vorstand AnwBl 1990, Beilage 4, S. 6.

[100] vgl. § 18 I des DAV-Entwurfs, AnwBl 1990, Beilage 4, S. 5.

[101] vgl. BRAK-Mitt 1989, 189.

[102] vgl. NJW 1990/28, S. X f.; BRAK-Mitt 1990, 76 (76): Abstimmungsergebnis 19:4.

[103] vgl. auch die Initiative der BRAK zur Einführung der Lokalisation in den fünf neuen Bundesländern: *Schmalz,* abgedruckt in: BRAK-Mitt 1990, 147 (148); vgl. ablehnende Antwort des BJM *Kinkel* in: BRAK-Mitt 1990, 219 (221).

[104] BRAK-Mitt Beiheft August 1990 = MDR 1990, 753 ff; diese Haltung wurde auf der 69. HV (Mai 1991) in Hamburg wiederum bekräftigt (vgl. Mitt. in AnwBl 1991, 624 f.).

Ursprünglich war es ständischer Konsens der letzten Jahrzehnte, daß die überörtliche Sozietät mit dem Standesrecht (vgl. § 28 RiliRA[105]) nicht vereinbar sei.[106] Die Debatte kam jedoch in Gang durch die Klopp-Entscheidung des EuGH[107], wonach das nationale Verbot EG-weiter überörtlicher Sozietäten gegen Art 52 EWGV verstößt, und die Entscheidungen des BVerfG[108], wonach die anwaltlichen Standesrichtlinien und damit auch § 28 I RiliRA nur noch in Ausnahmefällen zur Konkretisierung des § 43 BRAO herangezogen werden dürfen. Auch in dieser Diskussion ist der gegenwärtige liberale Stand gegen den Widerstand der Kammern erreicht worden.

Nachdem wegen des bekannten BVerfG-Urteils die RiliRA nicht mehr zur Ächtung der überörtlichen Sozietät herangezogen werden konnten[109], kam als einzige Verbotsnorm noch das Zweigstellenverbot des § 28 BRAO in Betracht. So verkündete die RAK Hamm dann auch in der Folgezeit nach der genannten Verfassungsgerichtsentscheidung, daß überörtliche Sozietäten gegen § 28 BRAO verstießen.[110] Demgegenüber war die RAK Düsseldorf seinerzeit der Auffassung, die überörtliche Sozietät sei de lege lata zulässig.[111] Die BRAK schloß sich auf der 65. HV (Juni 1989, Bamberg) mit 19 : 3 Stimmen[112] der Rechtsauffassung der RAK Hamm an und verkündete die de-lege-lata-Unzulässigkeit der überörtlichen Sozietät[113], obwohl inzwischen längst eine Diskussion über diese Frage entbrannt war und z. B. der vom DAV eingesetzte Expertenausschuß zum entgegengesetzten Ergebnis gekommen war.[114] Die BRAK revidierte diese Auffassung sehr widerwillig[115] erst, nachdem der BGH am 18. 9. 1989[116] erstmals die grundsätzliche Vereinbarkeit der überörtlichen Sozietät mit § 28 BRAO bejaht hatte[117], so daß auf der 66. HV der BRAK (Oktober 1989) von der Meinung berichtet wird, daß die »Diskussion über die de-lege-lata-Zulässigkeit der überörtlichen Sozietät längst von der Realität eingeholt«[118] worden sei. Die BRAK blieb jedoch weiterhin der eingeschlagenen Grundrichtung treu und sprach sich nun (67. HV im Mai 1990 in Münster) dafür aus, zumindest de lege ferenda die überörtliche Sozietät zu verbieten.[119] Erst auf der 69. HV (Mai 1991 in Hamburg) erkannte die Mehrheit der Kam-

---

105 Richtlinien der BRAK gem. § 177 II Nr. 2 BRAO a. F.; vgl. Anhang I., vollständig abgedruckt bei Feuerich, § 43 BRAO, Rn. 29 ff.

106 noch jüngst: *Zuck* in: Lingenberg/Hummel/Zuck/Eich, § 28 RiliRA, Rn.9; vgl. zur Geschichte im übrigen *Hartstang*, Anwaltsrecht, S. 58 ff.

107 AnwBl 1984, 608 f.

108 BVerfGE 76, 171 (188 f.)

109 vgl. *Zuck* in: Lingenberg/Hummel/Zuck/Eich, Teil N Rn. 62.

110 MittBl. der RAK Hamm 3/ 1988, S.5 im Wortlaut zitiert bei: Hartstang, Anwaltsrecht, S. 383 f.

111 sog. »Moerser Beschluß«, abgedr. in: AnwBl 1989, 390.

112 Hamburg, Düsseldorf, Berlin; Enthaltung: Stuttgart

113 BRAK-Mitt 1989, 137.

114 vgl. Arbeitsbericht der Arbeitsgruppe 4/5 im DAV-Ausschuß »Neues Berufsrecht«, AnwBl 1988, 568 (572 sub e)).

115 vgl. die Urteilsschelte der RAK Hamm in: MittBl. RAK Hamm vom 6. 11. 1989, S. 4 zitiert nach *Hartstang*, Anwaltsrecht, S. 68; vgl. ferner die Angaben bei *Teichmann* AnwBl 1991, 323 (323 sub 4., 5.).

116 BGHZ 108, 290 (294 f.).

117 seitdem ständige Rechtsprechung: BGH NJW 1991, 49 f.; BGH NJW 1991, 2780 (2781); OLG Hamm NJW 1991, 2650; OLG Nürnberg AnwBl 1990, 462 f.

118 BRAK-Mitt 1989, 189.

119 BRAK-Mitt 1990, 76 (77), Abstimmungsergebnis: 13 : 7; zur entgegengesetzten Auffassung des DAV-Vorstands: AnwBl 1990, Beilage 4/1990, S. 34 (§ 2 III BORA-E).

mern in der BRAK, daß angesichts der zwischenzeitlich erfolgten »Fusionswelle« ein Verbot nicht mehr durchsetzbar sein würde, und billigte auch de lege ferenda die überörtliche Sozietät.[120] Im Gesetz zur Neuordnung des Berufsrechts der Anwälte vom 2.9.1994 ist die überörtliche Sozietät dementsprechend als Kooperationsform zugelassen (§ 59a II 1 BRAO).[121]

3. Singularzulassung (§ 25 BRAO)

In der aktuellen Generaldebatte über ein neu zu schaffendes anwaltliches Berufsrecht ist auch die Berechtigung der in § 25 BRAO normierten Wettbewerbsbeschränkung, der Singularzulassung, diskutiert worden (sog. vertikale Liberalisierung). Wie bereits in allen anderen geschilderten Punkten gehört die BRAK auch in dieser Diskussion zu den Verfechtern einer konservativen und damit Wettbewerbsregulierung bewirkenden Lösung[122] und setzt sich damit dem Vorwurf aus, die Pfründe einer kleinen privilegierten Zahl von Anwälten zu verteidigen.[123] Entsprechend enthielt der BRAO-Entwurf der BRAK, der sich auf die Nennung vorzunehmender Änderungen beschränkte, auch keine Äußerungen zu § 25 BRAO[124] im Gegensatz zum Entwurf des DAV-Vorstandes, der sich für die bundesweite Einführung der Simultanzulassung einsetzt.[125] Der Gesetzgeber hatte urspünglich im Rahmen der BRAO-Reform eine Kompromißlösung in Aussicht genommen, wonach die Länder, in denen bislang die Singularzulassung gilt (vgl. §§ 25 i.V.m. 226 II BRAO), ermächtigt werden, bis 1999 die Simultanzulassung einzuführen (§ 25 II BRAO-E).[126] Wie § 25 i.d.F. vom 2.9.1994 zeigt, haben sich die Kammern durchsetzen können. Der Gesetzgeber hat von dem Entwurf Abstand genommen.

4. Wohnsitzpflicht (§ 27 II BRAO)

Die einzige Liberalisierung in diesem Regelungskomplex, die maßgeblich auf die Kammern zurückgeht, ist die Befreiung von Wohnsitzpflicht (§ 27 II BRAO) und Zweigstellenverbot (§ 28 I 1 BRAO) durch den neu eingeführten § 29a BRAO.[127] Jedoch beschränkt sich die Liberalisierung durch § 29 a BRAO auf den Wettbewerb auf ausländischen Märkten, auf denen der deutsche Anwalt in der Konkurrenz zu den angelsächsischen Kollegen wettbewerbsfähig werden sollte.[128] Für die Steigerung des

---

120 AnwBl 1991, 624 f., Abstimmungsergebnis: 20:6:2.

121 BGBl. I S. 2278.

122 vgl. Beschluß der 66. HV (Oktober 1989 in Bonn), BRAK-Mitt 1989, 189.

123 so z.B. *Lehne* (Präs. der RAK Düsseldorf) in: Handelsblatt vom 30.5.1990, S. 6; *Lechner* AnwBl 1991, 301 (303 f.).

124 vgl. BRAK-Mitt, Beiheft August 1990 = MDR 1990, 753 ff.

125 vgl. AnwBl 1990, Beilage 4/1990, S.14 sub 4a., sowie die inzwischen leicht modifizierte Fassung der DAV-Forderung (Wahlrecht der Bundesländer, die bislang Singularzulassung praktizieren) in: AnwBl 1991, 624 (624); zur Annäherung zwischen DAV und BRAK, vgl. *Schardey* AnwBl 1992, 290 (293).

126 BR-Drucks. 93/93.

127 BGBl. I 1989, 2135 ff.

128 vgl. entspr. Forderung der 54. HV (September 1983) in: BRAK-Mitt 1983, 159, des Präs. der BRAK Vigano in: BRAK-Mitt 1983, 102 (103) und BRAK-Mitt 1984, 19 sowie entspr. Drängen bei einem Gespräch im Kanzleramt, BRAK-Mitt 1988, 23; zum entspr. gesetzgeberischen Hintergrund: *Krumsiek* (JM-NRW), BR-Prot. 1988, 592, 349 C/Anl.; ParlStSekr im BJM *Jahn*, BT-Prot. 11/ 164, 12395.

Wettbewerbs auf dem inländischen Markt ist § 29a BRAO bedeutungslos, wenn man ihm nicht sogar wettbewerbsberuhigende Wirkung beimessen will, weil er durch die neueröffnete Möglichkeit der Dienstleistung im Ausland für eine gewisse Abwanderung junger deutscher Anwälte sorgen könnte, so daß sogar eine Entlastung inländisch tätiger Anwälte zumindest hypothetische Folge von § 29a BRAO ist.

III. Standesrecht (RiliRA)

Deutlicher als bei Einflußnahmen auf den Gesetzgeber treten bei der Standesrechtsetzung weitgehende Wettbewerbsregulierungen als Folgen des Kammerhandelns zutage. Zwar kam der BRAK gem. § 177 II Nr.2 BRAO a. F. bislang keine Rechtsetzungskompetenz zu,[129] wie sie z.B. Landesärztekammern haben. Die BRAK konnte lediglich die opinio communis feststellen. Die Entscheidung des BVerfG vom 14.7.1987, in welcher das BVerfG sein Verdikt maßgeblich auf die rechtsnormähnliche Handhabung der RiliRA stützt[130], zeigt aber anschaulich, daß den RiliRA de facto weitgehend Rechtsnormqualität beigemessen wurde.

1. Preiswettbewerb

Gemäß § 51 I 1 RiliRA[131] war es dem RA untersagt, geringere als von der BRAGO vorgesehene Gebühren zu fordern.[132]

Dieses Verbot der Gebührenunterschreitung war bereits in den Rili BrZone (Ziff. 30)[133] enthalten und ist von der BRAK 1957 (§ 39 RiliRA 1957[134]) übernommen worden. Es ist seitdem unveränderter Bestandteil des anwaltlichen Standesrechts.

Diese Regelung ist für die vorliegende Untersuchung aus zwei Gründen von Bedeutung.

Erstens veranschaulicht sie die Grundtendenz möglichst weitgehender Wettbewerbsregulierung. Die BRAGO[135] enthält im Gegensatz z.B. zur HOAI[136] kein ausdrückliches Verbot der Gebührenunterschreitung, so daß es sich bei § 51 I RiliRA bis zum nunmehrigen Inkrafttreten des § 49b BRAO eigentlich um ein originär standesrechtliches Verbot gehandelt hat.[137] Nach bestrittener Ansicht des BGH[138] sollte allerdings bereits aus dem Gesetzeszweck der BRAGO folgen, daß es sich bei den in der

---

[129] anders § 59 b I BRAO i.d.F. vom 2.9.1994, BGBl. I S. 2278.

[130] BVerfGE 76, 171 (186 ff.).

[131] s. Anhang I.

[132] so auch nunmehr § 49 b I BRAO i.d.F. vom 2.9.1994, BGBl. I S. 2278.

[133] abgedruckt bei Cüppers, RAO BrZone, S. 197.

[134] abgedruckt bei Kalsbach, Nach § 43 BRAO, S. 321.

[135] Bundesrechtsanwaltsgebührenordnung vom 26.7.1957, BGBl. I S. 907.

[136] Honorarordnung für Architekten und Ingenieure vom 17.9.1976, BGBl. I S. 2805, ber. 3616.

[137] so *Pietzke* GRUR Int 1979, 147 (157 f. sub b.).

[138] BGH NJW 1980, 2407 (2407 sub 4.b)); a.A.: *Hartmann/Albers*, § 3 BRAGO Anm. 3)A.; wohl auch: *Kleine-Cosack* § 43 BRAO Rn. 65; *Gelhausen*, Die staatlich gebundenen Berufe, S. 101 f.

BRAGO festgelegten Gebühren um Mindestsätze handelt.[139] Versteht man die BRAGO in diesem Sinne, so ist § 51 I RiliRA allerdings lediglich eine Gesetzesparaphrase gewesen.

Weiterhin zeigen die Ausnahmevorschriften zu § 51 I RiliRA, daß die Anwaltskammern dort zu Liberalisierungen bereit waren, wo sie auf externen Konkurrenzdruck zu reagieren hatten.

So ist der RA gem. § 51 VI[140] i.V.m. den Anlagen 1 und 2 zu den RiliRA befugt, in Beitreibungssachen, in denen die Inkassobüros der Rechtsanwaltschaft Konkurrenz machen[141], das Honorar im wesentlichen frei zu vereinbaren. Ebenso ist der RA gem. § 53 I RiliRA[142] berechtigt, abweichend von § 20 BRAGO für die laufende Beratung eine Pauschalvergütung zu vereinbaren. Auch diese Ausnahmevorschrift stellt eine Reaktion auf die standesfremde Konkurrenz durch die Nachbarberufe des Anwalts dar[143] und läßt sich auch heutzutage noch mit der Erwägung erklären, daß der freiberuflich tätige Anwalt gegenüber angestellten Juristen (Rechtsabteilungen, Syndici) und gegenüber ausländischer Konkurrenz wettbewerbsfähig bleiben soll.

2. *Kollegialität*

In § 18 I RiliRA[145] ist das allgemeine standesrechtliche Gebot der Kollegialität ausgesprochen. Es gebietet z.B. Höflichkeit im Umgang, verbietet unsachliche Kritik (vgl. § 18 III) oder die Abwerbung von Mandanten.[146] Es finden sich auch spezielle Ausformungen dieses Gebots verstreut in vielen Einzelvorschriften (§§ 19ff., 26, 29, 80 II, 81f.). Unter dem Gesichtspunkt der Wettbewerbsbeschränkung ist § 23 I RiliRA[147] von Interesse. Gem. § 23 I RiliRA war es dem Rechtsanwalt standesrechtlich verboten, gegen Kollegen desselben Landgerichtsbezirks ohne vorherige Androhung ein Versäumnisurteil zu beantragen, d.h. daß der Leistungswettbewerb zwischen den Anwälten auf Kosten der Mandantschaft, der in der Regel immer an einer zügigen Erledigung des Rechtsstreits gelegen sein wird, beschränkt wurde durch die Ausschaltung des Sanktionsmechanismus der §§ 330ff. ZPO.[148]

An § 23 I RiliRA zeigt sich die Neigung der BRAK an weitestgehender Wettbewerbsregulierung festzuhalten.[149] Seit dem Urteil des BVerfG vom 14.7.1987 zu den

---

[139] anders für die HOAI a.F. BVerfG WuW/E VG 298 ff; auf die Übertragbarkeit der Erwägungen des BVerfG auf die BRAGO weist *Harms* hin, NJW 1976, 1289 (1289).

[140] vgl. auch: Rili BrZone für die Gebührenberechnung in Beitreibungssachen, abgedr. bei Cüppers, a.a.O., S.213 ff.; § 79 RiliRA 1957 i.V.m. Anl. 1, 2 zu RiliRA 1957, abgedr. bei Kalsbach, a.a.O., S. 436.

[141] zum geschichtlichen Hintergrund *Lingenberg/Hummel/Zuck/Eich*, Anlage 1 zu den RiliRA Rn. 2.

[142] s. Anhang I.; vgl. auch: Ziff. 35 Rili BrZone, *Cüppers*, a.a.O., S.198; § 42 I RiliRA 1957, *Kalsbach*, a.a.O., S.342.

[143] vgl. *Lingenberg/Hummel/Zuck/Eich*, § 53 RiliRA Rn. 2.

[144] vgl. zur Präferenz US-amerikanischer Mandanten pauschal abzurechnen, *Lingenberg/Hummel/Zuck/Eich*, N Rn. 117.

[145] s. Anhang I; vgl. auch Ziff. 12 Rili BrZone; § 12 I RiliRA 1957; § 23 BORA-E 1990.

[146] vgl zu den Einzelfällen *Lingenberg/Hummel/Zuck/Eich* § 18 RiliRA Rn. 5 ff.

[147] vgl. auch: Ziff. 15 S. 2 Rili BrZone, § 16 II RiliRA 1957, § 27 BORA-E 1990.

[148] vgl. auch zum sog. »Düsseldorfer Anwaltskartell«, *Voß* AnwBl 1986, 185.

[149] in diesem Sinne auch *Kleine-Cosack* EWiR § 43 BRAO 1/91, S. 57 (57).

RiliRA lassen sich standesrechtliche Sanktionen, sofern die jeweiligen Rili nicht zur Aufrechterhaltung einer geordneten Rechtspflege unerläßlich sind, nur auf vorkonstitutionelles Gewohnheitsrecht stützen.[150] Dementsprechend verkündete der Richtlinienausschuß der BRAK, nachdem der BGH entschieden hatte, daß § 23 I RiliRA nicht zur Aufrechterhaltung einer geordneten Rechtspflege unerläßlich sei[151], daß es sich bei dem in § 23 I RiliRA formulierten Grundsatz um vorkonstitutionelles Gewohnheitsrecht handele[152], obwohl der EGH für Rechtsanwälte 1919 das Bestehen einer allgemeinverbindlichen Standesübung verneint hatte.[153] Dies ist nunmehr durch das BVerfG[154] klargestellt, so daß sich zwischenzeitlich auch die BRAK nicht mehr der Einsicht wird verschließen können, daß es einem Rechtsanwalt erlaubt ist, im wohlverstandenen Mandanteninteresse, dem gemäß § 21 RiliRA grundsätzlich der Vorrang vor kollegialer Rücksichtnahme gebührt, Antrag auf Erlaß eines Versäumnisurteils zu stellen.

3. Werbung

Gemäß § 43 BRAO a.F. i.V.m. § 2 RiliRA war dem Rechtsanwalt die Werbung um Praxis bzw. die Duldung fremder Werbung zu seinen Gunsten untersagt. Dieses Werbeverbot, das seit der Jahrhundertwende als Standesrecht Geltung beansprucht[155] und auch nach dem Zweiten Weltkrieg beibehalten wurde[156], entfaltet insofern wettbewerbsbeschränkende Wirkung, als dadurch, daß dem Rechtsanwalt nur beschränkte Information potentieller Klientel gestattet wird, faktisch die Wahlmöglichkeiten der Marktgegenseite beeinträchtigt werden.

Wie in den bereits dargestellten Themenkreisen vertreten die Kammern auch hinsichtlich des Werbeverbots eine konservative, auf Regulierung beharrende Position. Sämtliche wettbewerbseröffnenden Maßnahmen, also den Grundsatz des § 2 RiliRA durchbrechende Einzelregelungen, gehen auch im Bereich des Werbeverbots nahezu ausschließlich auf äußeren Druck zurück.[157]

a) Fachanwaltschaften

Die weitestgehende Durchbrechung des Werbeverbot-Grundsatzes stellt wohl die Zulassung von Fachanwaltsbezeichnungen nach § 76 RiliRA am 10.10.1986 durch die 60. HV (Freiburg) der BRAK[158] und nach §§ 42a–d BRAO durch den Bundesgesetzgeber im Jahre 1991 dar.[158a]

---

150 BVerfGE 76, 171 (188 f.).

151 BGH NJW 1991, 42 (43).

152 BRAK-Mitt 1991, 33 (34); so auch bereits nach der Entscheidung des BVerfG, vgl. BRAK-Mitt 1988, 11 (13); so auch *Lingenberg/Hummel/Zuck/Eich*, Teil N Rn. 56.

153 EGHE XVIII, 210 (212).

154 BVerfG NJW 1993, 121 (122).

155 vgl. z.B. EGHE I, 28 (32); EGHE XIII, 5 (7).

156 vgl. *Cüppers*, RAO BrZone, § 35 Anm. 4 f.

157 so auch *Ring*, Wettbewerbsrecht der freien Berufe, S. 325 a.E.

158 vgl.BRAK-Mitt 1986, 198 f.

158a »Gesetz zur Änderung des Berufsrechts der Notare und der Rechtsanwälte« vom 29.1.1991, BGBl. I S. 150; nunmehr § 43c BRAO i.d.F. vom 2.9.1994, BGBl. I S. 2278.

Auf den ersten Blick mag es scheinen, als sei gerade der Bereich der FA-Bezeichnungen denkbar ungeeignet, den Nachweis im o.g. Sinne zu erbringen. Gerade bei der Einführung dieser erlaubten Werbung hatte die BRAK eine Vorreiterrolle inne. Schon unter der Geltung der RAO BrZone führte die »Vereinigung der Vorstände der Rechtsanwaltskammern der Britischen Zone« den Fachanwalt (FA) für Verwaltungsrecht ein.[159] Auch die bundesweite Einführung des FA für Steuerrecht am 4./5. Mai 1964 durch die 13. HV der BRAK erfolgte autonom; und schon im Jahre 1978, also 13 Jahre vor der Realisierung durch den Gesetzgeber[160] legte die 44. HV der BRAK einen thesenartigen Gesetzentwurf zur Einführung von FA-Bezeichnungen vor[161], bzw. appellierte die 49. HV der BRAK an den bislang immer noch untätigen Gesetzgeber, nunmehr auf dem Gebiet der FA-Bezeichnungen tätig zu werden.[162] Erst 1985 legte die Bundesregierung einen Gesetzentwurf vor[163], der zwar am 3.10.1985 noch das Stadium der ersten Lesung im Bundestag erreichte[164], der jedoch zum Erliegen kam, als sich im Herbst 1986 die Gegner dieses Vorhaben[165] im Rechtsausschuß des Bundestages durchsetzten[166], so daß schließlich die 60. HV der BRAK im Jahre 1986[167] autonom durch Rili-Beschluß die Gesetzeslage von 1991 antezipierte.[168]

Nach alledem scheint ausgerechnet die Einführung der FA-Bezeichnung ungeeignet zur Stützung der o.g. These. Tatsächlich ist es jedoch so, daß die Einführung der FA-Bezeichnung lediglich eine Reaktion auf den Wettbewerb externer, standesfremder Konkurrenz darstellt und lediglich dazu dient, verlorenen Boden als Stand insgesamt wiedergutzumachen.[169] Eine beschränkte Erhöhung der Transparenz anwaltlicher Fähigkeit und Dienstleistung war dabei nur in Kauf genommene Nebenfolge.[170]

Diese Erklärung wird plausibel, wenn man Zeitpunkt und Art der Einführung der FA-Bezeichnungen genauer betrachtet. Die prompte Zulassung von Fachanwälten für Steuerrecht und für Verwaltungsrecht in der BrZone 1948 läßt sich mit dem Konkur-

---

[159] vgl. Angaben bei *Holste* AnwBl 1956, 33 (33); vgl. auch Ziff 55 der RiliRA BrZone, abgedruckt bei *Cüppers* a.a.O., S. 205.

[160] BGBl. I, 150 ff.

[161] vgl. *Lingenberg/Hummel/Zuck/Eich,* § 76 RiliRA Rn. 13.

[162] abgedruckt bei: Lingenberg/Hummel/Zuck/Eich § 76 RiliRA Rn. 15; Schardey, Fachgebietsbezeichnungen, S.40.

[163] BReg-Drucks. 256/85.

[164] BT-Prot. 10/162, 12157–12164.

[165] hierzu zählten auch Gewerkschaften (vgl. Schmalz BRAK-Mitt 1984, 57 [57]) und das BM f. Arbeit (vgl. BRAK-Mitt 1984, 169 [170]).

[166] vgl. *Hartstang,* Anwaltsrecht, S.132; vgl. auch entspr. Äußerungen von Mitgliedern des Rechtsausschusses vor dem DAV: *Kleinert* AnwBl 1986, 474 (475); *Schwenk* AnwBl 1986, 478 (479).

[167] BRAK-Mitt 1986, 198 f.

[168] Hierbei mag auch eine Rolle gespielt haben, daß die Sozialpartner, die gerade im Arbeitsrecht durch ihre Verbandsvertreter der Anwaltschaft erhebliche Konkurrenz machen, am Verfahren zur Vergabe von Fachanwaltsbezeichnungen nach Überlegungen des Gesetzgebers beteiligt werden sollten, vgl. BRAK-Mitt 1985, 22.

[169] vgl. aus der Arbeit der BRAK: BRAO-Novelle, BRAK-Mitt 1982, 15 (15): »Inzwischen setzt sich immer mehr die Erkenntnis durch, daß die Spezialisierung und deren Kundbarmachung für die Anwaltschaft unverzichtbar sind, wenn sie nicht weiter an Terrain verlieren will.«; vgl.auch entspr. Äußerung des BRAK-Präs. *Vigano* in: BRAK-Mitt 1983, 49.

[170] so auch *Kleine-Cosack* NJW 1992, 785 (785); kritisch auch *Taupitz* MDR 1989, 489 (489).

renzdruck von Steuerberatern und den damals noch auf der Grundlage des Preuß. Gesetzes über die Vertretung vor den Verwaltungsgerichten[171] tätigen Verwaltungsrechtsräten erklären.[172] Dazu paßt, daß die Arbeitsgemeinschaft der Kammervorstände im Bundesgebiet im Jahre 1955 beschloß, für den FA für Verwaltungsrecht fürderhin keine Genehmigung mehr zu erteilen[173], nachdem die neue Regelung in der BRAO absehbar wurde[174], daß nämlich gem. § 232 II BRAO mit Einführung der BRAO am 1.8.1959[175] die bis dahin zulässige Rechtsberatung durch Verwaltungsrechtsräte endete, welche gem. § 209 BRAO in die Kammern zu übernehmen waren. Entsprechend läßt sich die Beibehaltung des FA für Steuerrecht seitens der BRAK mit dem fortdauernden Konkurrenzdruck durch Steuerberater erklären.[176]

Gleiches läßt sich für den Beschluß von 1986 sagen. Bereits die Befassung der BRAK 1978 mit dem Thema der FA-Bezeichnung, die zu dem genannten thesenartigen Entwurf führte, ist in erster Linie durch die Angst motiviert worden, der Gesetzgeber würde durch ein zu schaffendes Prozeßvertretungsgesetz Verbandsvertreter an den obersten Bundesgerichten zulassen.[177] Am 30.9.1975, als die bezeichneten Gesetzgebungsabsichten nämlich noch nicht absehbar waren, hatte man die Wiedereinführung des FA für Verwaltungsrecht noch abgelehnt.[178]

Letztlich wird die Motivation der BRAK auch daran deutlich, daß thematisch nur für die Bereiche FA-Bezeichnungen zugelassen worden sind, in denen mangels Anwaltszwangs[179] und wegen der spezialgesetzlichen Ausnahmen zu § 157 I ZPO[180] der Anwaltschaft ernsthafte standesfremde Konkurrenz durch Gewerkschaften, Rentenberater etc.[181] erwachsen ist.

Insgesamt zeichnen sich also Motivation und Wert der Wettbewerbseröffnung bei Einführung der FA-Bezeichnungen durch ständisches Konkurrenzdenken aus. Sie sind nicht auf Eröffnung eines Binnenwettbewerbs zwischen den Anwälten gerichtet.[182] Dementsprechend ist auch gewichtigstes Argument innerhalb der Anwaltschaft gegen die Einführung der FA-Bezeichnung gewesen, daß es zu einem Konkurrenz-

---

[171] Gesetz v. 25.5.1926, Preuß. Gesetzessammlung 1926, S. 163 ff. (Nr. 13093).

[172] so: *Brangsch* NJW 1980, 1817 (1820); *Roesen* AnwBl 1975, 3 (4); *Sue,* Rechtsstaatliche Probleme, S. 159; *Vogel* AnwBl 1982, 401 (403).

[173] vgl. Angaben bei *Holste,* AnwBl 1956, 33 (33).

[174] *Vogel* a.a.O.

[175] BGBl. I, S. 565.

[176] so z.B. *Hartstang,* Anwaltsrecht, S. 124.

[177] vgl. Abschnitt II (insbes.1.) der Thesen der BRAK, abgedruckt bei: Lingenberg/Hummel/Zuck/Eich § 76 Rn. 13; *Schardey,* Fachgebietsbezeichnungen, S. 38 f.; so auch die Deutung bei *Hartstang,* a.a.O., S. 126; vgl. auch entsprechende Äußerung des Vors. des BRAK-Ausschusses für FA-Bezeichnungen, *Schardey,* in: AnwBl 1979, 256 (258).

[178] vgl. *Hartstang* a.a.O.; vgl. auch die entgegengesetzte Reaktion des DAV einen Monat später, AnwBl 1975, 424.

[179] vgl. § 67 VwGO, § 73 SGG, § 11 ArbGG.

[180] vgl. §§ 73 VI 2 SGG, 11 II 2 ArbGG.

[181] vgl. auch Aufzählung bei *Wettmann/Jungjohann,* Inanspruchnahme anwaltlicher Leistungen, S. 24; vgl. zum entspr. Motiv der BRAK auch die Äußerungen von *Schardey* in: AnwBl 1979, 256 (258); AnwBl 1981, 259 (259 a.E. f.); sowie zum DAV: Rabe, AnwBl 1981, 253 (254); *Schardey* AnwBl 1992, 290 (292).

[182] so auch und zum folgenden: *Brangsch* NJW 1980, 1817 (1820 f.).

kampf zwischen Fachsozietäten und dem klassischen Generalisten kommen könnte.[183] Daß die Markttransparenz innerhalb des anwaltlichen Marktes nicht erhöht werden sollte, wird auch daran äußerlich deutlich, daß die Bezeichnung »Rechtsanwalt *und* Fachanwalt« lautet, um deutlich zu machen, daß auch der FA weiterhin in der Lage bleibt, allgemeine Mandate zu übernehmen.[184]

b) Sonstige Lockerungen des Werbeverbots (bis 1987)

Als sonstige autonome Lockerungen des Werbeverbots in der Nachkriegszeit verdienen noch Erwähnung: die Befugnis, sich in ausländische Auswahlverzeichnisse aufnehmen zu lassen (§ 73 IV RiliRA); die Veröffentlichung (eines durch Selbstbenennung zustandegekommenen) Verzeichnisses aller Rechtsanwälte, die vor dem Deutschen Patentamt tätig sind seitens der BRAK; die erweiterte Befugnis zur Führung von Titeln (§ 78 RiliRA) sowie die Möglichkeit durch Selbstbenennung in Fachgebietslisten aufgenommen zu werden, die von örtlichen Anwaltsvereinen oder Anwaltskammern geführt werden.

Auch hier gilt, daß in erster Linie externer Konkurrenzdruck ausschlaggebend war. Die Ausnahme in § 73 IV RiliRA[185] war motiviert durch Konkurrenzerwägungen gegenüber Kollegen auf ausländischen Märkten.[186] Desgleichen läßt sich auch die Edition eines Verzeichnisses vor dem Deutschen Patentamt tätiger Rechtsanwälte durch die BRAK, das vom Patentamt an ausländische Anmelder verschickt wird (vgl. §§ 25 PatG, 35 WZG), vor allem mit der standesfremden Konkurrenz durch Patentanwälte erklären[187], die ihrerseits schon seit längerem ein solches Verzeichnis herausgeben und in der Hauptsache die Vertretung von Ausländern gegenüber dem Patentamt erledigen.[188]

Für die sog. Fachgebietslisten, die von manchen Anwaltsvereinen bzw. -kammern geführt werden, gelten – sofern sie überhaupt Werbewirkung entfalten – teilweise entsprechende Erwägungen wie bei der Einführung von FA-Bezeichnungen.[189] Im übrigen geht ihre Einführung nicht auf die Kammern zurück, sondern stellt vielmehr eine »Selbsthilfe«[190] der Anwaltsvereine dar[191], deren Vereinbarkeit mit dem geschriebenen Standesrecht weiterhin bezweifelt wurde.[192]

Eine wenn auch marginale, so doch autonome Lockerung des Werbeverbots stellt allerdings die erweiterte Befugnis zur Führung von akademischen Graden, Titeln etc. dar, wie sie nach dem Sodener Beschluß der BRAK vom 11.5.1957 seinerzeit in § 70

[183] vgl. nur *Schardey* AnwBl 1979, 256 (258 a.E. f.).

[184] *Hartstang*, Anwaltsrecht, S. 127; sehr kritisch dazu *Kleine-Cosack* NJW 1992, 785 (785 a.E.).

[185] zur Einführung dieser Ausnahmevorschrift vgl. *Roesen* AnwBl 1975, 3 (4).

[186] so: *Brangsch* NJW 1980, 1817 (1820 f.); *Vogel* AnwBl 1982, 401 (403); *Ring*, Wettbewerbsrecht der freien Berufe, S. 325; vgl. auch *Lingenberg/Hummel/Zuck/Eich* § 73 RiliRA Rn. 15.

[187] so *Brangsch* NJW 1980, 1817 (1820); mißverständlich *Ring* a.a.O., S.325.

[188] vgl. *Benkard/Schäfers* § 25 PatG Rn. 10.

[189] so auch: *Ring* a.a.O.

[190] *Roesen* AnwBl 1975, 3 (5).

[191] vgl. DAV in AnwBl 1976, 385; *Brangsch* AnwBl 1977, 274 (280 f.); *Rabe* AnwBl 1979, 248 (248); *Demmer* AnwBl 1980, 274 (279); eingehend zur Spezialistenkartei des Berliner AV: *Scholz* AnwBl 1981, 209 ff.

[192] *Lingenberg/Hummel/Zuck/Eich* § 73 RiliRA Rn. 14.

der RiliRA[193] bzw. gegenwärtig in § 78 RiliRA ihren Niederschlag gefunden haben[194], wobei jedoch anzumerken ist, daß § 78 III RiliRA in seiner jetzigen liberalen Fassung wiederum Ergebnis einer Entscheidung des BVerfG ist[195], das den ursprünglich zu Gunsten der Kammern vorgesehenen Genehmigungsvorbehalt im Hinblick auf das Führen ausländischer Grade für verfassungswidrig erklärte.

c) Die Entscheidungen des BVerfG vom 14.7.1987 – 1 BVR 537/81 und 195/87[196]

Es fügt sich in das gezeichnete Bild, daß die liberale Neufassung des Werbeverbots als Verbot nur berufswidriger Werbung, wie sie die BRAK nunmehr für eine zukünftige Berufsordnung für Rechtsanwälte ins Auge gefaßt hat (vgl. §§ 12–16 BORA-E[197]), ausschließlich eine Reaktion auf die o.g. Verfassungsgerichtsurteile darstellt. Zuvor hat es zwar nie an Stimmen gefehlt hat, die angesichts zunehmender Rechtszersplitterung und Spezialisierung eine Überprüfung der opinio communis verlangt hatten.[198] Dies hatte jedoch in keinem Fall zu einer entsprechenden Reaktion der BRAK geführt.[199]

Entsprechend hat der Rili-Ausschuß der BRAK noch am 10.8.1991 die Auffassung vertreten, das Dt. Anwaltsverzeichnis sei wettbewerbs- und berufswidrig, weil die angegebenen Tätigkeitsschwerpunkte auf Selbsteinschätzung beruhten und daher irreführend seien[200], eine Ansicht, die in bemerkenswertem Gegensatz zur Praxis der BRAK steht, an ausländische Patentanmelder ein durch Selbstbenennung zustandegekommenes Verzeichnis deutscher Rechtsanwälte versenden zu lassen (vgl. oben b). Diese Einschätzung der BRAK ist zwischenzeitlich durch die Entscheidung des BVerfG vom 17.2.1992 zum Anwaltssuchservice obsolet geworden[201] und wurde auch schon in jenem Verfahren nicht mehr vertreten.[202]

---

193 vgl. *Kalsbach,* BRAO, S. 417.

194 zur vorherigen Rechtslage vgl. *Kalsbach,* BRAO, S. 417 f.; *Cüppers,* RAO BrZone, Ziff. 56 RiliRA, abgedr. auf S. 205; zur zukünftigen Rechtslage, vgl. § 13 BORA-E, MDR 1990, 753 (758).

195 BVerfG NJW 1974, 232 ff.

196 BVerfGE 76, 171 ff.

197 abgedr. in: MDR 1990, 753 (758).

198 *Redeker* NJW 1973, 1153 (1158); *Roesen* AnwBl 1975, 3 (4 f.); *Hempfing/Röhm* JZ 1977, 710 (712); *Wöhler* AnwBl 1978, 342 (344 sub IV.); *Pietzke* GRUR Int 1979, 147 (159 sub III.); *Brangsch* NJW 1980, 1817 (1821 f.); *Jarras* NJW 1982, 1833 (1839 f. sub 5.); *Kötz,* Anwaltsberuf im Wandel, 79 (89 ff); *Kornblum* BB 1985, 65 (68 sub 2., 71 f.); aus betriebswirtschaftlicher Sicht: *Köhler,* Das Werbeverbot für Rechtsanwälte und Steuerberater, S. 218 ff.

199 vgl. z.B. vielmehr den öffentlichen Brief des Präsidenten der BRAK *Schmalz* an seinen Kollegen vom DAV »Das Werbeverbot gilt noch«, BRAK-Mitt 1987, 22; daß der BRAK-Entwurf im übrigen zur Werbung viel restriktiver gehalten ist als der entsprechende Entwurf des DAV (abgedr. in Beilage zu AnwBl 4/1990, S. 36 f.: § 6), entspricht dieser Grundhaltung.

200 BRAK-Mitt 1991, 208

201 BVerfG AnwBl 1992, 182 f. = NJW 1992, 1613 f.

202 BVerfG a.a.O, 182 sub I.3.

IV. Deregulierung

Die Bundesrepublik ist Mitglied der OECD und im GATT. Beide Organisationen haben sich mit der Wettbewerbssteigerung durch Deregulierung auf dem Markt für Dienstleistungen freier Berufe beschäftigt.[203] Unter anderem aus diesem Grund[204] hat die Bundesregierung 1987 eine unabhängige Expertenkommission eingesetzt, die u.a. Vorschläge zur Deregulierung des Rechtsberatungsmarktes ausarbeiten sollte.[205] Auch in Zusammenarbeit mit dieser Kommission, die sich mit sämtlichen Regulierungen auf dem Rechtsberatungsmarkt auseinandergesetzt hat, zeichnet sich die BRAK durch eine konservative und unkooperative Haltung aus. In einem polemischen Aufsatz[206] bezweifelte der damalige Präsident der BRAK, *Schmalz,* die Kompetenz der Kommission, die er »sog.« Deregulierungskommission nannte, und warf ihr u.a. vor, nicht lege artis vorgegangen zu sein. An einem Treffen mit Kommissionsmitgliedern zur Anhörung der BRAK nahm deren Präsident aus zweifelhaften Gründen gar nicht erst teil.[207] Daß ein solches Verhalten auch bei kritischer Distanz gewiß nicht der Sache wegen geboten war, zeigt das entgegengesetzte Verhalten der ABDA[208], die sich – unaufgefordert und unmittelbar nicht betroffen – in einer ausführlichen Stellungnahme mit einem entsprechenden Fragenkatalog der Deregulierungskommision auseinandersetzte.[209]

Zusammenfassung zu B.:

Die Rechtsanwaltskammern haben in der Vergangenheit in vielfacher Weise Einfluß genommen, um einer Aufweichung des Rechtsberatungsmonopols entgegenzuwirken. Daneben sind auch Maßnahmen ergriffen worden, um den Marktzutritt für Externe zu erschweren.

Hinsichtlich der berufsrechtlichen Regulierung des Binnenwettbewerbs gilt, daß die Kammern, soweit es um formalgesetzliche Normen geht (§ 18 BRAO i.V.m. § 78 ZPO, § 25 BRAO, § 28 BRAO), dem Gesetzgeber gegenüber für eine Beibehaltung der bestehenden Wettbewerbsbeschränkungen plädiert haben.

Die standesrechtliche Regulierung des Binnenwettbewerbs (z.B. §§ 23, 28, 2ff. RiliRA) ist gekennzeichnet durch eine konservative, auf möglichst weitgehende Ausschaltung des Wettbewerbs gerichtete Grundhaltung.

---

203 vgl. z.B. Bericht des Wettbewerbsausschusses der OECD, Competition Policy and Deregulation; zur Uruguay-Runde im GATT vgl. *Opelz* ÖNZ 1991, 278 ff.

204 vgl. Mandat der Deregulierungskommission, abgedr. in: Deregulierungskommission, Marktöffnung und Wettbewerb, S. V sub 1.

205 abgedruckt in: Deregulierungskommission, Marktöffnung und Wettbewerb, S. 102 ff.

206 *Schmalz* BRAK-Mitt 1989, 121.

207 zu diesem Eklat detailliert: Antwort d. ParlStSekr Dr. *Riedel* auf Anfrage des MdB *Lüder* in: BT-Drucks. XI/ 5430, Nr. 23, S. 10.

208 »Arbeitsgemeinschaft der Berufsvertretungen Deutscher Apotheker«, Mitglied: Bundesapothekerkammer.

209 vgl. Jahresbericht der ABDA 1988/1989, S. 41 f., abgedruckt in: PZ 1989/ Beilage zu Heft 37.

C. Die Kammern sonstiger rechts- und wirtschaftsberatender Berufe

I. Die Wirtschaftsprüferkammer

Gemäß § 58 I WPO[210] sind alle Wirtschaftsprüfer (WP) Mitglieder der Wirtschaftprüferkammer (WPK). Regionale Wirtschaftsprüferkammern sind nach der WPO im Gegensatz zur BRAO nicht vorgesehen.

1. Monopolisierung der Beratung

Als Haupttätigkeitsgebiet des Wirtschaftsprüfers nennt § 2 I WPO die Durchführung von Buchprüfungen und die Erteilung entsprechender Bestätigungsvermerke. Die Durchführung des Jahresabschlusses ist gemäß § 319 I 1 HGB Angehörigen des Berufsstandes der Wirtschaftsprüfer vorbehalten.[211] Daneben gibt es noch zahlreiche Einzelvorschriften, die Prüfervorbehalte normieren, diese Tätigkeiten aber nicht ausschließlich dem Berufsstand der Wirtschaftsprüfer vorbehalten.[212]

Weiterhin ist der Wirtschaftsprüfer gem. § 2 II WPO i.V.m. § 3 I Ziff.2 StBerG auch unbeschränkt zur geschäftsmäßigen Hilfeleistung in Steuersachen berechtigt.

Außerdem ist ihm in Art 1 § 5 Ziff. 2 RBerG eine partielle Rechtsberatungserlaubnis eingeräumt für jene Angelegenheiten, die mit den Aufgaben des Wirtschaftsprüfers in unmittelbaren Zusammenhang stehen.[213]

Daneben kann der Wirtschaftsprüfer in den Grenzen des § 43a WPO auch jede sonstige Tätigkeit nichtgewerblicher Art (vgl. § 43a III Nr.1 WPO) ausüben (z.B. allgemeine Unternehmensberatung, Konkurs- oder Nachlaßverwaltung, Testamentsvollstreckung etc.).

Maßnahmen der Wirtschaftsprüferkammer, die auf Ausweitung der Tätigkeitsvorbehalte gerichtet wären, sind ebensowenig ersichtlich wie Forderungen nach Zugangsbeschränkungen für den Beruf des Wirtschaftsprüfers.

Soweit es in der Vergangenheit zu Reibereien zwischen Wirtschaftsprüfern und Rechtsanwälten wegen der Reichweite der Rechtsberatungserlaubnis nach Art 1 § 5 Ziff. 2 RBerG gekommen ist[214], gingen diese nicht von der Wirtschaftsprüferkammer aus.[215] Ähnliches gilt für den in den achtziger Jahren zwischen Wirtschaftsprüfer- und Steuerberaterverbänden ausgetragenen Streit um die Ausdehnung des Prüfervorbehalts auf Gesellschaften mit beschränkter Haftung, die durch die 4. EG-(Bilanz)Richtlinie notwendig geworden war.[216]

---

[210] Wirtschaftsprüferordnung vom 24.7.1961, BGBl. I S. 1049, i.d.F. vom 15.7.1994, BGBl. I S. 1569.

[211] weitere Wirtschaftsprüfervorbehalte z.B. in: § 258 IV AktG; § 340 k HGB i.V.m. §§ 27, 29 KWG; §§ 359 II i.V.m. 340b I, III AktG.

[212] Allgemeine Prüfervorbehalte z.B. in: §§ 33 II, III AktG; § 52 IV AktG; § 342 AktG; § 315 AktG; § 71 II 2, III GmbHG; § 143 AktG; ausführliche Übersicht im Wirtschaftsprüferhandbuch 1992, Band 1, Teil D.

[213] zu diesem Abgrenzungsmerkmal vgl. *v. Schweinitz,* Rechtsberatung durch Nichtjuristen, S. 187 ff.

[214] vgl. WP-Handbuch 1977, Berufsrechtlicher Teil IV B., S. 136 ff.

[215] vgl. z.B. BGH NJW 1967, 1558 ff.

[216] vgl. dazu z.B. *Budde* WPg 1986, 123 ff; s.a. Aussprache zur 2. Lesung des BiRiLiG, BT-PlenProt 10/181, Sp. 13733 ff.

2. *Standesrecht (RiliWP)*

Gemäß § 57 II Ziff. 5 WPO ist die Wirtschaftsprüferkammer befugt, die Auffassung der Standesangehörigen zur Berufsausübung durch Richtlinien (RiliWP) festzustellen. Im Hinblick auf die Wettbewerbsregulierung unterscheiden sich die RiliWP von den RiliRA vor allem durch das bislang geringere Maß an Wettbewerbsbeschränkungen. Dies könnte neben einer möglicherweise liberaleren Grundeinstellung darauf zurückzuführen sein, daß die Standesordnung der WP im Vergleich zu jener der Rechtsanwaltschaft noch verhältnismäßig jung ist. Kennzeichnende Tendenz ist bei der Entwicklung des Standesrecht der WP seit 1945 eine steigende Regelungsdichte, ohne daß man allerdings von einer allgemeinen Tendenz zur Konkurrenzreduzierung sprechen könnte.

a) *Preiswettbewerb*

Gem. § 55 WPO ist der BMWi ermächtigt, eine Gebührenordnung für WP zu erlassen. Bislang ist eine solche Gebührenordnung jedoch nicht ergangen.

Gem. Ziff. 1 lit c) der »Richtungsweisenden Feststellungen« zu Ziff. VI der RiliWP 1987[217] ist lediglich die Vereinbarung eines Erfolgshonorars berufswidrig. Von sonstigen Versuchen standesrechtlicher Regulierung des Preiswettbewerbs hat die Wirtschaftsprüferkammer abgesehen. Dies ist im Vergleich zu Kammern anderer freier Berufe[218] um so bemerkenswerter, als mangels Gebührenordnung zwischen WP somit grundsätzlich[219] freier Preiswettbewerb besteht. Soweit das BKartA unzulässige Preisempfehlungen i.S.v. § 38 I Ziff. 11 GWB gerügt hat[220], gingen diese ausschließlich auf das privatrechtlich organisierte »Institut der Wirtschaftsprüfer in Deutschland e.V.« (IdW) zurück.[221] Eine aktive Unterstützung durch die WPK ist – soweit ersichtlich – nicht erfolgt.

b) *Marktsegmentierung*

Während die Rechtsanwaltskammern das Standesrecht auch zur Marktsegmentierung eingesetzt haben (s.o. II. 2.), beschränkt sich die WPK in Ziff. III. 1. f. RiliWP 1987[222]

---

217 s. Anhang III.; vollständig abgedruckt bei Mutze/Schöne, StB/StBv Handbuch, Band II, Anhang, Kennzahl 1650; vorherige Fassungen: richtungsweisende Feststellung lit.a) Ziff. 3 zu Ziff VI der RiliWP 1964 [abgedruckt bei Nake/Hoch/Mühlhäußer/Haaga, SteuerberatungsG, Fach R 300]; ebenso RiliWP 1977 [abgedruckt bei Klöckner/Mittelsteiner/Gehre, Handbuch der Steuerberatung, Gr 8 (2)].

218 zur Beteiligung von Zahnarztkammer und kassenzahnärztlicher Vereinigung an Preisabsprachen und damit zusammenhängender Druckausübung, vgl. BKartA TB 1961, S. 49; zu entspr. Maßnahmen von Architektenkammern, s.u. F. II.

219 zur tatsächlichen Gebührenberechnung vgl. WP-Handbuch 1992, A 331 ff.

220 vgl. TB 1970, S. 84, TB 1972, S 85.

221 vgl. Feststellung der Gebühren der Wirtschaftsprüfer und Wirtschaftsprüfungsgesellschaften durch Vorstand und Verwaltungsrat des IdW vom 22.6.1971, abgedruckt bei: Mutze/Schöne, StB/StBv Handbuch, Band II, Anhang, Kennzahl 1660; vgl. demgegenüber 1977: WP-Handbuch 1977, Berufsrechtlicher Teil Abschn. V C. IV a.E. sowie V, S. 177.

222 ebenso bereits 1977, 1964.

im wesentlichen auf eine Paraphrase der gesetzlichen Vorschriften aus der WPO (§§ 3, 28, 47), nach denen jede Zweigniederlassung von einem ansässigen WP geleitet werden muß, sowie auf einige Detailregelungen, die eine Umgehung dieser Gebote verhindern sollen (vgl. Ziff. III. 3., 5. RiliWP). Diese Liberalität erklärt sich nicht zuletzt aus der geschichtlichen Entwicklung des WP-Berufs und der damit verbundenen Zulässigkeit von Wirtschaftsprüfungsgesellschaften, die nach der WPO eine beliebige Anzahl von Zweigstellen errichten können (vgl. §§ 3 III, 47, 28 I 2 WPO).

c) *Kollegialität*

In Ziff. VI. Satz 3 RiliWP 1987 ist das allgemeine Kollegialitätsgebot normiert. Die Entwicklung seit 1945 zeigt bei dieser Regelung eine Tendenz zu fortschreitender Wettbewerbsregulierung. Allerdings handelt es sich im Vergleich zu anderen freien Berufen[223] bislang um marginale Verschärfungen.

Gem. Ziff. X RiliWP BrZone 1950[224] war der WP lediglich allgemein gehalten, bei der Entgegennahme von Aufträgen kollegiale Rücksicht walten zu lassen (sog. Auftragsschutz).

Gem. Ziff. VI. 1. RiliWP Württemberg-Hohenzollern von 1955[225] war dem WP lediglich verboten, sich um Aufträge zu bewerben, wenn der Auftraggeber bereits von einem anderen WP beraten wird. Gem. Ziff. III RiliWP Bay[226] von 1949 war es dem WP untersagt, sich um Aufträge zu bewerben, bzw. Kollegen zu verdrängen[227]. Bei den Regelungen in den Ländern der ehemals amerikanischen Zone handelt es sich jedoch nicht um Richtlinien von WPK, sondern um Verordnungen der zuständigen Landesminister.[228] Sie sind daher für die vorliegende Untersuchung ohne Belang.

In den erstmals 1964 von der WPK festgestellten RiliWP finden sich in den »richtungsweisenden Feststellungen« zu den Ziff. VI. und VIII. RiliWP bereits detailliertere Regelungen, die z.B. das Abwerben von Mitarbeitern (Ziff. VI. b) 6. RiliWP) oder von Auftraggebern durch ehemalige Mitarbeiter (Ziff. VI. b) 7. RiliWP) für berufsunwürdig erklären.

1977 wurde in Ziff. XIII RiliWP weiterhin eine Anzeigepflicht konstituiert, die einen neu beauftragten WP verpflichtet, seine Beauftragung dem Kollegen anzuzeigen, der den Auftraggeber bis dahin betreut hat.

1987 ist in die richtungsweisenden Feststellungen zu Ziff. VI RiliWP unter 2. e) desweiteren eine Sperrfrist für die Übernahme von Aufträgen eingefügt worden. So gilt es als berufsunwürdig, wenn ein WP innerhalb von zwei Jahren weitere Aufträge von

---

[223] zu Medizinern s.u. D. II. 1. a).

[224] erlassen von der Hauptkammer für das wirtschaftliche Prüfungs- und Treuhandwesen [aufgrund der Ermächtigung in § 3 III 2 BO für die Angehörigen des wirtschaftlichen Prüfungs- und Treuhandwesens BrZone, Amtsbl. Nds. 1947, 44 f. abgedruckt bei Thümmel, Werbung und Wettbewerb, Anhang 2, S. 103 ff.

[225] abgedruckt bei Thümmel, Werbung und Wettbewerb, Anhang 4, S. 111 ff.

[226] entsprechendes gilt für Bremen, Hessen, Württemberg-Baden.

[227] abgedruckt bei Thümmel, Werbung und Wettbewerb, Anhang 3, S.107 ff.

[228] vgl. Bay GVBl. 1949, 12; Hess Staatsanz 1953, 874; Staatsanz. für Wü.-Ba. Nr.13 vom 19.3.1949, S. 3; Brem GBl. 1948, 238.

einem Auftraggeber übernimmt, für den er einen Spezialauftrag ausgeführt hat, der aber ansonsten von einem anderen WP ständig betreut wird.

d) Werbung

Gemäß § 52 S. 1 WPO ist der WP zu berufswürdigem Verhalten bei der Kundbarmachung seiner Tätigkeit verpflichtet. Gemäß § 52 S. 2 WPO ist ihm berufswidrige Werbung verboten. Angesichts dieses formellgesetzlichen Verbots kommt den RiliWP nur eine nachgeordnete Bedeutung zu.

Bereits nach den RiliWP BrZone von 1950 war dem WP die Angabe von Tätigkeitsschwerpunkten verboten (vgl. Ziff. I. 3.), ebenso war die Kundbarmachung durch Anzeigen auf die Bekanntgabe bestimmter Ereignisse (z.B. Neugründung, Umzug etc.) beschränkt (vgl. Ziff. II RiliWP BrZone). Im Gegensatz zu den RiliRA waren jedoch Rundschreiben an Auftraggeber sowie die Versendung von Geschäftsberichten der Wirtschaftsprüfungsgesellschaften (WPG) statthaft (vgl. Ziff. III, IV RiliWP BrZone).

Die RiliWP 1964 haben diese Grundsätze im wesentlichen beibehalten. Geringfügige Liberalisierungen erfolgten im Hinblick auf die Versendung von Geschäftsberichten (vgl. Ziff. IV der richtungsweisenden Feststellungen zu Ziff. VIII RiliWP 1964), ferner hinsichtlich der Aufnahme des WP in Verzeichnisse (Ziff. V der r.F. zu Ziff. VIII RiliWP 1964).

Auch 1977 sind die wesentlichen Vorschriften unverändert geblieben. WPG dürfen seit 1977 auch den Namen ausländischer Partner in der Firma führen (vgl. r.F. Ziff. I. 3. zu Ziff. VIII RiliWP 1977). Demgegenüber verschärfte die WPK die Anforderungen für sog. Informationsschriften des WP und für die Nennung des WP in sog. Mandantenveröffentlichungen (vgl. r.F. Ziff. III. b., IV zu Ziff VIII RiliWP 1977).

1987 sind neben Liberalisierungen (vgl. Ziff. VIII. 6. RiliWP 1987) mehrere neue Detailregelungen hinzugekommen (Größe von Stellenanzeigen [Ziff. VIII. 2. a.], Ausdehnung der Vorschriften über Rundschreiben [Ziff. VIII. 3. Satz 4 f.], Verbot der mittelbaren Werbung [Ziff.VIII.12], Umgang mit Medien [Ziff. VIII. 11]).

Die Informationswerbung durch Spezialisierungshinweise oder die Angabe von Tätigkeitsschwerpunkten war nach den RiliWP bislang, trotz eines kaum zu leugnenden Bedürfnisses der Marktgegenseite, verboten. Insofern besteht eine gewisse Parallele zum Verhalten der BRAK.

Durch das dritte Gesetz zur Änderung der Wirtschaftsprüferordnung vom 15.7.1994[229] ist jedoch sachliche Informationswerbung nunmehr ausdrücklich für zulässig erklärt worden (§ 52 S. 3 WPO).

Zusammenfassung zu I.

Zusammenfassend ist für das Standesrecht der WP festzustellen, daß bislang von einer allgemeinen Tendenz zur Konkurrenzreduzierung nicht die Rede sein kann. Vielmehr

[229] StB 1989, 371 ff.

hat die WPK in den RiliWP 1964 den Grundstandard freiberuflicher Pflichten (Kollegialität, Werbung) in vergleichsweise zurückhaltender Weise normiert. Die seitdem erfolgten Änderungen stellen in erster Linie Reaktionen auf veränderte Lebensverhältnisse dar (zunehmende internationale Verflechtung der Wirtschaft, veränderte Bedeutung und Wirkung von Medien u.ä.), ohne daß man in diesem Zusammenhang von einer einseitigen Bevorzugung konservativer, auf Wettbewerbsbeschränkung ausgerichteter Lösungen sprechen könnte.

II. Die Kammern der Steuerberater und Steuerbevollmächtigten

Gem. § 73 StBerG[230] sind alle Steuerberater (StB) eines Oberfinanzbezirks in einer Steuerberaterkammer (StBK) zusammengefaßt. Diese StBK bilden gem. § 85 I StBerG die Bundessteuerberaterkammer (BStBK).

1. Monopolisierung/Marktzutritt

Die geschäftsmäßige Hilfeleistung in Steuersachen ist gemäß § 3 I Ziff. 1 StBerG beim Berufsstand der Steuerberater (sowie WP und RA) monopolisiert.

Abschottungsbestrebungen i.S. eines »closed-shop«-Prinzips sind im Gegensatz zur BRAK bei der BStBK nicht zu verzeichnen.

Die BStBK hat sich bislang im wesentlichen darauf beschränkt, durch Stellungnahmen gegenüber den Gesetzgebungsorganen auf eine Restriktion der in § 4 StBerG genannten Ausnahmen vom Steuerberatungsmonopol hinzuwirken.[231]

2. Standesrecht (RiliStB)

Gem. § 86 II Ziff. 2 StBerG a.F. war es Aufgabe der BStBK, die Auffassung der Standesangehörigen über Fragen der Berufsausübung in Richtlinien (RiliStB) festzustellen.[231a]

a) Preiswettbewerb

Die Entwicklung der letzten Jahrzehnte ist gekennzeichnet durch ein beständiges Streben der Steuerberater- und Steuerbevollmächtigtenkammern nach möglichst weitgehender Ausschaltung des Preiswettbewerbs.

---

[230] Gesetz über die Rechtsverhältnisse der Steuerberater und Steuerbevollmächtigten vom 4.11. 1975, BGBl. I S. 2735 i.d.F. vom 24.6.1994, BGBl. I S. 1387.

[231] vgl. z.B. zur Einkommenssteuerberatung durch Lohnsteuerhilfevereine, *Thoma* StB 1966, 93; vgl. demgegenüber Erlaß des Finanzministeriums NRW vom 16.9.1968, StB 1968, 246; vgl. zur Gefährdung des steuerberaterlichen Buchführungsprivilegs, NN StB 1969, 123; NN StB 1973, 203 f.; vgl. weiterhin BVerfGE 54, 301 (311 f. sub 4.).

[231a] nunmehr seit dem 24.6.1994 (BGBl. I S. 1387) gemäß § 86 II Nr. 2, III, IV StBerG: Satzungskompetenz zum Erlaß einer Berufsordnung.

Nachdem 1961 mit dem SteuerberatungsG die Bundessteuerberaterkammer und die Bundeskammer der Steuerbevollmächtigten errichtet worden waren, haben beide Organisationen in der Folgezeit Standesordnungen erlassen.[232] Während nach den RiliStB 1964 gemäß § 18 lediglich die Vereinbarung eines Erfolgshonorares oder einer quota litis verboten war, ging die Kammer der StBv weiter und nahm 1965 unter Nr. 20 RiliStBv 1965[233] einen Passus auf, wonach der StBv standesrechtlich gehalten war, lediglich solche Gebühren zu verlangen, welche durch die Rechtsprechung als üblich i.S.v. §§ 612 II, 632 II BGB anerkannt waren. Bei der Einordnung dieser Regelung, die 1977 mit dem Zusammenschluß beider Kammerorganisationen unter Nr. 22 Eingang in die gemeinsamen RiliStB 1977[234] fand, ist zu berücksichtigen, daß es bis 1981 keine staatliche Gebührenordnung für StB/ StBv gegeben hat. Ferner handelte es sich bei Nr. 20 RiliStBv 1965 (Nr. 22 RiliStBv 1977) nicht um eine deklaratorische Bezugnahme auf ohnehin geltendes Recht. Bekanntermaßen finden §§ 632 II, 612 II BGB nur im Falle mangelnder Parteivereinbarung Anwendung, wohingegen durch Nr. 20 RiliStBv 1965 standesrechtlich die Vereinbarung anderer Preise verboten wurde. Für den entsprechenden Vergleichsmaßstab, was nämlich als üblich und angemessen zu gelten hatte, sorgten mehrere private Gebührenverzeichnisse, von denen als wichtigstes die sog. AllGO zu nennen ist.[235] Mit der in Nr. 20 RiliStBv 1965, Nr. 20 RiliStB 1977 normierten Standespflicht haben die Kammern also auf die Durchsetzung eines privaten Gebührenverzeichnisses hingewirkt, um auf diese Weise den Preiswettbewerb auszuschalten.

Z.T. sahen die Satzungen von StBv-Kammern sogar ausdrücklich vor, daß das Kammermitglied verpflichtet war, ausschließlich Gebühren nach der AllGO zu berechnen.[236]

Daß die gemeinsame Bundeskammer der StB/StBv 1977 die Regelung in die Rili übernahm, ist umso bemerkenswerter, als das BKartA bereits 1970[237] durch die Verhängung von Bußgeldern die Verbreitung der AllGO für die Zukunft verhinderte, weil diese als unzulässige Preisempfehlung anzusehen war. Dieses Verfahren vor dem BKartA hielt die Kammer gleichwohl nicht davon ab, vermittels des Standesrechts über die Einhaltung der AllGO zu wachen. Für die zeitgerechte Anpassung der AllGO sorgten regelmäßige Veröffentlichungen in der Zeitschrift »Der Steuerberater«[238], die immerhin bis 1973 offizielles Verkündungsorgan der StBK war, und in der Zeitschrift »Deutsches Steuerrecht«[239], dem offiziellen Organ der neugebildeten gemeinsamen Bundeskammer, offensichtlich ohne daß seitens der Kammern Bedenken

---

[232] RiliStBv vom 7.7.1962, DStR 1962, 56; RiliStB vom 17./18.11.1964, abgedruckt bei Nake/Hoch/Mühlhäußer/Haaga, SteuerberatungsG, Gr. R 100.

[233] abgedruckt bei Hake/Hoch/Mühlhäußer/Haaga a.a.O. Gr. R 200; zur gegenwärtigen Fassung, s. Anhang II.

[234] abgedruckt bei Klöcker/Mittelsteiner/Gehre, Handbuch der Steuerberatung, Gr. 8 (1).

[235] Allgemeine Gebührenordnung für die wirtschaftsprüfenden sowie wirtschafts- und steuerberatenden Berufe, letztmals veröffentlicht 1968 in 6. Aufl. durch Adolf Fitzke beim Verlag Fust & Wever, Essen; zu sonstigen Gebührenverzeichnissen vgl. WP-Handbuch 1977, Berufsrechtl. Teil, Abschn. V C. IV f., S. 176 f.

[236] § 4 VI der Satzung der StBvKammer Stuttgart, zitiert in BGH NJW 1970, 1596 (1599 li. Sp.).

[237] BKartA TB 1970, S. 84; StBK TB 1971/1972, AMStB 1972, 27 (38).

[238] vgl. *Horn* StB 1972, 212; StB 1975, 65 (67); StB 1976, 137 (138); StB 1978, 42; StB 1979, 298 (299).

[239] *Eggesieker* DStR 1977, 346 ff.

gegen diese Praxis bestanden.[240] Auch ein mahnender Hinweis des BKartA im Jahre 1978[241] hat die Bundeskammer nicht zu einer Revision des genannten Verhaltens und der entsprechenden Standesrichtlinie bewegen können. Jener Passus der Nr. 22 RiliStB 1977, der die Gebühren i.S.v. § 632 II BGB festlegte, wurde vielmehr erst am 17./18.10.1983 von der Kammer gestrichen, nachdem zuvor die neue Steuerberatergebührenverordnung in Kraft getreten war.[242]

Gegenwärtig ist dem Steuerberater gemäß § 22 II 1 RiliStB 1983[243] die Unterschreitung der Gebührensätze der StBGebV untersagt. Gemäß § 22 II 3 RiliStB 1983 hat der Steuerberater bei der ausnahmsweise nach § 22 II 2 zulässigen Ermäßigung jeden Anschein von Werbung zu vermeiden. Wie die BRAGO enthält auch die StBGebV kein ausdrückliches Unterschreitungsverbot, so daß es sich bei § 22 II 1 RiliStB um ein originär standesrechtliches Gebot handelte, wenn man nicht – wie dies der BGH bei der BRAGO getan hat – aus dem Sinn und Zweck einer Gebührenordnung folgert, daß es sich um Mindestgebühren handeln müsse.[244] Dem steht jedoch für die StBGebV der ausdrücklich erklärte Wille des Verordnungsgebers entgegen. In der amtlichen Begründung zur StBGebV ist ausgeführt, daß Über- und Unterschreitungen der festgelegten Gebührensätze durch die StGebV weder zivil- noch preisrechtlich ausgeschlossen sind, daß diese Festlegung vielmehr den Standesorganisationen überantwortet ist.[245] Allenfalls ließe sich für die Steuerberater neben dem Standesrecht das in §§ 8, 57 I StBerG verankerte Werbeverbot als formellgesetzliche Grundlage eines Unterschreitungsverbots anführen.[246]

b) Marktsegmentierung

Im Gegensatz zur WPK hat die BStBK das Standesrecht auch zur Marktsegmentierung eingesetzt. Da der StB, anders als der RA, zur Errichtung auswärtiger Beratungsstellen berechtigt ist (vgl. § 34 StBerG und demgegenüber § 28 BRAO), kommt den standesrechtlichen Beschränkungen allerdings wirtschaftlich betrachtet keine dem § 28 I RiliRA vergleichbare Bedeutung zu. Gleichwohl läßt sich eine Tendenz zu fortschreitender Regulierung feststellen.

Während die RiliStBv vom Mai 1962 noch gar keine Regelung zur Frage der örtlichen Bindung steuerberaterlicher Dienstleistungen enthielt, beschränkte Nr. 28 I S. 2, II RiliStBv 1965 über den Wortlaut von § 34 StBerG hinausgehend das Recht zur Errichtung von Beratungsstellen dahingehend, daß der StBv am Ort seiner Niederlassung (politische Gemeinde) nur eine Beratungsstelle errichten durfte. Diese Regelung fand unter Nr. 28 II 2 f. 1977 Eingang in die gemeinsamen RiliStB/StBv und gilt bis-

---

[240] vgl. *Eckert* DStR 1980, 363 (365).
[241] BKartA TB 1978, S. 86.
[242] Steuerberatergebührenverordnung vom 17.12.1981, BGBl. I S. 1442.
[243] s. Anhang II.; vollständig abgedruckt bei *Peter/Charlier*, SteuerberatungsG, Gr. 231.
[244] in diesem Sinne auch: *Heinrich* StB 1982, 241 (242); a.A.: *Lehwald* DStZ 1982, 316; *Horn* StB 1983, 158 (160); für HOAI: BVerfG vom 20.10.1981 WuW/E VG, 298.
[245] BR-Drucks. 419/81, S. 47.
[246] so *Peter/Charlier*, SteuerberatungsG Gr. 40, § 4 StBGebV Anm. III.

lang noch. Ihre Vereinbarkeit mit Art 12 I GG ist – spätestens seit der Entscheidung des BVerfG zu den RiliRA – ausgesprochen zweifelhaft.[247]

Auch hinsichtlich der Zulässigkeit überörtlicher Sozietäten ist eine vergleichbare Tendenz festzustellen. Während die RiliStB 1965 in § 7 die Bildung überörtlicher Sozietäten gestatteten, enthalten die gegenwärtigen RiliStB seit 1977 keine entsprechende Klausel mehr. Dies geht auf einen Beschluß der 7. Bundeskammerversammlung (7./8.11.1977 in Hamburg) zurück, in welchem der Zusammenschluß von StB in überörtlichen Sozietäten als unzulässig erachtet wurde. Diese Auffassung, welcher der BGH bereits 1981[248] entgegengetreten ist und die zwischenzeitlich seitens der Kammern revidiert wurde[249], ist angesichts der in § 34 StBerG getroffenen Entscheidung für die Zulässigkeit auswärtiger Zweigstellen kaum haltbar und nur durch das Bestreben erklärlich, die durch § 34 StBerG gewährte Freiheit möglichst gering zu halten.

c) Kollegialität

In den RiliStB findet sich gegenwärtig der übliche Kanon kollegialer Pflichten (allgemeine Kollegialitätspflicht [Nr. 24 I], Verdrängungsverbot [Nr. 25 I], Verbot der Abwerbung von Mandanten [Nr. 26 I] oder Mitarbeitern [Nr. 43 III], Verbot der Übernahme berufswidrig abgeworbener Mandanten [Nr. 25 IV] etc.).

Regelungen, die hinsichtlich ihrer wettbewerbsbeschränkenden Wirkung dem § 23 RiliRA, dem § 19 I 5 Musterberufsordnung der Humanmediziner (MuBO)[250] oder der von manchen Apothekenkammern favorisierten Konkurrenzschutzklausel[251] gleichkämen, finden sich bislang nicht.

d) Werbung

Die Entwicklung, welche die Regelung der Werbung in den RiliStB genommen hat, entspricht im wesentlichen jener im Berufsrecht der WP. Daher sei an dieser Stelle nur auf zwei Besonderheiten hingewiesen.

Wie auch BRAK und WPK hat sich die BStBK in der Vergangenheit geweigert, Informationswerbung in der Form von Spezialisierungshinweisen oder der Angabe von Tätigkeitsschwerpunkten zuzulassen.[252] Insbesondere wurde vielfach die Auffassung vertreten, daß wegen der expliziten Werbeverbote in § 8 I und in § 57 I StBerG auch aus der Entscheidung des BVerfG zu den RiliRA keine Konsequenzen für den Berufsstand der Steuerberater zu ziehen seien.[253] Dies dürfte in dieser Allgemeinheit im Hinblick auf die Angabe von Tätigkeitsschwerpunkten seit der Entscheidung des BVerfG zum sog. »Anwaltssuchservice« kaum haltbar gewesen sein.[254] Nach Auffas-

---

[247] in diesem Sinne *Peter/Charlier-Gilgan*, SteuerberatungsG, Gr. 50, Nr. 28 RiliStB Rn. 5 ff.
[248] BGH NJW 1981, 2477 = StB 1981, 195 ff.
[249] vgl. z.B. Mitteilung der StBK Düsseldorf, abgedruckt in StB 1992, 57 f.
[250] s. ausführlich dazu unten D.II.1., abgedruckt im Anhang V.
[251] vgl. Landesapothekerkammer Bremen, bei *Bethge* PZ 1984, 276 (277).
[252] Nr. 32 II, III insbes. V S.2, Nr. 53 I 2 f. für StBGesellschaften.
[253] vgl. z.B. *Schäfer* StB 1988, 301 (302); *Meng* StB 1988, 303 f.; *Ring* StB 1991, 41 (45 f.).
[254] vgl. BayVGH StB 1989, 371 (372 f.).

sung des BVerfG muß die Angabe von Tätigkeitsschwerpunkten nicht grundsätzlich ein reklamehaftes Herausstellen darstellen, sondern kann durch ein Informationsbedürfnis der Öffentlichkeit gerechtfertigt sein.[255] Allerdings ist relativierend anzumerken, daß auch der BGH angenommen hat, dem Berufsstand der Steuerberater sei bereits von Gesetzes wegen die Angabe von Tätigkeitsschwerpunkten verwehrt. Der BGH hat dieses Ergebnis aus § 43 II 2 StBerG abgeleitet, wonach dem StB das Führen anderer Zusätze als amtlich verliehener Berufsbezeichnungen untersagt ist.[256] Nach der Auffassung des LG Münster ist bei dem Verbot des § 43 II 2 StBerG auch nicht nach (unzulässigen) personenbezogenen und (zulässigen, weil vom Wortlaut des § 43 II 2 StBerG eigentlich nicht erfaßten) sachbezogenen Angaben zu differenzieren.[257]

Vor dem Hintergrund dieser Gesetzesauslegung ist es daher nachvollziehbar, wenn die BStBK auf die Zulassung von Tätigkeitsangaben durch die RiliStB bislang verzichtet hat. Allerdings gilt für die BStBK, was bereits für die BRAK festzustellen war, daß nämlich die Bereitschaft, vorgeblich bindende Gesetzesbefehle zu befolgen, dort ein Ende findet, wo es um die Verdrängung standesfremder Konkurrenz geht. Im Bereich der Lohnsteuerberatung, in dem die Steuerberater der Konkurrenz durch Lohnsteuerhilfevereine ausgesetzt sind, die gem. § 4 Ziff. 11 StBerG zur geschäftsmäßigen Beratung in Lohnsteuersachen berechtigt sind, zeigen sich die Steuerberaterkammern großzügig. So ist gem. Nr. 37 II RiliStB der Hinweis »Lohnsteuerberatung« auf dem Praxisschild zulässig, obgleich dem eigentlich ebenfalls § 43 II 2 StBerG entgegenstehen müßte.[258]

Darüber hinausgehend erteilt z.B. die StBK Westfalen-Lippe grundsätzlich die Zustimmung i.S.v. Nr. 34 II 2 RiliStB zu einem entsprechenden Hinweis in Zeitungsanzeigen, die z.B. durch Verlegung von Praxisräumen veranlaßt sind.[259] Weiterhin legen StBK bei Finanzämtern Merkblätter[260] oder Listen[261] aus, auf denen diejenigen StB aufgeführt sind, die Lohnsteuerhilfe durchführen.[262] Der BGH hat diese Praxis zwischenzeitlich für wettbewerbs- und berufswidrig erklärt.[263] Eine StBK hielt es sogar für mit §§ 8 I, 43 II und 57 I StBerG vereinbar, in einer Zeitungsanzeige unter der Überschrift »Lohnsteuerjahresausgleich 1979« für die entsprechend interessierten Kammerangehörigen zu werben.[264]

Die gleiche Grundhaltung findet sich bei der Frage, inwieweit der StB sich in sog. Auswahlverzeichnisse aufnehmen lassen darf. Grundsätzlich ist es dem StB gemäß Nr. 36 III RiliStb verboten, die Aufnahme seines Namens in ein solches Verzeichnis zu dulden. Dieser Grundsatz gilt gemäß Nr. 36 V Rili aber nicht für solche Verzeich-

---

[255] BVerfG NJW 1992, 1613 (1614).

[256] BGH StB 1988, 272 (273).

[257] LG Münster StB 1990, 163 (164 a.E.f.) zur Angabe »Hausverwaltung«; a.A. für RAe: OLG Stuttgart AnwBl 1992, 390 f. (»Strafverteidigung«).

[258] zur Rechtfertigung vgl. *Peter/Charlier-Gilgan,* SteuerberatungsG, Gr. 50, V. Die Praxis, Rn. 78.

[259] vgl. MittBl. StBK Westf.-Lippe 4/1988 Tz. 49 zitiert nach *Peter/Charlier,* StBG, Gr. 50, V. Die Praxis Rn. 48.

[260] vgl. OLG München StB 1982, 13 f.

[261] vgl. OLG Koblenz StB 1992, 136 f.

[262] vgl. BStBK TB 1970/1971, AMStB 1971, 13 (21).

[263] Urteil vom 6.5.1993 – I ZR 183/91, NJW 34/1993, S.VI (LS).

[264] vgl. BGH StB 1984, 258 ff; Vorinstanz: OLG Karlsruhe StB 1983, 10 ff.

nisse, die ausschließlich der internationalen Steuerberatung dienen, wo sich also die deutsche Steuerberaterschaft in Konkurrenz mit ausländischen Dienstleistungsanbietern befindet.

Zusammenfassung zu II.

Die Entwicklung des Standesrechts der Steuerberater ist durch eine Tendenz zu Konkurrenzreduzierung gekennzeichnet. Hier sind die Ausschaltung des Preiswettbewerbs wie auch die standesrechtliche Segmentierung des Marktes zu nennen. Wie für die BRAK läßt sich auch für die BStBK und die regionalen Kammern festhalten, daß sie in erster Linie dort zu Liberalisierungen bereit sind, wo sie auf externen Konkurrenzdruck zu reagieren haben.

III. Die Notarkammern

1. Sonderstellung

Die Notarkammern nehmen eine Sonderstellung ein. Diese ergibt sich aus dem Berufsbild des Notars.

Der Notar ist Träger eines öffentlichen Amtes (§ 1 BNotO) und übt somit behördliche Tätigkeiten aus.[265] Die Amtsträgerschaft bringt mit sich, daß der Notar der Dienstaufsicht der Justizbehörden untersteht (vgl. §§ 92 ff. BNotO), so daß schon auf diesem Wege für eine Ausschaltung von Binnenwettbewerb zwischen den Notaren gesorgt ist, ohne daß die Kammern wesentlich auf standesrechtliche Regulierung zurückgreifen müßten (dazu unten 2.).

Weiterhin ergibt sich aus der Gestaltung des Notariats als öffentlichem Amt, daß die Einrichtung des Notariats staatlicher Organisationsgewalt unterworfen ist.[266] Dies hat zur Konsequenz, daß die Landesjustizverwaltung mittels der in § 4 I BNotO vorgesehenen Bedürfnisprüfung den Marktzutritt regulieren kann, so daß bereits in dieser Weise der Binnenwettbewerb im wesentlichen ausgeschaltet wird, ohne daß zu diesem Zweck das Standesrecht bemüht werden müßte.

Im Hinblick auf den Außenwettbewerb zu den rechts-, wirtschafts- und steuerberatenden Berufen genießt der Notar ebenfalls eine Sonderstellung. Die in den §§ 20–22a BNotO geregelte Urkundstätigkeit ist dem Notar vorbehalten, wobei es genauer ist, nicht von einem Tätigkeitsmonopol, sondern von einem Vorbehalt öffentlich-rechtlicher Handlungsform zu sprechen.[267] Insoweit scheidet standesfremde Konkurrenz definitionsgemäß aus.

Eine Konkurrenzsituation besteht jedoch zwischen dem Notar und den rechts- und wirtschafts- und steuerberatenden Nachbarberufen im Hinblick auf die in § 24 I BNotO genannten Tätigkeiten (notarielle Rechtsbetreuung).[268] Zwar handeln die

---

[265] vgl. *Habscheid,* Freiwillige Gerichtsbarkeit § 9 II 1., S.54.
[266] BVerfGE 73, 280 (294); *Seybold/Hornig* § 1 BNotO Rn. 11.
[267] *Bohrer,* Das Berufsrecht der Notare, Rn. 449 ff.
[268] Entwurfsfertigung, Beratung, Gutachten, Vollzugs- und Treuhandtätigkeiten.

Notare auch insoweit hoheitlich, weil diese Tätigkeiten »zu dem Amt des Notars gehören« (§ 24 I BNotO). Jedoch besteht im Hinblick auf jene Tätigkeitsfelder, die auch von Vertretern der rechts- , wirtschafts- und steuerberatenden Berufe besetzt werden können, nicht unerheblicher Konkurrenzdruck. So umfaßt die Tätigkeit nach § 24 I 1 BNotO nicht nur die allgemeine Beratung in Erbschafts- und Nachlaßangelegenheiten, sondern sie kann sich selbstverständlich auch auf die Gestaltung von Gesellschaftsverträgen oder die Umwandlung oder Verschmelzung von Gesellschaften beziehen, wie auch Steuerberatung durchgeführt werden darf.[269] Gerade der in diesen Bereichen bestehende Konkurrenzdruck durch zum Teil hochgradig spezialisierte und arbeitsteilig organisierte Sozietäten der Nachbarberufe hat am 6.11.1992 zur Gründung des Deutschen Notarinstituts mit Sitz in Würzburg geführt,[270] das in der Art französischer cridons[271] durch spezialisierte wissenschaftliche Einzelfallberatung die Stellung der Notarschaft im Wettbewerb stärken soll.[272]

2. *Standesrecht (RLNot)*

Angesichts der in § 4 I BNotO enthaltenen Marktzutrittsschranke wird nachvollziehbar, daß es zwischen Notaren nur zu marginalem Wettbewerb kommt. Dies wird auch an den Standesrichtlinien der Bundesnotarkammer (RLNot) deutlich. Zum einen fällt der im Vergleich zu den RiliRA (90 §§) erheblich geringere Umfang auf (19 §§). Zum anderen enthalten die RLNot im wesentlichen lediglich den Grundkanon freiberuflicher Pflichten (Werbeverbot, Kollegialität), der seit 1952 unverändert geblieben ist.[273] Es kommt hinzu, daß in den RLNot in weiten Teilen lediglich solche Wettbewerbsbeschränkungen enthalten sind, die sich bereits aus anderen Rechtsquellen ableiten lassen.[274] Die Berufsausübung und damit auch der Wettbewerb zwischen Notaren ist im wesentlichen unmittelbar staatlich reguliert.

a) Preiswettbewerb

Gem. § 13 II RLNot[275] (Ziff. VI lit d) 1952) ist dem Notar jeder Gebührenerlaß und jede Ermäßigung untersagt. Dieser Norm, die Preiswettbewerb ausschließt, kommt aber keine eigenständige Bedeutung zu. Dem Notar ist bereits gem. § 140 S. 2 KostO jede Vereinbarung über die Höhe der Gebühren, die zu erheben, er nach § 17 I BNotO verpflichtet ist[276], untersagt.

---

269 *Seybold/Hornig* § 24 BNotO Rn. 12 f.

270 Beschluß der 65. Vertreterversammlung der BNotK in Leipzig, vgl. Amtl. Mitt. in: DNotZ 1992, 761.

271 vgl. dazu *Löffler* MittBayNot 1991, 53 ff.; zu ähnlichen Diensten in den Niederlanden, *Schervier,* MittBayNot 1991, 101 ff.

272 vgl. § 17 II, III Satzung der BNotK, DNotZ 1993, 81.

273 vgl. DNotZ 1952, 402 ff.; DNotZ 1963, 131 ff.; DNotZ 1971, 3; DNotZ 1981, 721 f.

274 in diesem Sinne: BGH DNotZ 1974, 97 (98); BayObLG DNotZ 1984, 250 (252 a.E.f.); *Bohrer,* Das Berufsrecht der Notare, Rn.195; *Seybold/Hornig* § 78 BNotO Rn. 10.

275 s. Anhang IV.

276 *Seybold/Hornig* § 17 BNotO Rn.4.

b) Marktsegmentierung (Amtssitzsprengel)

Gem. § 8 I RLNot (III. lit c) RLNot 1952) ist der räumliche Amtsbereich des Notars unbeschadet seiner Zulassung für den gesamten OLG-Bezirk (vgl. §§ 11 I, 10 I BNotO) auf den AG-Bezirk beschränkt (sog. Amtssitzsprengel). Für das Nurnotariat gilt weiterhin gem. § 8 II RLNot, daß sich der räumliche Amtsbereich auf den zugewiesenen Ort und das angeschlossene Hinterland beschränkt, wenn mehrere Notare für einen AG-Bezirk zugelassen sind. Gemäß den RLNot 1952 dient diese Regelung »der Vermeidung eines dem Ansehen des Standes abträglichen wirtschaftlichen Wettbewerbs oder auch nur des Anscheins eines solchen«.[277]

Jedoch kommt auch dieser Regelung kaum eigenständige Bedeutung zu. Bereits 1937 – zu einem Zeitpunkt als es geschriebenes notarielles Standesrecht nicht gab[278] – hatte das Reichsjustizministerium in der Allgemeinverfügung zur Regelung der Angelegenheiten der Notare (AVNot) vom 14.6.1937 unter C. I. 2 lit d[279] bestimmt, daß Amtshandlungen des Notars im Amtsbezirk aber außerhalb des Amtssitzsprengels nur insoweit zulässig seien, als sie nicht die gebotene Rücksicht auf die ansässigen Notare außer acht ließen. Diese Regelung ist von den Landesjustizverwaltungen nach dem Kriege unverändert übernommen worden[280] und gilt auch gegenwärtig in den meisten Bundesländern.[281]

Allerdings ist zu berücksichtigen, daß die sog. AVNot weder formelle noch materielle Gesetze darstellen; sie sind reine Verwaltungsvorschriften[282] und können demnach auch nicht Ermächtigungsgrundlage für Grundrechtseingriffe sein (vgl. §§ 95, 97 BNotO). Daher käme dem § 8 RLNot dann eine gewisse Tragweite zu, wenn im Falle seiner Abschaffung die Landesjustizbehörden mangels Rechtsnorm, die eine entsprechende Amtspflicht normierte, an einer dienstrechtlichen Verfolgung der Überschreitung des Amtssitzsprengels gehindert wären.

Nach ständiger Rechtsprechung kommt dem § 8 RLNot jedoch nur deklaratorische Wirkung zu, weil es sich bei der Beachtung des Amtssitzsprengels um Standesgewohnheitsrecht handelt.[283] Eine Berufung auf Standesgewohnheitsrecht wäre allerdings, würde § 8 RLNot abgeschafft, kaum mehr möglich. Außerdem ergibt sich die Beschränkung auf den Amtssitzsprengel aber aus der gewohnheitsrechtlich einschränkenden Auslegung des § 11 BNotO[284], zu deren Durchsetzung die Landesjustizverwaltung kraft ihrer Organisationsgewalt berufen ist.[285] Demnach kommt § 8 RLNot keine eigenständige Bedeutung zu.

---

[277] DNotZ 1952, 402 (403).

[278] vgl. *Taupitz*, Standesordnungen der freien Berufe, S. 403.

[279] vgl. DJ 1937, 914.

[280] vgl. z.B. § 23 I lit d) S.4 AVNot des Nds.MdJ vom 10.4.1953, Nds.Rpfl. 1953, 59 (60 a.E.f.).

[281] § 27 I lit.d) AVNot Nds., Nds Rpfl 1961, 70 i.d.F. vom 10.12.1981, Nds Rpfl S. 265; § 24 I 4 AVNot Bremen vom 1.10.1967, Amtsbl. S. 355; § 27 III 4 AVNot NRW vom 24.10.1974, JMBl. S. 266; § 19 Ziff. 2 lit. c) Saarl. v. 22.12.1972, GMBl. S. 126; § 25 AVNot Schl.-H. v. 10.1.1967, SchlHA 1967, 42 i.d.F. vom 22.11.1982, SchlHA 1982, 189.

[282] *Bohrer*, Das Berufsrecht der Notare, Rn. 165.

[283] BGH DNotZ 1966, 409 (413 f.); OLG Köln DNotZ 1988, 649 (651): vorkonstitutionelles Standesgewohnheitsrecht; vgl. auch BVerfG DNotZ 1988, 648.

[284] in diesem Sinne: OLG Köln DNotZ 1988, 649 (650); a.A.: *Schäfke* ZRP 1987, 417 (418).

[285] in diesem Sinne BGH: Beschl. v.5.4.1976 - NotZ 10/75, zitiert nach *Arndt*, § 11 BNotO Anm. II 4.

Neben § 8 RLNot ist in diesem Zusammenhang noch § 7 RLNot zu beachten, wonach der Notar Amtshandlungen in der Regel in seiner Geschäftsstelle vorzunehmen hat. Auch dieser Norm kommt aber angesichts der gleichlautenden Regelung in § 5 II der Dienstordnung für Notare (DONot)[286] kein eigener Regelungsgehalt zu.

c) Kollegialität

Die Standesordnung der Notare beschränkt sich im wesentlichen darauf den allgemeinen Kollegialitätsgrundsatz zu normieren (§ 15 RLNot). Sofern spezielle Ausprägungen dieses Prinzips ausdrücklich in den RLNot enthalten sind, handelt es sich ebenfalls um Paraphrasen ohne eigenständigen Gehalt (zu § 8 RLNot s.o.).

In § 6 RLNot ist vorgesehen, daß im Falle der Sitzverlegung eines hauptberuflichen Notars (Nurnotar) ein Kollege innerhalb der folgenden drei Jahre der Zustimmung des Vorgängers bedarf, will er die Geschäftsräume als Amtssitz nutzen. Aber auch dieser Regelung kommt wegen § 53 I BNotO wenig eigenständige Bedeutung zu. Gemäß § 53 I BNotO bedarf ein bereits ansässiger Notar der Genehmigung der Landesjustizverwaltung, wenn er die Geschäftsräume eines Vorgängers nutzen will. Die mit dieser Regelung verbundene Wettbewerbsregulierung ist beabsichtigt[287], so daß die Genehmigung, die im Gegensatz zu der gemäß § 6 RLNot unbefristet erforderlich ist, nach dem Sinn von § 53 I BNotO ohnehin nur dann zu erteilen ist, wenn die (wettbewerblichen) Interessen der ansässigen Notare durch den Bezug der Geschäftsräume nicht beeinträchtigt werden.[288] Eigenständige Bedeutung könnte § 6 RLNot höchstens für den Zuzug vormals nicht ansässiger Notare (vgl. Wortlaut § 53 I BNotO) haben. Da den Notaren jedoch gem. §10 I BNotO der Amtssitz von der Justizverwaltung zugewiesen wird, ist eine Umgehung des in § 53 I BNotO aufgestellten Genehmigungserfordernisses durch nicht ansässige Notare ausgeschlossen. Auch § 6 RLNot kommt daher keine wesentliche eigenständige Bedeutung zu.

d) Werbeverbot

Gemäß § 2 I RLNot (III.d) RLNot 1952) ist dem Notar die Werbung um Praxis untersagt. Neben diesem allgemeinen Gebot ist vor allem die im Vergleich zu den RiliRA restriktiv gehaltene Regelung in § 4 RLNot über das Führen von Titeln, Graden etc. bemerkenswert. Jedoch sind auch diese Regelungen durch die besondere Gestaltung des Notarberufes erklärlich und daher kaum mit entsprechenden Regelungen in den Berufsordnungen anderer Berufe vergleichbar.

aa) Titelführung etc.

Gemäß § 4 RLNot ist es dem Notar untersagt, andere als im Notarberuf erworbene Titel in Verbindung mit der Amtsbezeichnung zu führen. Ausgenommen sind lediglich Doktoren- oder Professorentitel. Obzwar dieses Verbot weiter geht als z.B. § 78

---

[286] Dienstordnung für Notare i.d.F. von 1985, verkündet z.B. in Niedersachsen durch AV vom 7.12.1984, Nds Rpfl S.281, in NRW durch AV vom 25.12.1985, JMBlNW 37/88.

[287] vgl. Regierungsbegründung zu § 41 a BNotO-E, BT-Drucks. III/219.

[288] *Arndt*, § 53 BNotO Anm. II. 3.

RiliRA, kommt ihm keine eigenständige Bedeutung zu. Auf der einen Seite darf der Anwaltsnotar gem. § 4 II 2 RLNot gleichwohl alle Bezeichnungen führen, die ihm nach den RiliRA gestattet sind. Auf der anderen Seite unterliegt die Frage, in welcher Weise der Notar seine Amtsbezeichnung führen darf, der Organisationshoheit der Landesjustizverwaltung, die in weiter Auslegung des § 3 I DONot auch jede Art der Werbung mit der Amtsbezeichnung ahndet, ohne auf die RLNot zurückgreifen zu müssen.[289]

bb) Spezialisierungshinweise

Im Gegensatz zur BRAK läßt die BNotK nach wie vor keine Spezialisierungshinweise in Form der Angabe von Fachkenntnissen, Tätigkeitsschwerpunkten oder dergleichen zu. Auch dies ist aber – im Gegensatz zum zögerlichen Verhalten der BRAK – weniger Zeichen eines Beharrens auf weitgehender Wettbewerbsregulierung als vielmehr Konsequenz der abweichenden Gestaltung des Notarberufs als öffentlichem Amt. Im Gegensatz zum Rechtsanwalt, der in der Wahl seiner Mandate und damit auch in der Wahl seiner Tätigkeitsgebiete im wesentlichen frei ist (vgl. § 44 BRAO), ist der Notar gemäß § 15 BNotO grundsätzlich zur Übernahme der an ihn herangetragenen Aufgaben aus dem Amtsbereich (§§ 20–22a BNotO) verpflichtet. Der Notar ist also gezwungenermaßen Generalist. Eine Spezialisierung, wie sie in arbeitsteilig organisierten anwaltlichen Großsozietäten möglich ist, ist dem Notar verwehrt. Auch wäre es unstatthaft, wenn im Bereich des Anwaltsnotariats ein Notar Teile von Amtsgeschäften (z.B. im Einzelfall erforderliche steuerrechtliche Beratung im Rahmen einer Beurkundung[290]) von einem spezialisierten Sozius ausführen ließe.[291]

Wenn also dem Notar nach der BNotO bereits die Spezialisierung weitgehend versagt ist, kann aus dem weitgefaßten standesrechtlichen Werbeverbot, das im Gegensatz zu den RiliRA auch jede Form von Spezialisierunghinweisen verbietet, nicht dieselbe Schlußfolgerung wie für die Rechtsanwaltskammern gezogen werden. Auch für das Werbeverbot gilt demnach wie für die sonstigen standesrechtlichen Wettbewerbsbeschränkungen durch die RLNot, daß es sich weniger um eine originär standesrechtliche Regulierung als vielmehr um eine Konsequenz aus dem in § 1 BNotO normierten Berufsbild des Notars als Träger eines öffentlichen Amtes handelt. Das notarielle Standesrecht beinhaltet zu weiten Teilen bloß »gesetzeswiederholende«[292] Wettbewerbsbeschränkungen.

Zusammenfassung zu III.

Der Wettbewerb der Notare ist weitestgehend unmittelbar staatlich reguliert. Den RLNot kommt insoweit zumeist nur deklaratorische Bedeutung zu.

---

[289] vgl. BGH DNotZ 1984, 246 ff.
[290] z.B. nach § 19 BeurkG, § 13 V ErbStDV vom 19.1.1962, BGBl. I S. 22 ff; vgl. auch BGH MDR 1979, 301 f.
[291] *Seybold/Hornig* § 9 BNotO Rn. 7.
[292] zum Begriff vgl. *Taupitz* ZHR 153 (1989), 681 (688 ff.).

D. Die Humanmedizinerkammern

Im Gegensatz zu den Rechtsanwaltskammern, bzw. der BRAK, kommt den Landesärztekammern seit längerem eine echte Satzungskompetenz zum Erlaß von Berufsordnungen zu.[293] Diese Berufsordnungen enthalten zahlreiche wettbewerbsbeschränkende Normen. Im Gegensatz zu den RiliRA der BRAK, die lediglich eine Feststellung der opinio communis ohne Normqualität sind, können die Landesärztekammern also gestaltend tätig werden, um ihre Vorstellungen umzusetzen. Es lassen sich – möglicherweise deswegen – gerade an den Berufsordnungen der Humanmediziner[294] (s.u. II.), die seit 1945 mehrfach überarbeitet wurden, Tendenzen zu weitestgehender Wettbewerbsregulierung feststellen.

I. Monopolisierung

Im strengen Sinne ist die Ausübung der Heilkunde nicht beim Berufsstand der Ärzte monopolisiert. Gemäß § 1 I des Gesetzes über die berufsmäßige Ausübung der Heilkunde ohne Bestallung (HeilprG) vom 17.2.1939[295] bedarf es zur Ausübung der Heilkunde lediglich einer Erlaubnis, auf die der Antragsteller einen strikten Anspruch hat[296], wenn er die in der Durchführungsverordnung vom 18.2.1939[297] normierten subjektiven Zulassungsvoraussetzungen erfüllt. Deren wichtigste ist das Ablegen einer Prüfung, in welcher der Heilpraktiker den Nachweis zu erbringen hat, daß die Ausübung der Heilkunde durch ihn keine Gefahr für die Volksgesundheit darstellen würde (§ 2 lit. i) DVO). Es handelt sich dabei um keine medizinische Fachprüfung[298], sondern im wesentlichen um eine Überprüfung seuchenrechtlicher Kenntnisse.[299]

Die BOÄ[300] gewährt den approbierten Ärzten also lediglich Titelschutz aber kein Monopol (vgl. §§ 2a, 2 V BOÄ). Daher könnte man annehmen, daß zwischen Ärzten und Heilpraktikern heftige Konkurrenz bestünde.[301] Da jedoch gem. § 95 II SGB V[302] i.V.m. der Zulassungsverordnung für Vertragsärzte[303] nur Ärzte an der kassenärztlichen Versorgung teilnehmen und Heilpraktiker demgemäß weitgehend ausgeschlossen sind[304], stellen die Heilpraktiker auf den Tätigkeitsgebieten der klassischen Medizin

---

[293] vgl. z.B. §§ 24 I Ziff.1, 31 Niedersächsisches Kammergesetz für die Heilberufe (Nds.KHG) i.d.F. vom 30.5.1980, Nds.GVBl. S. 193.

[294] zu Veterinärmedizinern, vgl. z.B. *Heck*, Untersuchungen über Verstöße gegen die Berufsordnung der Landestierärztekammer Hessen im Zeitraum 1958 bis 1985, mit Hess.BOen in Anlage A1-A3; eine Zusammenfassung der Kasuistik der tierärztlichen Berufsgerichte in Niedersachsen für den Zeitraum 1958–1968 findet sich bei *Prelle*, Berufsrechtliche Situation des Tierarztes in Niedersachsen, S. 1–35.

[295] RGBl. I S. 251, BGBl. III 2122-2, geändert durch Gesetz vom 2.3.1974, BGBl. I S. 469.

[296] BVerwGE 4, 250 (256).

[297] RGBl. I S. 259, BGBl III 22122-2-1, zuletzt geändert durch VO vom 18.4.1975, BGBl I S. 967.

[298] *Theob&ald/Erdle*, 30.1.1., § 2 DV HeilprG Anm. 10.

[299] *Theobald/Erdle*, 30.1.1., § 3 DV HeilprG Anm. 2; *Laufs* in: Handbuch des Arztrechts, § 10 Rn. 5.

[300] Bundesärzteordnung vom 4.2.1970, BGBl. I S. 237 i.d.F. vom 18.4.1987, BGBl I S. 1218.

[301] zur entsprechenden Konstellation bei den Architekten, s.u. F. I.

[302] i.d.F. vom 20.12.1988, BGBl. I S. 2477; vorher: § 368 a III RVO.

[303] Zulassungsverordnung für Kassenärzte vom 28.5.1957, BGBl. I S. 572 , Gesetzesüberschrift geändert durch letzte Gesetzesänderung vom 21.12. 1992, BGBl I S. 2266.

[304] in diesem Sinne BSG NJW 1979, 2363 ff.; BVerfG NJW 1988, 2292 f.; zu den sonstigen zahlreichen spezialgesetzlichen Vorbehalten zugunsten der Ärzteschaft, vgl *Theobald/Erdle*, 30.1., § 1 HeilprG Anm.8.

gleichwohl keine ernsthafte Konkurrenz der Ärzteschaft dar.[305] So ist erklärlich, daß sich die Bundesärztekammer (BÄK) gegenüber der Heilpraktikerschaft auf gelegentliche Anwürfe beschränkt.[306] Eine Aufweichung dieser festgefügten Grenzen zwischen Ärzteschaft und Heilpraktikern wird gleichzeitig durch standesrechtliche Kooperationsverbote verhindert, die dem Arzt die Zusammenarbeit mit Nichtärzten standesrechtlich untersagen.[307]

Demgegenüber gehen die Ärztekammern und kassenärztliche Vereinigungen in wesentlich schärferer Weise gegen die Konkurrenz durch nichtärztliche Dienstleistungserbringer vor, die sich in den (lukrativen) nichtdiagnostischen oder -therapeutischen Teilbereichen ursprünglich ausschließlich ärztlicher Tätigkeit etabliert haben.

So haben z. B. BÄK, Kassenärztliche Bundesvereinigung und eine LÄK einem pharmazeutischen Unternehmen einen Boykott der Konzernmutter angedroht für den Fall, daß sich das Unternehmen nicht bereit erklären würde, nur solche labortechnischen Untersuchungen am Markt anzubieten, welche durchzuführen die konkurrierenden Laborfachärzte nicht in der Lage waren.[308] Weiterhin wird davon berichtet, daß eine kassenärztliche Vereinigung sowie eine Landeszahnärztekammer den Boykottaufruf eines privaten Zahnärzteverbandes gegen bestimmte zahntechnische Labors unterstützt hätten.[309]

Ähnlich sah sich das BKartA im Berichtszeitraum 1987/ 1988 durch das Verhalten von Zahnärztekammern veranlaßt einzuschreiten.[310] Mehrere Zahnärztekammern hatten ihren Mitgliedern standesrechtliche Konsequenzen angedroht, wenn diese sich durch Einbringung von Dienstleistung oder Kapital am sog. »Dentalhygieneinstitut« beteiligen würden, einem Unternehmen, das in Großstädten Institute zur krankheitsvorbeugenden Zahnpflege betreibt.[311]

II. Berufsrecht (MuBO)

Am Beispiel der Musterberufsordnung der BÄK (MuBO)[312], die im wesentlichen von den Landesärztekammern jeweils übernommen und damit zu geltendem Standesrecht

---

305 vgl. im übrigen auch zum unterschiedlichen »Patiententyp«: *Friedrichs* DÄBl 1989, C-249.

306 vgl. z.B. Sachverhalt von LG Frankfurt vom 13.12.1967, Az 5/11 Qs 32/67 wiedergegeben in DÄBl 1968, 417ff.; Tätigkeitsbericht der BÄK 1974/1975, DÄBl 1975, 1461 (1548 f.).

307 vgl. z.B. §§ 29 I, 23 Musterberufsordnung der Bundesärztekammer, s. Anhang V.1., die Berufsordnungen der Landesärztekammern entsprechen in weiten Teilen der MuBO, vgl z.B. §§ 19, 23 I Nds.BO, abgedr. in Arztrecht in Niedersachsen – 9. Sonderheft.

308 TB 1974, S.78; TB 1977, S. 78; vgl. weiterhin BKartA v. 14.2.1974 WuW/E BKartA 1498 ff; KG vom 2.2.1976 WuW/E OLG 1687ff.; sowie den Sachverhalt von BGHZ (GS) 67, 81 ff. – Auto-Analyzer; eingehend dazu auch m.w.Nachw. *Emmerich,* in: FS für J. Bärmann, 285 ff.

309 Angaben bei *Rieger* (MdL, SPD), Plen.Prot.Nds.LT 10/53, S. 4857.

310 BKartA TB 1987/1989, S. 101.

311 vgl. z.B. den Sachverhalt, welcher den Entscheidungen OLG Celle NJW-RR 1989, 555 f. = MedR 1988, 257f., OLG Düsseldorf NJW-RR 1992, 808f. zugrundeliegt; zur standesrechtlichen Reaktion mancher Kammern s.u. II. 3. zum Verstoß einer kassenzahnärztlichen Vereinigung gegen § 1 UWG wegen Konkurrentenbehinderung, OLG Stuttgart NJW 1989, 778 f.; OLG Karlsruhe NJW-RR 1992, 1259 ff.; zur Refraktionsbestimmung durch Augenoptiker vgl. z.B. *Kater* NÄBl 1968, 5 f. und Tätigkeitsbericht der BÄK 1974/1975, DÄBl 1975, 1461 (1549).

312 s. Anhang V.1.; in der Fassung von 1988 auch abgedruckt bei: Laufs/Uhlenbruck, Handbuch, S. 27 ff.

wird, lassen sich Grundtendenzen im Hinblick auf die Regulierung von Wettbewerbsverhalten durch Standesrecht feststellen.

Im wesentlichen erfolgt die Regulierung durch die Grundsätze der Kollegialität (v.a. § 19 MuBO) und das Werbeverbot (§§ 25 ff. MuBO).

1. Kollegialität

Dem Grundsatz der Kollegialität, wie er in § 19 I 1 MuBO Ausdruck gefunden hat, kommt seit alters her die Bedeutung zu, die Geschlossenheit des Standes nach außen zu demonstrieren; er ist daher auch immer von Konkurrenzschutzerwägungen getragen.[313]

a) § 19 I 5 MuBO

Der Grundsatz der Kollegialität ist seit 1945 nahezu unverändert beibehalten worden.[314] Darüber hinausgehend haben seitdem auch verschärfte Konkurrenzschutzklauseln Eingang gefunden. So ist die gegenwärtig in § 19 I 5 MuBO[315] enthaltene Sperrfrist 1985 von einem auf zwei Jahre erhöht worden.[316] Danach ist es einem Arzt für die Dauer von zwei Jahren untersagt, sich im Bereich jener Praxis nierderzulassen, in der er sein Praktikum abgeleistet hat. Daß diese Klausel nicht noch schärfer – wie dies der Vorstand der BÄK ursprünglich geplant hatte – ausfiel, ist vor allem auf den mäßigenden Einfluß der mit dieser Klausel befaßten Juristen zurückzuführen.[317]

b) § 19 I 2 MuBO

Neben dieser Verschärfung findet sich zwar auch eine Liberalisierung. Für diese gilt jedoch – wie auch bei der BRAK (vgl. oben III.3.) –, daß sie vor allem Ergebnis externen Drucks ist.

1979 fügte nämlich der 82. DÄT einen Satz 2 in § 19 I MuBO ein[318], der klarstellt, was eigentlich selbstverständlich sein sollte, daß nämlich dem § 16 I MuBO (Objektivitätspflicht bei Begutachtung) Vorrang vor § 19 I 1 MuBO (Pflicht zur Kollegialität) zukommt. Zwar hatte die BÄK zuvor gerade diese Selbstverständlichkeit als Argument gegen die ausdrückliche Verankerung des Vorrangs angeführt.[319] Aber frühere Äußerungen der BÄK lassen Zweifel aufkommen, ob es sich wirklich um eine praktizierte Selbstverständlichkeit handelte.[320] Infolge schwerer Kritik aus der Rechtsprechung[321] und dem juristischen Schrifttum[322] sowie Vorbehalten in Gesetzgebungsorga-

---

313 vgl. *Taupitz*, Standesordnungen, S. 272 f.
314 vgl. z.B. schon § 11 MuBO 1956, ÄM 1956, 943 (946).
315 s. Anhang V.1.
316 § 14 III MuBO 1956, ÄM 1956, 943 (946): 1 Jahr Sperrfrist.
317 *Jachertz* DÄBl 1985, B-1763 (1764).
318 vgl. DÄBl 1979, 2442 (2444).
319 *Baldus* DÄBl 1979, 1573 (1575).
320 vgl. Tätigkeitsbericht der BÄK 1958/59, ÄM 1959, 839 (856).
321 vgl. BGH NJW 1975, 1463 (1464) zur Kunstfehlerbegutachtung.
322 z.B. *Franzki* DRiZ 1978, 257 (258); weiterer Nachweis bei *Taupitz*, Standesordnungen, S. 306.

nen[323] blieb der BÄK wenig anderes übrig, als durch die Einfügung des § 19 I 2 MuBO zu reagieren. Außerdem galt es zwischenzeitlich, Schlimmeres abzuwehren. 1978 hatte nämlich der 52. DJT[324] die Standesvertretungen der Ärzte aufgefordert, in den Berufsordnungen die standesrechtliche Pflicht zu verankern, den Patienten auf Schäden hinzuweisen, die durch Behandlungsfehler von Kollegen verursacht worden sind. Auf diese Maximalforderung reagierte der DÄT mit der genannten Klarstellung, die weit hinter den Forderungen des DJT zurückbleibt.

Taupitz[325] hat in diesem Zusammenhang auf die sog. »Bernbeck-Affäre« in Hamburg aufmerksam gemacht: Infolge der eklatanten Mißstände an einer Hamburger Klinik, die im Gefolge dieser Affäre offenkundig wurden, hatte die Hamburger Bürgerschaft 1984 die Hamburger Ärztekammer aufgefordert, die berufsrechtliche Pflicht zu normieren, erkannte Kunstfehler der Kammer zu melden. Auch dieses Bemühen endete 1987 (nach heftigem Widerstand der Kammer[326]) damit, daß lediglich die Selbstverständlichkeit in die Berufsordnung aufgenommen wurde, daß nicht gegen die Kollegialitätspflicht verstößt, wer einen Kunstfehler bei der Kammer meldet.[327]

c) § 18 IV MuBO

Es fügt sich in das Bild, daß die BÄK bzw. der DÄT bislang immer noch an der Regelung in § 18 IV MuBO festhalten, nach welcher Gutachten über Honorarforderungen eines Kollegen von einer Genehmigung der Ärztekammer abhängig sind. Seit der Facharzt-Entscheidung des BVerfG[328] dürfte die Vereinbarkeit dieser wettbewerbsbeschränkenden Berufsausübungsregelung mit Art 12 I GG ausgesprochen zweifelhaft sein.[329] So hat z.B. der Ausschuß für Sozial- und Gesundheitswesen des Nds. Landtages 1979 explizit diese Auffassung vertreten und nur deshalb von einem ausdrücklichen Verbot (im KammerG, das infolge der Facharztentscheidung zu reformieren war) eines solches Genehmigungsvorbehalts abgesehen, weil der nds. Sozialminister zusicherte, eine solche – dem § 18 IV MuBO entsprechende – Klausel in der Nds.BO nicht zu genehmigen[330], so daß die nds. BO dementsprechend heutzutage im Gegensatz zu anderen Berufsordnungen[331] eine vergleichbare Klausel nicht enthält. Der DÄT wird demgegenüber die MuBO wohl erst dann anpassen, wenn er – wie beim Werbeverbot regelmäßig geschehen (s.u. 2.) – durch eine Entscheidung des BVerfG unmittelbar dazu gezwungen wird.

An dieser Stelle ist darauf hinzuweisen, daß in manchen Berufsordnungen von Zahnärztekammern darüber hinausgehend jedes Gutachten über Kollegenleistungen

---

323 vgl. z.B. MdL Dr. *Pohl* (CDU), Nds. LandT, Stenogr. Berichte, 9 / 3312.

324 Bd.II, Teil I, S. I 203 f., Beschluß Nr. IV 4.

325 *Taupitz,* Standesordnungen, S. 310.

326 Tätigkeitsbericht der Hamburger Ärztekammer in HÄBl 1987, 273 (274); vgl.auch *Kalvelage* HÄBl 1987, 124 ff.

327 Mitt. in DÄBl 1986, A-2142.

328 BVerfGE 33, 125 ff.

329 vgl. auch *M. Schmidt,* Standesrecht und Standesmoral, S. 145.

330 Nds. Landtag, Stenogr. Berichte 9/ 3312.

331 vgl. z.B. § 14 IV BO Berlin 1990, Amtsbl. 1990, 1697.

einem Kammervorbehalt unterliegt.[332] Bemerkenswerterweise räumt selbst der Justitiar der Zahnärztekammer Bayern, deren Berufsordnung auch eine solche Klausel enthielt, ein, daß diese Regelung »nicht ganz verfassungskonform« gewesen sei.[333]

2. *Werbung (§ 25 MuBO)*

Noch deutlicher als bei den Grundsätzen der Kollegialität tritt beim Werbeverbot, das in § 25 MuBO normiert ist, die Tendenz der ärztlichen Standesorganisationen zutage, mit einer Liberalisierung des Standesrechts immer erst dann zu reagieren, wenn infolge externen Drucks keine andere Möglichkeit mehr besteht, und auch dann immer nur die unbedingt gebotenen Liberalisierungen vorzunehmen.

a) § 25 I 1 MuBO

Dies zeigt sich schon an § 25 I 1 MuBO. Obwohl das BVerfG am 19.11.1985[334] festgestellt hat, daß das Werbeverbot dahingehend eingeschränkt werden müsse, daß lediglich »berufswidrige« Werbung dem Freiberufler untersagt werden könne[335] hält die BÄK bislang an dem in der Formulierung zu weit gefaßten Verbot »jeglicher« Werbung fest.[336]

b) § 25 I 2 MuBO

Seit 1988 ist gem. § 25 I 2 MuBO nur noch die »anpreisende Herausstellung« von Ärzten durch Sanatorien verboten, während ursprünglich[337] wesentlich strenger jede »mittelbare Werbung«[338] durch Sanatorien untersagt war. Zugelassen waren lediglich Namens- und Facharztnennung des Sanatoriumsinhabers und des leitenden Arztes.[339] Aber auch diese Liberalisierung ist weniger Ergebnis autonomer Entscheidung als Reaktion auf äußeren Druck. 1970 sah sich der DÄT vor allem durch das Drängen der betroffenen Privatkrankenanstalten[340] veranlaßt, diesen zusätzlich zur Nennung des Arztnamens auch die Erwähnung eines sog. Hauptindikationsgebietes zu gestatten[341], nicht ohne jedoch anschließend eine sachliche Einengung des Begriffs »Hauptindikationsgebiet« anzukündigen[342]. Daß es nicht bei jener Fassung von 1970 geblieben ist, ist darauf zurückzuführen, daß das BVerfG die Beschränkung auf ein Hauptindikationsgebiet für unzumutbar und nicht mit Art 12 I GG vereinbar erklärte[343], so daß sich die BÄK bzw. der DÄT 1988 zur Änderung der MuBO veranlaßt sahen.[344]

---

[332] vgl. z.B. § 6 I BO S.-H. v. 10.1.1979 (zuletzt geändert am 13.3.1991), Amtsbl.Schl.-H./AAz. 1979, S. 227.
[333] vgl. *Neumann*, Süddeutsche Zeitung vom 11.12.1992, S. 23.
[334] BVerfGE 71, 162 (174).
[335] vgl. zur Reaktion der BRAK oben B. III. 3. c., S. 46 f.
[336] kritisch dazu: *Hofstetter*, Arztrecht, S.115 re.Sp.; *M. Schmidt*, Standesrecht und Standesmoral, S.145 f.; *Schulte*, Werbeverbot, S. 29.
[337] vgl. § 20 II MuBO 1956, ÄM 1956, 943 (946).
[338] zu den Begriffen: *Schulte*, Werbeverbot, S. 87 m.w.Nachw.
[339] vgl. § 20 II MuBO 1956, ÄM 1956 a.a.O.
[340] vgl. dazu *Doepner* WRP 1977, 318 (321).
[341] vgl. § 20 II MuBO 1970, in: DÄBl 1970, 2025 (2028).
[342] Schreiben der BÄK v. 23.9.1975 an das OLG Karlsruhe, zitiert nach *Doepner* a.a.O., Fn. 62.
[343] BVerfGE 71, 183 (200 ff.).
[344] vgl. Bericht über 91. DÄT, DÄBl 1988, C-943 (948).

c) § 25 II MuBO i.V.m. Ziff. 6 der Richtlinien über die Mitwirkung bei Publikationen[345]

Ein weiteres Beispiel für das Beharren auf weitgehender Wettbewerbsregulierung durch Bundesärztekammer bzw. Deutschen Ärztetag stellt § 25 II MuBO i.V.m. Ziff.6 der Publikationsrichtlinien (Rili) dar. Gemäß Ziff. 6 ist ein Arzt im Fall von Pressekontakten verpflichtet, einen Genehmigungs- bzw. Korrekturvorbehalt im Hinblick auf möglicherweise folgende Presseberichte zu vereinbaren. Ob diese rigide Richtlinie mit Art 5 (Meinungsäußerungs- und Pressefreiheit), mit Art 12 I GG sowie mit Art 10 EMRK vereinbar ist, dürfte zumindest sehr zweifelhaft sein.

Bereits 1983 hat nämlich die EKMR im Barthold-Fall[346] für eine vergleichbare Vorschrift aus dem Berufsrecht der Veterinäre die Auffassung vertreten, daß die Normierung eines solchen Genehmigungsvorbehalts in einer demokratischen Gesellschaft nicht notwendig sei und auch nicht durch Besonderheiten der freien Berufe gerechtfertigt werde, daß folglich so weitgehende standesrechtliche Anforderungen gegen Art 10 EMRK verstießen.[347] Dennoch haben BÄK bzw. DÄT bislang nicht reagiert und halten gegenwärtig an Ziff. 6 der Rili fest. Allerdings ist anzumerken, daß auch im juristischen Schrifttum die Konsequenzen der Barthold-Entscheidung im Zusammenhang mit der in Ziff. 6 Rili normierten Pflicht entweder gar nicht gesehen[348] oder geleugnet werden[349], wie auch die Rechtsprechung zumeist die Entscheidung entweder ignoriert[350] oder ihr die Gefolgschaft verweigert.[351]

Daß die Vorbehalte der EKMR gleichwohl begründet sind, zeigt jedoch eine jüngere Entscheidung des BVerfG[352], in welcher das Gericht anführt, daß gerade die von Ziff. 6 der Rili[353] gestellten Anforderungen für die Presse »in der Regel unannehmbar sein werden«[354], so daß eine berufsrechtliche Ahndung eines Verstoßes gegen eine derartige Pflicht einen unzumutbaren Eingriff in die Berufsausübungsfreiheit darstellen kann.[355]

Es bleibt abzuwarten, ob DÄT bzw. BÄK jedenfalls auf diese Rechtsprechung reagieren werden.

d) § 34 V MuBO

Während 1956 gem. § 35 VI MuBO[356] die Führung eines Professorentitels mangels Gestattung in §§ 35 I–V grundsätzlich als Verstoß gegen das Werbeverbot anzusehen

---

345 s. Anhang V.2.; vollständig abgedruckt in: DÄBl 1979, 112 f.; *Ratzel,* Ärztliches Standesrecht, S. 21.

346 EKMR NJW 1984, 2751 (2753 sub 81).

347 im Ergebnis ebenso der EGMR am 20.4.1984, NJW 1985, 2885 (2886 f.).

348 z.B. *Ratzel,* Ärztliches Standesrecht, S. 20.

349 *Narr,* Ärztliches Berufsrecht, Rn. 1178, S. 730.10; a.A.: *Schulte,* Werbeverbot, S. 143 f., S. 148.

350 z.B. BGH GRUR 1987, 241 (243 sub aa), sub d)) – Arztinterview; LBG beim OVG Koblenz NJW 1989, 2344 (2346); vgl. auch Beschwerdekammer in Disziplinarangelegenheiten des Europäischen Patentamtes GRUR Int 1992, 288 (289 f., sub 2.7. ff, 290, sub 4.); anders neuestens: OLG Hamburg WRP 1993, 498 (501 f.).

351 BayLBG für die Heilberufe ArztR 1990, 55 (56, 58 f.).

352 BVerfG NJW 1992, 2341 ff.

353 im zu entscheidenden Fall ging es um die Auslegung des Werbeverbots in der LBO Bayern.

354 a.a.O., S. 2342 sub dd).

355 a.a.O., S. 2343.

356 ÄM 1956, 943 (949).

war, ist dies seit 1983[357] durch den seinerzeit eingefügten § 27 III 1 (jetzt § 34 V 1) MuBO gestattet und diese Gestattung gem. Satz 2 der Vorschrift auch auf die Führung entsprechender ausländischer Bezeichnungen ausgedehnt worden, sofern – so der 1988[358] eingefügte Genehmigungsvorbehalt – die Ärztekammer die Gleichwertigkeit der ausländischen Bezeichnung festgestellt hat.

Auch mit dieser Liberalisierung ist jedoch nur vollzogen worden, was auf der Grundlage verfassungsgerichtlicher Rechtsprechung längst gesicherte Erkenntnis war. Im übrigen gilt für § 34 V 2 MuBO, was schon mehrfach festzustellen war, daß nämlich die Liberalisierung hinter dem grundgesetzlich Gebotenem zurückbleibt.

Für § 34 V 1 MuBO ist festzustellen, daß das BVerfG (im Zusammenhang mit Facharztbezeichnungen) bereits 1972[359] die Angabe rechtsförmlich erworbener fachlicher Qualifikationen als herkömmliches Mittel zur Ankündigung freiberuflicher Leistungen ansah, auf die hinzuweisen, keine unzulässige Werbung darstellen könne. Bei dieser Rechtsprechung hätte ein standesrechtliches Verbot der Führung inländischer Professorentitel vor dem BVerfG schwerlich Bestand haben können.

Für § 34 V 2 MuBO gilt, daß das BVerfG im Hinblick auf ausländische akademische Grade[360] bereits 1974[361] entschieden hatte, daß es für die Frage, ob es sich um berufskonforme Werbung handelt, keinen sachlichen Grund gebe, nach inländischen und ausländischen Titeln zu differenzieren. Hinzu kommt, daß nach Ansicht des BVerfG[362] die Prüfung, ob ein ausländischer akademischer Grad einem inländischen vergleichbar ist, keinesfalls in die Kompetenz der Kammern falle. Zuständig seien vielmehr die durch die entsprechenden Gesetze[363] zu derartigen Prüfungen ermächtigten Verwaltungsstellen, die im übrigen bereits 1970 Druck auf die BÄK ausübten, ausländische akademische Grade standesrechtlich zu gestatten.[364]

Der seit 1988 vorgesehene Genehmigungsvorbehalt (§ 34 V 2 MuBO), der eine Vergleichbarkeitsprüfung durch die Kammern vorsieht, bleibt demnach hinter den verfassungsrechtlichen Anforderungen zurück und ist daher in der derzeitigen Form immer noch verfassungswidrig. Den Ärztekammern kommt auch keine Auffangkompetenz zu, so daß die Einfügung von 1988 auch nicht dadurch gerechtfertigt wird, daß sich angeblich keine »zuständige amtliche Stelle« haben finden lassen.[365] Im Falle mangelnder Vergleichbarkeit eines ausländischen Titels können die Kammern lediglich nach

---

[357] vgl. *Baldus* DÄBl 1983, B-59 (61 f.).

[358] vgl. 91. DÄT, DÄBl 1988, C-943 (948).

[359] BVerfGE 33, 125 (170).

[360] Der deutsche Professorentitel stellt allerdings i.e. Sinne keinen akademischen Grad dar, vgl. *Narr*, Ärztliches Berufsrecht, Rn. 115, S. 126.8 f.

[361] BVerfG NJW 1974, 232 (234).

[362] a.a.O., S.234 sub c).

[363] z.B. das Gesetz über die Führung akademischer Grade, RGBl. I 1939, 958; zur gegenwärtigen Rechtslage, *Narr*, Ärztliches Berufsrecht Rn. 115.

[364] vgl. *Stockhausen*, Tätigkeitsbericht der BÄK 1969/1970, DÄBl 1970, 1745 (1791); *ders.*, Tätigkeitsbericht der BÄK 1970/1971, DÄBl 1971, 1509 (1567); Entschließung des 73. Deutschen Ärztetages 1970, NÄBl 1970, 367 (370).

[365] so die Begründung auf dem 91. DÄT, vgl. DÄBl 1988, C-943 (948).

§§ 3, 13 II UWG[366] oder gegebenenfalls nach § 132 a I Ziff.1 StGB vorgehen. Eine standesrechtliche Ahndung ist unzulässig.[367]

e) *Musterweiterbildungsordnung*

Gemäß § 7 der MusterweiterbildungsO 1992 ist der Facharzt gehalten, in der Regel nur eine Facharztbezeichnung zu führen; auf Antrag kann die Kammer jedoch auch das Führen mehrerer Facharztbezeichnungen genehmigen.[368]

Demgegenüber durfte der Facharzt 1956 gem. § 24 III MuBO[369] lediglich eine Facharztbezeichnung führen. Auch diese Liberalisierung geht auf die sog. Facharzt-Entscheidung des BVerfG[370] von 1972 zurück, in welcher das Gericht das indifferente ausnahmslose Verbot des Führens mehrerer rechtmäßig erworbener Bezeichnungen für verfassungswidrig erklärte[371] und darauf hinwies, daß bei einem solchen Verbot unberücksichtigt bleibe, daß oftmals thematisch verwandte Fächerkombinationen denkbar seien.[372] Diesen Vorgaben entspricht die standesrechtliche Regelung nunmehr.

In Verbindung mit der Änderung der alten Facharztregelung steht eine zweite Lockerung standesrechtlicher Wettbewerbsregulierung. Während dem Facharzt 1956 noch gem. § 32 II 1 MuBO[373] vorgeschrieben war, daß er sich ausnahmslos auf die Tätigkeit in seinem Fachgebiet zu beschränken habe, ist nun nur noch vorgegeben, daß der Facharzt »grundsätzlich« in seinem Gebiet bzw. im Falle einer sog. Schwerpunktangabe »auch« auf diesem tätig zu sein hat.[374]

Auch diese liberalisierte Fassung ist Konsequenz der Facharzt-Entscheidung und Ergebnis eines Kompromisses zwischen den ärztlichen Standesvertretungen und den auf eine weitergehende Liberalisierung drängenden Landesregierungen.[375]

3. *Sonstiges*

Jedoch sind in der Zeit nach 1945 auch zwei Liberalisierungen eigenständig durchgeführt worden.

So wurde auf dem 59. DÄT 1969 der alte § 5 III, IV MuBO[376] gestrichen, nach wel-

---

[366] vgl. z.B. OLG Stuttgart MedR 1986, 43.

[367] a.A.: *Narr,* Ärztliches Berufsrecht, Rn. 115, S. 126.10.

[368] vgl. 95 DÄT bei *Dauth* DÄBl 1992, C-1087 (1094); zur vorherigen Fassung des § 5 MuWeiBiO a.F. (Gebietsbezeichnungen), vgl. den Abdruck bei *Narr,* Ärztliches Berufsrecht, Bd.1, Rn. 643a, S. 388.1 ff.

[369] ÄM 1956, 943 (947).

[370] BVerfGE 33, 125 ff.

[371] a.a.O., S. 169 ff.

[372] a.a.O., S. 170.

[373] ÄM 1956, 943 (948).

[374] §§ 22 MuWeiBiO 1992, vgl. Angaben bei *Vogel* NÄBl 1992, 9 (18); in den Kammergesetzen, z.B. § 42 I Nds KammerG (Nds GVBl. 1980, 193) findet sich gegenwärtig in der Regel noch die dem § 18 MuWeiBiO a.F. (abgedruckt bei Narr, Ärztliches Berufsrecht, Rn.643a, S.388.1 ff.) entsprechende Regelung, die von Gebiets- und Teilgebietsbezeichnungen ausgeht.

[375] vgl. § 10 d des Musterentwurfs eines Landesgesetzes über das FA-Wesen, vorgelegt von der Gesundheitsministerkonferenz der Länder in: DÄBl 1974, 594 (597) sowie die Kritik der BÄK, a.a.O.; vgl. auch Vorbehalte gegenüber der geltenden Regelung im Parlament: Dr. *Riege* (SPD), Nds. Landtag Stenogr. Ber. 9 / 3323 f.

[376] ÄM 1956, 943 (944).

chem die Praxiseröffnung in einem Haus, in dem bereits ein Mediziner praktizierte, für standeswidrig erklärt wurde. Relativierend ist allerdings anzumerken, daß diese Streichung vor allem deswegen erfolgte, weil man diese Form des Konkurrenzschutzes nicht mehr für notwendig erachtete.[377]

Als weitere Maßnahme verdient die Zulassung von Gemeinschaftspraxen (§ 23 MuBO) Erwähnung, die bis 1968 grundsätzlich verboten waren.[378] Hier haben die Kammern erkannt, ohne daß das BVerfG hätte entscheiden müssen[379], daß § 18 I MuBO a.F. einer Prüfung am Maßstab des Art 12 I GG nicht hätte standhalten können[380], und eine entsprechende Änderung durchgeführt.

In diesem Zusammenhang ist jedoch eine jüngste Änderung der MuBO noch von Belang. In den letzten Jahren sind verstärkt Ärzte in der Rechtsform der GmbH am Markt tätig geworden, wobei die GmbH nicht lediglich als Träger des organisatorischen Rahmens fungiert[381], sondern selbst als Anbieter der ärztlichen Dienstleistungen auftritt.[382] Auch in diesem Zusammenhang haben sich die Kammern auf eine konservative, auf Wettbewerbsregulierung ausgerichtete Position gestellt. 1988 änderte der DÄT § 9 I MuBO (jetzt: § 13 I MuBO) dergestalt, daß die ambulante ärztliche Tätigkeit außerhalb von Krankenhäusern an die Niederlassung in eigener Praxis gebunden ist[383], so daß es dem Arzt standesrechtlich verboten ist, ambulante Behandlungen als Angestellter einer GmbH durchzuführen. Manche Landesärztekammern haben diese Regelung in ihre BO übernommen.[384] Es ist jedoch ausgesprochen zweifelhaft, ob den Ärztekammern nach den Grundsätzen der Wesentlichkeitstheorie eine derart weitgreifende Regelungsbefugnis zukommt.[385] Viele Genehmigungsbehörden haben aus diesem Grund die Genehmigung einer solchen Änderung verweigert.[386]

Zusammenfassung zu D.:

Abschottungsbestrebungen gegen Berufsneulinge sind für die Ärztekammern nicht zu verzeichnen. Allerdings sind die Kammern (und kassenärztliche Vereinigungen) in

[377] Bericht vom 72. Deutschen Ärztetag, DÄBl 1969, 1667 (1671): » (...) in Zeiten, in denen Hochhäuser mit 28 Stockwerken gebaut werden, ist die Regelung recht antiquiert.«

[378] vgl. § 18 I MuBO 1956, in: ÄM 1956, 943 (945 a.E.); vgl. MuBO 1968 in: DÄBl 1968, 1507, sowie MuBO i.d.F. von 1970 in: DÄBl 1970, 2025 (2028).

[379] zum Drängen der Aufsichtsbehörden vgl. allerdings z.B.: Bericht von der Delegiertenversammlung der HessLÄK, HessÄBl 1966, 570 (572); *Fischer*, Teamarbeit bei Ärzten, S.12.

[380] vgl. z.B. *Boesche* bei: Kreienberg DÄBl 1968, 1504 (1504); *Eckel* (Präs.NdsÄK) auf Kammerversammlung NdsLÄK, NÄBl 1968, 137 (138).

[381] dazu näher *Ahrens* MedR 1992, 141 ff.

[382] s.o. I.; vgl. auch *Taupitz* NJW 1992, 2317 ff.

[383] vgl. § 9 I MuBO 1988, DÄBl 1988, C-2199 (2200); jetzt § 13 I MuBO 1993, s. Anh. V.1.

[384] vgl. § 9 I BO Nds. 1989, NÄBl 15/1989, IV (zwischenzeitlich wieder geändert: vgl. § 9 I Nds. BO 1991); § 9 I BO Westf.-Lippe, MinBl.NRW 1990, 1728; anders dagegen: § 9 I BO Bremen, Amtsbl. 1990, 369; Berlin, Amtsbl. 1990, 1697 (1699); Schleswig-Holstein, Amtsbl./AAz.. 1989, 223.

[385] *Taupitz* NJW 1992, 2317 (2322); in diesem Sinne auch *Ahrens* MedR 1992, 141 (143); für eine de-lege-lata Zulässigkeit derartiger Gesellschaften auch: *Hahn*, Der Arzt und sein Recht 1991, 14 (18 ff.).

[386] für Berlin vgl. *Harms* Berliner Ärzte 10/1990, 24; vgl. im übrigen *Taupitz* a.a.O., 2322, Fn.62; *Hahn*, Der Arzt und sein Recht 1991, 14 (18).

teilweise rechtswidriger Weise gegen standesexterne Konkurrenz (Blutanalyselabors, Dentalinstitute, Medical-centers) vorgegangen.

Das Standesrecht, das maßgeblich durch die Musterberufsordnung der (privatrechtlich organisierten) Bundesärztekammer vorgegeben wird, ist gekennzeichnet durch eine weitgehende Zurückdrängung des Binnenwettbewerbs. Im Unterschied zu den Kammern der rechts-, wirtschafts- und steuerberatenden Berufe fällt weiterhin das Festhalten an überkommenen und z.T. verfassungswidrigen Berufsausübungsbeschränkungen auf. Das Standesrecht (§ 13 I MuBO) wird auch zur Bekämpfung von Standesaußenseitern verwendet.

E. Die Apothekerkammern

Gemäß den Kammergesetzen der Länder gehören die Apotheker, die in dem jeweiligen Bundesland diesen Beruf ausüben, der Landesapothekerkammer an.[387] Die Landesapothekerkammern haben sich auf Bundesebene privatrechtlich in der Bundesapothekerkammer zusammengeschlossen. Diese bildet zusammen mit dem Apothekerverein die Arbeitsgemeinschaft der Berufsvertretungen deutscher Apotheker (ABDA).

I. Marktzugang

Gegenwärtig ist der Markt für den Arzneimittelverkauf reguliert durch die Monopolisierung des Arzneiverkaufs beim Apotheker gem. § 43 AMG[388] sowie durch die Zulassung zum Apothekerberuf, welche die Approbation als Apotheker (§ 2 I BOA[389]) sowie die Apothekenbetriebserlaubnis gemäß § 1 II des Gesetzes über das Apothekenwesen (ApothekenG)[390] voraussetzt.

1. Monopolisierung

Vergleichbar der BRAK sind die Apothekerkammern (bzw. die ABDA) für eine Monopolisierung von Tätigkeiten beim Apotheker eingetreten. Im wesentlichen sind diese Einflußnahmen gegen den Arzneimittelvertrieb durch Drogisten gerichtet. Selbstverständlich haben die Kammern in der Nachkriegszeit die Forderung nach dem sogenannten Apothekermonopol erhoben[391] und sich damit 1961, vgl. § 28 AMG 1961[392], auch durchsetzen können.

---

[387] z.B. § 2 I Nds. Kammergesetz für die Heilberufe (HKG) i.d.F. vom 30.5.1980, GVBl. S. 193.

[388] Gesetz über den Verkehr mit Arzneimitteln vom 24.8.1976, BGBl. I, S. 2445, S. 2448; vorher § 28 AMG vom 15.5.1961, BGBl. I, S. 533.

[389] Bundes-Apothekerordnung i.d. Neufassung vom 19.7.1989, BGBl. I, S. 1478, 1842.

[390] vom 20.8. 1960, BGBl. I, S. 697

[391] *Wessiepe* auf außerordentlichem Apothekertag in Frankfurt (März 1950), Protokoll des DAT, DAZ 1950, 237 (240); vgl. auch Punkt 3 der HV der ABDA auf DAT 1957, DAZ 1957, 939 (941 f.); *Klie* (Vors. der Bundesapothekerkammer) zitiert in: N.N. DAZ 1958, 798; *ders.* auf HV der ABDA - DAT 1960, DAZ 1960, 736 (738); *Blanke* (Justitiar ABDA) DAZ 1961, 481 (483 f.)

[392] Gesetz über den Verkehr mit Arzneimitteln vom 15.5.1961, BGBl. I, S. 533

Ebenso haben die Kammern in der Folgezeit bei zahlreichen Detailregelungen und Abgrenzungsfragen einen entsprechenden Einfluß genommen[393], wie sie auch immer wieder ganz allgemein die Forderung nach einer Verschärfung der Apothekenpflicht erhoben haben (vgl. Ausnahmen zu § 43 AMG in §§ 44 AMG f.).[394]

2. Marktzutritt für Berufsneulinge

Besonders wettbewerbsfeindlich haben sich die Apothekerkammern im Zusammenhang mit der Einführung der Niederlassungsfreiheit gezeigt.

Die gegenwärtige liberale Fassung, § 2 ApothekenG knüpft die Erteilung der Betriebserlaubnis lediglich an subjektive Zulassungsvoraussetzungen, ist ausschließlich gegen den Widerstand der Apothekenkammern erreicht worden. Während nämlich vor 1945 auf der Grundlage vielfältigen, teilweise auch ungeschriebenen Landesrechts[395] und auch späteren Reichsrechts[396] unabhängig von der Art der jeweiligen Konzession (Privileg, Realrecht, Personalkonzession) eine objektive Bedürfnisprüfung durch die Behörden seit jeher kennzeichnend für den Marktzugang war[397], hat die Militärregierung der amerikanisch besetzten Zone durch die sog. OMGUS-Direktiven vom 29.11.1948 und 28.3.1949 mit dem 20.4.1949 als Stichtag die unbeschränkte Niederlassungsfreiheit für Apotheker dekretiert.[398] Diese Maßnahme veranlaßte nun die Kammern[399] im März 1950 einen außerordentlichen Apothekertag in Frankfurt abzuhalten[400], auf welchem »chaotische Zustände«[401] und der »Niedergang der deutschen Apotheke«[402] als Folge einer unbeschränkten Niederlassungsfreiheit beschworen wurden. Es wird berichtet, daß das Plädoyer anwesender »Lizenzapotheker«[403] für die bundesweite Einführung der unbeschränkten Niederlassungsfreiheit auf die »entschlossene Ablehnung« der restlichen Standesvertreter gestoßen sei.[404] Stattdessen favorisierte man in dem sog. Frankfurter Entwurf für ein Apothekengesetz in § 4 II

---

[393] vgl. z.B. *Ries* (Präs. ABDA) DAZ 1963, 1347 (1350); *Pieck* (Mitglied d. GFhrg. ABDA) auf DAT 1974, DAZ 1974, 1478 (1482 a.E.f.); zur Durchsetzung im Einzelfall vgl. z.B. BGH MedR 1988, 306 ff.; LG Krefeld PharmaR 1992, 348 ff.

[394] z.B. *Petersheim* (Präs. ApoK Nordrhein) auf DAT 1984 bei Ball, PZ 1984, 2710 (2711).

[395] vgl. Übersicht bei BVerfGE 5, 25 (31 ff. sub 2.); sowie Synopse der verschiedenen gebräuchlichen Konzessionsarten bei *H.P. Ipsen,* Apothekenerrichtung, S. 11 f.

[396] vgl. RdErl vom 31.5.1939, RMBliV 1241, i.d.F. des RdErl vom 24.10. 1941, RMBliV 1903; RdErl vom 3.9.1940, RMBliV 1767.

[397] vgl. Überblick bei *Breyer,* Gesetz über das Apothekenwesen, S. 138 ff.

[398] Die Direktiven sind im Amtsblatt der amerikanischen Militärregierung nicht verkündet und abgedruckt; vgl. aber: Note der BReg vom 25.11.1952 an den amerikanischen Hohen Kommissar, abgedr. in: BT-Drucks. I/ 3970, S. 2; sowie statistischer Überblick über die ersten Folgen der Direktiven in: N.N. DAZ 1950, 217 f.

[399] Arbeitsgemeinschaft der Kammern des Wirtschaftsgebiets, Gemeinschaft der Apothekenkammern Rheinland-Pfalz und Württemberg-Hohenzollern, Landesapothekerkammer-Gemeinschaft Deutscher Apotheker Hessen, Apothekerkammer des Saargebiets, vgl. DAZ 1950, 237 (237).

[400] vgl. Abdruck der Protokolle in: DAZ 1950, 237 ff.

[401] *Droste,* zitiert bei Gewehr DAZ 1950, 215 (216).

[402] *Wessiepe,* Protokolle des DAT, abgedr. in: DAZ 1950, 237 (241).

[403] Es handelt sich dabei um diejenigen Apotheker, die von der dekretierten Niederlassungsfreiheit bereits Gebrauch gemacht hatten.

[404] *Gewehr* DAZ 1950, 215 (215).

eine sog. beschränkte Niederlassungsfreiheit[405], die aber weiterhin eine objektive Bedürfnisprüfung als Marktzutrittsschranke beinhaltete.

Die Entwicklung der folgenden zehn Jahre, die 1960 mit der Verabschiedung des Apothekengesetzes in der heutigen Form endete, ist gekennzeichnet durch die steten Versuche der Kammern, eine wie auch immer geartete objektive Zulassungsschranke in die Nachkriegszeit hinüberzuretten, wobei diese Bemühungen vielfach auch Unterstützung in den Gesetzgebungsorganen fanden.

Während es der ABDA[406] gelang, die CDU/CSU-Fraktion zu veranlassen, den Frankfurter Entwurf als Gesetzesentwurf in den Bundestag einzubringen[407], intervenierte der Hauptgeschäftsführer der ABDA, Meyer, bei den verschiedenen Bundestagsfraktionen mit dem Ziel, die in der amerikanisch besetzten Zone geltende unbeschränkte Niederlassungsfreiheit zu beenden.[408] Ergebnis war das sog. Apothekenstopgesetz[409] vom 13.1.1953, nach welchem für die Apothekenzulassung die Rechtslage, die am 1.10.1945 in den jeweiligen Bundesländern gegolten hatte, wiederhergestellt wurde (§ 1 ApothekenstopG). Damit war vorläufig die unbeschränkte Niederlassungsfreiheit auf maßgebliche Initiative der Kammern beseitigt worden. Daß sich die Kammern weder mit dem ApothekenstopG noch mit dem Frankfurter Entwurf letztlich durchsetzen konnten, ist weniger auf den Widerstand wirtschaftsliberaler Bundestagsabgeordneter zurückzuführen – der wirtschaftspolitische Ausschuß war von den drei befaßten Bundestagsausschüssen der einzige, der sich gegen Konzessionierung und Bedürfnisprüfung aussprach[410] –, als vielmehr auf mehrere Gerichtsentscheidungen. Am 30. Mai 1956 erklärte das BVerfG das ApothekenstopG für nichtig, weil der Verweis auf die unklare landesgesetzliche Rechtslage vom 1.10.1945 gegen das Rechtsstaatsprinzip verstieß.[411] In demselben Jahr erklärte das BVerwG einen Erlaß des Oberpräsidenten Nordrhein, der eine objektive Bedürfnisprüfung als Voraussetzung für die Verleihung einer Konzession vorsah, für verfassungswidrig wegen Verstoßes gegen Art 12 GG; die Erfahrungen in der amerikanisch besetzten Zone hätten keineswegs Anlaß zu der Schlußfolgerung gegeben, daß eine unbeschränkte Niederlassungsfreiheit die Volksgesundheit gefährde.[412] Das endgültige Ende der objektiven Bedürfnisprüfung bewirkte die Entscheidung des BVerfG vom 11.6.1958, in welcher das BVerfG die in Art 3 I des bayerischen Apothekengesetzes[413] vorgesehene objektive Bedürfnisprüfung für Apothekenneuerrichtungen mit denselben Argumenten wie das

---

405 »Bei Anträgen auf Errichtung oder Verlegung einer Apotheke ist (...) die Erlaubnis nur zu versagen, wenn nach Lage, Bevölkerungszahl und -dichte nicht erwartet werden kann, daß die Apotheke (...) eine geregelte einwandfreie Arzneiversorgung für die Dauer durchführen kann. (...)«, abgedr. in: DAZ 1950, 243.

406 Arbeitsgemeinschaft der Berufsvertretungen Deutscher Apotheker.

407 BT-Drucks. I/ 2428 (Bedürfnisprüfung in § 3 lit. b)).

408 vgl. *Mandt,* Dokumentation zur Bundesgesetzgebung über das Apothekenwesen, S. 20.

409 BGBl. I, S. 9.

410 vgl. Schriftlicher Bericht des Ausschusses für Fragen des Gesundheitswesens über den Entwurf eines Gesetzes über das Apothekenwesen, in: BT-Drucks. II/ 1790, S. 3.

411 BVerfGE 5, 25 (33 a.E.f.); zur Reaktion vgl. z.B. Vollversammlung der Landesapothekerkammer Ba.-Wü., DAZ 1956, 548 (548).

412 BVerwG NJW 1957, 356 (357 f.); vgl. dazu z.B. die ablehnende Stellungnahme der Kammerversammlung der Apothekerkammer Hamburg, DAZ 1958, 262.

413 vom 16.2. 1952, GVBl., S. 181.

BVerwG für nichtig erklärte[414], so daß sich die Bundesregierung gezwungen sah, am 9.12.1958 ihren Entwurf eines Apothekengesetzes, der an das Konzessionierungssystem mit Bedürfnisprüfung anknüpfte[415], wegen dieses Urteils zurückzuziehen.[416]

Die Hauptversammlung der ABDA gab in einer Entschließung zwei Wochen nach dem Verfassungsgerichtsurteil ihrem Bedauern Ausdruck, daß man nun die unbeschränkte Niederlassungsfreiheit zu akzeptieren habe[417]; der Präsident der Bundesapothekerkammer *Klie* wurde mit den Worten zitiert, daß jenes Urteil eine »Niederlage für die deutschen Apotheker« darstelle.[418]

Als 1984 auf dem DAT in München ein Antrag gestellt wurde, auf die Wiedereinführung einer objektiven Bedürfnisprüfung hinzuwirken, bezeichnete man den »Frankfurter Entwurf« als »Wunschtraum« und lehnte den Antrag unter Bezugnahme auf die verfassungsgerichtlichen Entscheidungen ab.[419] Mit dem gleichen Argument verwarf man auch die vereinzelt erhobene Forderung nach einer in die Berufsordnungen aufzunehmenden Konkurrenzschutzklausel, die vor Neugründungen im Umkreis von Altapotheken schützen sollte.[420]

3. *Marktzutritt für EG-Ausländer*

Das gleiche Verhaltensmuster haben die deutschen Apothekerkammern im Hinblick auf den Marktzutritt von EG-Ausländern an den Tag gelegt.

Bereits auf dem DAT 1984 (München)[421] sowie in der Folgezeit[422] wurde die Absicht geäußert, die geplante EG-Hochschulanerkennungsrichtlinie[423] zu verhindern, um eine »wilde Einwanderung«[424] von EG-Apothekern zu vermeiden. Es wurde auch wieder die Forderung nach Einführung des numerus clausus im Sinne einer objektiven Bedürfnisprüfung erhoben[425], die man jedoch wegen mangelnder Realisierbarkeit nicht weiter verfolgte.[426] Auch die »Hoffnung auf eine Harmonisierung in Richtung einer Anpassung an die in anderen EG-Staaten praktizierten Zulassungsschranken« mußte man wieder aufgeben.[427]

II. Berufsordnungen

Den Apothekerkammern kommt wie den Ärztekammern die Kompetenz zu, in Form von Satzungen Berufsordnungen aufzustellen. Wie auch bei den Ärzten finden sich

---

[414] BVerfGE 7, 377 (413 ff.).

[415] vgl. §§ 6 ff. ApoG-E, BT-Drucks. III/ 35, S. 3.

[416] Schreiben von Vizekanzler *Erhard*, abgedruckt in: BT-Drucks. III/ 723.

[417] Entschließung vom 28. Juni 1958, abgedruckt bei *Mandt*, Dokumentation zur Bundesgesetzgebung über das Apothekenwesen, S. 335.

[418] N.N. DAZ 1958, 798.

[419] Ball PZ 1984, 2710 f.

[420] so Kammerversammlung der Landesapothekerkammer Bremen, vgl. *Bethge*, PZ 1984, 276 (277).

[421] Antrag der Landesapothekerkammer Hessen bei: *Ahlgrimm*, PZ 1984, 2712.

[422] Bundesapothekerkammer (Mitgliederversammlung vom 10.5.1985), PZ 1985, 1293.

[423] inzwischen erlassen, vgl. ABl.EG 1989, L 19, S. 16.

[424] Bundesapothekerkammer, PZ 1985, 1293.

[425] ABDA-Mitgliederversammlung zum DAT 1985 (Berlin), PZ 1985, 2915 (2915).

[426] ABDA-MV, PZ 1985, 2915 (2915).

[427] ABDA-Bericht 1988/1989, PZ 1989 Beilage zu Heft 37, S. 38.

bereits in den Berufsordnungen unmittelbar nach dem Kriege die allgemeine Kollegialitätspflicht[428] und das Werbeverbot[429] wieder. Die eigentliche Bedeutung für die Regelung des Wettbewerbsverhalten kommt aber nicht diesen Generalklauseln zu. Im Gegensatz zu den ärztlichen Berufsordnungen enthalten nämlich sämtliche Berufsordnungen der Apotheker weiterhin einen Katalog, der dezidiert bestimmte Fälle von Wettbewerbsverhalten als standeswidrig bezeichnet.[430] Die Standesrechtsetzung zeichnet sich vor allem im Hinblick auf diese Tatbestände durch die allgemeine Tendenz aus, Normen und richterrechtliche Grundsätze aus dem allgemeinen Wettbewerbsrecht (UWG, ZugabeVO, RabattG) auch in das Standesrecht zu übernehmen. Hiermit bewirken die Kammern zweierlei. Zum einen sind die Kammern nicht auf die eventuell liberalere Rechtsprechung der ordenlichen Gerichte angewiesen, die bei einer Rechtsverfolgung nach z.B. § 13 II UWG zuständig wären[431]. Vielmehr ist der Apotheker bei einer standesrechtlichen Ahndung an die traditionell kammerfreundlichen Berufs- oder allgemeinen Verwaltungsgerichte verwiesen. Zum anderen können die Kammern, wovon sie in der Vergangenheit reichlich Gebrauch gemacht haben, die Grenzen des Erlaubten enger ziehen, als dies der Gesetzgeber getan hat.

1. *Rabattverbot*

Gegenwärtig findet sich in den verschiedenen Landesberufsordnungen der Landesapothekerkammern ein Rabattverbot, das dem Apotheker ein Abweichen von den in der ArzneimittelpreisVO[432] angeordneten Festpreisen untersagt.[433] Es handelt sich also lediglich um eine standesrechtliche Paraphrase eines unmittelbar staatlichen Verbots.

Demgegenüber sahen nahezu alle Berufsordnungen in der Nachkriegszeit ein generelles Rabattverbot vor, das also nicht nur apothekenpflichtige sondern auch die freiverkäuflichen Arzneimittel wie auch das Nebensortiment erfaßte.[434] Daß sich diese rigide Regulierung der Preisgestaltung gegenwärtig nicht mehr in den Berufsordnungen findet[435], ist ausschließlich Ergebnis einer langwierigen Auseinandersetzung zwi-

---

[428] § 4 BO in: Westfalen-Lippe 1954 (DAZ 1954, 608); Nordrhein 1954 (DAZ 1954, 362); Baden-Württemberg 1955 (DAZ 1956, 27 (27)); Niedersachsen 1955 (DAZ 1955, 698 (698)); Hessen 1956 (DAZ 1956, 476 (476)); Bremen 1961 (DAZ 1961, 929 (930)); Bayern 1958 (DAZ 1958, 847);§ 2 BO Baden 1952 (DAZ 1952, 204 (204)); Saarland 1954 (DAZ 1954, 1190); § 3 BO Berlin 1964 (DAZ 1964, 1198); § 5 BO Schleswig-Holstein 1954 (DAZ 1954, 1190); vgl. auch § 4 MuBO-ABDA (PZ 1953, 23).

[429] § 6 BO Berlin; § 7 BO Bremen; § 8 BO Baden-Württemberg, Bayern, Hessen, Niedersachsen, Nordrhein, Schleswig-Holstein, Westfalen-Lippe, MuBO-ABDA.

[430] z.B. § 9 BO Nds. 1955, § 8 BO Nds. i.d.F. v. 1985, abgedruckt im Anhang VI. 1., 2.; § 9 BO Bay 1958.

[431] vgl. nur entspr. Äußerung der Landesapothekerkammer Ba.-Wü. zitiert bei *Oesterle* DAZ 1985, 1123 (1127, Fn. 22).

[432] vom 14.11.1980, BGBl. I, S. 2147.

[433] z.B. § 8 Ziff. 8 NdsBO, s. Anhang VI.1., vollständig abgedr. bei *Höcklin*, Apothekenvorschriften in Niedersachsen, B I f.; § 8 III Nr.10 BremBO, PZ 1985, 100 (101); keine entsprechende Regelung enthalten z.B. die BOen von Rheinland-Pfalz (PZ 1984, 2943 f.) oder Hamburg (Amtl. Anzeiger 1990, 2105 f.).

[434] § 9 lit.f BO Ba-Wü 1955 (DAZ 1956, 27 (28)); § 9 lit. g BO Nds 1955 (DAZ 1955, 698 (699)); § 9 lit. g BO Westfalen-Lippe 1954 (DAZ 1954, 608 (609)); § 8 lit. d BO Schlesw.-Holst. 1954 (DAZ 1954, 1190 (1191)); § 9 lit. g BO Nordrhein 1954 (DAZ 1954, 362); § 9 lit. g BO Bay 1958 (DAZ 1958, 847); § 17 S. 2 BO Saarland 1954 (DAZ 1954, 345); § 9 lit. g MuBo der ABDA (PZ 1953, 523).

[435] Ausnahme: § 9 lit. g) BayBO (Vollzug aber »zur Zeit« ausgesetzt).

schen den Landeskartellbehörden und staatlichen Genehmigungsbehörden einerseits und den Landesapothekerkammern andererseits.

Beispielhaft sei hier kurz das Geschehen in Baden-Württemberg dargestellt. In der ersten Berufsordnung für die Apotheker Baden-Württembergs vom 22.11.1955 war ein solches generelles Rabattverbot enthalten.[436] Einwendungen des Wirtschaftsministeriums, die vom Innenministerium als staatlicher Genehmigungsbehörde geteilt wurden[437], daß nämlich ein solches Rabattverbot gegen die Dekartellierungsvorschriften verstieße, führten zur Streichung des Rabattverbots innerhalb des Genehmigungsverfahrens.[438] In bemerkenswerter Gleichgültigkeit diesen Geschehnissen gegenüber beschloß die Kammerversammlung am 7.11.1961 den alten § 9 lit. g wieder in die Berufsordnung aufzunehmen, obwohl der Innenminister wiederum wegen kartellrechtlicher Bedenken die Genehmigung versagte.[439] Weil man offensichtlich entschlossen war, diese Regelung durchzusetzen, erhob die Landesapothekerkammer Klage gegen das Land Baden-Württemberg auf Feststellung, daß der Innenminister zur Genehmigung der Berufsordnung verpflichtet sei. Erst nachdem LG[440] und OLG Stuttgart[441] die Rechtsauffassung des Innen- und des Wirtschaftsministeriums bestätigt und der BGH die Revision der Landesapothekerkammer aus formellen Gründen verworfen hatte[442], wurde die Absicht aufgegeben, in den Berufsordnungen ein generelles Rabattverbot zu verankern.[443]

2. *Zugabeverbote/ Warenproben*

Auch für den Bereich der Warenproben und Zugaben läßt sich als allgemeine Tendenz feststellen, daß die Apothekerkammern durch das Standesrecht den Wettbewerb so weit als möglich regulieren. Dabei werden die Grenzen des Erlaubten enger gezogen, als dies durch die einschlägigen staatlichen Gesetze vorgesehen ist.[444]

a) Generelles Zugabeverbot

Eine noch verhältnismäßig marginale Wettbewerbsbeschränkung stellt bereits das sog. generelle Zugabeverbot dar. In den alten Berufsordnungen waren in der Regel – entsprechend der damaligen Musterberufsordnung der ABDA[445] – lediglich sittenwidrige

---

436 vgl. DAZ 1956, 27 (28).

437 vgl. Antwort des Innenministers *Filbinger* auf Große Anfrage im Landtag, abgedr. in: DAZ 1961, 1631 (1631 f.).

438 vgl. DAZ 1956, 1149.

439 vgl. *Filbinger* a.a.O.; sowie Tatbestand der Entscheidung LG Stuttgart DAZ 1962, 1343 (1343).

440 DAZ 1962, 1343 ff.

441 DAZ 1963, 537 ff.

442 wegen Unzuständigkeit der ordentlichen Gerichtsbarkeit, BGH DAZ 1964, 684 ff.

443 vgl. sog. Werberichtlinien Ba.-Wü. B. II. Ziff. 19, DAZ 1966, 240 (241).

444 Es ist unzutreffend – wie im folgenden zu zeigen ist –, wenn *Ring*, Wettbewerbsrecht der freien Berufe, S. 487, meint, die Kammern paraphrasierten in den BOen lediglich die Rechtslage.

445 PZ 1953, 523.

Zugaben verboten.[446] Die meisten Kammern haben später zur Verdeutlichung einen wörtlichen Bezug auf die ZugabeVO in ihre Berufsordnungen aufgenommen.[447]

Wegen des zwischenzeitlich stark gestiegenen Konkurrenzdrucks zwischen den Apotheken sind jedoch einige Kammern dazu übergegangen, ein sog. generelles Zugabeverbot zu normieren.[448] Danach unterliegen entweder sämtliche Zugaben im sog. Bagatellbereich (vgl. § 1 II ZugabeVO) der Genehmigung der Apothekenkammer, was faktisch weitgehend auf ein absolutes Zugabeverbot hinausläuft[449], oder sie sind enumeriert in der Berufsordnung aufgeführt.[450] Es ist erstaunlich, daß diese Regelungen von den Kartell- und den jeweiligen Genehmigungsbehörden unbeanstandet geblieben sind. Ob diese Wettbewerbsbeschränkung allerdings einer gerichtlichen Überprüfung standhalten wird, bleibt abzuwarten.

b) Striktes Verbot für Arzneimittelproben

Drastischer sind die Kammern gegen Warenproben vorgegangen. Während nach § 11 Nr. 14 HWG[451] lediglich die Werbung mit unverlangten Arzneimitteln (und Kosmetikaproben etc., vgl. § 1 II HWG) verboten ist[452], haben mehrere Kammern in Vorreiterfunktion darüber hinausgehend ein sog. striktes Abgabeverbot für apothekenpflichtige Arzneimittel normiert[453], so daß es dem Apotheker standesrechtlich versagt war, selbst dann Proben rezeptfreier apothekenpflichtiger Arzneimittel auszuhändigen, wenn der Kunde nach ihnen im Rahmen eines Beratungsgespräches verlangte, wie dies von § 11 Nr.14 HWG durchaus gestattet wird.[454]

Bei diesem strikten Warenprobenverbot haben die Apothekerkammern davon profitiert, daß sie diese Wettbewerbsbeschränkung vermittels des Standesrechts vorgenommen haben. Während das BKartA angesichts der Einführung des strikten Warenprobenverbots die Ansicht äußerte, diese Regelung sei wettbewerbsbeschränkend und

---

[446] § 9 lit. g) BO Ba.-Wü. 1955, DAZ 1956, 27 (28); § 9 lit. h) BO Nds. 1955, DAZ 1955, 698 (699); § 9 lit. h) BO Westf.-Lippe 1954, DAZ 1954, 609; § 9 lit. h) BO Bay. 1958, DAZ 1958, 847; § 17 S. 1 BO Saarl. 1954, DAZ 1954, 609.

[447] z.B. § 8 Ziff. 6 BO Bremen 1979, Amtsbl. 1979, 196 (197); § 8 Ziff. 6 BO S.-H. 1979, Amtsbl. Schl.-H./AAz. 1980, 535; § 8 Ziff. 6 BO Berlin 1982, Amtsbl. 1985, 2480 (2481); zur BO Nds. vor 1984, vgl. *Mogwitz* PZ 1985, 1400 (1401).

[448] § 8 Ziff. 6 BO Nds. 1985, s. Anhang VI. 1., vollständig abgedruckt bei *Höcklin,* Apothekenvorschriften in Niedersachsen, B I f.; § 8 III Ziff. 8 BO Bremen 1984, PZ 1985, 1400 (1401) = Amtsbl. 1985, 11 (12); § 8 Ziff. 6 BO S.-H. 1985, Amtsbl. Schl.-H./AAz. 1986, 43; § 8 S. 2 Ziff.6 BO Berlin 1986, Amtsbl. 1986, 847; ähnlich auch § 9 I Ziff. 3 BO HH, Amtl. Anz. 1990, 2105 (2106).

[449] vgl. für Nds.: *Mogwitz* PZ 1985, 1400 (1401); für Bremen: *Bethge* PZ 1984, 276 (278); NN PZ 1983, 2750; NN PZ 1985, 14; für Schleswig-Holstein, vgl. Beschluß der KV vom 27.11.1985, Amtsbl. Schl.-H./AAz. 1986, 43, abgedr. im Anh. VI. 3. b.

[450] so § 9 I Ziff. 3 BO HH, Amtl. Anz. 1990, 2105 (2106).

[451] Gesetz über die Werbung auf dem Gebiete des Heilwesens vom 18.10.1978, BGBl. I, S. 1677.

[452] so auch die frühere Standesauffassung: vgl. z.B. B. I. Ziff. 2 Satz 2 der Werberichtlinien Ba.-Wü., DAZ 1966, 240 (241).

[453] § 8 Ziff. 6 BO Bremen 1979, Amtsbl., 196 (197); § 8 S. 2 Ziff.6 BO Westfalen-Lippe 1979, MinBl. NRW 1979, 157; § 8 Ziff. 6 BO S.-H. 1979, Amtsbl. Schl.-H./AAz. 1980, 535; § 8 Ziff. 6 BO Berlin 1982, Amtsbl. 1985, 2480 (2481).

[454] Daneben ist natürlich das strikte Abgabeverbot für rezeptpflichtige Arzneimittel weiterhin zu beachten.

falle nicht in die Kompetenz der Apothekerkammern[455], hat sich das BVerwG, dessen Zuständigkeit erst durch die Verankerung des Verbots im Standesrecht begründet wurde, auf die von den Kammern vertretene Position gestellt, daß nämlich § 11 Nr. 14 HWG nicht abschließend sei und den Kammern eine entsprechende Regelungskompetenz zukomme.[456]

Nach dieser höchstrichterlichen Billigung haben nahezu alle Kammern ein striktes Abgabeverbot für apothekenpflichtige Arzneimittel in ihre Berufsordnungen übernommen[457], wobei z.T. inzwischen darüber noch hinausgehend das strikte Warenprobenverbot auf nichtapothekenpflichtige Arzneimittel ausgedehnt worden ist.[458]

c) Warenprobenverbot für Randsortiment

§ 11 Nr.14 HWG verbietet die Werbung durch unverlangte Warenproben nicht nur für Arzneimittel, sondern weiterhin auch gem. § 1 I Ziff.2, II HWG für Kosmetika, Gegenstände zur Körperpflege etc.[459] Der in § 25 Apothekenbetriebsordnung[460] enthaltene Katalog apothekenüblicher Waren (Randsortiment), die der Apotheker neben Arzneimitteln auch verkaufen darf, ist umfangreicher als der von §§ 11 Nr.14 , 1 II HWG erfaßte Bereich.[461] Daraus ergibt sich, daß die Apotheken für einen weiten Teil ihres Randsortiments auch durch unverlangte Warenproben werben dürfen, ohne daß dies gegen § 11 Nr. 14 HWG oder andere unmittelbar staatliche Normen verstieße.

In dem Bestreben möglichst weitgehender Wettbewerbsregulierung haben jedoch mehrere Apothekerkammern auch die Warenproben für das sog. Randsortiment entweder ausdrücklich[462] oder durch ein allgemeines Zuwendungsverbot[463] untersagt.

Daß gegenwärtig die Abgabe geringwertiger Warenproben aus dem Randsortiment nicht mehr standesrechtlich geahndet wird, ist lediglich auf den Widerstand der Kartellbehörden sowie auf den BGH zurückzuführen. Am 1.2.1988 untersagte die LKartB Bremen[464] der Apothekenkammer Bremen, gegen Apotheker, die Warenproben aus dem Randsortiment gewährten, berufsgerichtlich vorzugehen. Diese Rechtsauffassung ist vom OLG Bremen[465] und dem BGH[466] bestätigt worden.

---

[455] BKartA TB 1979/1980, S. 102.

[456] BVerwGE 67, 261 (263 ff); a.A.: *Kleist/Albrecht/Hoffmann* § 11 HWG Rn. 52.

[457] § 10 Ziff. 17 BO Ba.-Wü. 1984, PZ 1984, 155; § 8 Ziff. 12 BO RH.-Pf. 1984, PZ 1984, 2943 (2944); § 7 Ziff. 6 BO Hessen 1984, Staatsanz. 1984, 1529; *Mogwitz* zu § 8 Ziff. 6 BO Nds. in: PZ 1985, 1400 (1401); § 9 I Ziff. 3 BO HH 1990, Amtl.Anz. 1990, 2105 (2106).

[458] vgl. z.B. § 10 Ziff. 17 BO Ba.-Wü. 1986, PZ 1986, 2076.

[459] detailierte Abgrenzung mit Einzelbeispielen bei *Kleist/Albrecht/Hoffmann,* § 1 HWG Rn. 26 ff.

[460] vom 9.2.1987, BGBl. I, S. 547.

[461] z.B. Hustenbonbons, Fruchtsäfte, Tees, Insektizide etc., vgl. § 25 Ziff. 5 ff. ApoBetrO.

[462] § 8 Ziff. 6 BO Berlin 1986, Amtsbl. 1986, 847.

[463] § 8 Ziff. 6 BO Nds., s. Anhang VI.1, vgl. auch 1985, PZ 1985, 1412; § 8 Ziff. 6 BO S.-H. 1985, Amtsbl. Schl.-H./AAz 1986, 43; § 8 III Ziff. 8 BO Bremen 1984, PZ 1985, 100 (101) = Amtsbl. 1985, 11 (12).

[464] WuW/E LKartB 281.

[465] WuW/E OLG 4367 – Proben apothekenüblicher Waren.

[466] BGH GRUR 1991, 622 ff. – Warenproben in Apotheken.

3. *Einzelwerbung*

Auch im Bereich der sog. Einzelwerbung hat die überwiegende Zahl der Kammern auf eine möglichst weitgehende Regulierung hingewirkt.

Im Gegensatz zur Einzelwerbung war die sog. Gemeinschaftswerbung, also die gemeinsame Außenwerbung aller Apotheker innerhalb des Verbreitungsgebietes des jeweiligen Werbeträgers, seit jeher zulässig[467], was nicht verwundert, weil sich diese Art von Werbung naturgemäß ausschließlich gegen die standesfremde Konkurrenz richtet. Daneben gestatten die Kammern auch Einzelwerbung innerhalb der Apotheke durch Gestaltung der Schaufenster etc.[468]

Demgegenüber haben sich die Kammern vehement gegen die Zulassung sog. Einzelwerbung außerhalb der Apotheke (im folgenden nur Einzelwerbung genannt) eingesetzt. In der Sache geht es darum, inwieweit ein einzelner Apotheker sich der klassischen Werbemittel zur Werbung für das sog. Randsortiment bedienen darf. Zur Konkretisierung der allgemeinen Klauseln in den Berufsordnungen, die marktschreierische oder unangemessene Werbung untersagten[469], haben viele Kammern sog. Werberichtlinien erlassen, in welchen dieses Werbeverbot konkretisiert wurde.[470] Bereits in diesen Richtlinien findet sich in der Regel ein generelles Einzelwerbeverbot.[471] Da diese Richtlinien jedoch kein Satzungsrecht darstellten, sondern nach dem Willen der Kammern lediglich die bereits genehmigten Berufsordnungen konkretisieren sollten, bedurften sie ihrerseits auch nicht der Genehmigung der Behörden, wie dies im Falle einer Änderung der Berufsordnung notwendig gewesen wäre. Daher war es eher die Ausnahme, daß es – so wie in Baden-Württemberg geschehen[472] – den Aufsichtsbehörden in Verbindung mit den Kartellbehörden gelang, die Kammern zur Aussetzung dieser zu weitgehenden Richtlinien zu bewegen. Jedoch wirkte das BKartA darauf hin, daß die Kammern die Werberichtlinien nicht praeter legem entwickelten, sondern diese in die von den Fachbehörden jeweils zu genehmigenden Berufsordnungen integrierten.[473] In Baden-Württemberg kam auf diese Weise eine vergleichsweise liberale Berufsordnung zustande[474], die auch Einzelwerbung grundsätzlich zuließ.

1973 aktualisierte die ABDA ihre Musterberufsordnung von 1953, die u.a. um ein generelles Einzelwerbeverbot in § 7 Ziff. 12 erweitert wurde.[475] Der Hauptgeschäftsführer und Syndikus der ABDA berichtet davon, daß man jedoch auf Druck des BKartAmtes Änderungen vornehmen mußte[476], die zu einem nicht veröffentlichten entschärften Entwurf führten, der als Vorbild für die Berufsordnungen von 1979 z.B.

---

[467] vgl. z.B. B. I. a) der Werberichtlinien Nordrhein, DAZ 1960, 908; B. I. 1. Werberichtlinien Hessen, DAZ 1970, 961; B. I .a) Werberichtlinien Rheinland-Pfalz, DAZ 1962, 332 (332).

[468] vgl. a.a.O.; zu den Einschränkungen im Hinblick auf Warenproben, Rabatte etc. s.o.

[469] Nachw. in Fn. 428f.

[470] Nordrhein, DAZ 1960, 908; Rheinland-Pfalz, DAZ 1962, 332 f.; Schleswig-Holstein, DAZ 1965, 1410; Baden-Württemberg, DAZ 1966, 240 f.; Hessen, DAZ 1970, 961 f.

[471] z.B. B.II.Ziff.1 Rili-Ba.-Wü. sowie Anm.1 dazu, a.a.O., Hessen, S.-H.; B.II.a) Rh.-Pf., Nordrhein.

[472] DAZ 1966, 596; vgl. Amtl. Mitt. der Kammer in DAZ 1966, 432.

[473] vgl. DAZ 1966, 1783 f.

[474] vgl. § 10 Ziff. 2, 5, 10 ff BO 1970, DAZ 1970, 2055.

[475] abgedruckt bei: Fellmann DAZ 1973, 1626 (1630).

[476] *Pieck* PZ 1980, 289 (293); vgl. auch BKartA TB 1977, S. 78 f.

in Bremen oder Schleswig-Holstein diente. Diese Berufsordnungen verbaten lediglich »nicht leistungsgerechte«[477] bzw. »übertriebene«[478] Werbung.

Nach diesen Interventionen des BKartAmtes und mehreren gleichlautenden Stellungnahmen von zuständigen Politikern[479] ist es umso verwunderlicher, daß gleichwohl in Zeiten eines stärkeren Konkurrenzdrucks mit Beginn der achtziger Jahre nahezu alle Apothekerkammern auf ein absolutes Einzelwerbungsverbot drängten und hierbei Konflikte mit Landeskartellbehörden und Genehmigungsbehörden in Kauf nahmen.[480]

In Rheinland-Pfalz konnte sich die Kammer bei der Aufsichtsbehörde gegen die Bedenken der LKartB durchsetzen. Sie verabschiedete 1983 mit Genehmigung des Sozialministers (1984) ein absolutes Einzelwerbungsverbot als Bestandteil der Berufsordnung.[481]

Obwohl sich die bayerische LKartB in der Vergangenheit mehrfach wegen Kammermaßnahmen im Zusammenhang mit Außenwerbung eingeschaltet und zwischenzeitlich ein förmliches Verfahren gegen die Landesapothekerkammer Bayern eingeleitet hatte[482], entschieden sich die Kammermitglieder 1983 ebenfalls für ein absolutes Einzelwerbeverbot.[483] Dem Kartellrechtsverfahren entzog man sich jedoch, indem die Werberichtlinien in die Berufsordnung aufgenommen wurden, so daß die LKartB, welche die Regelung nach wie vor für »äußerst problematisch« hielt, an einem Einschreiten gehindert war[484]; die Kammer war nunmehr nur auf die Genehmigung des ihr wohler gesonnenen Innenministeriums angewiesen, das seine Zustimmung lediglich davon abhängig machte, daß die Landesapothekerkammer wenigstens Erinnerungswerbung mittels Namensnennung der Apotheke zuließe.[485] In diesem Zusammenhang verdient Erwähnung, daß der Justitiar der Kammer die kurz zuvor ergangene Entscheidung des BGH zur Werbung für das Randsortiment[486], in welcher der BGH Einzelwerbung für das Randsortiment billigte, als »Arabeske« bezeichnete, aus der man keine Konsequenzen herleiten solle.[487] Zeitgleich konnte sich auch die Landesapothekerkammer Bremen gegenüber den Genehmigungsbehörden durchsetzen

---

477 § 8 Ziff. 12 BO Bremen 1979, Amtsbl., 196 (197).

478 § 8 Ziff. 12 BO Schl.-H. 1979, Amtsbl./AAz. 1980, 535.

479 z.B. BMWi Graf *Lambsdorf* vor DAT 1979, zitiert bei *Pieck* PZ 1980, 289 (289); MdWi NRW zitiert bei *Pieck* PZ 1981, 2282 (2283).

480 Unzutreffend oder zumindest beschönigend ist – wie zu zeigen ist – die Behauptung von *Ring*, Wettbewerbsrecht der freien Berufe, S. 486, die BOen der Apothekerkammern hätten weder in der Vergangenheit noch in der Gegenwart ein generelles Einzelwerbeverbot enthalten.

481 § 8 Ziff. 17 BO 1984, PZ 1984, 2943 (2944); Ball PZ 1984, 2891.

482 vgl. Angaben bei *Feuerecker* PZ 1983, 2757 (2757).

483 vgl. *Hardt*, PZ 1983, 257 (259).

484 Stellungnahme der LKartB, abgedr. in: PZ 1984, 538 (538 f.).

485 vgl. G.K. PZ 1983, 944 (945), sowie Ziff. 3 Satz 3 der Werberichtlinien, s. Anhang VI. 3., PZ 1983, 2795 (2796)

486 BGH NJW 1983, 2085 ff. – »Apothekenwerbung«.

487 *Feuerecker* PZ 1983, 2757 (2758).

und erließ ein der bayerischen Fassung entsprechendes Einzelwerbungsverbot.[488] Dem folgte die Landesapothekerkammer Niedersachsen kurze Zeit später.[489]

In Hessen demgegenüber gelang es der LKartB, den Sozialminister als Genehmigungsbehörde von der kartellrechtlichen Zweifelhaftigkeit eines solchen Werbeverbots zu überzeugen, so daß dieser einem ersten restriktiven Berufsordnungsentwurf die Genehmigung versagte[490] und letztlich in Hessen hinsichtlich der Werbung eine sehr liberale Berufsordnung zustandekam.[491]

In Berlin wählte die Kammer zwar eine offene Formulierung, gemäß § 8 Ziff. 12 BO 1982[492] war nur übertriebene Einzelwerbung verboten. Wohl aber nicht zuletzt weil mehrere Kammern nach ihren Werberichtlinien unter übertriebener Einzelwerbung nahezu jegliche Einzelwerbung außerhalb der Apotheke verstanden wissen wollten[493], verweigerte der Senator für Gesundheit und Soziales seine Genehmigung. Der Landesapothekerkammer Berlin gelang es jedoch, diese vor dem BVerwG zu erstreiten.[494] So nimmt es nicht wunder, daß anschließend auch die Landesapothekerkammer Baden-Württemberg, die ursprünglich auf das rigide Werbeverbot verzichtet hatte, nunmehr ein generelles Einzelwerbungsverbot (mit der Ausnahme bloßer Namenswerbung) in die Berufsordnung aufnahm.[495]

Die gegenwärtige Rechtslage ist unsicher und durch widersprüchliche Entscheidungen geprägt.[496] Zwar ist das BKartA zwischenzeitlich in einem Musterverfahren gegen die Landesapothekerkammer Bremen vorgegangen und hat dieser die Durchsetzung des absoluten Werbeverbots untersagt[497], wie auch das KG diese Verfügung des BKartA bestätigte.[498] Jedoch hat das BVerwG am 5.9.1991 das strikte Außenwerbungsverbot wie es in § 10 Ziff.15 BO Ba.-Wü. 1986 Ausdruck gefunden hat, mit dem Hinweis auf die sog. Einschätzungspraerogative des Satzungsgebers gebilligt[499], ohne zur o.g. Entscheidung BGH – »Warenproben in Apotheken« oder der KG-Entscheidung Stellung zu nehmen.[500] Die niedersächsische LKartB hat zwar zwischenzeitlich ein Verfahren gegen die Landesapothekerkammer eingeleitet, führt dieses im Hinblick auf anstehende Entscheidungen des BVerfG aber nicht fort.[501] Demgegenüber hat die

---

488 vgl. PZ 1983, 2750; § 8 III Ziff. 14 BO Bremen 1984, PZ 1984, 100 (101).

489 vgl. Kammerbeschluß zitiert im Tatbestand des Beschlusses des OLG Celle v. 15.5.1985 WuW/E OLG 3535; vgl. auch die Ausführungen des Justitiars der Nds.ApoK *Mogwitz* in PZ 1985, 1400 (1401).

490 vgl. *Berger* PZ 1984, 1809 (1809); N.N. PZ 1983, 872 (873).

491 vgl. § 7 Ziff. 10 BO Hessen 1984, Hess. Staatsanz. 1984, 1529 (1530).

492 Amtsbl. 1985, 2480 (2481).

493 vgl. z.B. Wortlaut § 8 S. 1 BO i.V.m. II. Ziff. 2 Werberichtlinien Niedersachsen, s. Anhang VI.1.,2. vollständig abgedruckt bei *Höcklin,* a.a.O.

494 BVerwG NJW 1986, 1558 ff.

495 § 10 Ziff. 15 BO 1986, PZ 1986, 2076.

496 umfassender Überblick über widersprechende Urteile von Berufs- und ordentlichen Gerichten bei *Oesterle* WRP 1993, 456 (458 f.).

497 BKartA v. 12.3.1986, WuW/E BKartA, 2232 – »Apothekenkammer Bremen«.

498 KG vom 3.3.1987, WuW/E OLG, 4008 – »Apothekenkammer Bremen«, rechtskräftig, vgl. BKartA TB 1987/1988, S. 101.

499 BVerwG NJW 1992, 994 ff.

500 kritisch dazu *Taupitz* NJW 1992, 937 (938).

501 Schreiben der LKartB v. 16.8.1993 an Verf.

LKartB Bayern mit Verfügung vom 29.6.1993 der Landesapothekerkammer Bayern untersagt, standesaufsichtlich gegen lautere Einzelwerbung für das Randsortiment sowie gegen lautere Außenwerbung für die Leistungsfähigkeit oder das Image der Apotheke vorzugehen.[502]

Der ebenfalls mit dem Werbeverbot befaßte EuGH hat zwischenzeitlich einen Verstoß gegen Art 30, Art 36 EWGV verneint.[503]

Zusammenfassung zu E.:

Die Apothekerkammern haben mehrfach versucht, den Marktzutritt für Berufsneulinge zu beschränken.

Die Standesrechtsetzung ist geprägt durch eine möglichst weitgehende Ausschaltung des standesinternen Wettbewerbs. Sofern es in der Vergangenheit zu Liberalisierungen gekommen ist, sind diese ausnahmslos das Ergebnis externen Drucks, wobei der offene Konflikt mit Genehmigungs- oder Kartellbehörden teilweise in Kauf genommen wurde.

F. Die Architektenkammern

Auch das Verhalten der Architektenkammern zeigt Tendenzen zur Konkurrenzreduzierung. Bei ihnen sind jedoch einige Besonderheiten zu berücksichtigen, die letztlich wohl daher rühren, daß die Organisation dieses Berufsstandes in Kammern erst sehr spät erfolgt ist.[504]

Den Architekten kommt kein ausschließliches Tätigkeitsmonopol zu. Vielmehr sehen sie sich der standesfremden Konkurrenz durch Ingenieure (soweit diese nicht zwischenzeitlich zusammen mit den Architekten in einer Gesamtkammer organisiert sind wie z.B. in Schleswig-Holstein), gewerbliche Planungsgesellschaften, Planungsabteilungen von Großunternehmen und auch durch Planer der öffentlichen Hand ausgesetzt.

Dies bringt mit sich, daß die Berufsordnungen nicht in gleicher Weise wie bei monopolisierten freien Berufen auf Beschränkung der Handlungsfreiheit der Kammerangehörigen ausgerichtet sind. Solange nämlich für gewerblich tätige Architekten die Mitgliedschaft in der Kammer freiwillig ist (sog. kleine Kammer) und ein Großteil der Konkurrenz es damit selbst in der Hand hat, ob er sich unter die Herrschaft einer Berufsordnung begeben möchte, lassen sich Regelungen wie z.B. der erwähnte § 19 I 5 MuBO BÄK oder § 18 IV MuBO BÄK kaum durchsetzen.

---

502 Bay LKartB WuW/E LKartB 315 ff. – Apothekeraußenwerbung; zur Kritik der Bayerischen Apothekerkammer s. Presseinformation der Bay LAK, bei Rotta DAZ 1993, 2769 (2770).

503 EuGH Rs C 292/92 [Hühnermund] NJW 1994, 781 f.; = GRUR Int 1994, 170 ff. = GRUR 1994, 299 f.

504 z.B. in Berlin: Berliner Architekten- und Baukammergesetz (ABKG) vom 28.6.1984, GVBl. S. 895.

I. Monopolisierung

Wie bei allen anderen freien Berufen haben auch die Architektenkammern auf eine Monopolisierung der von ihren Mitgliedern angebotenen Dienstleistungen gedrängt.

Dabei geht es um das in den verschiedenen Landesbauordnungen vorgesehene Planvorlagerecht.[505] In diesem Zusammenhang haben die Architektenkammern immer wieder gegenüber den jeweiligen Gesetzgebungsorganen darauf gedrängt, das Planvorlagerecht möglichst weitgehend den Architekten vorzubehalten.[506] Ein ausschließliches Planvorlagerecht (für freischaffende und gewerbliche Architekten) haben die Architektenkammern in keinem Bundesland durchsetzen können, was nicht zuletzt auf den Widerstand der gewerblichen Bauindustrie und der in Verbänden organisierten Ingenieure zurückzuführen sein dürfte[507]. Mit graduellen Unterschieden zwischen den verschiedenen Bundesländern sind die Ingenieure ebenfalls mit einem Planvorlagerecht ausgestattet.[508] Die gegenwärtige Rechtslage ist also dadurch gekennzeichnet, daß die freischaffenden Architekten zwar einer Berufsordnung unterworfen sind, dieser Verpflichtung aber keine Privilegierung i.S. eines ausschließlichen Monopols gegenübersteht.

II. Gebührenordnung

Bis zum Inkrafttreten der Honorarordnung für Architekten und Ingenieure (HOAI) vom 17.9.1976[509] galt für die Vergütung von Architektenleistungen die Gebührenordnung für Architekten (GOA).[510] Gem. § 1 II VO PR 66/50[511] stellten die nach der GOA zu berechnenden Gebühren lediglich Höchstpreise dar, d.h. durch die GOA war – im Gegensatz zu den Gebührenordnungen anderer freier Berufe – der Preiswettbewerb nach unten hin nicht beschränkt.[512] In diesem Zusammenhang haben die Architektenkammern vielfach in rechtswidriger Weise versucht, Kammermitglieder und standesfremde Konkurrenz an einer Unterschreitung der GOA-Höchstsätze zu hindern.

505 sog. Architektenvorbehalt, vgl. z.B. § 58 III NBauO i.d.F. vom 6.6.1986, GVBl. S. 157; § 53 VI BauO Ba.-Wü. i.d.F. vom 28.11.1983, GBl. S. 770, ber. GBl. 1984 S. 519; § 58 I BauO Berlin vom 28.2.1985, GVBl. S. 522; § 65 III BauO NRW vom 26.6.1984, GVBl. S. 419, ber. S. 532; § 91 II HessBauO i.d.F. vom 20.7.1990, GVBl. I S.476, ber. S. 566.

506 vgl. z.B. Ausschußbericht NBauO 1973, Nds. LT Stenogr. Berichte 7/ 74. Sitzung, Sp. 7545 f.; MdL *Simon* a.a.O., Sp. 7557 f.; MdL *Nolting* a.a.O., Sp. 7564; Ausschußbericht NBauO 1986, Nds. LT-Drucks. 10/ 5715, S. 19; Begr. Reg-E NBauO 1986, Nds. LT-Drucks. 10/ 3480, S. 71; für Rheinland-Pfalz und entsprechende Maßnahmen der Landesarchitektenkammer vgl. *Grote/Neswadba*, S. 14 Fn. 22.

507 vgl., z.B. Ausschußbericht NBauO 1973, a.a.O., Sp. 7545 f., 7557 f.; Begr. Reg-E NBauO 1986 a.a.O., S. 70ff.

508 z.B. Beschränkung auf Ingenieursbauten: § 53 VI BauO Ba.-Wü.; generelles Vorlagerecht: § 58 III NBauO.

509 BGBl. I S. 2805, ber. S. 3616.

510 Anlage zur VO PR 66/50 über die Gebühren von Architekten vom 13.10.1950, BAnz. Nr. 216 vom 8.11.1950.

511 vorherige Fn.

512 a.A.: *Roth/Gaber*, Kommentar zum Vertragsrecht und zur Gebührenordnung für Architekten, § 1 Preisverordnung, Anm. 2 f., S. 227 ff.

So empfahl z.B. die BArchK 1971 den (landes-) kammerangehörigen Architekten ein Vertragsmuster, in welchem für die Honorarberechnung auf ein vom BDA erstelltes (die Preisgestaltung einengendes) Honorarverzeichnis Bezug genommen wurde.[513] Die Landesarchitektenkammer Niedersachsen führte gegen Kammerangehörige, welche die GOA-Höchstpreise unterschritten, sogar berufsgerichtliche Verfahren durch und drohte verschiedenen niedersächsischen Kommunen gerichtliche Schritte an, wenn diese bei der Veranstaltung von Architektenwettbewerben nicht auf die Einhaltung der GOA-Höchstpreise achten würden.[514] Von der Landesarchitektenkammer NRW wird berichtet, daß sie unzulässig Druck i.S.v. § 25 II GWB auf einen Verlag, der Baupläne erstellte, ausgeübt hat, damit dieser seine Preise an die Höchstsätze der GOA anpasse.[515]

Die HOAI, die 1976 an die Stelle der GOA trat, normiert demgegenüber auch Mindestsätze, von denen gem. § 4 II HOAI nur in Ausnahmefällen abgewichen werden darf. Auch auf der Grundlage dieser Regelung, die im übrigen mangels Ermächtigungsgrundlage bis 1984 verfassungswidrig war[516], haben die Kammern versucht den Spielraum, den § 4 II HOAI noch läßt, einzuengen.[517]

III. Berufsordnungen

Wie oben bereits angesprochen, ist die Wettbewerbsregulierung durch Standesrecht bei den Architekten nicht in dem Maße fortgeschritten, wie dies bei anderen freien Berufen, die keiner so starken standesfremden Konkurrenz ausgesetzt sind, der Fall ist.

Die Konkurrenten sind zum großen Teil keine Architekten (Ingenieure, Planer), so daß sie schon gar nicht von den jeweiligen Landesarchitektengesetzen erfaßt werden[518], geschweige denn daß sie dem Standesrecht unterworfen wären. Für die gewerblich tätigen Architekten, die mit den freischaffenden konkurrieren, ist zu differenzieren. In jenen Bundesländern, die sich für die Einführung einer sog. großen Kammer entschieden haben, sind alle, die in die Architektenliste eingetragen und damit zur Führung der Berufsbezeichnung »Architekt« berechtigt sind, Zwangsmitglieder der Kammer und damit Standesrechtsunterworfene.[519] Demgegenüber haben die restlichen

---

[513] BKartA TB 1971, S.85.

[514] vgl. Untersagungsbescheid der LKartB Nds. vom 13.1.1975 WuW/E LKartB, 169 – »Architektenkammer Niedersachsen«, 170, 173 f.

[515] BKartA TB 1975, S. 80 f.

[516] vgl. BVerfG vom 20.10.1981 WuW/E VG, 298; BGBl. I 1984 S. 1337; BGBl. I 1985 S. 961.

[517] zur Landesarchitektenkammer Bremen, vgl. BKartA TB 1978, S. 86 f., Genehmigungsbescheid des Senators für Bauwesen vom 14.3.1974 zu § 7 S. 2 BO Bremen 1975, Amtsbl. 1975, S. 298; zur BArchK, vgl. BKartA TB 1979/ 1980, S. 102; zur Landesarchitektenkammer Ba.-Wü., vgl. OLG Stuttgart NJW 1980, 1583 f.

[518] anders aber z.T., Berliner Architekten- und BaukammerG vom 28.6.1984, GVBL. S. 895; Schleswig-Holsteinisches Architekten- und IngenieurkammerG, vom 1.12.1980, GVBl. S. 342; abweichend seit 1990 auch Niedersachsen: Niedersächsisches IngenieursG vom 28.3.1990, GVBl. S. 132, dazu unten.

[519] Nordrhein-Westfalen: ArchitektenG v. 4.12.1969, GVBl. S. 888, § 7 I; Bayern: ArchitektenG v. 31.7.1970, GVBl. S. 363, Art 9 I; Bremen: ArchitektenG v. 27.4.1971, GBL S. 122;Saarland: ArchitektenG v. 21.6.1972, AmtsBl. S. 369, § 9 I; Hessen: ArchitektenG v. 11.9.1974, GVBl. S. 433, § 10 I; Baden-Württemberg: ArchitektenG v. 8.4.1975, GBl. S. 241, § 10.

Bundesländer die sog. kleine Kammer beibehalten, in welcher lediglich die sog. freischaffenden Architekten Zwangsmitglied sind, während gewerblich tätige, angestellte und beamtete Architekten freiwilliges Mitglied werden können.[520] In diesen Bundesländern sind also noch nicht einmal alle Architekten der Berufsordnung unterworfen.

In Niedersachsen hat der Gesetzgeber daher inzwischen die Kompetenz der Landesarchitektenkammer zum Erlaß einer eigenen Berufsordnung gänzlich abgeschafft. Statt dessen sind im NArchtG[521] und im neu geschaffenen Ingenieursgesetz[522] einige allgemeine Berufspflichten normiert, die für alle Architekten und Ingenieure gelten und deren Einhaltung von den Berufsgerichten überwacht wird. Wettbewerbsbeschränkende Verhaltensnormen enthält dieser Katalog kaum. Es finden sich lediglich das allgemeine Kollegialitätsgebot und ein allgemeines Verbot unlauterer Wettbewerbshandlungen. Ein Werbeverbot, wie es noch im Vorentwurf vorgesehen war[523], enthält § 24 II NArchtG nicht. Diese jüngste Entwicklung in Niedersachsen zeigt, daß das Standesrecht der Architekten nicht den Stellenwert erreicht hat, den es bei anderen freien Berufen einnimmt. Deswegen kann für den Berufsstand der Architekten auch nicht von einer allgemeinen Tendenz möglichst weitgehender Regulierung durch Standesrecht die Rede sein.Sofern das Standesrecht der Architekten wettbewerbsbeschränkende Verhaltensnormen enthält, handelt es sich in erster Linie um den Grundkanon freiberuflicher Pflichten, nämlich die allgemeine Kollegialitätspflicht[524], das Verbot berufswidriger Werbung[525] sowie das Verbot der Unterschreitung der Gebührenordnung.[526]

Daneben finden sich in der Regel noch drei berufsspezifische Gebote. So hat der Architekt fremde Urheberrechte zu beachten.[527] Ferner sind dem freiberuflichen Architekten gewerbliche Tätigkeiten untersagt.[528] Letztlich darf jeder Architekt nur an solchen Architektenwettbewerben teilnehmen, die mit der gültigen Wettbewerbsordnung übereinstimmen.[529]

Für die vorliegende Untersuchung ist lediglich die letzte Regelung von Interesse. Im Bereich sog. Architektenwettbewerbe sind die Architektenkammern nämlich in besonderer Weise wettbewerbsbeschränkend tätig geworden.

---

520 Hamburg: ArchitektenG v. 26.11.1965, GVBl. S. 205, § 10; Rheinland-Pfalz: ArchitektenG v. 29.3..1974, GVBl. S. 143, § 10; Schleswig-Holstein: Architekten- u. IngenieursG v. 1.12.1980, GVBl. S. 342, § 13; Berlin: Architekten- und BaukammerG v. 28.6.1984, GVBl. S. 895, § 12; Niedersachsen: LandesarchitektenG v. 23.2. 1970, GVBl. S. 37, (zum NArchtG 1990 s.u.).

521 vom 27.7.1990, GVBl. S. 347.

522 vom 28.3.1990, GVBl. S. 132, § 31 II.

523 § 20 Ziff. 6 Reg-E NArchtG, LT-Drucks. 11/4240, S. 12.

524 § 5 BO Bremen 1979, s. Anhang VII. 1., 2. (vollständig abgedruckt in Amtsbl S. 475, Richtlinien in: Amtsbl 1980, S. 842); Ziff. 5 BO Berlin 1991 (Amtsbl S. 1575 (1576)); § 4 S. 1 BO S.-H. 1987 (Amtsbl/AAz S.47); § 2 II lit c) Kammersatzung NRW.

525 § 6 BO Bremen, s. Anhang VII. 1.; Ziff. 8 BO Berlin; § 12 BO S.-H.; § 2 II lit. h) Kammersatzung NRW.

526 § 7 BO Bremen, s. Anhang VII. 1.; Ziff. 4 BO Berlin; § 6 BO S.-H.; § 2 II lit. g) Kammersatzung NRW.

527 § 3 BO Bremen, s. Anhang VII. 1.; Ziff. 6 BO Berlin; § 4 S. 2 BO S.-H.; § 2 II lit. e) Kammersatzung NRW.

528 § 9 BO Bremen, s. Anhang VII. 1.; § 11 BO S.-H.

529 § 7 BO S.-H.; § 10 BO Bremen; Ziff. 9 BO Berlin; § 2 II lit. f Kammersatzung NRW.

1952 handelte der Bund Deutscher Architekten (BDA) mit dem Deutschen Städtetag die »Grundsätze und Richtlinien für Wettbewerbe auf dem Gebiete des Bauwesens und des Städtebaus« (GRW 1952) aus. In diesen Richtlinien wurde detailliert geregelt, wie ein Architektenwettbewerb, der eine Auslobung i.S.v. §§ 657ff. BGB darstellt, durchzuführen war. So wurden insbesondere in § 20 GRW Richtsätze für Preise und Ankäufe festgesetzt. Auf der anderen Seite war in § 6 III GRW 1952 vorgesehen, daß die Wettbewerbsausschüsse des BDA befugt sein sollten, Wettbewerbe, die nicht mit den GRW übereinstimmten, für sämtliche BDA-Mitglieder zu sperren. Ferner normierte § 9 II noch einmal ein ausdrückliches Teilnahmeverbot für solche Wettbewerbe, denen kein sog. Übereinstimmungsvermerk erteilt worden war. Diese Regelung ist im Zusammenhang mit der seinerzeit noch geltenden GOA zu sehen, die lediglich Höchstpreise bindend vorschrieb. Mit der in §§ 6 III, 9 II GRW 1952 eingeräumten Möglichkeit der Wettbewerbssperrung hatte der BDA demnach ein Instrument in der Hand, Höchstpreise mit einem Boykott durchzusetzen. Die Landesarchitektenkammern übernahmen durch schlichte Bezugnahme auf die GRW diese Klauseln mit in die Berufsordnungen, so daß der Boykott eines Architektenwettbewerbs sogar standesrechtlich durchzusetzen gewesen wäre, wenn nicht die Behörden §§ 6 III, 9 II GRW ausdrücklich von der Genehmigung der jeweiligen BO ausgenommen hätten.[530]

Gegenwärtig gelten für Architektenwettbewerbe der öffentlichen Hand die vom Bundesbauminister nach zähen Verhandlungen mit BArchK, BDA und BKartA[531] erlassenen GRW 1977[532], die in der Regel auch von den Landesverwaltungen übernommen worden sind.[533] Zwar untersagen die Berufsordnungen nach wie vor die Teilnahme an Wettbewerben, die nicht mit den GRW übereinstimmen. Jedoch hat der Bundeswirtschaftsminister im Einvernehmen mit dem BKartA am 7.4.1981 die einschränkende Auslegung verlautbaren lassen, daß die Einleitung eines berufsgerichtlichen Verfahrens wegen Teilnahme an GRW-widrigen Wettbewerben nicht als Weisung zur Nichtteilnahme ausgestaltet oder mit der Androhung weiterer Nachteile verbunden werden darf.[534]

Wettbewerbliche Bedenken ergeben sich gegenwärtig weniger aus der standesrechtlichen Überwachung der Wettbewerbe durch die Kammern, als vielmehr aus der Beteiligung der Kammern an der Wettbewerbsveranstaltung selbst. Gem. Ziff. 3.4 GRW 1977 wirken nämlich bei der Auslobung sog. Wettbewerbsausschüsse der Landesarchitektenkammern beratend mit. Insbesondere sollen die Wettbewerbsausschüsse den Auslober über Wettbewerbsart, Zulassungsbereich und Teilnahmevoraussetzungen beraten. Damit ist den Landesarchitektenkammern die Möglichkeit eingeräumt, durch entsprechende Einflußnahme standesfremde Konkurrenz (gewerbliche Planer, Bauingenieure, angestellte oder beamtete Architekten) von vornherein auszuschalten und ferner durch Regionalisierung der Zulassungsbereiche eine Marktsegmentierung

---

530 für Bremen, vgl. Genehmigungsbescheid des Senators für Bauwesen vom 4.3.1974, Amtsbl. Bremen 1975, S. 298 a.E.; für Niedersachsen, vgl. Genehmigungsbescheid des nds. Wirtschaftsministers vom 22.9.1971, zitiert in: BGH BauR 1978, 320 (321).

531 vgl. *Weinbrenner/Jochem*, Der Architektenwettbewerb, S. 27.

532 Beilage 13/77 zum BAnz Nr. 96 vom 24.5.1977.

533 vgl. z.B. Nds.MBl. Nr. 28/ 1977, S. 671.

534 zitiert bei *Weinbrenner/Jochem*, Der Architektenwettbewerb, S. 40 unter 3.

zu betreiben.[535] *Wiesand/ Fohrbeck/ Fohrbeck* berichten[536], daß es wegen dieser Frage zu langen Kontroversen zwischen den Architektenorganisationen und den beteiligten Ministerien gekommen sei. Die GRW 1977 zeigen, daß es den Architekten gelungen ist, diese Bedenken zu zerstreuen.[537]

Zusammenfassung zu F.:

Das Standesrecht der Architekten reguliert den standesinternen Wettbewerb verhältnismäßig zurückhaltend. Dies läßt sich daraus erklären, daß die Architekten zum Teil erheblichem standesexternen Wettbewerb ausgesetzt sind. Einzig hinsichtlich standesinternen Preiswettbewerbs sind die Kammern wiederholt tätig geworden, um diesen standesrechtlich zu beschränken.

Ergebnis zu § 1

Das Berufsrecht der verkammerten freien Berufe ist gekennzeichnet durch Monopole bzw. Tätigkeitsvorbehalte. Die Kammern haben zur Bekämpfung externer Konkurrenz in vielfacher Weise auf die Gesetzgebungsorgane Einfluß genommen, um diese Monopole zu erhalten. Teilweise wird auch das Standesrecht zu diesem Zweck eingesetzt (vgl. z.B. § 4 II RiliRA). Daneben haben die Kammern der Rechtsanwälte und Apotheker auf die Einführung von Marktzutrittsschranken für Berufsneulinge gedrängt.

Die Regulierung des Binnenwettbewerbs vermittels des Standesrechts ist (mit graduellen Unterschieden von Berufsstand zu Berufsstand) geprägt durch eine allgemeine Tendenz zu weitestgehender Ausschaltung des Binnenwettbewerbs. Die öffentlichrechtliche Pflichtenbindung immunisiert die Kammern freier Berufe nicht gegen zünftisches Denken. Vielmehr läßt sich insbesondere für die traditionell verkammerten Berufe, die auf eine lange Standesrechtsgeschichte zurückblicken können, feststellen, daß sie oftmals an überkommenen Regeln festhalten und nur dann zur teilweisen Freigabe des Wettbewerbs bereit sind, wenn sie durch externen Druck (z.B. standesfremde Konkurrenz, Rechtsprechung, Aufsichts- oder Kartellbehörden) dazu gezwungen werden. Der offene Konflikt mit den Kartellbehörden wird dabei zum Teil in Kauf genommen. Hinzu kommt, daß Fachaufsichts- und Kartellbehörden nicht immer kooperieren.[538]

---

535 so *Henckel* ORDO 28 (1977), 203 (204).

536 *Wiesand/Fohrbeck/Fohrbeck*, Beruf Architekt, S. 129.

537 ebenda; vgl. im übrigen Verlautbarung des BMdWi vom 18.4.1981 unter 1. und 2., abgedruckt bei *Weinbrenner/Jochem*, Der Architektenwettbewerb, S. 40.

538 vgl. z.B. jüngst die Presseinformation der bayerischen Landesapothekerkammer bei *Rotta* DAZ 1993, 2769 (2770).

§ 2 Allgemeine Grundlagen der wettbewerbsrechtlichen Erfassung hoheitlichen Handelns

Bevor die Berechtigung der Rechtswidrigkeitsformel[1] im einzelnen untersucht werden kann, ist es sinnvoll, die allgemeinen Grundsätze zur Anwendbarkeit des Wettbewerbsrechts und damit auch des Kartellrechts auf Hoheitsträger zu skizzieren. Bereits zu diesem grundsätzlichen Themenkreis gibt es im öffentlich-rechtlichen und im wettbewerbsrechtlichen Schrifttum gegenwärtig immer noch Diskrepanzen. Diese dogmatischen Grundlagen gilt es zu klären, bevor die Rechtswidrigkeitsformel, die lediglich einen Teilausschnitt dieses allgemeinen Problemkreises betrifft, überprüft und möglicherweise durch ein anderes Konzept ersetzt werden kann.

A. Die Anwendung des GWB auf hoheitliches Handeln

Wenn öffentlich-rechtliche Kammern Berufspflichten in Berufsordnungen normieren und über deren Einhaltung wachen, vollziehen sie in den Berufsgesetzen festgelegte Aufgaben.[2] Diese berufsgesetzlichen Normen verpflichten und ermächtigen ausschließlich die Kammern, die in ihrer Eigenschaft als Träger mittelbarer Staatsverwaltung Untergliederungen des Staates darstellen. Die Berufsgesetze stellen Sonderrecht im Sinne der Wolff'schen Subjektstheorie[3] und damit öffentliches Recht dar. In demselben Sinne ist festzustellen, daß zwischen der Kammer und dem Standesangehörigen, was die Ahndung von Berufspflichtverletzungen angeht, ein Subordinationsverhältnis in den Gesetzen normiert ist.[4] Die Kammern vollziehen also öffentliches Recht, soweit sie Berufsordnungen aufstellen und deren Einhaltung überwachen. Da hoheitliches Handeln definiert ist als das Handeln nach Maßgabe des öffentlichen Rechts[5], läßt sich festhalten, daß die Kammern bei Normierung und Durchsetzung von Berufspflichten hoheitlich handeln. Sie sind insofern Behörden i.S. der Definition des § 1 IV VwVfG.

Mit der Frage, wann das GWB auf das Handeln der Kammern der freien Berufe Anwendung findet, ist daher das grundsätzliche Problem angesprochen, inwieweit hoheitliches Handeln an den Normen des GWB zu messen ist.[6]

I. Der funktionale Unternehmensbegriff

Das GWB gibt keine unmittelbare Auskunft darüber, inwieweit hoheitliches Handeln kartellrechtlicher Kontrolle unterliegt. Zwar stellt § 98 I GWB klar, daß Unternehmen

---

[1] zum Begriff s.o. Einführung, S. 1 ff.

[2] vgl. z.B. §§ 73 II Ziff. 1, 4, 74, 113 I, 177 II Ziff. 2 BRAO; §§ 10 I Ziff. 2, 24 I Ziff. 1 i.V.m. §§ 29 ff., 71 f. i.V.m. § 59 Nds.KammerG i.d.F. vom 30.5.1980, Nds.GVBl., S. 193.

[3] *Wolff/Bachof,* Verwaltungsrecht I, § 22, S. 97 ff.

[4] *Taupitz,* Standesordnungen, S. 656.

[5] *Martens,* Öffentlich als Rechtsbegriff, S. 88, 94.

[6] a.A.: *Taupitz* ZHR 153 (1989), 681 (694 f. sub b.), dazu unten § 3.

der öffentlichen Hand vom GWB erfaßt werden. Jedoch ist damit nichts darüber gesagt, wann ein Hoheitsträger oder eine seiner Untergliederungen als Unternehmen anzusehen ist. § 98 I GWB verdeutlicht in diesem Zusammenhang lediglich, daß sich eine Auslegung des Unternehmensbegriffs, die zu einer totalen Freistellung der öffentlichen Hand führen würde, verbietet.[7]

Auf der anderen Seite ergibt die historische Auslegung des GWB, daß zumindest Leistungen, die aufgrund hoheitlicher Bestimmung gegeben und gefordert werden, dem Anwendungsbereich des GWB entzogen sind.[8]

Ferner darf als feststehend gelten, daß der Unternehmensbegriff des GWB keine gegenständliche, sondern eine funktionale Kategorie ist; das Unternehmen ist nicht Schutzgegenstand, sondern der Begriff erfüllt tatbestandliche Funktionen.[9] Er ist daher im Hinblick auf den Schutzgegenstand des GWB zu ermitteln.[10] Insofern ist heutzutage weiterhin dogmatisch gesicherte Erkenntnis, daß der Unternehmensbegriff des GWB handlungsbezogen und nicht gegenstandsbezogen zu verstehen ist.[11] Den Unternehmensbegriff erfüllt damit jede Tätigkeit im geschäftlichen Verkehr, ohne daß gegenstandsbezogene (= institutionelle) Kriterien, wie z.B. öffentlich-rechtliche Organisationsform des Handelnden, zu einer grundsätzlichen Freistellung von den Anforderungen des GWB führten.[12]

II. Das Wettbewerbsverhältnis

Mit der Erkenntnis, daß die öffentlich-rechtliche Organisationsform zu keiner Freistellung führt, ist aber insofern noch nicht viel gewonnen, als nach wie vor ungeklärt ist, wie im Einzelfall der Normanwendungskonflikt zwischen öffentlich-rechtlichen Verhaltensnormen und allgemeinem Wettbewerbsrecht zu lösen ist.

Ausgehend von dem Grundsatz, daß das Wettbewerbsrecht auf solche Leistungen keine Anwendung finden sollte, die aufgrund hoheitlicher Bestimmung gegeben und gefordert werden[13], hat die ältere Rechtsprechung[14] die Anwendung des Wettbewerbs-

---

[7] *Langen/Niederleitinger* § 98 Rn. 3.

[8] Amtl. Begründung zum Reg.E., BT-Drucks. II/1158, Anl. 1 S. 31 sub 3. b. zu § 1.

[9] *Mees* WuW 1961, 541 (542 f.); *Niederleithinger,* Die Stellung der Versorgungswirtschaft, S. 26 f.; *Schwarz,* Die wirtschaftliche Betätigung der öffentlichen Hand, S. 54 f.

[10] *Mees* a.a.O., 543.

[11] FK-*Huber/Baums* § 1 GWB Tz. 39; *Langen/Niederleithinger* § 98 GWB Rn. 1; *Langer,* Der Begriff des Unternehmens im GWB, S. 18 ff.; *Niederleithinger,* Die Stellung der Versorgungswirtschaft, S. 27 m.w.Nachw. des älteren Schrifttums in Fn. 61; *Scholz* ZHR 132 (1969), 97 (126 ff.); *Schwarz,* Die wirtschaftliche Betätigung der öffentlichen Hand, S. 54 f.

[12] BGHZ 36, 91 (102 f. sub 2.) – Gummistrümpfe; *Autenrieth* im Gemeinschaftskommentar, § 98 Abs. 1 GWB Rn. 24 f.; *Emmerich,* Das Wirtschaftsrecht der öffentlichen Unternehmen, S. 257; *ders.* in I/M § 98 Abs. 1 GWB Rn. 44; FK-*Huber/Baums* § 1 GWB Tz. 39, 72; *v. Gamm* § 1 GWB Rn. 9; *Langen/Niederleithinger* § 98 GWB Rn. 2; I/M-*Immenga* § 1 GWB Rn. 39; *Scholz* ZHR 132 (1969), 98 (127 ff.); *Schricker,* Wirtschaftliche Tätigkeit der öffentlichen Hand, S. 64; *Schwarz,* Die wirtschaftliche Betätigung der öffentlichen Hand, S. 55 f.; *Ulmer,* ZHR 146 (1982), 466 (474 f.); *Westrick* in: Loewenheim/Belke § 1 GWB Rn. 20; *Wilde* in: Handbuch des Wettbewerbsrechts, § 5 Rn. 8; vgl. auch Amtl.Begr. zum Reg.-E., BT-Drucks. II/1158, Anl. 1 S. 31 sub 3. c. zu § 1 GWB; a.A.: *v. Köhler* DVBl 1964, 214 (218); *Rittner,* Wirtschaftsrecht, § 14 Rn. 13 ff., S. 241 ff.

[13] Amtl. Begründung zum Reg.-E., BT.-Drucks. II/1158, Anl. 1 S. 31 sub 3. b. zu § 1.

[14] BGH GRUR 1962, 159 (160) – Blockeis I m.w.Nachw.; BGHZ 36, 91 (101 f.) – Gummistrümpfe; OLG

rechts im wesentlichen[15] davon abhängig gemacht, ob der Hoheitsträger die inkriminierte Handlung in öffentlich-rechtliche oder privatrechtliche Form gekleidet hatte. Demgegenüber hat sich in der Gegenwart eine andere Betrachtungsweise durchgesetzt. Als erster hat *Gütebier*[16] darauf aufmerksam gemacht, daß es für die Anwendung des Wettbewerbsrechts nicht auf das Verhältnis Hoheitsträger-Leistungsempfänger (Gewaltunterworfener) sondern auf das Verhältnis zwischen Hoheitsträger und möglichen privaten Wettbewerbern (sog. »Wettbewerbsverhältnis«[17]) ankommt. Diese Sichtweise, die maßgeblich von *Mestmäcker*[18], *Emmerich*[19] und *Scholz*[20] weiterentwickelt worden ist, kann heutzutage als ganz herrschend bezeichnet werden.[21]

Sie vermeidet, daß die Anwendung des Wettbewerbsrechts von der Zufälligkeit abhängt, in welcher Weise der Hoheitsträger die Beziehungen zu den Leistungsempfängern gestaltet, und verhindert somit, daß die Anwendung des Wettbewerbsrechts in das Belieben des Hoheitsträgers gestellt würde.[22] Ferner führt sie zu einer einheitlichen Behandlung nach privatem Wettbewerbsrecht unabhängig davon, ob der Hoheitsträger Kläger oder Beklagter ist.[23] *Emmerich*[24] hat ferner darauf aufmerksam gemacht, daß § 99 I GWB a.F., der bestimmte Verträge der Bundespost von der Anwendung des GWB freistellte, überflüssig gewesen wäre, wenn man die Anwendbarkeit des GWB von der Rechtsnatur der Leistungsbeziehungen abhängig machte, weil die Leistungsbeziehungen der Bundespost bis zur Postreform einhellig als öffentlich-rechtlich qualifiziert worden sind.[25] Zu nicht lösbaren Problemen führt die alte Akzessorietätstheorie, wenn ein Kartellvertrag zwischen Unternehmen zu beurteilen ist, die in jeweils unterschiedlichen Rechtsformen (öffentlich- und privatrechtlich) die Leistung im Verhältnis zu den Leistungsempfängern erbringen.[26]

Hoheitliches Handeln ist demnach grundsätzlich nur dann von der Anwendung des Wettbewerbsrechts – und damit auch des GWB – ausgenommen, wenn das Wettbe-

---

München WRP 1956, 15 ff.; KG WuW/E OLG 307 (308) – Allgemeine Ortskrankenkasse; LG Frankfurt WuW/E LG/AG 241 (241); ebenso BKartA TB 1963, S. 9; zum älteren Schrifttum vgl. den umfassenden Nachweis bei *Emmerich*, Das Wirtschaftsrecht der öffentlichen Unternehmen, S. 281 Fn. 97.

[15] zu den Ausnahmen vgl. Rechtsprechungsnachweis bei *Schricker*, Wirtschaftliche Tätigkeit der öffentlichen Hand, S. 93 a.E. ff.

[16] *Gütebier*, Der unlautere Wettbewerb der öffentlichen Hand, S. 27 ff. sub I.

[17] vgl. z.B. BGHZ (GS) 66, 229 (233) – Studentenversicherung; GmS OGB BGHZ 102, 280 (284) – Rollstühle.

[18] *Mestmäcker* NJW 1969, 1 (2 ff.).

[19] *Emmerich*, Das Wirtschaftsrecht der öffentlichen Unternehmen, S. 285 ff.

[20] *Scholz* ZHR 132 (1969), 97 (128 ff.).

[21] BGHZ (GS) 66, 229 (233 ff.) – Studentenversicherung; BGHZ (GS) 67, 81 (84 ff.) – Auto-Analyzer; GmS-OGB BGHZ 102, 280 (284 ff.) – Rollstühle; GmS-OGB BGHZ 108, 284 (286 ff.) – öffentlich-rechtliche Krankenkassen; *Autenrieth* im Gemeinschaftskommentar, § 98 Abs. 1 GWB Rn. 20f.; *Baumbach/Hefermehl* § 1 UWG Rn. 922, 919; *v. Gamm*, § 1 GWB Rn. 9; FK-*Huber/Baums*, § 1 GWB Tz. 73; I/M-*Emmerich*, § 98 Abs. 1 GWB Rn. 14; *Möschel*, Wettbewerbsbeschränkungen, Rn. 106; *Ulmer* ZHR 146 (1982), 466 (477 f.); *Wilde* im Hdb. d. Wettbewerbsrechts, § 5 Rn. 8; im Hinblick auf die Anwendbarkeit des GWB insoweit noch übereinstimmend *Schricker*, Wirtschaftliche Tätigkeit der öffentlichen Hand, S. 64 f.; a.A.: *Langen/Niederleithinger* § 98 Rn. 4.

[22] *Emmerich*, Das Wirtschaftsrecht der öffentlichen Unternehmen, S. 285.

[23] BGHZ (GS) 66, 229 (236 f.) – Studentenversicherung.

[24] *Emmerich*, Das Wirtschaftsrecht der öffentlichen Unternehmen, S. 285.

[25] vgl. z.B. GmS-OGB BVerwGE 37, 369 ff.; *Redeker/v.Oertzen* § 40 VwGO Rn.25; *Kopp* § 40 VwGO Rn. 19.

[26] *Emmerich*, a.a.O., S. 286.

werbsverhältnis durch öffentlich-rechtliche Sondernormen geregelt ist, wie z.B. zwischen den Allgemeinen Ortskrankenkassen und den gesetzlichen Ersatzkassen[27].

B. Ambivalente Maßnahmen

I. Relativität des Unternehmensbegriffs

Aus der Unterscheidung von Leistungs- und Wettbewerbsverhältnis folgt ein relativer Unternehmensbegriff.[28] Die Unternehmenseigenschaft des Hoheitsträgers richtet sich nach dem jeweils zu untersuchenden Verhältnis. Im Verhältnis zu den Gewaltunterworfenen handelt der Hoheitsträger kraft öffentlich-rechtlicher Aufgabenzuweisung und Ermächtigung. Es gilt, wie oben bereits festgestellt wurde, daß eine Anwendung des GWB in diesem sonderrechtlich normierten Hoheitsverhältnis ausscheidet. Demgegenüber fehlt es im Verhältnis zu anderen Marktteilnehmern in der Regel an öffentlich-rechtlichem Sonderrecht, so daß im Verhältnis zwischen dem Hoheitsträger und konkurrierenden Anbietern das Wettbewerbsrecht Anwendung finden kann. So ist z.B. das Verhältnis zwischen Augenoptikern und den Allgemeinen Ortskrankenkassen im Hinblick auf die Abgabe von Brillen nicht sonderrechtlich geregelt, so daß ein Augenoptiker auf der Grundlage des Wettbewerbsrechts gegen eine AOK vorgehen kann, die kostenlos Brillen an ihre Mitglieder ausgibt.[29] Die AOK ist im Verhältnis zum Augenoptiker hinsichtlich der kostenlosen Abgabe von Brillen als Unternehmen i.S. des GWB anzusehen.

Demnach kann eine Handlung unter Umständen nach zwei unterschiedlichen Rechtskreisen zu beurteilen sein. Solche Handlungen eines Hoheitsträgers werden als »ambivalente«[30] Maßnahmen oder Maßnahmen mit »Doppelnatur«[31] bezeichnet.

So handelt die AOK durch die Abgabe von Brillen[32] oder Rollstühlen[33] schlicht hoheitlich im Verhältnis zu ihren Mitgliedern, andererseits tritt sie durch diese Maßnahme gleichzeitig in Wettbewerb zu Optikern bzw. zu orthopädischen Betrieben. Ebenso handelt eine kassenärztliche Vereinigung im Verhältnis zu den angeschlossenen Kassenärzten hoheitlich, wenn sie diese darauf aufmerksam macht, daß Leistungen gewerblicher Blutanalyselabors nicht über die Kasse abgerechnet werden können, wohingegen sich dieselbe Handlung im Verhältnis zu den Labors als Boykottaufforderung zugunsten von Laborfachärzten darstellen könnte.[34] Vergleichbar ist die Konstellation, daß eine Apothekerkammer die standesangehörigen Apotheker darauf hin-

---

[27] GmS-OGB BGHZ 108, 284 (286 ff.) – öffentlich-rechtliche Krankenkassen.

[28] *Gütebier* [Der unlautere Wettbewerb der öffentlichen Hand, S. 29] spricht umgekehrt von der »Relativität des besonderen Gewaltverhältnisses«. Zum abweichend verwendeten Begriffspaar relatives und absolutes Unternehmen, vgl. *Möschel*, Wettbewerbsbeschränkungen, Rn. 101 ff.

[29] BGHZ 82, 375 (381 ff.) – Brillenselbstabgabestellen.

[30] *Bettermann* DVBl 1977, 180 (181), der allerdings die Ambivalenz von Wettbewerbshandlungen bestreitet; *Schmittat* ZHR 148 (1984), 428 (460).

[31] *Baumbach/Hefermehl* § 1 UWG Rn. 919; *Harms*, Beilage zu BB 17/1986, S. 3; *Scholz* NJW 1978, 16 (18).

[32] vgl. BGHZ 82, 375 ff. – Brillenselbstabgabestellen.

[33] vgl. GmS-OGB BGHZ 102, 280 ff. – Rollstühle.

[34] vgl. BGHZ (GS) 67, 81 ff. – Auto-Analyzer.

weist, daß die Verwendung des Logos einer Apothekerwerbegemeinschaft einen Verstoß gegen das in der Berufsordnung niedergelegte Werbeverbot darstellt.[35] Auch diese Maßnahme kann im Verhältnis zu den Apothekern als Maßnahme der Standesaufsicht, im Verhältnis zur Werbegemeinschaft als mittelbare Druckausübung verstanden werden.

Jedoch sind grundsätzliche Bedenken geltend gemacht worden, hoheitliche Handlungen als privatrechtliche Wettbewerbshandlungen zu qualifizieren.

So wird zum einen die privatrechtliche Qualifikation kritisiert; Wettbewerbsrecht sei, wenn es hoheitliches Handeln steuere, per definitionem öffentliches Recht und gehöre daher vor die Verwaltungsgerichte.[36] Dieser Einwand wird unten (sub III.) im Zusammenhang mit der Frage des Rechtswegs erörtert.

Desweiteren wird die Doppelqualifikation als unzulässig bestritten.[37] So seien Hoheitsakt und Wettwerbshandlung nicht zu trennen; das wettbewerbsrechtliche Untersagungsurteil betreffe bei ambivalenten Maßnahmen immer unmittelbar auch die hoheitliche Tätigkeit; es sei eine Fiktion anzunehmen, die Beschränkung hoheitlicher Tätigkeit wäre nur mittelbare Folge[38] bzw. partizipiere nicht an der Rechtskraft.[39] [40] Es ist *Schricker* zuzugestehen, daß die Doppelqualifikation hoheitlicher Maßnahmen kaum mit den im BGB geregelten relativen Rechtswirkungen (z.B. § 135 I 1 BGB) vergleichbar ist. Das ist aber auch nicht erforderlich. Seine Kritik liegt neben der Sache. Es geht in der vorliegenden Konstellation nicht darum, eine Handlung zu »spalten«[41], sondern darum, einen Normanwendungskonflikt zu lösen. Auch *Schricker* will wettbewerbsrechtliche Grundsätze auf hoheitliches Handeln anwenden.[42] Dann kann die Frage nur lauten, wie sind Wettbewerbsrecht und öffentliches Recht im Einzelfall miteinander zu harmonisieren (dazu unten II.) und welche Gerichte sind zu dieser Rechtsanwendung berufen (dazu unten III.).

Wenn *Schricker* weiterhin gegen die Doppelqualifikation vorbringt, eine hoheitliche Maßnahme verliere nicht dadurch ihren hoheitlichen Charakter, daß sich ein nicht der Hoheitsgewalt unterworfener Dritter gegen sie wehrt[43], so geht er von einem absoluten Hoheitsbegriff aus. Dabei übersieht er, daß es letztendlich um die Qualifikation von Rechtsbeziehungen geht. Wenn aber die zu prüfende Rechtsbeziehung nicht öffentlich-rechtlich geregelt ist, besteht kein Anlaß sie dem Zivilrecht zu entziehen.[44] Jedenfalls bleibt *Schricker* die Begründung schuldig, warum gerade die öffentlich-

---

[35] BGH WRP 1987, 310 f. – Guten Tag-Apotheke II.

[36] *Bachof,* FG zum 25jährigen Bestehen des BVerwG, 1 (12 Fn. 56); *Bettermann* DVBl 1977, 180 (181); *Ehlers,* Verwaltung in Privatrechtsform, S. 363 f.; *ders.* in Erichsen/Martens § 2 Rn. 33; *Erichsen,* Gemeinde und Private im wirtschaftlichen Wettbewerb, S. 39 f.; *Menger* VerwArch 68 (1977), 293 (296 f.); *Schricker,* Wirtschaftstätigkeit der öffentlichen Hand, S. 102 ff.; *Zuleeg* VerwArch 73 (1982), 384 (403).

[37] *Schricker,* Wirtschaftliche Tätigkeit der öffentlichen Hand, S. 106 ff.

[38] in diesem Sinne z.B. *von Gamm* WRP 1984, 303 (307).

[39] so z.B. BGHZ (GS) 67, 81 (88) – Auto-Analyzer; *Schmitt* DVBl 1978, 973 (978).

[40] *Schricker* a.a.O., S. 107 f.

[41] *Schricker* a.a.O., S. 107.

[42] *Schricker* a.a.O. S. 116 ff.

[43] a.a.O., S. 109.

[44] so GmS-OGB BGHZ 102, 280 (288) – Rollstühle.

rechtliche Qualifikation des Innenverhältnisses für die Qualifikation des nicht öffentlich-rechtlich normierten Wettbewerbsverhältnisses ausschlaggebend sein sollte.

Es ist *Schricker* jedoch zuzugestehen, daß die Behandlung ambivalenter Maßnahmen im Wettbewerbsrecht mit der Qualifizierung sonstigen schlichten Verwaltungshandelns nicht übereinstimmt.[45] So ist es – soweit ersichtlich – unstreitig, daß ein Anwohner Immissionen, die Folge schlicht hoheitlichen Handelns sind, vor den Verwaltungsgerichten und nicht vor den Zivilgerichten anzugreifen hat.[46] In diesen Fällen teilt das Rechtsverhältnis zwischen dem geschädigten Nichtadressaten und dem emitierenden Hoheitsträger die Natur des »Leistungsverhältnisses«. Verfolgt die öffentliche Hand mit der emitierenden Tätigkeit öffentlich-rechtliche Ziele, soll auch der Abwehranspruch des geschädigten Nichtadressaten vor die Verwaltungsgerichte gehören.[47] Indessen spricht diese Vorgehensweise nicht gegen die Möglichkeit der Doppelqualifikation ambivalenter Handlungen im Wettbewerbsrecht, weil es in der Sache darum geht, den Normanwendungskonflikt zwischen Innenrecht (hoheitliches Verhaltensrecht) und Außenrecht (Wettbewerbsrecht) zu lösen. Das Bestehen dieses Konflikts und die Notwendigkeit, ihn zu lösen, bestreitet auch *Schricker* nicht. Dann hat die entscheidende Frage aber nicht zu lauten, ob hoheitliches Handeln »gespalten« werden kann. Vielmehr ist zu klären, wie dieser Normanwendungskonflikt zu lösen ist (unten II.) und welche Gerichte zu dieser Tätigkeit berufen sind (unten III.). Im Zusammenhang mit der Frage der Rechtswegzuweisung ist dann zu klären, ob es Gründe dafür gibt, abweichend zur Behandlung der Fälle immissionsrechtlicher Abwehrklagen, die Anwendung des Wettbewerbsrechts auch bei ambivalenten Maßnahmen den ordentlichen Gerichten zuzuweisen.

II. Inhaltliche Kollision von Wettbewerbsrecht und öffentlichem Recht

Es besteht im Grundsatz kein Streit darüber, daß Wettbewerbsrecht und öffentlich-rechtliche Aufgabenzuweisung miteinander zu harmonisieren sind. Die Kritiker der Rechtsprechung gestehen zu, daß wettbewerbsrechtliche Normen gegebenenfalls analog auf hoheitliches Verhalten anzuwenden sind,[48] wie auch der BGH seinerseits bei der Anwendung des Wettbewerbsrechts prüft, ob die Anwendung im Einzelfall mit den öffentlich-rechtlichen Aufgabenzuweisungen zu vereinbaren ist.[49] Dem entspricht die Handhabung der Rechtswidrigkeitsformel an der Schnittstelle von Kartell- und Berufsrecht.[50] Die Anwendung von Tatbeständen des Wettbewerbsrechts kann daher - wenn dies mit der öffentlich-rechtlichen Aufgabenzuweisung zu vereinbaren ist- dazu führen, daß hoheitliches Handeln in Anwendung dieser Normen untersagt wird. Dies wird, soweit ersichtlich, grundsätzlich nicht bestritten.

---

[45] *Schricker*, Wirtschaftliche Betätigung der öffentlichen Hand, S. 109.

[46] vgl. nur BVerwGE 79, 254 ff. zur Abwehr hoheitlicher Emissionen und BVerwG NJW 1994, 956 zur Abwehr nicht-sakralen Kirchengeläuts; vgl. zum ganzen *Führen*, VR 1986, 5 (5 f.).

[47] *Führen* a.a.O. m.w.Nachw.

[48] vgl. z.B. *Menger* VerwArch 68 (1977), 293 (298); *Papier*, Fälle zum Wirtschaftsrecht, S. 198 ff. sub cc., S. 201.

[49] vgl. z.B. BGHZ 82, 375 (384 ff. sub III., 397 f.) – Brillenselbstabgabestellen; vgl. auch *Mestmäcker* NJW 1969, (3 sub 2. a.E.).

[50] s. Einführung I., S. 1 ff.

III. Rechtsweg bei ambivalenten Maßnahmen

Grundsätzlicher Art ist jedoch der Streit um die Rechtswegzuweisung bei der Anwendung des Wettbewerbsrechts auf ambivalente Maßnahmen.

Der Frage der Rechtswegzuweisung kommt eine nicht zu unterschätzende rechtstatsächliche Bedeutung zu. Bei den bisherigen Gerichtsentscheidungen, welche die kartellrechtliche Überprüfung von Kammermaßnahmen gegenüber den Standesangehörigen zum Gegenstand hatten, ergaben sich kaum materielle Anwendungsprobleme der unter II. angedeuteten Art. Dies hängt mit der vielfach verwendeten Rechtswidrigkeitsformel zusammen.[51] Da das GWB nach diesem Grundsatz immer nur dort Anwendung finden soll, wo kein wirksames Standesrecht der Vertragsfreiheit Grenzen setzt, haben die befaßten ordentlichen Gerichte in der Regel konsequenterweise eine »Vorprüfung« angestellt, in der sie die Vereinbarkeit der inkriminierten Berufsordnungsvorschriften mit den Grundrechten der Standesangehörigen prüften.[52] Das GWB wird demnach immer nur dann angewendet, wenn die jeweiligen Normen der Berufsordnung (nach Ansicht der ordentlichen Gerichte) aus öffentlich-rechtlichen Gründen ohnehin unwirksam sind. Die sich dann anschließende kartellrechtliche Subsumtion erweist sich als ausgesprochen einfach.[53] Viel problematischer sind die Konsequenzen aus der solchermaßen begründeten Doppelzuständigkeit von Berufs- bzw. Verwaltungsgerichten einerseits und ordentlicher Gerichtsbarkeit andererseits. Das unterschiedliche Vorverständnis der Richter der verschiedenen Gerichtszweige führt zu sich nahezu widersprechenden Entscheidungen.[54]

Die grundsätzliche Kritik an der Rechtsprechung, die mit den Entscheidungen des Großen Senat für Zivilsachen vom 22.3.1976 eingeleitet wurde, richtet sich in der Hauptsache gegen die Zuordnung des Wettbewerbsrechts zum Privatrecht.[55] Normen die das hoheitliche Verhalten der öffentlichen Hand steuern, seien per definitionem öffentliches Recht; daher gehöre die wettbewerbliche Beurteilung von ambivalenten Maßnahmen vor die Verwaltungsgerichte.[56]

Entgegen dieser Auffassung ist daran festzuhalten, daß die Anwendung des Wettbewerbsrechts in jedem Fall den ordentlichen Gerichten zugewiesen ist. Dies folgt weniger aus einer inhaltlichen Zuordnung etwa in dem Sinne, daß das Wettbewerbsrecht

---

[51] s. Einführung I., S. 1 ff.

[52] BGH GRUR 1991, 621 (624 ff.) – Warenproben in Apotheken; KG PharmaR 1988, 11 (18 ff.) = WuW/E OLG 4008 – Apothekerkammer Bremen; OLG Bremen WuW/E OLG 4367 (4369 ff.) – Proben apothekenüblicher Waren.

[53] in diesem Sinne: *Odersky* AG 1991, 281 (286 sub 3.).

[54] vgl. BGH GRUR 1991, 621 ff. – »Warenproben in Apotheken« und BVerwG NJW 1992, 994 ff.; kritisch *Taupitz* NJW 1992, 937 ff.

[55] *Bachof*, FG zum 25jährigen Bestehen des BVerwG, 1 (12 Fn. 56); *Bettermann* DVBl 1977, 180 (181); *Ehlers*, Verwaltung in Privatrechtsform, S. 363 f.; *ders.* in Erichsen/Martens § 2 Rn.33; *Erichsen*, Gemeinde und Private im wirtschaftlichen Wettbewerb, S. 39 f.; *Menger* VerwArch 68 (1977), 293 (296 f.); *Meyer-Ladewig* SGb 1979, 401 (402 f.); *Papier*, Fälle zum Wirtschaftsrecht, S. 201; *Rohwer-Kahlmann* SGb 1980, 89 (89); *D. Schmidt*, Die Unterscheidung von privatem und öffentlichem Recht, S. 239 f.; *Schricker*, Wirtschaftstätigkeit der öffentlichen Hand, S. 102 ff.; *Zuleeg* VerwArch 73 (1982), 384 (403).

[56] *Bachof* a.a.O.; *Bettermann* a.a.O.; *Ehlers* a.a.O.; *Erichsen* a.a.O.; *Menger* a.a.O.; *Schricker* a.a.O.; *Zuleeg* a.a.O.

die Privatautonomie schützt und daher materiell Privatrecht darstellt[57], als vielmehr aus der formellen Kategorisierung als Jedermannsrecht.[58] Im Sinne der Sonderrechtstheorie ist lediglich zu fragen, wer Zuordnungssubjekt der zu prüfenden Rechtsnorm ist. Demnach lassen sich UWG und GWB[59] dem Privatrecht zuordnen, ohne daß es einer Kategorie »Allgemeines Recht«[60] bedürfte. Wenn demgegenüber das Wettbewerbsrecht als öffentlich-rechtlich qualifiziert wird, soweit es hoheitliches Verhalten steuert, liegt dem bereits eine andere Theorie zur Abgrenzung des privaten vom öffentlichen Recht zugrunde; diese Theorie setzt voraus, daß sich hoheitliches Handeln, also das Handeln in Vollzug öffentlichen Rechts, nach anderen Kriterien zweifelsfrei feststellen läßt. Ob es vorzugswürdig ist, zur Abgrenzung darauf abzustellen, ob der Hoheitsträger »als solcher« betroffen ist[61], kann im Rahmen dieser Arbeit nicht überprüft werden. Festzustellen bleibt, daß die Zuordnung des Wettbewerbsrechts zum Privatrecht mit der Subjektstheorie vereinbar ist.

Der grundsätzliche Streit um die Zuordnung des Wettbewerbsrechts im Falle ambivalenter Maßnahmen kann im übrigen für die vorliegend zu untersuchende Konstellation auf sich beruhen, weil es ausdrückliche Rechtswegzuweisungen i.S. von § 40 I 1 2. Halbsatz VwGO gibt, welche Streitigkeiten der vorliegenden Art unabhängig von ihrem möglichen öffentlich-rechtlichen Charakter den Zivilgerichten zuweisen.

Unzweifelhaft stellt § 62 IV GWB[62] eine solche Zuweisung dar.[63] § 62 IV GWB weist die Überprüfung von Verfügungen der Kartellbehörden den ordentlichen Gerichten zu. Dem Wortlaut nach werden damit Verfügungen jeder Art erfaßt. Ob die Kartellbehörde zum Erlaß einer solchen Verfügung gegenüber dem anderen Hoheitsträger überhaupt zuständig war, ist eine Frage der Beschwerdebegründetheit. Wenn der Gesetzgeber, um die Einheitlichkeit der Rechtsprechung zu gewährleisten[64], die Überprüfung des Kartellverwaltungsverfahrens ausdrücklich den ordentlichen Gerichten zugewiesen hat, wird man den § 62 IV GWB kaum dahingehend teleologisch reduzieren dürfen, daß im Fall der Passivbeteiligung einer anderen Behörde die Verwaltungsgerichte zuständig wären. Dies wird – soweit ersichtlich – auch nicht vertreten. Es ist also festzuhalten, daß im Fall von kartellbehördlichen Verfügungen nur die ordentlichen Gerichte zuständig sind.

Probleme bereiten möglicherweise die Kartellprivatverfahren, in denen ein Konkurrent oder Standesangehöriger aus § 35 GWB gegen den Hoheitsträger klagt. Zum Teil wird unmittelbar aus § 87 bzw. § 96 GWB die Zuständigkeit der Kartellgerichte abgeleitet, selbst wenn die anzuwendenden Normen materiell dem öffentlichen Recht

---

[57] so *D. Schmidt, D*ie Unterscheidung von privatem und öffentlichem Recht, S. 239; *Piper* GRUR 1986, 574 (577).

[58] in diesem Sinne auch *Schmittat* ZHR 148 (1984), 428 (460) für UWG.

[59] mit Ausnahme des Kartellverwaltungs- und des Ordnungswidrigkeitenverfahrens.

[60] so *Scholz* ZHR 132 (1969), 97 (122 ff.); *ders.* NJW 1977, 16 (17); grundsätzlich dagegen auch *Erichsen* Jura 1982, 537 (541).

[61] so z.B. *Bettermann* NJW 1977, 513 (516 sub III.); dagegen: *Erichsen* Jura 1982, 537 (541 in Fn. 41).

[62] ebenso § 82 GWB für OWiG-Sachen.

[63] *Hitzler* GRUR 1981, 110 (119).

[64] Reg.-Begr. zum GWB, BT-Drucks. II/1158, Anl. 1 S. 28 f. sub V.

zuzurechnen wären.[65] Es handelt sich jedoch um eine offensichtliche petitio principii, weil § 27 UWG wie auch § 87 GWB nach ihrem Wortlaut bereits voraussetzen, daß es sich um privatrechtliche Streitigkeiten handeln muß. Eine Zuordnung öffentlich-rechtlicher Streitigkeiten zu den ordentlichen Gerichten bewirken sie nicht.[66]

Die Zuständigkeit der Kartellgerichte läßt sich jedoch unabhängig von der Rechtsnatur des anzuwendenden Wettbewerbsrechts mit einer teleologischen Extension der §§ 87, 96 GWB begründen. Dafür spricht weniger eine tatsächlich bestehende Sachnähe der zu beurteilenden Sachverhalte mit den normalen zivilistischen Wettbewerbssachverhalten.[67] Zumindest die kartellgerichtlichen Entscheidungen, die Freiberuflerkammern betreffen, sind in der Sache im wesentlichen von berufsrechtlichen und nicht von kartellrechtlichen Erwägungen getragen.[68] Jedoch läßt sich im Hinblick auf §§ 62 IV, 82 GWB systematisch argumentieren. Wenn der Gesetzgeber bereits das Kartellverwaltungsverfahren den ordentlichen Gerichten zugewiesen hat, muß dies erst recht für die zivilen Klagen gegen Hoheitsträger gelten. Andernfalls ergäbe sich die befremdliche Konsequenz, daß für ein Verfahren zwischen zwei hoheitlich handelnden Behörden die ordentlichen Gerichte, für die Klage eines Privaten bei ansonsten unveränderter Rechtslage hingegen die Verwaltungsgerichte zuständig wären. Soweit also kartellrechtliche Tatbestände auf hoheitliches Handeln Anwendung finden, sind die Kartellgerichte zuständig.

Zusammenfassung zu § 2:

Das Wettbewerbsrecht kann auch auf Hoheitsträger angewendet werden. Seine Anwendbarkeit wird nicht grundsätzlich dadurch ausgeschlossen, daß die inkriminierte Wettbewerbshandlung in öffentlich-rechtlicher Form erfolgt. Vielmehr kommt es darauf an, ob das jeweils zu überprüfende Wettbewerbsverhältnis maßgeblich durch Normen des öffentlichen Rechts geprägt wird oder ob solche öffentlich-rechtlichen Regelungen fehlen, so daß das Wettbewerbsrecht Anwendung finden kann.

Hinsichtlich des materiellen Normanwendungskonflikts (öffentlich-rechtliche Aufgabenzuweisung, wettbewerbliches Verhaltensrecht) gilt grundsätzlich, daß mit der Anwendung des Wettbewerbsrechts keine sinnwidrige Beschränkung der zugewiesenen öffentlich-rechtlichen Aufgaben verbunden sein darf. Vielmehr ist im Einzelfall zu ermitteln, ob die mit der Anwendung des Wettbewerbsrechts verbundenen Beschränkungen des Hoheitsträgers mit der öffentlich-rechtlichen Aufgabenzuweisung zu vereinbaren sind.

---

[65] so *Harms* Beilage zu BB 17/1986, S. 6 a.E. f.; für § 27 UWG ebenso: *Scholz* NJW 1978, 16 (17); *Ulmer* ZHR 146 (1982), 466 (477).

[66] BGH GRUR 1964, 693 (696) – Apothekerkammer; BGH GRUR 1965, 110 (112 a.E.f.) – EU-MED zu § 87 GWB; *Schricker*, Wirtschaftliche Tätigkeit der öffentlichen Hand, S. 241, in Fn. 14 zu § 87 GWB.

[67] zu Recht kritisch *Schricker*, a.a.O., S.111 f.; a.A.: *Baumbach/Hefermehl* § 1 UWG Rn. 919; *Pinger* GRUR 1973, 456 (459) für § 27 UWG; *Scholz* NJW 1978, 16 (17) für GWB.

[68] vgl. z.B. BGH GRUR 1991, 622 (624 ff.) – Warenproben in Apotheken; KG PharmaR 1988, 11 (18 ff.) = WuW/E OLG 4008 – Apothekerkammer Bremen; OLG Bremen WuW/E OLG 4367 (4369 ff.) – Proben apothekenüblicher Waren; vgl. in diesem Sinne auch *Odersky* AG 1991, 281 (284).

Soweit das Wettbewerbsrecht in dieser Weise Anwendung findet, ist der Rechtsweg zu den ordentlichen Gerichte bzw. den Kartellgerichten gegeben. Dies ergibt sich bereits aus der Zuordnung des Wettbewerbsrechts zum Privatrecht. Selbst wenn man aber das Wettbewerbsrecht, soweit es hoheitliches Verhalten steuert, dem öffentlichen Recht zuordnet, ergibt sich jedenfalls die umfassende Zuständigkeit der Kartellgerichte aus § 62 IV GWB bzw. im Fall privater Klagen aus einer teleologischen Extension des § 87 GWB.

Soweit also kartellrechtliche Einzeltatbestände auf hoheitliches Verhalten Anwendung finden, sind die Kartellgerichte zuständig.

§ 3 Der Begriff der Unternehmensvereinigung

Wie bereits angesprochen, bedient sich die herrschende Meinung der Rechtswidrigkeitsformel, um Kartellrecht und Berufsrecht voneinander abzugrenzen bzw. die gegenläufigen Normbefehle zu harmonisieren. Die Kammern dürfen demnach den Wettbewerb nur insoweit beschränken, wie sie dazu durch vorrangiges Recht ermächtigt sind. Dies ist grundsätzlich unbedenklich.[1] Bedenken bestehen dagegen, daß die Rechtswidrigkeitsformel von einem Großteil des Schrifttums[2] gleichzeitig dazu verwendet wird bzw. von der älteren Rechtsprechung[3] verwendet wurde, die konkrete Kartellrechtsunterworfenheit der Kammern zu begründen; die Kammern sollen danach bereits immer dann Unternehmensvereinigungen darstellen, wenn sie in berufsrechtswidriger Weise den Wettbewerb beschränken, weil in diesen Fällen ihr Vorgehen nicht durch vorrangiges staatliches Recht legitimiert ist. Bei dieser Vorgehensweise bleibt unberücksichtigt, daß die Kammern bei Beschluß der Berufsordnungsvorschriften und bei deren standesaufsichtlicher Durchsetzung hoheitlich handeln. In der Rechtsprechung hat dieser Gesichtspunkt unter dem Eindruck der von *Messer* geübten Kritik[4] erstmals in der Entscheidung »Warenproben in Apotheken«[5] Berücksichtigung gefunden, ohne daß allerdings bislang im einzelnen klar wäre, in welcher Weise der hoheitliche Status der Kammern bei der Anwendung des Kartellrechts zu berücksichtigen wäre. Der BGH verweist in der genannten Entscheidung auf eine »Gesamtbewertung der Umstände«.[6]

Die vom BGH angedeutete Berücksichtigung des hoheitlichen Status der Kammern innerhalb der Subsumtion des Merkmals »Unternehmensvereingung« hat jedoch zwischenzeitlich Kritik hervorgerufen.[7] *Emmerich*[8] und *Oesterle*[9] plädieren für eine Rück-

---

[1] zu den erforderlichen Modifikationen, s.o. Einführung I., S. 2 f.; ausführlich unten § 4 B.II.1.;

[2] *Hitzler* GRUR 1981, 110 (114 ff.); *ders.* GRUR 1982, 474 (476); I/M-*Emmerich* § 98 Abs. 1 GWB Rn. 60; *Kramm* WRP 1992, 365 (366 ff.); *Oesterle* WRP 1993, 456 (457 ff.); *Ring,* Wettbewerbsrecht der freien Berufe, S. 209, 211 sub 1.; *Taupitz* ZHR 153 (1989), 681 (698); im Hinblick auf die Nichtbeachtung der Hoheitlichkeit so auch: *Michalski* EWiR § 25 GWB 1/91, 789 (789 sub 2.1.); *ders.,* Gesellschafts- und Kartellrecht, S. 426 sub II. a.E.; *M. Schmidt,* Standesrecht und Standesmoral, S. 160 f.; a.A.: *Harms* NJW 1976, 1289 (1295 sub 2.); *Messer,* FS für Pfeiffer, 973 (982 f.).

[3] BGH WuW/E BGH 1474 (1477 f.) – Architektenkammer; BGH WRP 1987, 310 (310 f.) – Guten Tag – Apotheke II; OLG Celle WuW/E OLG 3535 (3536) – Werbung für Randsortiment; KG WuW/E 4008 (4009) – Apothekerkammer Bremen.

[4] *Messer,* FS f. Pfeiffer, 972 (982 f.).

[5] BGH GRUR 1991, 621 (625) – Warenproben in Apotheken; seitdem auch: OLG Stuttgart StB 1992, 212 (213 f.); OLG Düsseldorf WuW/E OLG 4998 (5000 f.) – Landesapothekerkammer; vgl. auch Bay LKartB WuW/E 315 (318 f.); zustimmend: FK-*Huber/Baums* § 1 GWB Tz. 67; zuvor bereits in diesem Sinne: BayObLG GRUR 1982, 500 (503); dagegen: *Taupitz* ZHR 153 (1989), 681 (698).

[6] BGH GRUR 1991, 622 (625) – Warenproben in Apotheken

[7] I/M-*Emmerich* § 98 Abs. 1 GWB Rn. 60; *Oesterle* WRP 1993, 456 (457 ff.); *M. Schmidt,* Standesrecht und Standesmoral, S. 161 Fn. 393 (»nicht nachvollziehbar«).

[8] I/M-*Emmerich* § 98 Abs. 1 GWB Rn. 60; in diesem Sinne auch *Taupitz* ZHR 153 (1989), 681 (698) gegen BayObLG GRUR 1982, 500 (503).

[9] *Oesterle* WRP 1993, 456 (457 ff.).

kehr zur alten Rechtswidrigkeitsformel, wie sie der BGH in den Entscheidungen »Architektenkammer«[10] und »Guten Tag-Apotheke II«[11] verwendet hat.

Fraglich ist, ob in der indifferenten Behandlung rechtswidrig handelnder Kammern nicht eine sinnwidrige Verkürzung des Begriffs der Unternehmensvereinigung zu sehen ist und daher die in der Entscheidung »Warenproben in Apotheken«[12] vorgenommene differenzierte Behandlung grundsätzlich Zustimmung verdient.

A. »Unternehmensvereinigung« als funktionaler Begriff

Es geht bei der Abgrenzungsfrage im wesentlichen darum, hoheitliches Verhaltensrecht mit dem allgemeinen Wettbewerbsrecht zu koordinieren und die zur Normdurchsetzung berufenen Behörden und Gerichte zu bestimmen.

Tatbestandlicher Anknüpfungspunkt für die Ausgrenzung hoheitlichen Handelns wäre der Begriff der Unternehmensvereinigung.[13]

I. Begriffliche Erfassung der Freiberuflerkammern

Die Anwendung des GWB auf die Kammern freier Berufe setzt voraus, daß diese als Unternehmen oder Unternehmensvereinigungen einzuordnen sind. Die Kammern nehmen in der Regel nicht am geschäftlichen Verkehr teil. Weder bieten sie Dienstleistungen an,[14] noch nehmen sie solche geschäftsmäßig in Anspruch. Sie sind daher grundsätzlich nicht als Unternehmen anzusehen.

Da jedoch die kammerangehörigen Freiberufler als Unternehmen i.S. des GWB einzuordnen sind, wenn sie am geschäftlichen Verkehr teilnehmen und sofern ihre Vertrags- bzw. ihre Handlungsfreiheit nicht durch staatliches oder auf staatlicher Ermächtigung beruhendes Berufsrecht begrenzt ist, lassen sich die Kammern begrifflich als Unternehmensvereinigungen erfassen.[15] In diesem Zusammenhang sind jedoch zwei Fälle problematisch, zum einen die Erfassung der Verbandskörperschaften, zum anderen die Einordnung der Notare als »Unternehmen«.

1. Erfassung der Verbandskörperschaften

Probleme könnte in diesem Zusammenhang die begriffliche Erfassung der auf Bundesebene angesiedelten Verbandskörperschaften bereiten. Mitglieder der BRAK, BStBK

---

[10] BGH WuW/E BGH 1474 (1477 f.) – Architektenkammer.

[11] BGH WRP 1987, 310 (310 f.) – Guten Tag-Apotheke II.

[12] BGH GRUR 1991, 622 (625) – Warenproben in Apotheken.

[13] vgl. z.B. BGH GRUR 1991, 622 (625) – Warenproben in Apotheken.

[14] anders allerdings neustens die BNotK. Mit der Einrichtung des Deutschen Notarinstitus (dazu oben § 1 C. III. 1.), das als unselbständiger Betrieb gewerblicher Art organisiert ist, bietet die BNotK den Notaren der angeschlossenen Kammern u.a. Rechtsberatung und Übersetzerleistungen an. Die BNotK tritt damit in Wettbewerb zu anderen Dienstleistern. Da dieses Wettbewerbsverhältnis nicht sonderrechtlich normiert ist, läßt sich die BNotK insoweit als Unternehmen einordnen.

[15] FK-*Huber/Baums* § 1 GWB Tz. 66 f. m.w.Nachw.

und BNotK sind nicht die einzelnen Freiberufler (so in der WPK) sondern die jeweiligen regionalen Einzelkammern. BRAK, BStBK und BNotK stellen eigentlich Vereinigungen von Unternehmensvereinigungen dar. Anerkanntermaßen folgt jedoch aus der Funktionalität des Unternehmensbegriffs, daß auch Dachverbände von Unternehmensvereinigungen vom GWB erfaßt werden, wenn sie die Möglichkeit besitzen auf das unternehmerische Handeln einzuwirken.[16] Dies läßt sich für BRAK, BStBK und BNotK wegen der eingeräumten Richtlinien- bzw. der zukünftigen Satzungskompetenz bejahen.[17]

2. *Einordnung der Notare als »Unternehmen«*

Die Notarkammern können nur dann als Unternehmensvereinigungen angesehen werden, wenn der Notar als Unternehmen im Sinne des GWB eingeordnet werden kann.

Fraglich ist, ob für den Notar im Hinblick auf die vorliegende Untersuchung Besonderheiten zu gelten haben, weil er, soweit er Amtshandlungen vornimmt (§§ 20–24 BNotO), hoheitlich handelt. Man könnte daher die Unternehmenseigenschaft des Notars bezweifeln.

Dem ist zu widersprechen. Für die Nebentätigkeiten des Notars (vgl. § 8 III BNotO)[18] gilt, daß der Notar insoweit ohnehin privatrechtlich handelt, sich also in keiner Weise von einem Rechtsanwalt in entsprechender Funktion unterscheidet. Problematisch ist lediglich die Behandlung der Amtsgeschäfte (Beurkundungstätigkeit nach §§ 20–22a BNotO und notarielle Rechtsbetreuung nach § 24 I BNotO[19]). Man könnte erwägen, die Unternehmenseigenschaft des Notars deswegen zu verneinen, weil er diese Leistungen im Verhältnis zum Mandanten öffentlich-rechtlich erbringt: Im Gegensatz z.B. zum Rechtsanwalt ist der Notar gemäß § 15 BNotO zur Vornahme bestimmter Amtshandlungen (Urkundstätigkeit, §§ 20–22a BNotO) verpflichtet. Er berechnet kein privatrechtliches Honorar sondern erhebt öffentlich-rechtliche Gebühren.[20] Der Notar muß die Gebühren nicht einklagen, sondern kann sie unmittelbar nach § 155 KostO geltend machen. Einwendungen des Kostenschuldners sind in dem besonderen Verfahren nach § 156 KostO geltend zu machen, wie auch Pflichtverletzungen des Notars als Amtspflichtverletzungen nach § 19 BNotO erfaßt werden.

Wie bereits ausgeführt[21], kommt es für die Anwendung des Wettbewerbsrechts aber nicht darauf an, in welcher Weise die Leistungsbeziehungen geregelt sind, sondern lediglich darauf, wie das jeweilige Wettbewerbsverhältnis normiert ist. Daher führt die öffentlich-rechtliche Gestaltung des Leistungsverhältnisses zu keiner Sonderbehandlung der Notare im Hinblick auf die Anwendung des Wettbewerbsrechts.[22]

---

[16] I/M-*Immenga* § 1 GWB Rn. 103; *Loewenheim* in Loewenheim/Belke § 1 GWB Rn. 29; *Müller/Gießler/Scholz* § 1 GWB Rn. 78.
[17] so auch *Michalski*, Gesellschafts- und Kartellrecht, S. 430.
[18] z.B. Testamentsvollstreckung oder Konkursverwaltung.
[19] Entwurfsfertigung, Beratung, Gutachten, Vollzugs- und Treuhandtätigkeit.
[20] vgl. auch zu diesem Kriterium: BGH NJW 1993, 1659 (1659) – Rechtswegprüfung II.
[21] s.o. § 2.
[22] so auch *Bohrer*, Das Berufsrecht der Notare, Rn. 209.

Die Wettbewerbsbeziehung der Notare untereinander wie auch zu externer Konkurrenz[23] unterscheidet sich in keiner Weise von der anderer Freiberufler. Bei Notaren wie auch bei Rechtsanwälten ist der Wettbewerb teilweise durch Berufsgesetze reguliert, im übrigen wird er durch die Kammern überwacht. Ein gradueller Unterschied besteht lediglich darin, daß die Notare im Hinblick auf ihre Amtsgeschäfte nicht nur der Standesaufsicht durch die Kammern (vgl. § 75 I BNotO), sondern auch der unmittelbaren Staatsaufsicht durch die Landesjustizverwaltungen unterstehen (§§ 92 ff. BNotO). Soweit ersichtlich, wird aus dieser Tatsache aber nicht der Schluß gezogen, daß deswegen die Anwendung des Wettbewerbsrechts auf die Notare ausscheiden müßte. Im übrigen könnte man mit diesem Argument die Anwendung des Wettbewerbsrechts auf alle verkammerten Freiberufler verneinen, weil das Wettbewerbsverhalten der Freiberufler der (mittelbar) staatlichen Standesaufsicht durch die Kammern unterliegt. Daß daraus die Nichtanwendbarkeit des zivilen Wettbewerbsrechts im Verhältnis der Freiberufler untereinander folgen müßte, wird nicht vertreten. Demnach bestehen für die Notare im Hinblick auf die Unternehmenseigenschaft keine grundsätzlichen Abweichungen zur Behandlung der sonstigen, privatrechtlich handelnden Freiberufler.[24]

Allerdings hat der BGH jüngst im Zusammenhang mit der Frage, inwieweit das Wettbewerbsrecht auf das Verhältnis von staatlichen Vermessungsämtern zu öffentlich bestellten Vermessungsingenieuren Anwendung findet, die Anwendbarkeit des UWG damit begründet, daß der Vermessungsingenieur, der ebenfalls Träger eines öffentlichen Amtes ist[25], seine Leistung privatrechtlich erbringt (Berechnung eines privatrechtlichen Honorars statt einer öffentlich-rechtlichen Gebühr).[26] Macht man die Anwendung des Wettbewerbsrechts ausschließlich von diesem Kriterium abhängig, schiede eine Anwendung des GWB auf Amtshandlungen des Notars aus (vgl. §§ 140 ff. KostO). Die Begründung des BGH in der Entscheidung »Rechtswegprüfung II« ist jedoch ungenau. Der BGH führt aus, daß der Gemeinsame Senat der Obersten Bundesgerichte in der Entscheidung »Öffentlich-rechtliche Krankenkassen«[27] auf diesen Gesichtspunkt abgestellt habe. Dies ist in dieser Allgemeinheit nicht richtig. Wie bereits ausgeführt, stellt der GmS-OGB darauf ab, ob das Wettbewerbsverhältnis öffentlich-rechtlich oder privatrechtlich geregelt ist.[28] Im Ergebnis mag man dem BGH zustimmen, daß aus der privatrechtlichen Gestaltung des Leistungsverhältnisses eines Wettbewerbers auf die Privatrechtlichkeit des Wettbewerbsverhältnisses geschlossen werden kann. In keinem Fall folgt jedoch aus der öffentlich-rechtlichen Gestaltung des Leistungsverhältnisses zwingend die Nichtanwendbarkeit des zivilen Wettbewerbsrechts. Diese hängt vielmehr davon ab, wie das Wettbewerbsverhältnis zwischen den Wettbewerbern geregelt ist. In dieser Hinsicht unterscheiden sich Notare und die übrigen verkammerten Freiberufler nicht.

---

23 im Anwendungsbereich des § 24 I BNotO, s.o. § 1 C. III. 1.

24 zu den im Einzelfall bestehenden Besonderheiten, vgl. *Bohrer*, Das Berufsrecht der Notare, Rn. 210 f.

25 vgl. z.B. § 1 BadWürtt VermessungsG vom 4.7.1961, GBl. S. 201.

26 BGH NJW 1993, 1659 (1659) – Rechtswegprüfung II.

27 GmS-OGB BGHZ 108, 284 ff.

28 GmS-OGB BGHZ 108, 284 (287) : »Das Konkurrenzverhältnis zwischen den Krankenkassen (...) ist einem Sonderrecht der Träger hoheitlicher Gewalt unterworfen (...).«.

Die Freiberuflerkammern lassen sich also begrifflich als Unternehmensvereinigungen erfassen.

II. Abgrenzungsfunktion des Begriffs »Unternehmensvereinigung«

Zutreffend erkennt die herrschende Meinung, daß auch im Zusammenhang mit den Freiberuflerkammern der Begriff der Unternehmensvereinigung funktional auszulegen ist.[29] Dieses funktionale Verständnis zeitigt jedoch kaum Konsequenzen; in der Regel wird diese Formel lediglich dazu verwendet, kurzerhand die allgemeine Kartellrechtsunterworfenheit der Kammern zu begründen, indem darauf hingewiesen wird, daß die öffentlich-rechtliche Organisationsform der Kammern die Anwendung des GWB nicht hindere.[30] Nach diesem Verständnis ist die Kammer immer dann schon als Unternehmensvereinigung anzusehen, wenn sie gegenüber den Standesangehörigen versucht, wettbewerbsbeschränkende Berufsordnungsvorschriften durchzusetzen, die mit der jeweiligen berufsrechtlichen Ermächtigung nicht übereinstimmen.[31] Da die Freiberufler immer dann als Unternehmen anzusehen sind, wenn sie am geschäftlichen Verkehr teilnehmen und in ihrer Handlungsfreiheit nicht durch wirksames Berufsrecht beschränkt sind, handelt die Kammer ihnen gegenüber als Unternehmensvereinigung, wenn sie unwirksames Berufsrecht mit wettbewerbsbeschränkender Wirkung durchsetzen will.

Die Anwendung der Rechtswidrigkeitsformel auf die Kammern, um deren Einordnung als Unternehmensvereinigungen zu begründen, greift möglicherweise zu kurz, weil bislang dem Unternehmensbegriff auch eine negative Abgrenzungsfunktion in dem Sinne beigemessen wurde, daß hoheitliches Handeln kein unternehmerisches Handeln darstelle.[32] Dies müßte auch für den Begriff der Unternehmensvereinigung zu gelten haben.

Es ist begriffsjuristisch argumentiert, wenn *M. Schmidt* meint, daß die Eigenschaft als Unternehmensvereinigung zwanglos aus der Unternehmenseigenschaft der Freiberufler folge.[33] Er hält die vom BGH in der Entscheidung »Warenproben für Apotheken« angestellte Differenzierung zwischen der Behandlung des (privatrechtlich organisierten) Bremer Apothekervereins und der (hoheitlich handelnden) Bremer Apothekerkammer für »nicht nachvollziehbar«.[34] Dem ist entgegenzuhalten, daß es keinen Grund gibt, den Begriff der Unternehmensvereinigung im Unterschied zum Unternehmensbegriff nur einseitig funktional auszulegen, ihm also im Gegensatz zum

---

[29] BGH WuW/E BGH 1474 (1476 ff.) – Architektenkammer; *Hitzler* GRUR 1981, 110 (114); *Odersky* AG 1991, 281 (285 sub b.); *Taupitz* ZHR 153 (1989), 681 (684); *ders.*, Standesordnungen, S. 882 f., 903.

[30] Hitzler a.a.O.; *M. Schmidt*, Standesrecht und Standesmoral, S. 136; *Taupitz* a.a.O.; vgl. auch BGH WuW/E BGH 1474 (1477 f.) – Architektenkammer, anders: BGH GRUR 1991, 622 (625 sub B.II.2) – Warenproben in Apotheken in der Folge des Beitrages von *Messer*, FS für Pfeiffer, 972 (982 f.).

[31] erstmals deutlich in BGH WuW/E BGH 1474 (1477 f.) – Architektenkammer.

[32] vgl. z.B. *Emmerich*, Kartellrecht, S. 34; FK-*Huber/Baums* § 1 GWB Tz. 39; konkret zur vorliegenden Konstellation so auch: BGH GRUR 1991, 622 (625) – Warenproben in Apotheken; *Messer*, FS für Pfeiffer, 972 (982 f.).

[33] *M. Schmidt*, Standesrecht und Standesmoral, S. 160 f.

[34] *M. Schmidt*, Standesrecht und Standesmoral, S. 161 in Fn. 393.

Unternehmensbegriff bei der Anwendung auf hoheitliches Handeln keine Abgrenzungsfunktion beizumessen. Wenn der Unternehmensbegriff funktional ausgelegt wird, bedeutet dies, daß das GWB rechtsformunabhängig auf Tätigkeiten im geschäftlichen Verkehr angewendet wird. Gleichwohl wird damit keine uneingeschränkte Anwendbarkeit begründet. Dort, wo die Wettbewerbsbeziehungen öffentlich-rechtlich geregelt sind, findet das GWB keine Anwendung.[35] Für eine grundsätzliche Verkürzung des Begriffs Unternehmensvereinigung demgegenüber ist kein Grund ersichtlich.

Zwar folgt aus der Relativität des Unternehmensbegriffs[36] (Unternehmensvereinigung), daß sich die Qualifikation nach dem zu beurteilenden Rechtsverhältnis richtet. Kammern könnten daher, auch wenn sie standesrechtliche Aufsichtsmaßnahmen ergreifen, im Verhältnis zu externen Marktteilnehmern möglicherweise als Unternehmensvereinigungen eingestuft werden, wenn diese Rechtsbeziehungen (Außenverhältnis) nicht sonderrechtlich normiert sind.

Anders verhält es sich jedoch unter Umständen beim Verhältnis zwischen Kammer und Standesangehörigem (Innenverhältnis). Das Verhältnis zwischen Kammer und Standesangehörigem ist sonderrechtlich normiert; insbesondere sieht dieses Sonderrecht auch eigene Rechtsbehelfe vor, mit denen sich der Standesrechtsunterworfene gegen rechtswidrige, weil die Ermächtigung überschreitende Maßnahmen der Kammern wehren kann. Daher ist zumindest problematisch, ob nicht die kartellrechtliche Überprüfung des Innenverhältnisses ausscheiden müßte, weil die Kammer im Verhältnis zum Standesangehörigen – sofern sie standesrechtliche Aufsichtsmaßnahmen nach Maßgabe öffentlich-rechtlicher Normen ergreift – nicht als Unternehmensvereinigung anzusehen wäre.[37]

Entsprechend fehlt in der Rechtsprechung vor der Entscheidung »Warenproben in Apotheken« und dem ihr folgenden Schrifttum jede Auseinandersetzung mit dem weiteren Folgeproblem, daß sich aus der Verkürzung des Begriffs der »Unternehmensvereinigung« ergibt. Ist nämlich jede rechtswidrig handelnde Kammer als »Unternehmensvereinigung« anzusehen, ist – jedenfalls begrifflich – ein nahezu beliebiges Zugriffsrecht der Kartellbehörden begründet. Dabei gerät aus dem Auge, daß nach der Rechtsprechung der Verwaltungs-[38] und der Zivilgerichte[39] wie auch der wohl h.M: im verwaltungsrechtlichen Schrifttum[40] im Verwaltungsrecht nach wie vor der Grundsatz gilt, daß es einer Behörde versagt ist, mit hoheitlichen Mitteln (Verfügungen) in den hoheitlichen Tätigkeitsbereich einer anderen Behörde einzugreifen.[41]

---

[35] vgl. z.B. I/M-*Emmerich* § 98 Abs. 1 GWB Rn. 28; zum ganzen s.o. § 2.

[36] vgl. dazu oben § 2 B. 1.

[37] so *Harms* NJW 1976, 1289 (1295 sub 2.).

[38] BVerwGE 29, 52 (58 f.); so auch OVG Lüneburg OVGE 12, 340 (341 f.); OVG Lüneburg ZfW 1990, 314 (316 f.); VG Stade NVwZ 1989, 497 (499 f.).

[39] BGH DVBl 1970, 499 (499 f.)

[40] *Drews/Wacke/Vogel/Martens*, Gefahrenabwehr, § 15 b., S. 240 ff.; *Gebhard* DÖV 1986, 545 (549 f.); *Götz*, Polizeirecht, Rn. 224 f.; *Friauf* in v. Münch/Schmidt-Aßmann, VerwR BT, 2. Abschn. Rn. 104 f.; *Saipa*, Vorb. zu § 6 bis § 8 Nds.SOG Rn. 11; *Schenke* in: Steiner, VerwR BT, Abschn. II Rn. 84; *Wolff/Bachof*, Verwaltungsrecht III § 127 Rn. 30; *Würtenberger* in: Achterberg/Püttner, VerwR BT II, Kap. 7/1 Rn. 178; a.A.: *Sadler* § 17 VwVG Rn. 2; *Schultes*, Die Polizeipflicht von Hoheitsträgern, S. 96 sub e); diff.: *Scholz* DVBl 1968, 732 (738 sub 5. a.).

[41] vgl. zuletzt *Odersky* AG 1991, 281 (284 f.); eingehend dazu unten § 5 C.

Dem BGH ist daher grundsätzlich zuzustimmen, soweit er dem Tatbestandsmerkmal »Unternehmensvereinigung« in der Entscheidung »Warenproben in Apotheken«[42] die Funktion zugemessen hat, hoheitliches Handeln auszugrenzen.[43]

B. Hoheitliches Handeln der Freiberuflerkammern

Allerdings werden im Schrifttum mehrere Argumente dafür vorgebracht, daß der hoheitliche Status der Kammern für die Anwendung kartellrechtlicher Tatbestände unerheblich sei, so daß eine rechtswidrig handelnde Kammer ungeachtet ihres hoheitlichen Status ohne weiteres als Unternehmensvereinigung angesehen werden könne.

I. Zusammenhang von Hoheitlichkeit und Rechtswidrigkeit

Die indifferente Anwendbarkeit kartellrechtlicher Einzeltatbestände läßt sich nicht mit einer eventuellen Rechtswidrigkeit der Standesaufsicht begründen. Eine hoheitliche Maßnahme verliert nicht ihren hoheitlichen Charakter und mutiert dadurch zu einer »gewissermaßen privatrechtlichen« Handlung[44], daß sie den öffentlich-rechtlichen Rechtmäßigkeitsanforderungen nicht genügt. Darauf hat bereits *Harms* zutreffend aufmerksam gemacht.[45] Es ist schon aus Gründen der begrifflichen Klarheit geboten, der entgegengesetzten Auffassung entgegenzutreten. Wenn *Taupitz*[46] meint, eine Kammer handele dann »gewissermaßen privatrechtlich«, wenn sie ihre Ermächtigung überschreite, bzw. wenn *Michalski*[47] ausführt, die »Annexwirkung« von Handlung und Gesetz sei gestört, wenn die Kammer gestützt auf materiell verfassungswidrige Berufsordnungsvorschriften handelt, ist dem zu widersprechen, sofern damit angedeutet werden soll, die Kammerhandlung verliere dadurch ihren hoheitlichen Charakter. Es wird übersehen, daß man die Kammerhandlung, indem man sie an der Ermächtigung mißt, bereits als hoheitlich qualifiziert hat; denn hoheitliches Handeln ist definiert als Handeln nach Maßgabe des öffentlichen Rechts.[48]

Es ist auch keineswegs so, daß öffentlich-rechtliches Handeln dadurch privatrechtlich würde, daß es den öffentlich-rechtlichen Rechtmäßigkeitsanforderungen nicht genügte.[49] Wäre dem so, könnte jedes rechtswidrige Verwaltungshandeln vor den ordentlichen Gerichten angegriffen werden. Einen solchen Rechtssatz gibt es nicht. Er würde die dem deutschen Recht innewohnende Zweiteilung in privates und öffentliches Recht aufheben. Es ist *Taupitz* zuzugestehen, daß nach den dargestellten Grundsätzen zum relativen Unternehmensbegriff ambivalente Kammerhandlungen denkbar sind, die je nach betroffenem Rechtsverhältnis als privatrechtlich und als

---

42 BGH GRUR 1991, 622 (625).
43 so bereits: *Messer,* FS f. Pfeiffer, 972 (982 f.).
44 so *Taupitz* ZHR 153 (1989), 681 (697 sub 4. a.).
45 *Harms* NJW 1976, 1289 (1295 sub 2.); in diesem Sinne auch *Messer,* FS f. Pfeiffer, 972 (982 f.).
46 *Taupitz* ZHR 153 (1989), 681 (697 sub 4. a.).
47 *Michalski* EWiR § 25 GWB 1/91, 789 (789 sub 2.1); *ders.,* Gesellschafts- und Kartellrecht, S. 426 sub II. a. E.
48 *Martens,* Öffentlich als Rechtsbegriff, S. 88, 94.
49 *Harms* NJW 1976, 1289 (1295 sub 2.).

hoheitlich qualifiziert werden können. In keinem Fall jedoch verliert die ambivalente Handlung im Innenverhältnis ihren hoheitlichen Charakter nur deswegen, weil sie nach öffentlich-rechtlichen Kriterien möglicherweise rechtswidrig ist.

Demnach dürfte die Rechtswidrigkeitsformel in ihrer Weite nicht mit den allgemeinen Grundsätzen zur Anwendung des GWB auf hoheitliches Handeln zu vereinbaren sein, soweit die Kammer schon dann unterschiedslos als Unternehmensvereinigung angesehen wird, wenn sie rechtswidrig den Wettbewerb beschränkt. Sie verliert dadurch ihre Eigenschaft als hoheitlich handelnde Behörde weder im Verhältnis zum Mitglied noch zur Kartellbehörde.

Es werden jedoch zwei weitere Argumente geltend gemacht, warum Kammern, wenn sie Wettbewerbsbeschränkungen mit hoheitlichen Mitteln durchsetzen, im eigentlichen Sinne nicht hoheitlich handeln bzw. warum in dieser Konstellation eine Abweichung von den hergebrachten dogmatischen Grundsätzen zulässig ein soll.Zum einen wird für die Träger mittelbarer Staatsverwaltung im Gegensatz zur unmittelbaren Staatsverwaltung eine Sonderbehandlung reklamiert (unten 2.).

Zum anderen wird eingewandt, daß das GWB dann im Einzelfall auf (bloß) äußerlich hoheitliches Handeln der Kammer Anwendung finden könne, wenn die Kammer in Wirklichkeit mit ihrem Tun die »privaten Interessen« ihrer Mitglieder verfolge[50] (unten 3.).

II. Sonderbehandlung mittelbarer Staatsverwaltung

Die Rechtswidrigkeitsformel wäre gleichwohl mit den allgemeinen Grundsätzen zur Anwendung des Wettbewerbsrechts auf hoheitliches Handeln vereinbar, wenn für die Kammern als Träger mittelbarer Staatsverwaltung Sonderregeln gälten.

Dies wird von *Taupitz* vertreten.[51] Nach seiner Auffassung sind Kammersatzungen (Berufsordnungen) immer als Beschlüsse von Unternehmensvereinigungen anzusehen, weil die Kammern keine unmittelbare Staatsverwaltung ausüben;[52] die Berufsordnungen seien daher in erster Linie nicht als staatliches sondern als eigenes, weil autonom gesetztes Recht anzusehen; nur die unmittelbar staatlich-administrative und -legislative Tätigkeit unterfalle nicht dem GWB. Daß die Standesaufsicht durch ein Über/Unterordnungsverhältnis geprägt ist, hindere nicht, den Beschluß der BO als privatrechtlich zu qualifizieren, weil dieser auf Gleichordnungsebene gefaßt wird. Nach dieser Auffassung könnten die Kartellbehörden jederzeit nach § 37a oder § 38 GWB gegen den Beschluß wettbewerbsbeschränkender Berufsordnungsvorschriften vorgehen. Unklar bleibt, wie *Taupitz* Klagen aus § 35 GWB behandelt wissen will. Sein Hinweis auf das Subordinationsverhältnis bei Maßnahmen der Standesaufsicht, deutet darauf hin, daß insoweit wohl ausschließlich die Berufsgerichte zuständig bleiben sollen und Klagen aus § 35 GWB demnach ausscheiden müßten.

---

50 BGH WuW/E BGH 1474 (1478) – Architektenkammer.

51 *Taupitz* ZHR 153 (1989), 681 (694 ff. sub b.); *ders.*, Standesordnungen, S. 902 f.

52 a.a.O., S. 695.

Dieser Auffassung ist gleichwohl grundsätzlich zu widersprechen.

Richtig ist, daß die Kammern Teil der mittelbaren Staatsverwaltung sind und daß das Kammerrecht eigenes Recht in dem Sinne darstellt, daß es durch die Mitglieder selbst gesetzt wird. Wäre dem nicht so, schiede die Anwendung des GWB auf die Kammern freier Berufe bereits begrifflich aus. Wären die Kammern nicht körperschaftlich organisiert, könnte man sie schwerlich als Unternehmensvereinigungen qualifizieren. Darüberhinausgehend besteht jedoch kein Anlaß, allein aus der körperschaftlichen Organisationsform so weitgehende Konsequenzen herzuleiten, wie *Taupitz* dies tut.

Der Hinweis, daß der Beschluß der Berufsordnung auf Gleichordnungsebene geschehe, suggeriert, daß er daher i. S. der Subordinationstheorie als privatrechtlich zu qualifizieren wäre und deshalb der Anwendung des GWB durch die Kartellbehörden und -gerichte nichts mehr im Wege stünde. Dies bedeutete, daß die Kammern zwar beim Vollzug des Beschlusses (der Standesaufsicht) öffentlich-rechtlich handeln, daß ferner der Beschluß und sein Zustandekommen öffentlich-rechtlicher Kontrolle durch die Körperschaftsaufsicht unterliegen, die juristische Sekunde der Beschlußfassung aber als privatrechtlich zu qualifizieren wäre. Dieses Ergebnis mutet befremdlich an. Die Beschlußfassung ist vielmehr als öffentlich-rechtlich anzusehen, weil sie Vollzug öffentlich-rechtlichen Sonderrechts ist. Nach den Kammergesetzen werden nur die Kammern als Träger mittelbarer Staatsverwaltung zum Erlaß von Berufsordnungen ermächtigt. Die Kammern werden insoweit also hoheitlich tätig. Letztlich besteht auch gar kein Anlaß in so weitgehender Weise zwischen mittelbarer und unmittelbarer Staatsverwaltung zu differenzieren. Bei mittelbarer und unmittelbarer Staatsverwaltung stellt sich dasselbe Problem, daß nämlich die Wahrnehmung hoheitlicher Funktionen mit dem privaten Verhaltensrecht zu koordinieren ist.

Mit dem Hinweis auf die angeblich privatrechtliche Natur, die ein beliebiges Zugriffsrecht der Kartellbehörden und Gerichte begründen soll, wird das Normanwendungs- und das Kompetenzproblem nur verdeckt.

Demnach kann nicht allein aus der körperschaftlichen Organisationsform und der Tatsache, daß die Kammern mittelbare Staatsverwaltung ausüben, auf eine allgemeine Kartellrechtsunterworfenheit der Kammern geschlossen werden, soweit sie Berufsordnungen beschließen.

Für die Koordinierung von Standes- und Kartellrecht muß vielmehr gelten, was allgemein für das Verhältnis von öffentlichem Recht zum Wettbewerbsrecht gilt[53], daß nämlich für die Frage des Rechtsschutzes nicht die formelhafte Qualifizierung eines Rechtsverhältnisses als privat- oder öffentlich-rechtlich ausschlaggebend sein darf, sondern daß es darauf ankommt, den Funktionskonflikt zweier Normkomplexe zu lösen und diese Aufgabe den geeigneten Gerichten und Behörden zuzuweisen.

III. Wahrnehmung »privater Interessen«

In der Entscheidung »Architektenkammer«[54] hat der BGH einen anderen Gesichts-

[53] vgl. z.B. *Mestmäcker* NJW 1969, 1 (2 ff.).
[54] BGH WuW/E BGH 1474 (1477 f.) – Architektenkammer.

punkt hervorgehoben, der die indifferente Anwendung des GWB auf hoheitliches Kammerhandeln rechtfertigen soll.

Die Architektenkammer Niedersachsen hatte mehreren standesangehörigen Architekten standesaufsichtliche Maßnahmen angedroht, wenn diese sich an Architektenwettbewerben beteiligen würden, bei denen die auslobenden Kommunen die in der Gebührenordnung für Architekten (GOA) vorgesehenen Regelsätze unterschritten.[55] Ein Gebührenunterschreitungsverbot sowie ein Sperrecht waren (wenn auch von der Körperschaftsaufsicht nicht genehmigt) in der Berufsordnung vorgesehen. Daneben hatte die Architektenkammer Niedersachsen mehreren niedersächsischen Kommunen gerichtliche Schritte angedroht, wenn diese weiterhin bei der Auslobung von Architektenwettbewerben die GOA-Regelsätze unterschreiten würden. Die Landeskartellbehörde Niedersachsen untersagte der Architektenkammer beide Handlungen.

Die Architektenkammer wandte im gerichtlichen Verfahren vor dem BGH ein, daß sie zwar möglicherweise rechtswidrig gehandelt habe, daß sie aber im Verhältnis zu ihren Mitgliedern in jedem Fall hoheitlich tätig geworden sei. Der BGH ist dem nicht gefolgt und hat das Zugriffsrecht der Kartellbehörde damit begründet, daß es auch um die Frage gehe, ob die Kammer, soweit sie am Wirtschaftsleben teilnimmt und in das Marktgeschehen eingreift, ohne dazu ermächtigt zu sein, dem GWB unterfällt. Er führt aus, daß hoheitliches Handeln dem GWB unterfalle, wenn

1. die Kammer als Unternehmensvereinigung anzusehen ist, was der BGH in Anwendung der Rechtswidrigkeitsformel bejahte,[56]
2. die Kammer wettbewerbsbeschränkende Maßnahmen gegen Mitglieder und Dritte ergreift,[57]
3. und diese nicht mehr von der Ermächtigung gedeckt sind, sondern ausschließlich den wirtschaftlichen Belangen der Mitglieder dienen.[58]

Sind diese Bedingungen erfüllt, komme das GWB zur Anwendung, weil die Kammer bei der Durchsetzung des Unterschreitungsverbots ohne Ermächtigung im privaten Interesse tätig würde.[59]

Wären die unter 1. und 2. genannten Merkmale nicht erfüllt, schiede die Anwendung des GWB bereits tatbestandlich aus. Entscheidend für das Nebeneinander von GWB und öffentlichem Recht ist daher, ob die Maßnahme der Kammer ausschließlich den wirtschaftlichen Belangen der Mitglieder dient und die Kammer daher im privaten Interesse tätig wird.

Der Topos des privaten Interesses ist seitdem mehrfach verwendet worden. So führt das OLG Celle in der Entscheidung »Apothekenwerbung für Randsortiment« aus: »Aus der fehlenden Ermächtigung folgt vielmehr, daß die Kammer im privaten Interesse tätig wird und deshalb in diesem Umfang dem GWB unterfällt.«[60] Noch deutli-

---

[55] vgl. oben § 1 F.II.
[56] BGH WuW/E BGH 1474 (1477) – Architektenkammer.
[57] BGH a.a.O. 1478.
[58] BGH a.a.O. 1478.
[59] BGH a.a.O. 1478.
[60] OLG Celle WuW/E OLG 3535 (3536).

chere Grundsätze formuliert das KG[61]: Handelt eine Kammer ohne Ermächtigung, dann handelt sie im privaten Interesse. Wenn sie im privaten Interesse handelt, sei ein Über/ Unterordnungsverhältnis zwischen Kammer und Kartellbehörde begründet.[62]

Diese Argumentation der Rechtsprechung hat im Schrifttum Zustimmung gefunden.[63] Indessen läßt sie sich unterschiedlich deuten. *Schricker*[64] versteht sie in dem Sinne, daß bei Handeln im privaten Interesse kein hoheitliches Handeln vorliege; die Kammer werde in einem solchen Fall jenseits des hoheitlichen Aufgabenkreises tätig.

Der BGH selbst scheint von einer doppelten Rechtskontrolle auszugehen, wenn er ausführt, es gehe »*nicht nur* um die Frage, ob die Beschwerdeführerin (= Kammer) hoheitlich tätig geworden ist, sondern auch um die Entscheidung darüber, ob sie dem GWB unterfällt, soweit sie am Wirtschaftsleben teilnimmt (...).«[65], bzw. wenn er zum Verhalten der Architektenkammer ausführt, »es [handele] sich hierbei nicht allein um ein rechtswidriges Verwaltungshandeln, auf dessen Beseitigung nur die Staatsaufsicht führende Behörde dringen könnte.«[66]

Inwieweit eine Behörde gegen eine andere Behörde Verfügungen erlassen kann, wird noch zu erörtern sein. An dieser Stelle ist festzuhalten, daß die vorgebliche Wahrnehmung ausschließlich privater Interessen weder ein geeignetes Kriterium ist, um privates und hoheitliches Handeln abzugrenzen, noch dazu verwendet werden kann, eine zusätzliche privatrechtliche Kontrolle zu begründen.

Der Terminus »privates Interesse« läßt sich empirisch oder normativ verstehen. Er ist jedoch in beiderlei Hinsicht untauglich, die Anwendung des Kartellrechts zu begründen.Wollte der BGH den Begriff empirisch verstanden wissen, etwa in dem Sinne, daß es darauf ankäme, von welchen Motiven der Kammervorstand oder die Kammerversammlung geleitet wurde, ist dem schon entgegenzuhalten, daß die Feststellung solcher innerer Tatsachen in der Regel Ergebnis richterlicher Spekulation sein dürfte. Es kann aber auch aus einem anderen Grund nicht auf die tatsächliche Motivation ankommen. Die Intention der niedersächsischen Architektenkammer, einen ruinösen Preiskampf der Architekten zu vermeiden, dürfte sich in keiner Weise von jener der Bundessteuerberaterkammer unterscheiden, die ebenfalls ein gesetzesausfüllendes (also originär standesrechtliches) Gebührenunterschreitungsverbot (vgl. § 22 II 1 RiliStB)[67] eingeführt hat. Gleichwohl hat bislang niemand erwogen, daß die BStBK deswegen als privatrechtliche Unternehmensvereinigung tätig geworden wäre. Der Unterschied dürfte nicht in der unterschiedlichen Motivation zu sehen sein, sondern darin, daß die BStBK nach dem Willen des Verordnungsgebers[68] zu dieser standesrechtlichen Gesetzesausfüllung ermächtigt war, was man für die niedersächsische Architektenkammer bezogen auf die GOA verneinte.

---

[61] KG WuW/E OLG 4008 (4009) – Apothekerkammer Bremen.
[62] ähnlich zuvor: BKartA WuW/E BKartA 2232 (2236) – Apothekerkammer Bremen.
[63] vgl. z.B. *Schricker*, Wirtschaftliche Tätigkeit der öffentlichen Hand, S. 96; *Kramm* WRP 1992, 365 (366).
[64] a.a.O., S. 96; in der Sache so auch BKartA WuW/E BKartA 2232 (2236) – Apothekerkammer Bremen.
[65] BGH WuW/E BGH 1471 (1477 a.E.) – Architektenkammer.
[66] BGH a.a.O. 1478.
[67] s. Anh. II.
[68] vgl. BR-Drucks. 419/81, S. 46/47.

Aber auch ein normatives Verständnis der BGH-Formel hilft nicht weiter. Auch wenn man nicht auf die tatsächliche Motivation der handelnden Kammer sondern auf den telos der Standesrechtsnorm, die durchgesetzt werden soll, abstellt, ist das Kriterium des privaten Interesses untauglich. Es begegnet denselben Bedenken, denen die auf Ulpian zurückgehende Interessentheorie[69] ausgesetzt ist und die zu einer weitgehenden Ablehnung dieser Theorie geführt haben[70]. Gegen sie ist insbesondere vorzubringen, daß öffentliche und private Interessen gleichläufig sein können und in solchen Fällen eine Abgrenzung anhand dieser Formel unmöglich ist.[71] Dies läßt sich an der Entscheidung Architektenkammer verdeutlichen. Das Verbot der Gebührenunterschreitung bezweckt, den Preiswettbewerb auszuschalten. Damit ist einerseits das (private) Interesse des Architekten, vor ruinösem Preiskampf bewahrt zu werden, andererseits das öffentliche Interesse an der Erhaltung einer leistungsfähigen Architektenschaft, die sich ausschließlich auf den Leistungswettbewerb konzentriert, angesprochen. Diese Interessen laufen parallel und können kein Abgrenzungskriterium für die Frage sein, welche Rechtsqualität der entsprechenden Zielverfolgung zukommt.[72] Entsprechend wird niemand bezweifeln, daß es sich bei dem gegenwärtigen in der HOAI enthaltenen Unterschreitungsverbot um eine Regelung des öffentlichen Rechts handelt, obwohl mit ihr die gleichen Zwecke verfolgt werden wie mit dem standesrechtlichen Unterschreitungsverbot, dessen Durchsetzung als privatrechtlich qualifiziert wurde. Im übrigen ist in diesem Zusammenhang auf die BNotO zu verweisen, die ein treffliches Beispiel dafür bietet, daß Konkurrenzschutz auch immer durch dahinterstehende öffentliche Gemeinwohlinteressen gerechtfertigt sein kann.

Das Kriterium des privaten Interesses ist im vorliegenden Zusammenhang also untauglich zur Abgrenzung von hoheitlichem und privatem Handeln. Es ist nichts anderes als ein Topos, mit dem die unzulässige Gleichsetzung von rechtswidrigem Verwaltungshandeln mit privatem Handeln verbrämt wird.[73] Besonders deutlich wird dies an einer Entscheidung des KG[74]; daraus, daß die Ermächtigung überschritten wird, folge, daß die Kammer im privaten Interesse handele, was wiederum ein Subordinationsverhältnis zwischen Kammer und Kartellbehörde begründe.

Mit dieser Gleichsetzung wird im Grunde die gesamte Abgrenzung von öffentlichem und privatem Recht wie auch die öffentlich-rechtliche Kompetenzverteilung hinfällig. Mit dieser Argumentation könnte jede Fachbehörde gegen das rechtswidrige Handeln einer anderen Behörde vorgehen, wie auch rechtswidriges Verwaltungshandeln mit privaten Abwehrklagen angegriffen werden könnte.

Der BGH hat diese Gefahr wohl erkannt, wenn er ausführt, daß die »berechtigten Belange [der Kammer] (...) dadurch als gewahrt anzusehen sind, daß auf der Grundlage des GWB immer nur das auf die Beschränkung des Wettbewerbs gerichtete Han-

---

[69] *Ulpian,* I inst., dig. 1, 1, 1, 2.

[70] vgl. *D. Schmidt,* Die Abgrenzung von privatem und öffentlichem Recht, S. 93 m. umf. Nachw. in Fn. 86.

[71] Ehlers in: *Erichsen/Martens,* Allgemeines Verwaltungsrecht, § 2 II 1 Rn. 13.

[72] kritisch insoweit auch *Michalski,* Gesellschafts- und Kartellrecht, S. 425.

[73] s.o. B.I.

[74] vgl. bes. deutlich KG WuW/E OLG 4008 (4009) – Apothekerkammer Bremen; OLG Celle WuW/E OLG 3535 (3536) – Apothekenwerbung für Randsortiment.

deln untersagt werden kann«.[75] Dieses Argument ist jedoch, weil es sich um eine Paraphrase des Zugriffstatbestands handelt, nichtssagend. Mit dem gleichen Argument könnte man ein allgemeines Zugriffsrecht der Polizeibehörden begründen; die berechtigten Belange der betroffenen Behörde wären dadurch gewahrt, daß ihr nur die Gefährdung der öffentlichen Sicherheit und Ordnung untersagt werden könnte. Die berechtigten Belange der Bauaufsichtsbehörde, die einen Abriß verfügt, wären dadurch gewahrt, daß der Verfügungsadressat vermittels § 1004 BGB der Baubehörde nur die rechtswidrige Störung seines Eigentums untersagen lassen könnte.

In Wirklichkeit reklamiert der BGH in der Entscheidung »Architektenkammer« für das GWB eine Sonderstellung, die ein Abweichen von den hergebrachten dogmatischen Grundsätzen zur Abgrenzung von Privat- und öffentlichem Recht und zur Abgrenzung von Behördenzuständigkeiten rechtfertigen soll. Die behauptete Verfolgung privater Interessen durch rechtswidrig handelnde Kammern trägt indessen – wie gezeigt – das Ergebnis in dieser Allgemeinheit nicht.

C. Zielverschiedenheit von Kartell- und Berufsrecht

Die indifferente Anwendung des GWB auf hoheitliches Handeln, wie sie die Rechtswidrigkeitsformel mit sich bringt, wird weiterhin mit der Zielverschiedenheit von Berufs- und Kartellrecht gerechtfertigt.[76] Während das Kartellrecht dem Schutz des marktwirtschaftlichen Leistungsaustausches diene, bezwecke die Körperschaftsaufsicht in erster Linie den Schutz der Mitglieder.[77]

In dieser Allgemeinheit ist das Argument nicht überzeugend, weil auch eine gegen die Kammer gerichtete Klage eines Mitglieds aus § 35 I GWB dem Schutz der Handlungsfreiheit des Betroffenen dient. Inwieweit Zielidentität zwischen GWB und Berufsrecht besteht, ist daher anhand der möglichen Konstellationen im einzelnen zu überprüfen.[78]

Der Hinweis auf eine allgemeine Zielverschiedenheit von Kartell- und Berufsrecht überzeugt jedenfalls nicht.

D. Vermeidung kartellrechtlicher Freiräume für Freiberufler

Von den Vertretern der Rechtswidrigkeitsformel wird geltend gemacht, sie diene der Vermeidung kartellrechtlicher Freiräume, die entstünden, verzichtete man auf eine universelle kartellrechtliche Kontrolle wettbewerbsbeschränkender Praktiken der Kammern[79], bzw. der Verzicht auf die Rechtswidrigkeitsformel führte zu einem zu weitgehenden generellen Vorrang des Berufs- vor dem Kartellrecht[80].

---

[75] BGH a.a.O. 1478.
[76] *Hitzler* GRUR 1981, 110 (120); *Taupitz* ZHR 153 (1989), 681 (695 a.E.f.).
[77] *Hitzler* a.a.O.; *Taupitz* a.a.O., S. 696.
[78] dazu unten § 4 und § 5.
[79] so *Oesterle* WRP 1993, 456 (457).
[80] so *Taupitz* ZHR 153 (1989), 681 (698).

Auf dieses Argument ist im einzelnen noch zurückzukommen. Letztlich hängt der Wert dieses Arguments davon ab, welchen Schutz das Berufsrecht bietet und welche Schutzstandards demgegenüber das Kartellrecht normiert. Dies läßt sich nicht allgemein feststellen, sondern ist gesondert für die verschiedenen Einzelkonstellationen zu untersuchen.

Ergebnis zu § 3:

Die Rechtswidrigkeitsformel, die dazu führt, daß eine Kammer unterschiedslos immer dann als (eine am GWB zu messende) Unternehmensvereinigung anzusehen ist, wenn sie berufsrechtswidrig handelt, verkennt die Abgrenzungsfunktion des Begriffs »Unternehmensvereinigung« und ignoriert die herkömmlichen Grundsätze zur Abgrenzung von privatem und öffentlichem Recht bzw. zur Anwendung des Wettbewerbsrechts auf hoheitliches Handeln.

Diese Sonderbehandlung ist weder dadurch legitimiert, daß ein Überschreiten der Ermächtigung zu einem Verlust des hoheitlichen Status führte, noch dadurch, daß die mittelbare Staatsverwaltung grundsätzlich anders zu behandeln wäre als die unmittelbare oder daß die Kammern bei der Durchsetzung von rechtswidrigen wettbewerbsbeschränkenden Berufsordnungsbeschlüssen im privaten Interesse der Mitglieder tätig würden.

Die vom BGH in der Entscheidung »Warenproben in Apotheken«[81] vorgenommene differenzierte Beurteilung, inwieweit Kammern Unternehmensvereinigungen darstellen, wenn sie hoheitlich handeln, verdient daher grundsätzlich Zustimmung.

[81] BGH GRUR 1991, 622 (625) – Warenproben in Apotheken.

§ 4 Klagen im Innenverhältnis

Ist also grundsätzlich daran festzuhalten, daß die Kammern, auch wenn sie die Ermächtigung überschreiten, hoheitlich handeln, stellt sich die Frage, inwieweit kartellrechtliche Einzeltatbestände auf derartiges hoheitliches Verhalten gleichwohl anzuwenden sind, wann also Kammern konkret als Unternehmensvereinigungen anzusehen sind.

Ausgehend von der Erkenntnis, daß sich die Anwendbarkeit des Wettbewerbsrechts nach den zu beurteilenden Rechtsverhältnissen richtet, ist im folgenden nach den betroffenen Rechtsverhältnissen zu differenzieren.

Die Frage nach der Anwendbarkeit des GWB und nach der Kompetenz, dieses durchzusetzen, stellt sich in zugespitzter Weise im Verhältnis zwischen Standesangehörigem und Kammer (Innenverhältnis), wenn die Kammer wettbewerbsbeschränkende Berufsordnungsvorschriften standesaufsichtlich durchsetzen will. So ist fraglich, ob sich der Standesangehörige mit einer Klage aus § 35 GWB gegen Aufsichtsmaßnahmen wehren kann und in dieser Weise den Rechtsweg zu den Berufsgerichten mit dem zu den Kartellgerichten vertauschen kann.

Wie bereits angesprochen (§ 2 A.), ist das Verhältnis zwischen Kammer und Mitglied, soweit die Kammer hoheitlich handelt, also Berufsordnungen beschließt oder berufsgerichtliche Verfahren einleitet, sonderrechtlich normiert. Kammern dürften daher nach herkömmlicher Dogmatik im Verhältnis zum Kammerangehörigen nicht als Unternehmensvereinigungen anzusehen sein, soweit sie hoheitlich handeln, weil das Rechtsverhältnis insoweit maßgeblich durch Rechtssätze des öffentlichen Rechts geregelt sein könnte.[1]

Dementsprechend hat der Große Zivilsenat des BGH in der Entscheidung »Auto-Analyzer« in einem obiter dictum darauf hingewiesen, daß die angesprochenen Kassenärzte sich vor den Sozialgerichten gegen das Rundschreiben der Kassenärztlichen Bundesvereinigung zur Wehr setzen müßten, während den externen gewerblichen Blutanalyselabors gegen diese Maßnahme der Rechtsweg zu den ordentlichen Gerichten offenstünde.[2] Diese Unterscheidung von öffentlich-rechtlichem Innen- und wettbewerbsrechtlichem Außenverhältnis hat in der Literatur Zustimmung gefunden.[3] Demnach müßten auf § 35 GWB gestützte kartellrechtliche Abwehrklagen von Standesrechtsunterworfenen gegen Aufsichtsmaßnahmen der Kammer grundsätzlich ausscheiden, weil die Kammer im Verhältnis zu den Kammerangehörigen nicht als Unternehmensvereinigung anzusehen wäre und daher der Rechtsweg zu den Kartellgerichten ausgeschlossen wäre.[4]

---

[1] vgl. zuletzt GmS-OGB BGHZ 108, 284 (286 ff sub 3.) – öffentlich-rechtliche Krankenkassen.

[2] BGHZ (GS) 67, 81 (85 ff.) – Auto-Analyzer.

[3] *Harms*, Beilage zu BB 17/1986, S. 7; *Schmitt* DVBl 1978, 973 (978 f.); *Scholz* NJW 1978, 16 (18).

[4] so: OLG Stuttgart WRP 1991, 531 (532 f.); *Melullis*, Handbuch des Wettbewerbsprozesses, Rn. 9; *Messer*, FS f. Pfeiffer, 972 (983); wohl auch *Harms*, NJW 1976, 1289 (1295 sub 2.); indifferent: I/M-*Emmerich* § 98 Abs. 1 GWB Rn. 31 einerseits, Rn. 60 andererseits; a.A.: FK-*Huber/Baums* § 1 GWB Tz. 67; *Hitzler* GRUR 1982, 475 ff.; *Kramm* WRP 1992, 365 (366 ff.); *Oesterle* WRP 1993, 456 (457); *M. Schmidt*, Standesrecht und Standesmoral, S. 159 sub II.

Die jüngere Rechtsprechung zu dieser Frage ist uneinheitlich. Soweit ersichtlich, ist der BGH mit einer kartellrechtlichen Abwehrklage eines Standesangehörigen aus § 35 I GWB bislang noch nicht befaßt gewesen. Eine auf § 35 III GWB gestützte Klage hat er jedoch zugelassen.[5] Die angerufenen Obergerichte haben solche Klagen bislang abgewiesen[6] und sind dafür im Schrifttum kritisiert worden.[7]

Der BGH hatte demgegenüber in mehreren Fällen darüber zu entscheiden, inwieweit das BKartA dazu befugt war, gegen Kammern vorzugehen, die mittels der Standesaufsicht versucht hatten, Wettbewerbsbeschränkungen durchzusetzen.[8] Die Entscheidungen »Architektenkammer« und »Warenproben in Apotheken« unterscheiden sich erheblich im Hinblick auf die Qualifikation der handelnden Kammer als Unternehmensvereinigung. In der Entscheidung »Architektenkammer« schloß der BGH von der Berufsrechtswidrigkeit der Maßnahme auf die Anwendbarkeit des GWB, ohne zwischen Innen- und Außenverhältnis zu differenzieren. Demgegenüber ist der BGH in der Entscheidung »Warenproben in Apotheken« vor allem unter dem Eindruck der von *Messer*[9] geübten Kritik differenzierter vorgegangen; so stellt er klar, daß eine Kammer nicht schon immer dann als Unternehmensvereinigung anzusehen sei, wenn sie berufsrechtswidrige Wettbewerbsbeschränkungen durchsetzen wolle;[10] von der bloß fehlerhaften Anwendung des Berufsrechts seien solche Konstellationen zu unterscheiden, in denen die Kammer »den ihr zugewiesenen Aufgabenbereich deutlich erkennbar verlassen« habe und der Sache nach eine Maßnahme zur Beschränkung des Wettbewerbs unter den Kammerangehörigen getroffen habe. Wann dies der Fall ist, soll sich aus einer »Gesamtbewertung der Umstände« ergeben.

Zweifelhaft ist, ob in dieser Entscheidung eine Rückkehr zu der Zweiteilung in Innen- und Außenverhältnis gesehen werden kann, wie sie in der Entscheidung »Auto-Analyzer« angedeutet worden ist. Dagegen spricht, daß Gegenstand der kartellbehördlichen Untersagungsverfügung die Drohung der Kammer war, gegen werbende Apotheker berufsgerichtliche Schritte einzuleiten, also eine Handlung, die nach der oben gewählten Terminologie dem Innenverhältnis zuzuordnen ist. Auf der anderen Seite wird deutlich, daß der BGH nicht mehr an der indifferenten Rechtswidrigkeitsformel festhalten will, wie er sie in der Entscheidung »Architektenkammer« verwendete.

Fraglich ist also, wann eine Kammer als Unternehmensvereinigung anzusehen ist und nach welchen Kriterien eine gegebenenfalls in diesem Zusammenhang vorzunehmende Gesamtbewertung der Umstände anzustellen ist. Für das Innenverhältnis kommt es darauf an, ob und gegebenenfalls wie weit das Verhältnis zwischen Kammer und Mitglied maßgeblich durch Rechtssätze des öffentlichen Rechts geprägt ist. Da im

---

[5] BGH WRP 1987, 310 f. – Guten Tag-Apotheke II; dazu unten § 6 B., S. 284 ff.

[6] zur Klage aus § 35 I GWB: BayObLG GRUR 1982, 500 (503) – Randsortiment; OLG Koblenz WuW/E OLG 2307 ff. – Apothekerwerbung; OLG Stuttgart StB 1992, 212 (213 f.); vgl. auch OLG Stuttgart WRP 1991, 531 (532 f.) zur Klage aus § 35 III GWB; ebenso OLG Düsseldorf WuW/E OLG 5000 ff. – Landesapothekerkammer.

[7] I/M-*Emmerich* § 98 Abs. 1 GWB Rn. 60; *Hitzler* GRUR 1982, 475 ff.; *Kramm* WRP 1992, 365 (366, insbes. 368 ff.); *Taupitz* ZHR 153 (1989), 681 (698).

[8] BGH WuW/E BGH 1474 – Architektenkammer; BGH GRUR 1991, 621 ff – Warenproben in Apotheken

[9] *Messer* in FS für Pfeiffer, 973 (982 f.).

Innenverhältnis die öffentlich-rechtlichen Vorschriften über die Standesaufsicht und das berufsgerichtliche Verfahren einschlägig sind, wäre dies Verhältnis nur dann nicht maßgeblich durch öffentlich-rechtliche Vorschriften geprägt, wenn die daneben gegebenenfalls anzuwendenden kartellrechtlichen Tatbestände eigenständige Funktionen übernähmen, so daß die öffentlich-rechtlichen Regelungen dann insoweit nicht vorgreiflich wären.

A. Verhältnis Berufs- zu Kartellrecht

Grundsätzlich sind zwei Betrachtungsweisen denkbar. Zum einen könnte man das Kartellrecht und das Berufsrecht als zwei Normenkomplexe verstehen, die sich überschneiden, wobei das Kartellrecht unabhängig von der Handlungsform der Kammer Anwendung findet, solange kein wirksames Berufs- oder Standesrecht zur Wettbewerbsbeschränkung berechtigt. Diese Betrachtungsweise liegt der Rechtswidrigkeitsformel zugrunde, wonach das GWB Anwendung findet, soweit kein wirksames Berufsrecht der Handlungsfreiheit Grenzen setzt. Der BGH hat in dieser Weise in den Entscheidungen »Architektenkammer«[11] und »Guten Tag – Apotheke II«[12] die Kartellrechtsunterworfenheit der Kammern begründet.[13] Bei diesem Verständnis könnte das Kammermitglied jede wettbewerbsbeschränkende Maßnahme mit einer Klage aus §35 I GWB angreifen. Ob im Einzelfall wirksames Berufsrecht der Vertragsfreiheit Grenzen setzt, wäre eine Frage der Klagebegründetheit, über die von den Kartellgerichten zu entscheiden wäre. Führte demnach z.B. eine Landesärztekammer per Berufsordnung ein generelles Werbeverbot ein und drohte sie einem Mitglied mit einem berufsgerichtlichen Verfahren, weil dieser seinen (rechtmäßig erworbenen, inländischen) Professorentitel auf dem Praxisschild führt, wäre demnach eine Klage aus § 35 I GWB denkbar. Sie müßte zudem zum Erfolg führen, weil die BO-Vorschrift verfassungswidrig wäre[14], demnach der Handlungsfreiheit des Freiberuflers keine Grenzen setzte und folglich das GWB Anwendung finden könnte.

Es ist auch das entgegengesetzte Verständnis des Verhältnisses von GWB und Berufsrecht denkbar. Berufs- und Kartellrecht könnten im Innenverhältnis in einem Exklusivitätsverhältnis stehen. Ob das Kartellrecht auf eine Drohung der Kammer (wohl der einzig denkbare Anwendungsfall des GWB im Innenverhältnis) Anwendung fände, hinge davon ab, ob sie mit einer Handlung drohte, die sie nur kraft öffentlichen Rechts vornehmen könnte (hoheitliches Handeln) oder ob sie mit einer Jedermannshandlung drohte.[15] Im ersten Fall wäre ausschließlich das Berufs-, im zweiten Fall das allgemeine Wettbewerbsrecht anwendbar. Im genannten Beispielsfall ist die

---

[10] BGH GRUR 1991, 622 (625).

[11] BGH WuW/E BGH 1474 (1476 ff.).

[12] BGH WRP 1987, 310 (311 sub 3a.).

[13] zustimmend: I/M-*Emmerich* § 98 GWB Rn. 60; *Taupitz* ZHR 153 (1989), 681 (697 f.); *Oesterle* WRP 1993, 456 (457 f.).

[14] vgl. oben § 1 D.II.2.d.

[15] so: *Harms* NJW 1976, 1289 (1295 sub 2., 1296 sub VIII.); unentschieden: *Ring*, Wettbewerbsrecht der freien Berufe, S. 211 sub 1.

Drohung mit einer Rüge oder einem berufsgerichtlichen Verfahren die Drohung mit einem hoheitlichen Verhalten, so daß die Anwendung des GWB ausschiede.

Letztlich ist noch eine weitere Abgrenzungsformel in Gebrauch, die je nach Akzentuierung der ersten oder zweiten Kategorie zuzuordnen ist. Danach soll das GWB nicht bereits auf jede berufsrechtswidrige Handlung anzuwenden sein, sondern nur dann, wenn die Kammer ihren Aufgabenbereich deutlich verläßt und ohne jede Ermächtigung tätig wird. Diese Formel, die vom BayObLG[16], *Messer*[17] und neuestens vom BGH[18] verwendet wird, kann unterschiedlich verstanden werden.

Zum einen kann man sie in dem Sinne der Rechtswidrigkeitsformel deuten mit der Einschränkung, daß das GWB nur auf evident berufsrechtswidrige Wettbewerbsbeschränkungen Anwendung finden soll. Demnach wäre das GWB anzuwenden, wenn die Kammer ohne jede Eingriffsermächtigung tätig geworden ist, während bei bloßen Erkenntnis- und Subsumtionsfehlern das berufsgerichtliche Verfahren einschlägig wäre.[19] So wäre in dem Fall, der der Entscheidung »Architektenkammer«[20] zugrundelag, eine kartellrechtliche Abwehrklage zulässig und begründet gewesen, weil die Architektenkammer Niedersachsen nicht zum Erlaß eines Gebührenunterschreitungsverbot ermächtigt war und sie daher mit der Androhung von berufsgerichtlichen Verfahren wegen Unterschreitung der GOA nicht lediglich einen Subsumtionsfehler begangen hat, sondern bei der Standesrechtsetzung deutlich die Ermächtigung überschritten hat.

Es ist jedoch auch denkbar, die Formulierung anders zu akzentuieren, indem man nicht auf die Eingriffsermächtigung und die Evidenz des Eingriffs abstellt, sondern auf die Zuständigkeit der Kammer. Dies klingt bei *Messer* an, wenn er das Kartellrecht nur bei »angemaßten« Zuständigkeiten[21] anwenden will. Dieser Betrachtungsweise liegt die Vorstellung zugrunde, daß der Kammer kraft öffentlichen Rechts bestimmte Aufgabenfelder zugewiesen sind. Handelt die Kammer innerhalb dieser Aufgabenfelder, ist ihr Verhalten immer am öffentlichen Recht zu messen. Begibt sie sich dagegen aus dem öffentlich-rechtlich geordneten Aufgabenkreis heraus, wird mangels anderer Regelungen der Weg für das GWB frei. Diesem Verständnis liegt also ebenfalls die Vorstellung zugrunde, daß Kartell- und Berufsrecht in einem Exklusivitätsverhältnis zueinanderstehen. Von der o.g. Auffassung unterscheidet sie sich lediglich im Hinblick auf den Abgrenzungsgesichtspunkt, indem auf die Kompetenz der Kammer und nicht auf die Handlungsform abgestellt wird.

Bei diesem Verständnis wäre die Abwehrklage eines Kammermitglieds im Fall »Architektenkammer« unzulässig gewesen.[22] Zwar hat die Kammer ohne Ermächtigung gehandelt. Jedoch ist ihr die Normierung und Überwachung von Berufspflichten

---

[16] BayObLG GRUR 1982, 500 (503) – Randsortiment; dagegen: *Taupitz* ZHR 153 (1989), 681 (698).

[17] *Messer,* FS f. Pfeiffer, 973 (982 f.).

[18] BGH GRUR 1991, 622 (625 sub 2.) – Warenproben in Apotheken; OLG Stuttgart StB 1992, 212 (213 f.); OLG Düsseldorf WuW/E OLG 4998 (5000 f.) – Landesapothekerkammer; dagegen: IM-*Emmerich* § 98 Abs. 1 GWB Rn. 60; *Oesterle* WRP 1993, 456 (457 f.).

[19] so OLG Düsseldorf WuW/E OLG 4998 (5000 f.) – Landesapothekerkammer.

[20] BGH WuW/E BGH 1474.

[21] *Messer* a.a.O. S.983.

[22] zweifelnd *Messer* a.a.O. S. 983 in Fn. 43.

zugewiesen. Dementsprechend hätten keine Bedenken bestanden, wenn die Kammer allgemein die Standespflicht normiert hätte, die geltende Honorarordnung zu beachten und Umgehungen zu unterlassen bzw. wenn sie besondere Standards bei der Rechungslegung normiert hätte. Die Normierung des Unterschreitungsverbotes war im Verhältnis zu den Kammermitgliedern nicht wegen Aufgabenüberschreitung sondern wegen Überschreitens der Eingriffsermächtigung unzulässig.

Im folgenden ist also zu klären, ob Kartellrecht und Berufsrecht im Innenverhältnis in einem Exklusivitätsverhältnis stehen oder ob sich die Rechtskreise überschneiden mit der Folge, daß Kammerhandlungen denkbar sind, die im Innenverhältnis doppelter Rechtskontrolle unterliegen.

I. Auffangfunktion des Kartellrechts

Das Kartellrecht hat keine allgemeine Auffangfunktion gegenüber dem Berufsrecht, soweit wettbewerbsbeschränkende Berufsordnungsvorschriften in Rede stehen.[23] Man könnte die Formel, daß Kammern immer dann Unternehmensvereinigungen darstellen, wenn sie in berufsrechtswidriger Weise den Wettbewerb beschränken, zwar so verstehen. Dies wäre aber nicht richtig. Vielmehr kann das Kartellrecht überhaupt nur dort Anwendung finden, wo es andere Funktionen, als das Berufsrecht erfüllt.

Eine allgemeine Auffangfunktion des Zivilrechts gegenüber dem öffentlichen Recht ist dem deutschen Recht fremd. Es wäre evident falsch anzunehmen, ein Bauherr könnte aus § 1004 BGB vor einem ordentlichen Gericht gegen eine Abrißverfügung der Baubehörde klagen und das angerufene Gericht wäre berufen, die Rechtswidrigkeit der Verfügung als öffentlich-rechtliche Vorfrage zu prüfen. § 89 Nds.BauO und Art 14 GG, die das Rechtsverhältnis zwischen Bauherr und Behörde prägen und die vom Verwaltungsgericht im Rahmen einer verwaltungsgerichtlichen Abwehrklage zu prüfen sind, erfüllen die gleiche Funktion wie § 1004 BGB. Die Anwendung von § 1004 BGB entfällt daher; insbesondere wirkt er nicht zuständigkeitsbegründend. Entsprechendes gilt für das zivile Wettbewerbsrecht. Dort wo die Rechtsbeziehung durch öffentlich-rechtliche Normen geregelt ist, die bereits die Funktion erfüllen, die das allgemeine Wettbewerbsrecht in dieser Rechtsbeziehung hätte, scheidet eine Anwendung des Wettbewerbsrechts und damit auch der Rechtsweg zu den ordentlichen Gerichten aus.[24]

II. Eigenfunktionen des Kartellrechts im Hinblick auf Standesaufsicht

Es ist also zu prüfen, inwieweit das Kartellrecht überhaupt gegenüber dem Berufsrecht, das die Standesaufsicht betrifft, eigenständige Funktionen erfüllen könnte.

1. Schutz des Außenwettbewerbs

Dies ist im Verhältnis zu externen, nicht dem Standesrecht unterworfenen Konkurren-

[23] a.A. offenbar *Oesterle* WRP 1993, 456 (460 f.).

[24] GmS-OGB BGHZ 108, 284 (286 ff sub 3.) – öffentlich-rechtliche Krankenkassen.

ten der Fall.[25] Das Rechtsverhältnis zwischen Kammer und Externem ist nicht sonderrechtlich normiert. Das Wettbewerbsrecht übernimmt in diesem Verhältnis die Funktion, die wettbewerblichen Belange der standesexternen Konkurrenten zur Geltung zu bringen, deren wettbewerbliche Handlungsfreiheit durch ambivalente Kammerhandlungen eingeschränkt wird. Das Kartellrecht erfüllt im Verhältnis zu außenstehenden Konkurrenten demnach eigene Funktionen. Seine Anwendung dient dem ansonsten nicht geschützten Außenwettbewerb. Diese denkbare Eigenfunktion des Kartellrechts spielt aber im Innenverhältnis zwischen Kammer und Mitglied keine Rolle, da der Kammerangehörige die Rechte Externer mit einer auf § 35 I i.V.m. § 25 II GWB gestützten Klage nicht geltend machen könnte, weil es nicht um den Schutz seiner individuellen Interessen ginge. Dies ist unabhängig davon, ob man zur Effektuierung des Kartellrechtsschutzes eine weitgehende Zulassung der Privatklage befürwortet.[26] In jedem Fall bleibt § 35 I GWB an die Verletzung eigener Interessen geknüpft. Dies kann das Kammermitglied im Hinblick auf den Außenwettbewerb nicht geltend machen. § 35 I sieht keine »actio pro competitore« vor.

2. *Schutz des Binnenwettbewerbs*

Problematischer stellt sich die Beurteilung des Innenverhältnisses dar. Fraglich ist, ob das Kartellrecht im Verhältnis zwischen Kammerangehörigem und Kammer eigenständige Funktionen übernimmt.

Der Schutzzweck von GWB und Berufsrecht ist bezogen auf die Standesaufsicht im Innenverhältnis identisch. Wehrt sich ein Kammermitglied mit einer auf §§ 35 I, 25 II GWB gestützten Klage gegen standesaufsichtliche Maßnahmen, erfüllen die genannten Anspruchsgrundlagen die gleiche Funktion, wie es entsprechende Normen des Berufsrechts im Falle eines berufsgerichtlichen Verfahrens tun.

§ 25 II GWB schützt erkennbar die Handlungsfreiheit desjenigen, gegen den Druck ausgeübt wird. Ebenso schützt § 1 GWB, auch wenn er im Grundsatz nicht den Kartellisten schützen soll,[27] dann die Handlungsfreiheit des Mitglieds einer Unternehmensvereinigung, wenn der Kartellbeschluß gerade gegen dessen Willen gefaßt worden ist.[28]

Oberflächlich betrachtet, dient das berufsgerichtliche Verfahren zwar dem genau entgegengesetzten Zweck, nämlich dem, die Handlungsfreiheit des Standesangehörigen zu beschränken. Diese Betrachtung greift jedoch zu kurz. Im berufsgerichtlichen Verfahren soll vielmehr ein Ausgleich zwischen Handlungs- bzw. Berufsausübungsfreiheit des Standesangehörigen und den durch die Berufsordnung geschützten Interessen erzielt werden. Das berufsgerichtliche Verfahren dient also nicht nur der Disziplinierung, sondern auch immer dem Schutz des Einzelnen vor unrechtmäßiger Stan-

---

[25] BGHZ (GS) 67, 81 (85 ff.) – Auto-Analyzer; BGH WRP 1987, 310 f. – Guten Tag-Apotheke II; s. dazu § 5 und § 6 A.

[26] z.B. I/M-*Emmerich* § 35 GWB Rn. 13; vgl. *Linder,* Privatklage und Schadensersatz im Kartellrecht, S. 37ff. sub A.; allgemein: *Buxbaum,* Die private Klage als Mittel zur Durchsetzung wirtschaftspolitischer Rechtsnormen; dagegen z.B.: *Benisch* im Gemeinschaftskommentar § 35 GWB Rn. 3.

[27] vgl. FK-*Huber/Baums* § 1 GWB Tz. 18.

[28] I/M-*Emmerich* § 35 GWB Rn. 32.

desaufsicht. Dies wird z. B. besonders deutlich an § 123 BRAO, wonach ein Rechtsanwalt die Einleitung eines ehrengerichtlichen Verfahrens gegen sich selbst beantragen kann, um sich vom bloßen Verdacht standeswidrigen Verhaltens zu reinigen (vgl. auch § 74a BRAO). Aber auch in den Fällen, in denen die Kammer eine Rüge erteilt oder unmittelbar ein ehrengerichtliches Verfahren einleitet, dient dieses Verfahren auch immer dem Schutz des Adressaten der Maßnahme.

Nicht identisch sind die Regelungsziele möglicherweise im Hinblick auf den Schutz der Marktgegenseite. Das berufsgerichtliche Verfahren dient nicht in erster Linie dazu, die Interessen der Klienten des Freiberuflers zu wahren. Solche Interessen könnte der Standesangehörige mit einer Klage aus § 35 I GWB aber ohnehin nicht selbst geltend machen.[29] Inwieweit die Interessen der Marktgegenseite durch das GWB zu schützen sind, ist daher im Rahmen der Frage zu erörtern, inwieweit den Kartellbehörden ein Zugriffsrecht zusteht.[30]

Festzuhalten ist, daß GWB und Berufsrecht im Innenverhältnis zielidentisch sind, was den Schutz der Handlungsfreiheit des Standesangehörigen angeht.

B. Kartellrechtliche Schutzstandards

Trotz grundsätzlicher Zielidentität könnte das GWB eigene Schutzstandards (prozeß- oder materiellrechtlicher Art) normieren, die seine Anwendung im Innenverhältnis geböten.

I. Prozeßrecht

Das berufsgerichtliche Verfahren ist wie das kartellgerichtliche auf maximal drei Instanzen angelegt (vgl. z. B. §§ 143, 145 BRAO). Es bedeutete also keine Verkürzung des Rechtsschutzes, den Standesrechtsunterworfenen auf den Rechtsweg zu den Berufsgerichten zu verweisen.

Da das ehrengerichtliche Verfahren in Disziplinarangelegenheiten analog dem Strafverfahren ausgestaltet ist (vgl. z. B. § 116 BRAO), sind die prozessualen Schutzstandards sogar höher als die eines kartellrechtlichen Verfahrens. So gilt z. B. im ehrengerichtlichen Verfahren der Amtsermittlungs- und nicht der Beibringungsgrundsatz.[31]

II. Materielles Recht

Möglicherweise normiert das GWB aber strengere materielle Schutzvorschriften als das Berufsrecht, so daß zur Durchsetzung dieser kartellrechtlichen Sonderstandards die Kartellbehörden und -gerichte berufen wären.

---

[29] s.o. bei Fn. 26.

[30] s.u. § 5 C.

[31] § 116 BRAO i.V.m. § 244 II StPO, vgl. z.B. EGE VII, 184.

Dies klingt an, wenn behauptet wird, die Anwendung der Rechtswidrigkeitsformel[32] sei geboten, um kartellrechtliche Freiräume[33] oder einen zu weitgehenden Vorrang des Berufsrechts vor dem Kartellrecht[34] zu vermeiden.

Um die Bedeutung, die dem Kartellrecht im Innenverhältnis zukommt, beurteilen zu können, ist es erforderlich, die von der herrschenden Lehre praktizierte Lösung des Normanwendungskonflikts zu skizzieren.

1. Der Normanwendungskonflikt

Die einzelnen Konstellationen des Normanwendungskonflikts sind eingehend von *Taupitz* behandelt worden. Berufsrecht und Kartellrecht können sich auf drei Ebenen berühren. Zum einen ist zu prüfen, inwieweit formalgesetzliche Wettbewerbsbeschränkungen (z.B. § 52 S.2 WPO, § 57 I StBerG[35]) oder Ermächtigungen zu Wettbewerbsbeschränkungen (z.B. § 31 Ziff. 9 Nds.HKG[36]) mit dem GWB zu vereinbaren sind. Desweiteren stellt sich auf der nächsten Ebene die Frage, inwieweit der Vollzug der Ermächtigungen durch die Kammern (Beschluß von wettbewerbsbeschränkenden Berufsordnungsvorschriften) am GWB zu messen ist. Letztlich ist fraglich, welche Auswirkungen das GWB auf die wettbewerbliche Handlungsfreiheit des einzelnen Freiberuflers hat.

Hinsichtlich der ersten Ebene ist zweifach zu differenzieren. Gesetzliche Wettbewerbsbeschränkungen sind kartellrechtskonform auszulegen.[37] Im Hinblick auf bundesgesetzliche Wettbewerbsbeschränkungen[38] ist zu prüfen, ob und wieweit der Bundesgesetzgeber den durch das GWB eröffneten Wettbewerb einschränken wollte. Bezogen auf landesgesetzliche Wettbewerbsbeschränkungen[39] tritt als zusätzlicher Gesichtspunkt das Kompetenzproblem hinzu. Die landesgesetzliche Wettbewerbsbeschränkung ist mit Blick auf Art 72 GG oder Art 31 GG zusätzlich daraufhin zu untersuchen, ob der Landesgesetzgeber wegen der Bundeskompetenz aus Art 74 Ziff. 11, 16 GG dies auch durfte.[40]

---

[32] zum Begriff vgl. Einführung S. 1 ff. und § 3.

[33] *Oesterle* WRP 1993, 456 (457).

[34] *Taupitz* ZHR 153 (1989), 681 (698).

[35] Verbot berufswidriger Werbung für Steuerberater und Wirtschaftprüfer.

[36] Ermächtigung der niedersächsischen Ärztekammern, Regelungen über Werbung zu treffen.

[37] *Taupitz,* Standesordnungen, S. 900 f.; *Taupitz* meint, es liege in diesem Fall keine echte Gesetzeskollision vor, weil das berufsgesetzliche Wettbewerbsverbot im Gegensatz zur berufsgesetzlichen Ermächtigung [a.a.O. S. 901] nicht zu einem Beschluß i.S.v. § 1 GWB ermächtige und das Gesetz selber nicht als Beschluß i.S.v. § 1 GWB qualifiziert werden könne. Im Hinblick auf § 25 I GWB und die neuere Kartellrechtsdogmatik dürfte es möglich sein, eine Kollision auch in diesen Fällen anzunehmen, weil das Berufsgesetz das Verhalten der Freiberufler i.S.v. § 25 I GWB abstimmt und dieses abgestimmte Verhalten vorschreibt.

[38] z.B. § 52 S.2 WPO, § 57 I StBerG: Verbot berufswidriger Werbung.

[39] z.B. § 24 II Nr.6 Nds. ArchitektenG vom 17.7.1990, GVBl. S.347 (Kollegialitätsgebot).

[40] Für landesgesetzliche Ermächtigungen zu Wettbewerbsbeschränkungen so: BKartA WRP 1986, 552 (554 f.) – Werbung für apothekenübliche Waren; *Hitzler* GRUR 1981, 110 (115); I/M-*Emmerich* § 98 Abs. 1 GWB Rn. 59c; *Kresse* WRP 1986, 524 (528); *Leisner,* Berufsordnungsrecht und Werbeverbote, S. 39 ff.; *Reichelt* WRP 1992, 287 (292); *ders.* WRP 1993, 448 (450); *Ring,* Wettbewerbsrecht, S. 205 ff. sub 4., 527, 529 ff.; *Taupitz,* Standesordnungen, S. 910; *ders.* ZHR 153 (1989), 681 (704); dogmatisch anders, im Ergebnis aber ähnlich: *M. Schmidt,* Standesrecht und Standesmoral, S. 140 ff.; grundsätzlich anders *Michalski,* Kartell- und Gesellschaftsrecht, S. 90 ff., der von einer Nichtanwendbarkeit des GWB auf legislative Wettbewerbsbeschränkungen ausgeht.

In gleicher Weise ist auf der nachgeordneten Ebene zu prüfen, ob die Kammern eine entsprechende Wettbewerbsbeschränkung als Berufsordnungsvorschrift beschließen dürfen. Handelt es sich um eine gesetzeswiederholende Wettbewerbsbeschränkung[41], teilt die Berufsordnungsvorschrift das Schicksal der formalgesetzlichen Norm. Ist die gesetzliche Wettbewerbsbeschränkung zulässig, weil die Auslegung ergeben hat, daß der Bundesgesetzgeber insoweit den Wettbewerb einschränken wollte bzw. daß der Landesgesetzgeber dies auch durfte, ist auch der entsprechende Berufsordnungsbeschluß kartellrechtlich nicht zu beanstanden.[42] Handelt es sich demgegenüber um eine gesetzesausfüllende Wettbewerbsbeschränkung[43], also um ein originär standesrechtliches Verbot, verändert sich die Fragestellung. Es ist dann zu prüfen, ob der Bundesgesetzgeber die Kammern zu einer solchen Wettbewerbsbeschränkung ermächtigen wollte, bezogen auf den Landesgesetzgeber ist weiterhin zu prüfen, ob er dies -wenn er es gewollt hat- auch durfte (Art 72 GG), wobei als Ergebnis festgehalten werden kann, daß der Landesgesetzgeber mit Blick auf Art 74 Nr. 11 GG, Art 72 GG, die Kammern nur zu solchen Wettbewerbsbeschränkungen ermächtigen kann, die in unauflösbarem Zusammenhang mit den dem Berufsstand übertragenen Aufgaben stehen und die unabdingbar sind, weil sonst die Erfüllung der dem Berufsstand übertragenen Aufgaben gefährdet wäre.[44]

Damit ist der Normanwendungskonflikt materiellrechtlich grundsätzlich gelöst. Die Anwendungsbereiche von GWB und Berufsrecht sind einander angeglichen. Die materiellen Verhaltensanforderungen sind harmonisiert. Die Kammern dürfen keine Berufsordnungsvorschriften beschließen, die in dem Sinne »kartellrechtswidrig« wären, daß die Wettbewerbsbeschränkung nicht im o.g. Sinne unabdingbar wäre. Entsprechend dürften sie diese auch nicht mit den Mitteln der Standesaufsicht gegenüber den kammerangehörigen Mitgliedern durchsetzen.

Mit dieser Erkenntnis ist aber noch nichts darüber gesagt, in welchem Verfahren, die »Kartellrechtswidrigkeit« eines Berufsordnungsbeschlusses bzw. der entsprechenden standesrechtlichen Maßnahme geltend zu machen ist.

2. *Der Verfahrenskonflikt*

Hitzler[45], *Ring*[46] und *Taupitz*[47] gehen in diesem Zusammenhang ohne weiteres davon aus, daß Wettbewerbsbeschränkungen der Kammern, die in diesem Sinne rechtswidrig sind, ohne Rücksicht auf die Hoheitlichkeit der ergriffenen Maßnahme an kartellrechtlichen Tatbeständen (§§ 1, 25 II, 38 I Ziff.11 GWB) zu messen seien. *Hitzler*[48],

---

[41] z.B. Ziff 33 S. 1 RiliStB (Verbot berufswidriger Werbung), s. Anhang II; Ziff VIII. RiliWP, s. Anh. III.

[42] *Taupitz* a.a.O. S. 904.

[43] z.B. Ziff. 22 II RiliStB (Gebührenunterschreitungsverbot), s. Anh. II; Ziff. 8 nds.BO für Apotheker (unzulässige Wettbewerbshandlungen), s. Anh.VI.

[44] *Hitzler* GRUR 1981, 110 (115); *Ring*, Wettbewerbsrecht, S. 529 ff.; *Taupitz*, Standesordnungen, S. 915; im Ergebnis ähnlich: *M. Schmidt*, Standesrecht und Standesmoral, S. 141.

[45] *Hitzler* GRUR 1981, 110 (116 ff.).

[46] *Ring*, Wettbewerbsrecht, S. 214 f.

[47] *Taupitz*, Standesordnungen, S. 909 f.; differenzierter demgegenüber *Emmerich* in I/M § 98 Abs. 1 GWB Rn. 59c und Rn. 60, dazu unten § 5 C.

[48] *Hitzler* a.a.O. S. 119 f. sub IV. 3.; *ders.* GRUR 1982, 474 (475 sub 3).

Kramm[49], *Oesterle*[50] und *M. Schmidt*[51] bejahen ausdrücklich auch die Möglichkeit einer kartellrechtlichen Klage des Kammermitglieds aus §§ 25 II, 35 GWB. Inwieweit eine kartellbehördliche Zuständigkeit besteht, ist unten im Zusammenhang mit den sonstigen Folgeproblemen, die sich aus einem umfassenden kartellbehördlichen Zugriffsrecht ergeben, zu erörtern. Vorliegend ist zu klären, ob kartellrechtliche Abwehr- oder Schadensersatzklagen des Kammermitglieds gegen die Kammer aus §§ 35, 25 II GWB denkbar sind, wenn die Kammer in Ausübung der Standesaufsicht und damit im Verhältnis zum Kammermitglied hoheitlich handelt. Zu denken ist z.B. an den Fall, daß eine Kammer die Gebührenberechnung oder das Werbeverhalten eines Mitglieds rügt und ihm für den Fall der Wiederholung die Einleitung eines berufsgerichtlichen Verfahrens androht.[52]

Nach der allgemeinen Abgrenzungsformel soll das Zivilrecht Anwendung finden können, wenn das zu prüfende Rechtsverhältnis nicht maßgeblich durch Rechtssätze des öffentlichen Rechts geprägt ist.[53] Es wurde bereits festgestellt, daß Berufsrecht (berufsgerichtliches Verfahren) und die gegebenenfalls anzuwendenden kartellrechtlichen Einzeltatbestände im Innenverhältnis zielidentisch wären. Zu klären war nur noch, ob das Kartellrecht im Verhältnis zu Standesrechtsunterworfenen möglicherweise eigene Schutzstandards normierte, die eine Anwendung kartellrechtlicher Tatbestände neben den einschlägigen öffentlich-rechtlichen Schutzvorschriften rechtfertigte. Wie oben (1.) dargestellt, kommt dem GWB (als ganzem) eine kompetenzbegrenzende und damit im Verhältnis zum Kammermitglied schützende Funktion zu. Gleichwohl nötigt dies nicht zur Anwendung kartellrechtlicher Einzeltatbestände im Verhältnis Kammer-Mitglied. Das Verhältnis zwischen Kammer und Standesangehörigem ist auch insoweit maßgeblich durch Normen des öffentlichen Rechts geprägt, weil sich die kartellrechtlichen Grenzen des Berufsrechts als berufsrechtliche Schutzstandards erfassen lassen. Im Hinblick auf bundesgesetzlich ermächtigte Körperschaften ist zu prüfen, ob der Gesetzgeber zur entsprechenden Maßnahme ermächtigt hat. Ist dies zu bejahen, ist die entsprechende standesaufsichtliche Maßnahme rechtmäßig. Hinsichtlich landesgesetzlich ermächtigter Körperschaften kommt hinzu, daß weiterhin zu prüfen ist, ob der Gesetzgeber die Kammern zu entsprechenden Maßnahmen auch ermächtigen durfte. Ist dies zu verneinen, ist die landesgesetzliche Ermächtigung verfassungskonform auszulegen, entsprechende Berufsordnungsvorschriften sind von der Körperschaftsaufsicht nicht zu genehmigen und von den Berufsgerichten nicht anzuwenden (Verwerfungskompetenz der einfachen Gerichte), berufsgerichtliche Verfahren daher nicht einzuleiten (vgl. § 73 I Nds.HKG) bzw. von der Kammer veranlaßte Maßnahmen der Standesaufsicht von den Ehrengerichten aufzuheben (vgl. z.B. § 74a BRAO). Die »Anwendung« des Kartellrechts auf das hoheitliche Kammerhandeln unterscheidet sich in keiner Weise von der sonstigen Rechtmäßigkeitsprüfung hoheitlichen Kammerhandelns. Die Berufsordnungsvorschriften – wie auch ihre Durchsetzung – sind immer daraufhin zu untersuchen, ob sie mit der Ermächtigungsgrundlage

[49] *Kramm* WRP 1992, 365 (366 ff.).
[50] *Oesterle* WRP 1993, 456 (457).
[51] *M. Schmidt*, Standesrecht und Standesmoral, S. 159 sub II.
[52] vgl. z.B. §§ 59 III, 60 I hess.HeilberufsG v. 24.4.1986 GVBl. I S. 122, ber. S. 267.
[53] vgl. GmS-OGB BGHZ 108, 284 (286 ff.) – öffentlich-rechtliche Krankenkassen.

übereinstimmen, wie es auch herkömmlicher Dogmatik entspricht, daß Ermächtigungsgrundlagen im Hinblick auf die Kompetenzgrenzen des Gesetzgebers bzw. im Hinblick auf die Gesamtrechtsordnung auszulegen sind. Das GWB in seiner grundsätzlichen Bedeutung als Entscheidung des Gesetzgebers für freien Wettbewerb beeinflußt die öffentlich-rechtlichen Schutzstandards. Darin erschöpft sich seine Bedeutung. Zu einer zusätzlichen Anwendung kartellrechtlicher Einzeltatbestände im Innenverhältnis, die insoweit eine bloße Auffangfunktion erfüllen würden, besteht kein Anlaß. Insbesondere führt ihre Nichtanwendung eben nicht zu den befürchteten »kartellrechtlichen Freiräumen«[54] oder einem wie auch immer gearteten »Vorrang«[55] des Berufsrechts vor dem Kartellrecht, weil das GWB als ganzes die öffentlich-rechtlichen Schutzstandards im Innenverhältnis bestimmt.

Darin besteht der wesentliche Unterschied zu privatrechtlichen Handlungen der Kammer im Verhältnis zum Mitglied. Drohte die Kammer dem Mitglied mit einer privatrechtlichen Unterlassungsklage aus UWG, um standesrechtliche Wettbewerbsbeschränkungen durchzusetzen, fehlte es an öffentlich-rechtlichen Schutzstandards zugunsten des Kammermitglieds. Es gibt kein Sonderrecht, das Auskunft über die Rechtmäßigkeit solcher Kammerhandlungen geben würde. Insoweit führt die Anwendung kartellrechtlicher Einzeltatbestände (§ 25 II GWB) dazu, eigenständige Schutzstandards zugunsten des Kammerangehörigen zu normieren.

Man könnte allerdings erwägen, die Anwendbarkeit der §§ 35, 25 II GWB mit der Sachnähe der Kartellgerichte zu begründen. Unabhängig davon, ob dies ein Abgehen von den Grundsätzen zur Abgrenzung öffentlich-rechtlicher und privatrechtlicher Rechtsbeziehungen überhaupt rechtfertigen würde, trifft diese Erwägung vorliegend nicht zu. Die Kartellgerichte, die mit einer »kartellrechtlichen« Überprüfung von Berufsordnungsvorschriften befaßt sind, müssen die oben geschilderte Prüfung als öffentlich-rechtliche Vorfrage anstellen, um die kartellrechtlichen Einzeltatbestände anwenden zu können. Die eigentliche kartellrechtliche Subsumtion der Einzeltatbestände erweist sich dann als ausgesprochen problemlos.[56] Den Schwerpunkt der Rechtmäßigkeitsprüfung macht in jedem Fall die Prüfung der Kammerermächtigung aus. Warum für diese Prüfung, die auch ansonsten (bei keiner Kartellrechtsberührung) den Berufsgerichten obliegt, eine größere Sachnähe der Kartellgerichte bestehen sollte, ist nicht ersichtlich, zumal für die bundesgesetzlich ermächtigten Körperschaften eine Kartellrechtsberührung nur in dem sehr vergeistigten Sinne gegeben ist, daß mit Blick auf das GWB als Element der Gesamtrechtsordnung zu fragen ist, ob der Bundesgesetzgeber die Kammern zu den jeweiligen Wettbewerbsbeschränkungen ermächtigen wollte. Diese Erwägung kann nicht zuständigkeitsbegründend wirken. Aber auch für die landesgesetzlich ermächtigten Kammern erschöpft sich vorliegend die Bedeutung des GWB darin, daß nur zu unabdingbaren Wettbewerbsbeschränkungen ermächtigt werden darf. Da Bezugspunkt der Unabdingbarkeitsprüfung in jedem Fall nur die jeweilige Aufgabenstellung des Berufsstands ist, kann auch insoweit nicht von einer größeren Sachnähe der Kartellgerichte (oder Behörden) gesprochen werden. Dies

[54] *Oesterle* WRP 1993, 456 (457).
[55] *Taupitz* ZHR 153 (1989), 681 (698).
[56] so die Einschätzung von *Odersky* AG 1991, 281 (286 sub 3.).

ergibt sich aus folgender Erwägung. Allgemein formuliert besteht die begrenzende Bedeutung des GWB für das Berufsrecht darin, daß die Kammern nur zur Aufgabenerfüllung unabdingbare Wettbewerbsbeschränkungen normieren dürfen. Über die Frage, welche Berufspflichten durchgesetzt werden dürfen, wachen die jeweiligen Berufsgerichte. Notwendigerweise umfaßt ihre Aufgabenstellung damit auch immer die Prüfung, ob die jeweilige Berufsordnungsvorschrift und ihr Vollzug im Einzelfall verhältnismäßig, also zur Zielerreichung geeignet, erforderlich und dem Betroffenen zuzumuten ist. Wenn demgegenüber eine kartellgerichtliche Zuständigkeit für jene Berufsordnungsvorschriften reklamiert wird, die wettbewerbsbeschränkende Wirkung haben, kann sich die Sachnähe nur daraus ergeben, daß die Kartellgerichte geeigneter wären, jene Unabdingbarkeitsprüfung durchzuführen. Indessen handelt es sich dabei gerade nicht um eine spezifisch kartellrechtliche Fragestellung, die für alle Berufsstände gleich und daher einheitlich durch die Kartellgerichte zu entscheiden wäre. Vielmehr ist die Unabdingbarkeit immer bezogen auf die der jeweiligen Kammer übertragenen öffentlichen Aufgaben zu prüfen. Diese Prüfung unterscheidet sich also naturgemäß von Berufsstand zu Berufsstand erheblich. Bereits dies spricht dafür, insoweit eine größere Sachnähe der Berufsgerichte anzunehmen. Entscheidender Gesichtspunkt ist jedoch, daß die Berufsgerichte jene Prüfung ohnehin – also auch wenn kein Kartellrechtsbezug besteht – anzustellen haben. Die Besonderheit des Kartellrechtsbezuges besteht rechtstechnisch ausgedrückt darin, daß eine verschärfte Verhältnismäßigkeitsprüfung anzustellen ist. Die jeweilige Beschränkung der Handlungsfreiheit des Kammermitglieds muß nicht nur zur Zielerreichung erforderlich sein, sie muß im Fall des Kartellrechtsbezuges unabdingbar sein. Dies ist im Hinblick auf die Rechtmäßigkeitsprüfung lediglich ein *gradueller,* kein *qualitativer* Unterschied. Daher sprechen zumindest im Innenverhältnis zwischen Kammer und Mitglied auch keine Sachnähegesichtspunkte für eine Anwendung der §§ 35, 25 II GWB.

Zusammenfassend ist festzuhalten, daß das Kartellrecht im Innenverhältnis keine Schutzstandards normiert, die zu einer Anwendung kartellrechtlicher Einzeltatbestände auf hoheitliches Verhalten der Kammer nötigen würden. Die allgemeinen Grenzen, die das GWB dem Berufsrecht zieht, lassen sich als berufsrechtliche Schutzstandards erfassen. Die Regelungen über das berufsgerichtliche Verfahren sind also vorgreiflich. Die kartellrechtlichen Einzeltatbestände erfüllten in diesem Zusammenhang bloße Auffangfunktion. Das Rechtsverhältnis zwischen Kammer und Mitglied ist demnach maßgeblich durch vorgreifliche öffentlich-rechtliche Vorschriften geregelt. Für die kartellrechtlichen Einzeltatbestände ist daher nach den Grundsätzen, die der GmS-OGB formuliert hat,[57] bezogen auf hoheitliches Kammerhandeln kein Raum. Es besteht auch keine Sachnähe der Kartellgerichte, die zu einem Abweichen von diesem Ergebnis Anlaß gäbe.

Damit ist auch klargestellt, daß die Anwendung des Kartellrechts im Innenverhältnis nicht etwa davon abhängt, wie evident der Verstoß gegen das Berufsrecht ist.[58] Für die berufsgerichtliche Kontrolle der Standesaufsicht macht es keinen Unterschied, ob der Kammer ein Subsumtions- bzw. Erkenntnisfehler unterläuft oder ob die Kammer

[57] GmS-OGB BGHZ 108, 284 (286 sub 3 ff.) – öffentlich-rechtliche Krankenkassen.

[58] dies deutet das OLG Düsseldorf [WuW/E OLG 4998 (5001 f.) – Landesapothekerkammer] an.

rechtswidrige Berufsordnungsvorschriften durchzusetzen versucht, wie dies in den Fällen »Warenproben in Apotheken« und »Architektenkammer« der Fall war. In beiden Konstellationen wird die Handlungs- bzw. Berufsausübungsfreiheit des einzelnen Freiberuflers gleichermaßen durch das berufsgerichtliche Verfahren geschützt, sofern sich die Kammer der Standesaufsicht bedient, um die Wettbewerbsbeschränkungen durchzusetzen. Das Innenverhältnis ist hinsichtlich der Standesaufsicht maßgeblich durch Rechtssätze des öffentlichen Rechts geprägt. Eines Rückgriffs auf die Tatbestände des GWB, die insofern bloße Auffangfunktion erfüllen würden, bedarf es demnach nicht.

In den Sachverhaltskonstellationen, die den Entscheidungen »Architektenkammer« und »Warenproben in Apotheken« zugrunde lagen, wäre also die kartellrechtliche Abwehrklage eines Standesunterworfenen unzulässig gewesen.

Als Zwischenergebnis läßt sich festhalten, daß kartellrechtliche Abwehrklagen des Standesangehörigen aus § 35 I GWB gegen Maßnahmen der Standesaufsicht grundsätzlich unzulässig sind.[59]

Weitere Konsequenz des Verhältnisses von Standesaufsicht zu kartellrechtlicher Abwehrklage ist, daß die Berufsgerichte mangels Vorgreiflichkeit des Kartellrechts erst recht nicht gehalten sind, ein berufsgerichtliches Verfahren nach § 96 II GWB auszusetzen.[60]

III. Sonstige Eigenfunktion

Fraglich ist, ob sonstige Konstellationen im Innenverhältnis denkbar sind, bei denen die Anwendung des Kartellrechts geboten ist, weil insoweit kein funktionsgleiches öffentliches Recht vorgreiflich ist.

1. Vorverlegung des Rechtsschutzes

Man könnte erwägen, ob das Kartellrecht insoweit eigene Funktionen übernimmt, als der kartellrechtliche Rechtsschutz früher als der berufsgerichtliche ansetzt. Nach § 35 I GWB kann sich der Standesangehörige bereits gegen die Androhung berufsgerichtlicher Schritte wehren.Die Beurteilung der materiellen Rechtmäßigkeit der Androhung richtet sich jedoch wie im berufsgerichtlichen Verfahren ausschließlich nach öffentlichem Recht. Deshalb besteht kein Anlaß, die Zuständigkeit der Kartellgerichte zu begründen. Auch die prozeßrechtlichen Schutzstandards sind gewahrt, weil die Berufsgerichte (§ 223 BRAO)[61] bzw. die allgemeinen Verwaltungsgerichte[62] gegen sog.

---

[59] so explizit OLG Stuttgart WRP 1991, 531 (532 f.); *Melullis,* Handbuch des Wettbewerbsprozesses, Rn. 9; *Messer,* FS f. Pfeiffer, 972 (983); wohl auch *Harms* NJW 1976, 1289 (1295 sub 2.); a.A.: FK-*Huber/Baums* § 1 GWB Tz. 67; *Hitzler* GRUR 1981, 110 (119 f.); *ders.* GRUR 1982, 474 (475 sub 3); *Kramm* WRP 1992, 365 (366 ff.); *Oesterle* WRP 1993, 456 (457 ff.); *M. Schmidt,* Standesrecht und Standesmoral, S. 159 sub II.

[60] so zutreffend der Nds. Gerichtshof f. d. Heilberufe GRUR 1986, 262 (263 sub B.1.b.) – Apothekenwerbung.

[61] EGH Stuttgart BRAK-Mitt 1982, 77; vgl. auch BVerfG NJW 1979, 1159 (1160 f.); *Jessnitzer/Blumberg* § 73 Rn. 6.

[62] für StB vgl. z.B. *Gehre* § 76 StBerG Rn. 16, 26.

»mißbilligende Belehrungen« (vgl. z.B. § 73 II Nr. 1 BRAO) ebenso Rechtsschutz gewähren wie sogar gegen präventive Rechtsbelehrungen durch die Kammer[63].

2. *Kompetenzüberschreitungen*

Nach der eingangs angeführten Formel, wonach das Kartellrecht auf sog. »angemaßte« Zuständigkeiten Anwendung finden soll, hinge die Anwendung des Kartellrechts, davon ab, ob die Kammer bei der Wettbewerbsbeschränkung kompetenzwidrig tätig geworden ist. Da den Kammern immer die Kompetenz zukommt, Berufspflichten zu normieren und deren Einhaltung zu überwachen, kann man unter kompetenzwidriger Standesaufsicht nur solche verstehen, die zu Zwecken eingesetzt wird, deren Verfolgung den Kammern nicht zugewiesen ist (private Zwecke). Zu denken ist hier in erster Linie an die Verfolgung zünftischer Interessen.[64] In diesen Fällen leistet aber bereits das einschlägige Berufsrecht ausreichenden Rechtsschutz. Bedient sich die Kammer hoheitlicher Maßnahmen (Standesaufsicht), um diese Ziele durchzusetzen, stellt die entsprechende Maßnahme einen unzulässigen Eingriff in die durch Art 12 GG garantierte Berufsausübungsfreiheit dar, weil die Standesinteressen keinen Gemeinwohlbelang i.S. der Dreistufentheorie darstellen. Die Maßnahme wäre also vom Berufsgericht aufzuheben.

Der öffentlich-rechtliche Schutz gegen die Verfolgung kompetenzwidriger Ziele durch die Kammer geht noch über das hinaus, was das Kartellrecht zu leisten imstande wäre. Das Kammermitglied kann – ohne selbst von entsprechenden Maßnahmen unmittelbar betroffen zu sein –[65] gegen die Kammer aus Art 2 I GG auf Einhaltung der Kompetenzgrenzen klagen.[66] Dieser Anspruch folgt daraus, daß bereits die Zwangsmitgliedschaft in der Kammer einen Eingriff in das Grundrecht auf negative Vereinigungsfreiheit darstellt (Art 2 I GG). Daher ist die Zwangsmitgliedschaft nur solange rechtmäßig, wie die Kammer ihre Kompetenzgrenzen einhält.

Festzuhalten ist also, daß der kammerangehörige Freiberufler öffentlich-rechtlichen Rechtsschutz gegen jede Art von Kompetenzüberschreitung genießt.

Dem Kartellrecht kommt daher insoweit im Innenverhältnis ebenfalls keine eigenständige Funktion zu.

3. *Privatrechtliches Handeln der Kammer*

Für die Anwendung des Kartellrechts im Innenverhältnis zwischen Kammer und Mitglied ist damit nur dort Raum, wo die Kammer mit Maßnahmen droht, deren Rechtmäßigkeit sich nicht nach öffentlichem Recht richtet.

Droht die Kammer mit Handlungen, deren Rechtmäßigkeit sich nach öffentlichem Sonderrecht bestimmt, sind diese Maßnahmen vor den Berufsgerichten (Standesaufsicht) oder den allgemeinen Verwaltungsgerichten (sonstige Maßnahmen) anzugreifen.

---

[63] vgl. EGH HH AnwBl 1984, 519 [RA]; OVG Lüneburg StB 1980, 163 (164 f.) [StB]; OVG Münster GewArch 1990, 167 f. [WP]; kritisch dazu: *Feuerich* § 223 BRAO Rn. 8 f.

[64] Zur Untauglichkeit dieses Begriffs als Abgrenzungskriterium, s.o. § 3 B. III.

[65] vgl. z.B. BVerwGE 34, 69 (74); BVerwG NJW 1980, 2595 (2596).

[66] BVerwGE 34, 69 (74); BVerwG NJW 1982, 1298 (1298).

Dabei spielt es, wie dargestellt, gerade keine Rolle, ob die Kammer mit diesen Maßnahmen »private«, weil kompetenzwidrige Zwecke verfolgt. Der Kammerangehörige genießt gegen die Wahrnehmung privater Ziele durch die Kammer generell öffentlich-rechtlichen Rechtsschutz.

Das GWB ist daher nur dort anzuwenden, wo die Kammer mit Jedermannshandlungen droht, deren Rechtmäßigkeit mangels anderer Normen nur nach dem GWB festzustellen ist. Solche Fälle von Drohungen mit einer privaten Handlung dürften im Innenverhältnis selten sein.

Am ehesten könnte noch die Drohung mit einer privatrechtlichen Unterlassungsklage gem. § 13 II Nr.2 UWG[67] in Betracht kommen.[68] Die unredliche Drohung mit gerichtlichen Schritten kann zumindest dann im Einzelfall als rechtswidrige Nachteilsandrohung i.S.v. § 25 II GWB angesehen werden, wenn es sich um einen offensichtlich unbegründeten Anspruch handelt.[69] Gleichwohl dürfte die praktische Bedeutsamkeit dieses Anspruchs denkbar gering sein. Zum einen besteht für die Kammern kein Anlaß, den unbequemen Weg über private Wettbewerbsklagen zu gehen, um das Wettbewerbsverhalten der Standesrechtsunterworfenen zu regeln, weil sie zu diesem Zweck das Instrument der Standesaufsicht haben.[70] Zum anderen besteht auch für das Kammermitglied kein Grund, aus §§ 25 II, 35 I GWB gegen die Kammer vorzugehen, weil – wenn die Kammer ihre Drohung wahrmachte – ohnehin die ordentlichen Gerichte mit dem Rechtsstreit befaßt wären, ohne daß es in diesem Zusammenhang noch auf das GWB ankäme.[71]

Außer dem Fall wettbewerbsrechtlicher Unterlassungsklagen sind nur recht konstruiert wirkende Konstellationen denkbar. So könnte die Kammer z.B. im Hinblick auf fiskalische Hilfsgeschäfte gegen ein Mitglied Druck ausüben, etwa in dem Sinne, daß sie z.B. eine lukrative Buchbestellung (z.B. anläßlich einer Institutseinrichtung) bei einem Angehörigen des Kammermitglieds von dessen Wohlverhalten abhängig machte.[72]

Ergebnis zu § 4:

Die Kammern freier Berufe stellen grundsätzlich keine Unternehmensvereinigungen im Sinne des GWB dar, soweit es um die Beurteilung standesaufsichtlicher Maßnahmen im Verhältnis zwischen Kammer und Mitglied geht. Klagen des Mitglieds, die gegen die Androhung oder Einleitung standesaufsichtlicher Maßnahmen gerichtet sind, gehören vor die Berufs-/Ehrengerichte bzw. vor die allgemeinen Verwaltungsge-

---

[67] zur Aktivlegitimation der Kammern aus § 13 II Nr.2 UWG, vgl. *v. Gamm* § 13 UWG Rn. 13 m.w.Nachw.

[68] so wohl auch *Harms* NJW 1976, 1289 (1296 sub VIII.); vgl zur umgekehrten Konstellation einer negativen Feststellungsklage aus UWG gegen die Kammer: BGH WRP 1993, 382 f. – Rechtswegprüfung I.

[69] I/M-*Immenga* § 35 GWB Rn. 63; grundsätzlich dagegen: *Ring*, Wettbewerbsrecht, S. 211 f. sub 2.; eingehend dazu unten § 5 D.

[70] vgl. dazu oben § 1 E. II.

[71] BGH WuW/E BGH 2141 (2144) – Apothekenwerbung.

[72] Allerdings handelt die Kammer in einer solchen Konstellation genaugenommen als Unternehmen (Teilnahme am geschäftlichen Verkehr) und nicht als Unternehmensvereinigung.

richte (praeventiver Rechtsschutz). Klagen des Standesangehörigen aus § 35 GWB gegen hoheitliches Kammerhandeln sind unzulässig.

Es kommt auch nicht darauf an, ob die Kammer mit der hoheitlichen Handlung die Ermächtigung deutlich überschritten hat oder den ihr zugewiesenen Aufgabenbereich verlassen hat. Gegen jede derartige hoheitliche Handlung genießt der Kammerangehörige umfassenden öffentlich-rechtlichen Rechtsschutz. Für die Anwendung kartellrechtlicher Tatbestände ist insoweit kein Raum.

Kartellrechtliche Abwehrklagen des Kammermitglieds gegen wettbewerbsbeschränkende Handlungen der Kammer, kommen nur insoweit in Betracht, als die Kammer ihm gegenüber privatrechtlich handelt. Diese Fälle dürften eher theoretischer Natur sein.

§ 5 Kartellbehördliche Untersagungsverfügungen

Steht demnach für das Innenverhältnis die Untauglichkeit der Rechtswidrigkeitsformel[1], wie sie der BGH in der Entscheidung »Architektenkammer«[2] formuliert hat, fest, ist weiterhin zu klären, ob sie nicht jedenfalls im Verhältnis zu den Kartellbehörden ihre Berechtigung hat oder ob verneinendenfalls die vom BGH in der Entscheidung »Warenproben in Apotheken«[3] formulierte Abgrenzungsformel vorzuziehen ist.

A. Problemstellung

Die Praxis der herrschenden Meinung, kartellbehördliche Untersagungsverfügungen gegen Kammern zuzulassen, soweit die Kammern nach der Rechtswidrigkeitsformel als Unternehmensvereinigungen zu qualifizieren sind, begegnet Bedenken.

Rechtstatsächlich hebt sie das BKartA in die Position einer Revisionsinstanz für die Frage der Wirksamkeit von Berufsordnungsvorschriften[4] und führt damit zu einer Ersetzung der Körperschaftsaufsicht (B. und C.).

Weiterhin kollidiert sie mit der wohl noch immer herrschenden Ansicht, daß es einer Behörde grundsätzlich versagt ist, mit Verfügungen in den hoheitlichen Tätigkeitsbereich einer anderen Behörde einzugreifen.[5] Fraglich ist, ob den Kartellbehörden auf der Grundlage des GWB eine solche Kompetenz zusteht (C.).

Letztlich führt sie, da die Standesaufsicht durch die Kammern z.T.[6] auch die Einleitung des berufsgerichtlichen Verfahrens umfaßt, zu der befremdlichen Situation, daß eine Behörde der anderen Behörde die Anrufung der eigentlich zuständigen Gerichte untersagen kann (D.).

Fraglich ist, ob den Kartellbehörden eine derartige Kompetenz zukommt. Der BGH hat dies in der Entscheidung »Architektenkammer«[7] als unproblematisch angesehen und bejaht. Dies entspricht der gegenwärtig herrschenden Meinung im Schrifttum.[8]

---

[1] vgl. Einführung 1., S. 2 ff.; § 3.

[2] BGH WuW/E BGH 1474 (1477 f.).

[3] BGH GRUR 1991, 622 (625).

[4] Das gesteht auch *Oesterle* [WRP 1993, 456 (458)] im Hinblick auf den BGH zu.

[5] s. unten C. II., Fn. 33.

[6] so z.B. bei den Heilberufen: § 72 des niedersächischen Kammergesetzes für die Heilberufe (HKG) i.d.F. vom 30.5.1980, GVBl. S. 193; § 76 I Brem. HeilberufsG vom 19.12.1989, GBl. S.397; § 64 I Ziff. 1 HeilberufsG Rh.-Pf. vom 20.11.1978, GVBl. S. 649; Art 66 I Ziff. 1 Bay KammerG i.d.F. vom 9.3.1978, GVBl. S. 67; § 23 I BerufsgerichtsO Ba.-Wü. vom 27.5.1955, GBl. S. 177; § 17 II Hamb. BerufsgerichtsG i.d.F. vom 20.6.1972, GVBl. S. 111, 128; § 29 KammerG Bln. i.d.F. vom 4.9.1978, GVBl. S. 1937; § 58 I HeilberufsG Thü. vom 7.1.1992, GVBl. S. 3; § 74 I HeilberufeG Meck.-Vorp. vom 22.1.1993, GVOBl. S. 62; § 60 I HeilberufsG NRW. i.d.F. vom 9.3.1989, GV S. 170; § 60 I Hess. HeilberufsG i.d.F. vom 24.4.1986, GVBl. S. 122; anders: § 116 S. 2 BRAO i.V.m. § 152 StPO; § 114 StBerG; § 85 WPO: Anschuldigungsmonopol der StA.

[7] BGH WuW/E BGH 1474 (1477 f. sub 3.).

[8] I/M-*Emmerich* § 98 Abs. 1 Rn. 60 f.; *Hitzler* GRUR 1981, 110 (115 ff.); *Kramm* WRP 1992, 365 (366); *Kresse* WRP 1992, 365 (366); *Oesterle* WRP 1993, 456 (457 ff.); *M. Schmidt*, Standesrecht und Standesmoral, S. 159 sub II.; *Taupitz* ZHR 153 (1989), 681 (695); vgl. auch *Hörle* WRP 1983, 596 (598 f.); *Ring*, Wettbewerbsrecht der freien Berufe, 214 ff.

Zum Teil wird allerdings auch die Auffassung vertreten, die Kontrolle durch die Kartellbehörden sei überflüssig[9] oder unzulässig.[10]

B. Körperschafts- und Kartellaufsicht

Grundsätzlich unterstehen die Kammern der Körperschaftsaufsicht durch die jeweiligen Ministerien. Die Körperschaftsaufsicht ist eine umfassende Rechtsaufsicht (vgl. z.B. § 66 S. 2 WPO). In diesem Zusammenhang sind zwei Fragen auseinander zu halten.

Zum einen kann die Rechtswidrigkeitsformel in ihrer Weite deshalb unzulässig sein, weil sie mit dem hoheitlichen Status der Kammer nicht zu vereinbaren wäre. Damit ist die Frage angesprochen, ob Kompetenzen der Kammer verletzt werden (dazu unten C.). Zum anderen könnte man, von dieser Frage losgelöst, erwägen, daß eine kartellbehördliche Zuständigkeit weitergehend schon deswegen ausscheiden müßte, weil die Kammer umfassender Rechtsaufsicht durch die Körperschaftsaufsichtsbehörde unterliegt. Fraglich ist, ob diesem Gesichtspunkt eigenständige Bedeutung zukommt. Dies wäre so, wenn es einen Grundsatz des Inhalts gäbe, daß eine allgemeine Rechtsaufsicht Fachaufsichten ausschlösse.

Daß ein Rechtsträger zweifacher Kontrolle durch unterschiedliche Behörden unterliegt, ist nicht ungewöhnlich. So unterliegt z.B. die »GEMA« im Hinblick auf die Einhaltung des Urheberrechtewahrnehmungsgesetzes der Aufsicht des Bundespatentamtes (vgl. §§ 19 I, 18 UrhWG[11]), im Hinblick auf die Einhaltung des GWB der Kontrolle der Kartellbehörden.[12] Im übrigen zeigen auch die zahlreichen im GWB enthaltenen Vorschriften, die die Zusammenarbeit zwischen Kartell- und anderen Fachaufsichtsbehörden regeln[13], daß die Überwachung der Einhaltung verschiedener Gesetze selbstverständlich verschiedenen Behörden zugewiesen sein kann.

Die Besonderheit der vorliegenden Konstellation besteht darin, daß die Körperschaftsaufsicht über die Freiberuflerkammern eine allgemeine Rechtsaufsicht ist. Das Bundesministerium für Wirtschaft überwacht nicht die Einhaltung der WPO, sondern die Einhaltung der Gesetze (vgl. § 66 S. 2 WPO). Im Gegensatz zu den im GWB berücksichtigten Konstellationen stehen sich vorliegend nicht zwei gleichrangige Fachaufsichten[14] sondern eine Fach- und eine Universalaufsicht gegenüber. Fraglich ist, ob dieser Tatsache besondere Bedeutung zukommt.

---

9 *Gelhausen,* Die staatlich gebundenen Berufe, S. 117 sub 1., S. 118 ff. sub 3.; *Rinck/Schwark,* Wirtschaftsrecht Rn. 253 ; vgl. in anderem Zusammenhang auch *v. Köhler* DVBl 1961, 605 (606).

10 *Harms* NJW 1976, 1289 (1291, 1296); *Messer,* FS f. Pfeiffer, 972 (983).

11 Gesetz über die Wahrnehmung von Urheberrechten und verwandten Schutzrechten vom 9.9.1965, BGBl. I S. 1294.

12 vgl. BGH WuW/E BGH 2497 (2501 sub IV.1.) – Gema-Wertungsverfahren.

13 vgl. z.B. § 44 II 1 GWB (Einvernehmen); § 99 I Ziff. 2 GWB (Benehmen); § 102 V GWB (Benehmen).

14 vgl. z.B. § 19 I UrhWG: »...der nach diesem Gesetz obliegenden Pflichten ...«.

I. Allgemeines Prinzip einheitlicher Körperschaftsaufsicht?

Die Durchsetzung kartellrechtlicher Schutzstandards könnte ausschließlich der Körperschaftsaufsicht obliegen, wenn es einen allgemeinen Grundsatz des Inhalts gäbe, daß die Aufsicht über Körperschaften des öffentlichen Rechts einheitlich von der Körperschaftsaufsichtsbehörde durchzuführen wäre.[15]

Ein solcher Grundsatz wird für die Kommunalaufsicht reklamiert.[16] Danach ist es Sonderbehörden (z. B. nach dem Energiewirtschaftsgesetz[17] oder dem Personenbeförderungsgesetz[18]) verwehrt, gegen Kommunen aufsichtlich vorzugehen. Die Sonderaufsichtsbehörden haben sich vielmehr an die Kommunalaufsicht zu halten. Es gilt der Grundsatz der Einheit der Kommunalaufsicht.[19]

Indessen handelt es sich bei diesem Grundsatz, der z.T. positivrechtlich normiert ist (vgl. §§ 113 GO NRW, 127 GO Rh.Pf.) um kein allgemeines Strukturprinzip der Aufsicht über die Träger mittelbarer Staatsverwaltung. So unterliegen demgegenüber bespielsweise die Sparkassen, die Anstalten des öffentlichen Rechts darstellen (vgl. z. B. § 3 I Nds. SparkG), einerseits der umfassenden Anstaltsaufsicht durch die Sparkassenaufsichtsbehörde (vgl. z. B. § 29 I Nds. SparkG), andererseits aber auch der Sonderaufsicht durch das Bundesamt für Kreditwesen (vgl. § 52 KWG).

II. Analoge Anwendung der §§ 113 GO NRW, 127 I GO Rh.Pf.

Fraglich könnte daher höchstens sein, ob die Interessenlage der zu untersuchenden Konstellation eine analoge Anwendung der §§ 113 GO NRW, 127 I GO Rh.Pf. gebietet.

Dies ist zu verneinen. Ein wesentlicher Unterschied zwischen Freiberuflerkammern und Kommunen besteht nämlich darin, daß die Gemeinden auch noch der Fachaufsicht für Aufgaben im übertragenen Wirkungskreis unterliegen (vgl. z. B. § 128 III NGO). Die Kommunen führen neben den Selbstverwaltungsangelegenheiten noch durch Gesetz zur Erfüllung nach Weisung übertragene Angelegenheiten durch (sog. übertragener Wirkungskreis, vgl. § 5 I NGO); die Kommunen sind insoweit Teil der unmittelbaren Staatsverwaltung. Ratio der Regelung in § 113 GO NRW und in § 127 I GO Rh.Pf. ist es, die Fachaufsicht in Abstimmung mit der Leistungsfähigkeit der Gemeinde, insbesondere den Gemeindefinanzen, zu bringen, um zu verhindern, daß die Kommunen durch die Anforderungen der Fachaufsicht im übertragenen Wirkungskreis überfordert werden.[20] Der Sinn der Regelung besteht also in erster Linie in der Harmonisierung von Körperschafts- und Fachaufsicht und nicht im Schutz vor Sonderaufsicht. Da die Kammern in der Regel[21] aber keine Aufgaben der unmittelba-

---

[15] für hoheitliches Handeln der Kammern so offensichtlich *Harms* NJW 1976, 1289 (1295).

[16] vgl. *Gönnenwein,* Gemeinderecht, S. 206 f.; vgl. auch *Lüersen/Neuffer/Beckhof* § 130 Nds. GO Anm. 1.

[17] vom 13.12.1935, RGBl. I S.1451 i.d.F. vom 19.12.1972, BGBl. I S. 2750.

[18] vom 25.7.1989, BGBl. I S. 1547.

[19] *Gönnenwein* a.a.O.; *Lüersen/Neuffer/Beckhof* a.a.O.; vgl. auch *von Loebell-Becker* § 113 GO NRW Anm. 4.

[20] *v. Loebell-Becker* § 113 GO NRW Anm.4.

[21] vgl. allerdings z.B. §§ 12 f. Nds. Kammergesetz für die Heilberufe.

ren Staatsverwaltung wahrnehmen, besteht schon keine dem Kommunalrecht vergleichbare Gefahrenlage. Daß die im Einzelfall bestehende Gefahr von Kompetenzkonflikten zwischen Sonder- und Körperschafts- bzw. Anstaltsaufsicht keine Analogie rechtfertigt, zeigt die im KWG enthaltene Regelung im Hinblick auf öffentlichrechtliche Sparkassen.

Ergebnis zu B.:

Die Tatsache, daß das Kammerverhalten umfassender Rechtskontrolle durch die Körperschaftsaufsichtsbehörde unterliegt, spricht nicht gegen eine zusätzliche kartellbehördliche Kontrolle.[22] Es gibt keinen Grundsatz der Einheit der Körperschaftsaufsicht, der ein solches Vorgehen geböte.

C. Hoheitlicher Status der Kammer und Kartellaufsicht

Fraglich ist jedoch, ob den Kartellbehörden die Kompetenz zukommt, mit Verfügungen in den hoheitlichen Tätigkeitsbereich der Kammern einzugreifen.

I. Problemstellung

Unproblematisch sind die Fälle, in denen eine Kammer direkt gegen Externe vorgeht, wenn also den Nachfragern freiberuflicher Dienstleistung[23] oder den gewerblichen Konkurrenten des Freiberuflers[24] unmittelbar durch den Hoheitsträger Nachteile angedroht werden. Das Verhältnis zu den Außenstehenden ist insoweit nicht sonderrechtlich normiert und die Kammer kann sich dementsprechend auch nicht hoheitlicher Mittel bedienen. Ihr Verhalten ist demnach als privatrechtlich zu qualifizieren und unterliegt uneingeschränkt kartellbehördlicher Kontrolle. Daß daneben auch die Körperschaftsaufsicht zum Einschreiten berechtigt wäre, ändert an dem Zugriffsrecht der Kartellbehörden nichts (s.o. B.). Eine Kollision mit Sonderrecht, das die Kammer zu solchem Verhalten berechtigen würde, scheidet aus.

Problematisch sind jedoch die Fälle, in denen die Kammer unmittelbar nur gegen die Kammermitglieder vorgeht und sich zu diesem Zweck hoheitlicher Handlungsformen bedient, gleichwohl aber durch dieses Verhalten den Wettbewerb beschränkt. Im Falle solch ambivalenter Handlungen wäre die Kammer im Verhältnis zu den Mitgliedern als Behörde,[25] im Verhältnis zu den betroffenen Externen (Marktgegenseite, Konkurrenten) möglicherweise als Unternehmensvereinigung anzusehen.

---

[22] allgemein für das Verhältnis Rechtsaufsicht zu Kartellaufsicht so auch: *Schwarz*, Die wirtschaftliche Betätigung der öffentlichen Hand, S. 246 f. sub 4.

[23] vgl. den Sachverhalt BGH WuW/E 1474 – Architektenkammer (Vorgehen gegen niedersächsische Kommunen).

[24] vgl. KG WuW/E OLG 1687 ff. – Laboruntersuchungen (Vorgehen gegen gewerbliche Konkurrenten).

[25] s.o. § 4.

Zu klären ist, ob sie deswegen auch als Unternehmensvereinigung im Verhältnis zu den Kartellbehörden anzusehen ist.

II. Eingriff in den hoheitlichen Tätigkeitsbereich der Kammern (Verfügungsverbot)

Im vorliegenden Zusammenhang ist von mehreren Autoren erwogen worden, es könnte gegen den Grundsatz verstoßen, daß eine Behörde nicht mit Verfügungen in den hoheitlichen Tätigkeitsbereich einer anderen Behörde eingreifen darf, wenn man Kammern im Falle ambivalenter Handlungen als Unternehmensvereinigungen qualifiziert.

Harms[26] meint, daß ein derartiges Vorgehen der Kartellbehörden daher unzulässig sei.

Leisner[27] bestreitet demgegenüber bereits die Geltung eines solchen Grundsatzes.

Odersky[28] und *Ring*[29] halten – ohne nähere Begründung – diesen Grundsatz für vorliegend im Ergebnis nicht einschlägig.

Rittner[30] leugnet (bei ansonsten kritischer Haltung zur weiten Ausdehnung des Wettbewerbsrechts auf das Handeln der öffentlichen Hand) die Übertragbarkeit dieses Prinzips. Ähnlich meint *Schwarz*[31], daß im Anwendungsbereich des Kartellrechts die Rechtsqualität des Verfügungsadressaten unbeachtlich sei.

In der Tat ist bereits problematisch, ob ein solcher Grundsatz gilt und welche Reichweite er hat.

Der BGH[32] hat es als einen »ungeschriebenen Grundsatz des Verwaltungsrechts« bezeichnet, daß die Polizei ihre Aufgabe nicht mit obrigkeitlichen Mitteln gegenüber der Hoheitsgewalt einer anderen Behörde durchsetzen darf.

Auch das BVerwG[33] geht davon aus, daß es sich dabei um einen allgemeinen Grundsatz handelt.

Dem entspricht die herrschende Meinung im polizeirechtlichen Schrifttum[34].

Die Anwendung hoheitlicher Mittel soll nur dann zulässig sein, wenn der Verfügungsadressat fiskalisch handelt, bei der Teilnahme am allgemeinen Verkehr oder im

---

[26] *Harms* NJW 1976, 1289 (1291, 1296).

[27] *Leisner,* Berufsordnungsrecht und Werbeverbote, S. 75.

[28] *Odersky* AG 1991, 281 (284 f.).

[29] *Ring,* Wettbewerbsrecht der freien Berufe, S. 209 Fn. 349 sub b.

[30] *Rittner,* Wirtschaftsrecht, § 14 Rn. 15 (S.242) in Fn. 44 a.E.

[31] *Schwarz,* Die wirtschaftliche Betätigung der öffentlichen Hand, S. 245.

[32] BGH DVBl 1970, 499 (499 f.).

[33] BVerwGE 29, 52 (58 f.); so auch OVG Lüneburg OVGE 12, 340 (341 f.); OVG Lüneburg ZfW 1990, 314 (316 f.); VG Stade NVwZ 1989, 497 (499 f.).

[34] *Drews/Wacke/Vogel/Martens,* Gefahrenabwehr, § 15 b., S. 240 ff.; *Gebhard* DÖV 1986, 545 (549 f.); *Götz,* Polizeirecht, Rn. 224 f.; *Friauf* in v. Münch/Schmidt-Aßmann, VerwR BT, 2. Abschn. Rn. 104 f.; *Saipa,* Vorb. zu § 6 bis § 8 Nds.SOG Rn. 11; *Schenke* in: Steiner, VerwR BT, Abschn. II Rn. 84; *Wolff/Bachof,* Verwaltungsrecht III, § 127 Rn. 30; *Würtenberger* in: Achterberg/Püttner, VerwR BT II, Kap. 7/1 Rn. 178; a.A.: *Sadler* § 17 VwVG Rn. 2; *Schultes,* Die Polizeipflicht von Hoheitsträgern, S. 96 sub e); diff.: *Scholz* DVBl 1968, 732 (738 sub 5.a.).

Katastrophenfall.[35] Von diesen Ausnahmetatbeständen ist keiner einschlägig. Im Gegensatz zu den typischen Fällen des § 98 I GWB, in denen ein Unternehmen der öffentlichen Hand erwerbswirtschaftlich tätig wird, handelt die Kammer bei Maßnahmen der Standesaufsicht im Verhältnis zu ihren Mitgliedern hoheitlich. Sie nimmt auch nicht in dem Sinne am allgemeinen Verkehr teil, daß es um die Rechtmäßigkeit einer Jedermannshandlung ginge, wie dies in den Fällen der dienstlichen Teilnahme am Straßenverkehr der Fall ist (vgl. § 35 StVO).

Auch die zum KWG entwickelte Parallele (s.o.B.) hilft in dieser Frage nicht weiter. Im KWG ist in § 50 I 2 dem Bundesaufsichtsamt für das Kreditwesen ausdrücklich die Möglichkeit eingeräumt, Zwangsmaßnahmen gegen Körperschaften des öffentlichen Rechts zu ergreifen (Ausnahme zu § 17 VwVG Bd.). Daraus ergibt sich, daß es dem Bundesaufsichtsamt für das Kreditwesen erst recht gestattet ist, Verfügungen gegen öffentlich-rechtlich organisierte Sparkassen zu erlassen. GWB und Berufsgesetze enthalten keine Normen, die einen entsprechenden Schluß für die vorliegende Konstellation zuließen.

Fraglich ist allerdings, ob der im Polizeirecht entwickelte Grundsatz auf das Kartellrecht übertragbar ist. *Schwarz*[36] meint, kartellbehördliche Verfügungen gegen Hoheitsträger seien deshalb grundsätzlich zulässig, weil es ein Grundanliegen des GWB sei, die »par conditio concurrentium« zwischen öffentlicher Hand und privaten Unternehmen zu gewährleisten. Dies sei derselbe Gesichtspunkt (Gleichbehandlung), der im Polizeirecht zu der Erkenntnis geführt habe, daß fiskalisches Handeln eines Hoheitsträgers Gegenstand einer Untersagungsverfügung sein könne. Daher habe gleiches für die wirtschaftliche Betätigung der öffentlichen Hand im Hinblick auf das GWB zu gelten, so daß Verfügungen grundsätzlich zulässig seien.[37] Diese Betrachtungsweise verkürzt den Sinn des genannten Grundsatzes. Erläßt eine Polizeibehörde eine behördliche Verfügung gegen einen fiskalisch handelnden Hoheitsträger, greift sie nicht in dessen hoheitliche Kompetenz ein.[38] Daher werden solche Verfügungen für zulässig erachtet. Diese Erwägung läßt sich nicht ohne weiteres auf das Verhältnis Kartellbehörde-Kammer übertragen. Daher ist vorliegend genauer zu untersuchen, welche Gesichtspunkte für das genannte öffentlich-rechtliche Prinzip angeführt werden und welche Konsequenzen daraus für das Verhältnis Kammer–Kartellbehörde zu ziehen sind.

Als Begründung für den Grundsatz, daß eine Behörde nicht mit hoheitlichen Mitteln in den hoheitlichen Tätigkeitsbereich einer anderen Behörde soll eingreifen können, werden der Grundsatz der Einheit der Verwaltung[39] sowie die Wahrung der Kompetenzordnung[40] respektive die Gleichrangigkeit der Behörden[41] angeführt. Diese Gesichtspunkte sind nicht spezifisch polizeirechtlicher Natur. Sie könnten grundsätz-

---

[35] BGH DVBl 1970, 499 (500); *Drews/Wacke/Vogel/Martens,* Gefahrenabwehr, § 15, S. 243.

[36] *Schwarz,* Die wirtschaftliche Betätigung der öffentlichen Hand, S. 245.

[37] *Schwarz* a.a.O.

[38] zu diesem Gesichtspunkt s. unten 2.

[39] OVG Lüneburg OVGE 12, 340 (341); OVG Lüneburg ZfW 1990, 314 (316); *Weimar* DÖV 1960, 114 (114)

[40] OVG Lüneburg ZfW 1990, 314 (316); in diesem Sinne: *Würtenberger* in: Achterberg/Püttner, VerwR BT II, Kap 7/1 Rn. 178.

[41] *Saipa,* Vorb. zu § 6 bis § 8 Nds.SOG Rn. 11; *Schenke* in: Steiner, VerwR BT Abschn. II Rn. 84

lich ebenso im Verhältnis von Hoheitsträgern zu Kartellbehörden Geltung beanspruchen.[42]

1. Einheit der Verwaltung

Scholz[43] hat allerdings darauf aufmerksam gemacht, daß es einen Grundsatz der Einheit der Verwaltung, aus dem ein solch kategorisches Verbot folgte, nicht gibt. Vielmehr kennt das Gesetz durchaus Kompetenzverschränkungen, die es Behörden gestatten, gegen andere Behörden mit Verfügungen vorzugehen, auch wenn hoheitliches Handeln des Adressaten betroffen ist (vgl. z.B. § 35 StVO, § 36, § 38 KWG im Verhältnis zu Sparkassen). Ebenso ist anerkannt, daß Behörden, die mit besonderen Überwachungsaufgaben nach Sondergesetzen betraut sind, auch insoweit zuständig bleiben, als sich ihre Überwachungstätigkeit (nach LMBG, BSeuchG, AbfallG) auf die Betätigung von Verwaltungsträgern erstreckt.[44]

2. Wahrung der Kompetenzordnung

Die angeführten Beispiele zeigen, daß aus dem Grundsatz der Einheit der Verwaltung nicht auf ein durchgängiges Verfügungsverbot geschlossen werden darf. Tragender Gesichtspunkt ist vielmehr, ob dem Eingriff in den Hoheitsbereich – wie *Scholz* es ausdrückt – kompetenznegierende Wirkung zukommt.[45] Der Vollzug allgemeiner Gesetze darf nicht in verwaltungslenkendes Sonderrecht umschlagen.[46]

Man könnte in der *tatbestandlichen* Weite der Rechtswidrigkeitsformel bereits eine unzulässige Negation der Kammerkompetenz zur Regelung des Marktverhaltens der Freiberufler sehen. Dies wäre dann der Fall, wenn die Kartellbehörden ohne sachlichen Grund zu Oberbehörden im Hinblick auf das Marktverhalten der Freiberufler würden und damit in eine bestehende Kompetenz der Kammer eingegriffen würde. Die Handhabung der Rechtswidrigkeitsformel stellt dann verwaltungslenkendes Sonderrecht dar.

Fraglich ist, ob die Rechtswidrigkeitsformel, wie sie die herrschende Meinung praktiziert,[47] nicht kompetenznegierende Wirkung in diesem Sinne hat, weil die Verwaltungskompetenz, Berufspflichten zu normieren und ihre Einhaltung zu überwachen (vgl. z.B. §§ 28ff., 10 I Ziff. 2 Nds.HKG), überlagert wird durch die gegenläufige Kompetenz, das Marktverhalten von Druckausübung frei zu halten.

Daher ist zu klären, welche tatbestandliche Reichweite die Rechtswidrigkeitsformel hat, um dann feststellen zu können, ob in dieser Weise Kompetenzen der Kammern verletzt werden, die Handhabung der Rechtswidrigkeitsformel also verwaltungslenkendes Sonderrecht darstellt.

---

[42] in der Sache so *Harms* NJW 1976, 1289 (1291, 1296); unentschieden IM-*Emmerich* § 98 Abs. 1 GWB Rn. 107 ff.; *Odersky* AG 1991, 281 (284 f.); a.A.: *Rittner*, Wirtschaftsrecht, § 14 Rn. 15 (S. 242) in Fn. 44 a.E.; wohl auch *Autenrieth* im Gemeinschaftskommentar, § 98 Abs. 1 GWB Rn. 120.

[43] *Scholz* DVBl 1968, 732 (733).

[44] *Götz*, Polizeirecht, § 11 V. Rn. 224.

[45] *Scholz* DVBl 1968, 732 (738).

[46] *Scholz* a.a.O.

[47] vgl. § 3, Einführung S. 2 ff.

a) Tatbestandliche Reichweite der Rechtswidrigkeitsformel

Die Kartellbehörden sind nach der Rechtswidrigkeitsformel zur Durchsetzung des GWB berufen, wenn die Kammern den Wettbewerb beschränken und als Unternehmensvereinigungen anzusehen sind, weil kein vorrangiges Berufsrecht der Vertrags- und Handlungsfreiheit der Kammermitglieder Grenzen setzt. Zu klären ist also, ob bei Anwendung dieser Formel überhaupt noch wesentliche kartellrechtsfreie Räume im Bereich der Standesaufsicht denkbar sind oder ob sich in dieser Weise nicht jederzeit ein Zugriffsrecht begründen läßt.

aa) Unternehmensvereinigung

Bei der Durchsetzung von Wettbewerbsbeschränkungen sind die Kammern nach der Rechtswidrigkeitsformel als Unternehmensvereinigungen anzusehen, wenn ihr Verhalten berufsrechtswidrig ist. Das bedeutet, daß den Kartellbehörden bei einer solchermaßen begründeten Zuständigkeit ein Prüfungsrecht noch vor den Berufsgerichten (mit der bekannten Folge der Rechtswegverschiebung) zukommt. Im gesamten Bereich der Standesaufsicht käme den Kartellbehörden kraft eines allgemeinen Gesetzes die Kompetenz zu, die materielle Rechtmäßigkeit der Berufsordnungsvorschriften und die materielle Rechtmäßigkeit ihres Vollzuges zu überprüfen. Dem Begriff der Unternehmensvereinigung kommt keine gegenständliche Abgrenzungsfunktion in dem Sinne zu, daß er einen wie auch immer gearteten Bereich der Standesaufsicht ausschließlich der Rechtskontrolle durch Kammern, Berufsgerichte oder Körperschaftsaufsicht vorbehielte.

bb) Wettbewerbsbeschränkung, Marktbeeinflussung

Damit hängt die Reichweite der Rechtswidrigkeitsformel davon ab, inwieweit den Tatbestandsmerkmalen »Wettbewerbsbeschränkung« und »Marktbeeinflussung« eingrenzende Wirkung im genannten Sinne zukommt. Der BGH hat in der Entscheidung »Architektenkammer« die begrenzende Wirkung des Tatbestandsmerkmals Wettbewerbsbeschränkung hervorgehoben; bei der Anwendung der Rechtswidrigkeitsformel seien die »berechtigten Belange« der Kammer dadurch gewahrt, daß ihr jeweils nur Wettbewerbsbeschränkungen untersagt werden könnten.[48]

In der Tat begrenzt das Tatbestandsmerkmal »Wettbewerbsbeschränkung« die kartellbehördliche Zuständigkeit. Unter einer Wettbewerbsbeschränkung i.e.S. versteht man die Beschränkung solcher Handlungsalternativen der Marktteilnehmer[49], die einen spezifischen Wettbewerbsbezug aufweisen.[50] Damit scheiden begrifflich all diejenigen Berufspflichten aus, die den Standesangehörigen zur *Vornahme* einer Hand-

[48] BGH WuW/E BGH 1474 (1478) – Architektenkammer; OLG Celle WuW/E OLG 3535 (3536) – Apothekenwerbung für Randsortiment.
[49] FK-*Huber/Baums* § 1 GWB Rn. 127 f.
[50] FK-*Huber/Baums* § 1 GWB Rn. 132.

lung im Interesse der Marktgegenseite verpflichten (z.B. Verpflichtung zur gewissenhaften Berufsausübung, Fortbildung etc.).[51]

Soweit Handlungsverbote betroffen sind, scheiden jene aus, die keinen spezifischen Wettbewerbsbezug aufweisen, die also ein Verhalten zum Gegenstand haben, das für die Marktgegenseite bedeutungslos ist[52] (vgl. z.B. §§ 10, 11, 13 RiliRA).

Das Merkmal der Marktbeeinflussung entfaltet keine darüber hinausgehende Abgrenzungswirkung. Die Spürbarkeit der Beeinflussung der Marktverhältnisse ist quantitativ[53] und qualitativ[54] zu bestimmen. Angesichts des Marktanteils, der durch die Kammern verkörpert wird, dürfte die quantitative Spürbarkeit zweifellos gegeben sein. Qualitativ scheiden nur Wettbewerbsbeschränkungen aus, die Wettbewerbsparameter zum Gegenstand haben, die für die Marktgegenseite wenig ins Gewicht fallen[55]; dies entspricht vorliegend dem spezifischen Wettbewerbsbezug der Beschränkung (s.o.).

Damit begründet die Rechtswidrigkeitsformel ein Zugriffsrecht für jedwedes standesrechtliche Handlungsverbot mit Wettbewerbsbezug. Eine Vielzahl der Berufsordnungsvorschriften erfüllt die formellen Voraussetzungen, die ein Zugriffsrecht der Kartellbehörden begründen würden.[56]

Demnach lassen sich selbst so unverdächtige Normen wie z.B. das in § 24 RiliRA enthaltene Verbot der Umgehung des Gegenanwalts oder das in § 12 RLNot enthaltene Verbot der Fernbeglaubigung als zuständigkeitsbegründende Wettbewerbsbeschränkungen erfassen, weil sie Beschränkungen der Handlungsfreiheit der Kammermitglieder darstellen und sich argumentieren läßt, daß es aus der Sicht des Klienten durchaus eine Rolle spielt, welcher Mittel sich der Anwalt bedient, um die Mandanteninteressen durchzusetzen bzw. welche Maßnahmen der Notar ergreift, um den Klienteninteressen zu genügen. Daß die Kartellbehörden eine Vielzahl von Berufsordnungsvorschriften (wie z.B. § 24 RiliRA) unbeanstandet lassen, weil sie die Rechtmäßigkeitsbeurteilung der Kammern, Berufsgerichte oder der Körperschaftsaufsicht insoweit (selbstverständlich) teilen, ändert nichts daran, daß die Rechtswidrigkeitsformel eine weitestgehende Kontrollkompetenz begründet, von der lediglich Handlungsgebote und Verbote ohne Wettbewerbsbezug nicht erfaßt werden. Auch die nicht beanstandeten Normen der Berufsordnungen sind – soweit sie Handlungsverbote mit Wettbewerbsbezug enthalten – letztlich bei konsequenter Anwendung der Rechtswidrigkeitsformel immer von der Billigung durch die Kartellbehörden abhängig.

Die Rechtswidrigkeitsformel begründet also eine Oberkompetenz der Kartellbehörden im Hinblick auf das Marktverhalten der Freiberufler. Die Kompetenz, die Grenzziehung zwischen GWB und Berufsrecht durchzuführen, ist in Anwendung der Rechtswidrigkeitsformel ihnen und nicht den Kammern bzw. der Körperschaftsauf-

---

[51] z.B. §§ 10, 11, 12 MuBO (Fortbildung, Qualitätssicherung, Haftpflicht), Anh. V.; §§ 36, 39, 48, 57 RiliRA (Aktenführung, Unterrichtung des Auftraggebers, Vermögensschadenhaftpflichtversicherung, Maß der Sorgfalt), Anh.I.

[52] FK-*Huber/Baums* § 1 GWB Rn. 144.

[53] FK-*Huber/Baums* § 1 GWB Rn. 398.

[54] FK-*Huber/Baums* a.a.O. Rn. 402.

[55] FK-*Huber/Baums* a.a.O. Rn. 402.

[56] vgl. z.B. §§ 1–8, 13, 15, 17 f., 20 RLNot; §§ 1 VIII, 13, 14, 18 I, IV, 19, 21 I, VI, 22, 23, 25–37 MuBO.

sicht zugewiesen. Fraglich ist, ob darin eine unzulässige Kompetenznegation zu sehen ist. Dies hängt davon ab, welcher Behörde welche Kompetenzen zukommen.

b) Kompetenznegation

Der Zweck des GWB wird gemeinhin im Schutz des Wettbewerbs als Institution und im Schutz der Handlungsfreiheit der Marktteilnehmer gesehen.[57]

Den Kartellbehörden kommt damit generell die Kompetenz zu, den Wettbewerb zu schützen. Da Wettbewerb als reale Folge der wirtschaftlichen Handlungsfreiheit der Marktteilnehmer verstanden wird[58], liegt es nahe, im Hinblick auf die Kompetenzbestimmung auf die Marktbeteiligten abzustellen.

aa) Schutz der Standesangehörigen

Grundsätzlich haben die Kartellbehörden die umfassende Kompetenz, die wirtschaftliche Handlungsfreiheit aller Marktteilnehmer zu gewährleisten. Wie jedoch unter § 4 dargestellt, ist im Verhältnis Kammer zu Standesangehörigem das öffentliche Berufsrecht vorgreiflich. Die wirtschaftliche Handlungsfreiheit des Kammerangehörigen genießt gegen hoheitliche Pressionen umfassenden öffentlich-rechtlichen Schutz. Da die Anwendung kartellrechtlicher Tatbestände (konkret: § 25 II GWB) daher nach den Grundsätzen, die der Gemeinsame Senat der Obersten Bundesgerichte in der Entscheidung »öffentlich-rechtliche Krankenkassen«[59] formuliert hat, ausscheidet, kann unter diesem Gesichtspunkt auch keine Zuständigkeit der Kartellbehörden begründet sein. Soweit die Kammer ausschließlich die Handlungsfreiheit der Kammerangehörigen beschneidet, handelt sie in eigener Zuständigkeit.

Damit ist die Rechtswidrigkeitsformel jedoch noch nicht hinfällig. Da die Zuständigkeit der Kartellbehörden an das Merkmal der Wettbewerbsbeschränkung anknüpft, läßt sich die umfassende kartellbehördliche Zuständigkeit – wie sie die Rechtswidrigkeitsformel begründet – möglicherweise mit der Wahrnehmung der Interessen der Marktgegenseite begründen.

bb) Schutz der Interessen der Klientel

Unzweifelhaft kommt den Kartellbehörden als Hüter des Wettbewerbs die allgemeine Funktion zu, die wettbewerbliche Freiheit der Marktgegenseite zu gewährleisten.

Entsprechend könnte man die umfassende kartellbehördliche Zuständigkeit mit der Wahrnehmung der Interessen der Klientel rechtfertigen. Auch wenn die Handlungsfreiheit der Freiberufler hinreichend durch Berufsgerichte und Körperschaftsaufsicht gewährleistet ist, bewirkt die Beschränkung der Handlungsfreiheit des Freiberuflers, wenn es sich um eine Wettbewerbsbeschränkung handelt, definitionsgemäß immer auch eine Beschränkung der wettbewerblichen Alternativen der Marktgegenseite, die ihrerseits nicht der Hoheitsgewalt der Kammern unterworfen ist. Die kartellbehördli-

---

[57] vgl. nur I/M-*Emmerich* § 35 GWB Rn. 16 f.

[58] I/M-*Immenga* § 1 Rn. 184.

[59] GmS-OGB BGHZ 108, 284 (286 ff.).

che Zuständigkeit rechtfertigte sich bei dieser Sichtweise daraus, daß die Interessen der Marktgegenseite gegen standesinterne Beschränkungen zur Geltung zu bringen wären. Die eigenständige Funktion der Kartellbehörden wäre darin zu sehen, daß sie als Sachwalter standesexterner Interessen tätig würden. Ihre Kompetenz bestünde darin, darüber zu wachen, daß bei der Normierung von marktbezogenen Berufspflichten nicht die Belange der Marktgegenseite mißachtet würden. Diese Vorstellung klingt an, wenn geltend gemacht wird, eine umfassende kartellbehördliche Kontrolle des Kammerverhaltens sei geboten, weil den Kartellbehörden die Überwachung einer abweichenden Verhaltensordnung obliege.[60] Da – wie gezeigt – im Hinblick auf den Schutz der wirtschaftlichen Handlungsfreiheit des Freiberuflers das Kartellrecht keine eigenen Schutzstandards normiert, kann sich die behauptete Unterschiedlichkeit der Verhaltensordnung nur daraus ergeben, daß das Kartellrecht im Gegensatz zum Berufsrecht auch dem Schutz der Marktgegenseite dient. Dies deutet *Taupitz* an, wenn er in diesem Zusammenhang darauf hinweist, daß die Körperschaftsaufsicht im Gegensatz zur Kartellaufsicht in erster Linie den Schutz der Standesangehörigen bezwecke, so daß daneben die kartellbehördliche Kontrolle geboten sei.[61]

Fraglich ist jedoch, ob nicht den Kammern eine vergleichbare Wahrnehmungskompetenz zukommt [(1), (2)]. Wenn dies anzunehmen ist, wäre zu klären, welcher Behörde der Vorrang einzuräumen ist.

Grundsätzlich sind zwei Sichtweisen denkbar. Entweder man leugnet jede Kammerkompetenz, die über die Regelung von Standesinterna hinausgeht. Dann könnte man die umfassende kartellbehördliche Zuständigkeit bezogen auf Handlungsverbote mit Wettbewerbsbezug mit der Betroffenheit der Marktgegenseite begründen. Die Kartellbehörde gründete ihre Zuständigkeit auf die Verletzung der Interessen der Marktgegenseite. Die Zuständigkeit der Kammer erschöpfte sich darin, Standesinterna zu regeln. In dieser Weise könnte sie jede Art von Handlungsverboten und -geboten normieren. Erließe sie aber Handlungsverbote mit Wettbewerbsbezug, verließe sie den ihr zugewiesenen Bereich, weil sie in Interessen von Marktteilnehmern eingriffe, die ihrer Hoheitsgewalt nicht unterworfen sind. Die Rechtswidrigkeitsformel hätte dann keinen kompetenznegierenden Charakter.

Die Kammerkompetenz läßt sich auch weiter fassen. Man könnte der Kammer eine weitergehende Kompetenz zusprechen, das Marktverhalten der Freiberufler zu regeln. Diese Kompetenz würde dann notwendigerweise die Kompetenz mitumfassen, Regelungen zu treffen, die auch die Interessen der Marktgegenseite berühren. In diesem Fall wäre zu prüfen, ob möglicherweise gleichwohl aus besonderen Gründen ein Vorrang kartellbehördlicher Zuständigkeit anzunehmen wäre.

(1) Kammerkompetenz zur Regelung des Marktverhaltens

Fraglich ist, ob den Kammern die Kompetenz zukommt, das Marktverhalten der Kammermitglieder zu regeln. *Ring*[62] deutet an, daß den Kammern eine solche schon

---

[60] *Hitzler* GRUR 1981, 110 (120 sub 4.); *Taupitz,* Standesordnungen, S. 903; *ders.* ZHR 153 (1989), 681 (695 a.E.f.).

[61] *Taupitz* a.a.O.

[62] *Ring,* Wettbewerbsrecht der freien Berufe, S. 192 ff.

deswegen nicht zukomme, weil sich die autonome Rechtsetzungsmacht der Kammern aus ihrer mitgliedschaftlichen Struktur ableite; weil die hoheitliche Rechtsetzungsmacht nur auf die Standesangehörigen zurückzuführen sei, komme der Kammer keine Kompetenz zu, durch wettbewerbsbeschränkende Berufsordnungsvorschriften in die Rechte Dritter einzugreifen. Daher seien z.B. standesrechtliche Werbeverbote – sofern sie nicht zur Zielerreichung unabdingbar sind – kompetenzwidrig.[63]

Diesem Verständnis liegt die alte Originitätslehre zugrunde. Nach der neueren Dogmatik leitet sich die Hoheitsgewalt der Kammern aus der staatlichen Verleihung hoheitlicher Kompetenzen ab.[64] Dementsprechend ist es den Körperschaften nicht einmal verwehrt, Berufsordnungen mit unmittelbarer Außenwirkung zu erlassen, sofern sie entsprechend ermächtigt sind.[65] Eine vergleichbare Ermächtigung zu »erweiterter Autonomie«[66] ist z.B. die den Notarkammern in § 67 II Nr. 2 BNotO eingeräumte Kompetenz, die Ausbildung und Prüfung der (nicht standesangehörigen) Hilfskräfte der Notare zu regeln.[67] Daher können Berufsordnungen erst recht mittelbare Außenwirkung entfalten, ohne daß sie bereits deswegen kompetenzwidrig würden.[68]

Ring selbst gesteht zu, daß die Kammern solche Wettbewerbsbeschränkungen erlassen dürfen, die zur Zielerreichung unabdingbar sind.[69] Dies läßt sich aber nicht begründen, wenn man der Kammer generell die Kompetenz abspricht, durch interne Maßnahmen Drittbeeinträchtigungen bewirken zu dürfen. Richtigerweise folgt aus der körperschaftlichen Organisationsform und der Autonomie lediglich, daß die Kammern nicht hoheitlich gegen Externe vorgehen können, sofern sie dazu nicht ausdrücklich ermächtigt sind. Dagegen folgt aus ihr nicht, daß die Kammern nicht auch die Kompetenz hätten, das Marktverhalten der Freiberufler zu regeln. Vielmehr kommt den Kammern eine solche Kompetenz zu. Dies verdeutlichen die gesetzlichen Ermächtigungen, die zwischenzeitlich teilweise ausdrückliche Ermächtigungen zur Regelung des Marktverhaltens enthalten.[70] Gleiches zeigt die Gesetzesgeschichte. Wie in § 1 gezeigt, enthalten alle Berufsordnungen auch Regelungen über das Marktverhalten der Freiberufler. Hätte der Gesetzgeber gemeint, daß den Kammern eine solche Kompetenz nicht zukomme, hätte er dies in den Berufsgesetzen zwischenzeitlich normiert. Statt dessen wird die ausdrückliche Ermächtigung zwischenzeitlich in die Berufsgesetze übernommen.[71] *Taupitz* weist im Zusammenhang mit der Frage der Gesetzgebungskompetenz zutreffend darauf hin, daß Regelungen über Werbung und

---

[63] *Ring*, Wettbewerbsrecht der freien Berufe, S. 194.

[64] *Taupitz*, Standesordnungen, S. 677 Fn. 25.

[65] *Taupitz*, Standesordnungen, S. 677 f. mit Beispielen in Fn. 30; *Kleine-Cosack*, Autonomie, S. 267 f.; *Narr*, Berufsrecht, Rn. 645; für das Verhältnis BRAK zu einzelkammerangehörigen Anwälten so: *Sue*, Rechtsstaatliche Probleme, S. 80; allgemein in diesem Sinne: *Fleiner*, Institutionen, S. 80; *Huber*, Wirtschaftsverwaltungsrecht I, S. 186; *Ipsen*, Berufsausbildungsrecht, S. 39 a.E.f. sub b.; *Kirchhof* in: BVerfG und GG, 50 (87); *Wolff/Bachof*, Verwaltungsrecht I, § 25 IX b., S. 138; vgl. auch BVerwG DVBl 1958, 757 (759 a.E.f.).

[66] *Schneider*, FS f. Möhring, 521 (531).

[67] *Schneider*, FS f. Möhring, 521 (532) mit weiteren allgemeinen Beispielen a.a.O. S. 531 ff.

[68] *Brandstetter*, Berufsordnungen, S. 152 a.E.f.; *Kleine-Cosack*, Autonomie, S. 271.

[69] *Ring*, Wettbewerbsrecht der freien Berufe, S. 196 f.

[70] vgl. z.B. § 31 Ziff. 8, 9 Nds.HKG : Gebühren, Werbung, Wettbewerbshandlungen;§ 59 b II Ziff. 2, 3 BRAO: Fachanwaltsbezeichnungen, Werbung, Tätigkeitsschwerpunkte.

[71] s.vorige Fn.

Gebühren traditionell in Standesordnungen geregelt werden.[72] Dementsprechend hat das BVerfG[73] das standesrechtliche Werbeverbot durchaus als zum Berufsrecht gehörend betrachtet und nicht möglicherweise als kompetenzwidrig, weil Drittinteressen beeinträchtigend, eingeordnet.

Den Kammern kommt demnach die Kompetenz zu, das Verhalten des Kammermitglieds im Verhältnis zur Marktgegenseite zu regeln.

(2) Notwendige Kompetenz zur Wahrnehmung der Klienteninteressen

Wenn die Kammern die Kompetenz haben, das Marktverhalten der Freiberufler zu regeln, ist dem die Kompetenz zugehörig, durch solche Maßnahmen die Interessen der Marktgegenseite wahrzunehmen. Richtigerweise ist den Kammern die Wahrnehmung der Klienteninteressen als Aufgabe zugewiesen. Sie ist insoweit *notwendiger* Bestandteil der Kompetenz, Berufspflichten zu normieren.

Dies legt bereits die bloß formelle Betrachtung der Aufgabenzuweisung nahe. Wenn den Kammern die Kompetenz zukommt, Berufspflichten zu normieren und ihre Einhaltung zu überwachen, und diese Kompetenz auch die Regelung des Marktverhaltens umfaßt, bedeutet dies nichts anderes, als daß die Kammern das Verhalten der Freiberufler im Verhältnis zum Klienten regeln und überwachen sollen. Da jede Beschränkung des Marktverhaltens des Kammermitglieds notwendig die wettbewerblichen Interessen der Klientel beeinträchtigt, ist die Wahrnehmung der Klienteninteressen dem Kompetenzthema, »Normierung von Berufspflichten« konsequent zugehörig, soweit es die Normierung marktbezogener Verhaltenspflichten umfaßt, was oben [(1)] zu bejahen war. Es wäre eine gezwungene Betrachtung, wollte man annehmen, es sei bezogen auf die Kammerkompetenz zwischen der Beschränkung der Handlungsfreiheit des Freiberuflers auf der einen Seite und den Auswirkungen, die diese Beschränkung notwendigerweise auf die Klientel hat, auf der anderen Seite zu differenzieren.

Dieses Ergebnis wird bestätigt, wenn man auf den Zweck der Kammerkompetenz abstellt.

Der Auffassung, nach welcher der Normanwendungskonflikt im Sinne der genannten Unabdingbarkeitsprüfung zu lösen ist[74], liegt die Vorstellung zugrunde, daß der Zweck des Standesrechts darin zu sehen ist, die berufliche Funktionserfüllung zu gewährleisten.[75] Dem ist zuzustimmen.

Die rein marktwirtschaftliche Erfüllung dieser Aufgaben durch den einzelnen Freiberufler kann jedoch disfunktional sein (vgl. staatliche Gebührenordnung, formalgesetzliche Werbeverbote). Hintergrund dieser marktwirtschaftlichen Sonderbehandlung des Freiberuflers sind unter anderem die Besonderheiten im vertikalen Verhältnis

---

[72] *Taupitz,* Standesordnungen, S. 914; in diesem Sinne auch *M. Schmidt,* Standesrecht und Standesmoral, S. 123 f. sub bb).

[73] vgl. BVerfGE 33, 125 (170) – Facharzt: »Es [das Verbot standeswidriger Werbung] ist verfassungsrechtlich nicht zu beanstanden.«; vgl. auch BVerfGE 53, 96 (97 ff.); BVerwG NJW 1986, 1558 (1560).

[74] s.o. § 4.

[75] *Leisner,* Berufsordnungsrecht und Werbeverbote, S. 46 f.; *Ring,* Wettbewerbsrecht der freien Berufe, S. 45 ff.; *Taupitz,* Standesordnungen, S. 859 f.; allgemein auch *Brandstetter,* Berufsordnungen, S. 160 f.; zu abweichenden Begründungsmodellen, vgl. *M. Schmidt,* Standesrecht und Standesmoral, S. 72 ff.

zum Klienten.[76] Die Notwendigkeit der Berufspflichten leitet sich aus der gesteigerten Abhängigkeit des Mandanten[77] (»Kompetenzkluft«[78]) und aus der gesteigerten Gemeinwohlbindung des Freiberuflers ab, die ihrerseits Rückwirkungen auf das Verhältnis Freiberufler–Klient hat.[79]

Typischerweise sind damit drei Gesichtspunkte angesprochen:

1. Die Interessen des Freiberuflers
2. Die Belange der Klientel
3. Übergeordnete Gemeinwohlbelange.

Wenn nun den Kammern die Kompetenz zukommt, durch Regelung des Marktverhaltens des Freiberuflers die berufliche Funktionserfüllung zu gewährleisten, bedeutet dies, daß den Kammern der Ausgleich dieser Interessen überantwortet ist, daß die Kammern also auch externe Interessen, nämlich die der Klientel, wahrnehmen sollen bzw. diese gegebenenfalls übergeordneten Gemeinwohlerwägungen unterzuordnen haben. Eine sinnvolle Trennung zwischen den Interessen der kammerangehörigen Freiberufler und denen der Klientel ist im Hinblick auf die Kompetenz nicht möglich. Man kann nicht die den Kammern zugewiesene formelle Kompetenz, die Handlungsfreiheit der Mitglieder zu beschränken, von den dahinterstehenden Zielen isolieren. Die Kompetenz ist nicht Selbstzweck. Der Ausgleich dieser Gemengelage betroffener Interessen ist notwendiger Bestandteil der Kompetenz, Berufspflichten zu normieren, wie er damit auch notwendiger Bestandteil der Rechtskontrolle ist.[80]

So können Klientenbelange eine Beschränkung der Handlungsfreiheit des Freiberuflers gebieten (s.u.), wie auch übergeordnete Gemeinwohlbelange eine Beschränkung sowohl der Klienten- wie auch der Freiberuflerinteressen rechtfertigen können (s.u.). Dies läßt sich an einigen Beispielen verdeutlichen.

(a) Anwaltliches Werbeverbot

Das BVerfG[81] hat die folgenden Gesichtspunkte als Gemeinwohlinteressen (im Sinne der sogenannten Dreistufentheorie) angesehen, die das anwaltliche Werbeverbot als Eingriff in die Grundrechte des Kammermitgliedes rechtfertigen könnten:

Es werde verhindert, daß beim Klienten durch wertende, nicht überprüfbare Werbeaussagen unberechtigte Erwartungen geweckt würden, weil die Leistung vom Rechtsuchenden nur schwer einzuschätzen sei.

Es solle das Vertrauen des Rechtsuchenden gestärkt werden, daß Rechtsanwälte nicht aus Gewinnstreben zu Prozessen rieten oder die Sachbehandlung an Gebühreninteressen ausrichteten.

Letztlich solle ein rein geschäftsmäßige Einstellung des Rechtsanwaltes verhindert werden.

---

[76] *Ahrens* AnwBl 1992, 247 (248); für das Standesrecht so auch: *M. Schmidt*, Standesrecht und Standesmoral, S. 83; in diesem Sinne auch *Redeker* NJW 1987, 304 (304).
[77] *M.Schmidt*, Standesrecht und Standesmoral, S. 83 noch 6.
[78] *Taupitz*, Standesordnungen, S. 64.
[79] vgl. zum Rechtsanwalt: *Ahrens* AnwBl 1992, 247 (252 f. sub VI.).
[80] dazu unten.
[81] BVerfGE 76, 196 (208).

Die ersten beiden Gesichtspunkte bezwecken ausschließlich den Schutz der Marktgegenseite (Schutz vor Desinformation)[82]. Während der letztgenannte Grund die Klienteninteressen einem Gemeinwohlbelang (Funktionsfähigkeit der Rechtspflege, Anwalt als parteiunabhängiges Organ der Rechtspflege[83], § 1 BRAO) unterordnet. In jedem Fall bilden die Belange der Klienten einen unmittelbaren Bestandteil der Regelung.

Wenn die Kammer also zur Durchsetzung des Werbeverbots standesaufsichtliche Maßnahmen gegenüber dem Kammermitglied ergreift, beschränkt sie die Berufsausübung des Rechtsanwalts auch im objektiven Interesse der Klientel.[84]

Man mag in der Sache darüber streiten, inwieweit die angeführten Klientenbelange ein Werbeverbot rechtfertigen. Indessen ändert dies nichts daran, daß genau diese Fragestellung Gegenstand der Rechtsfindung durch die Kammer bzw. der körperschaftsaufsichtlichen oder berufsgerichtlichen Kontrolle ist. Erlauben die genannten Mandanteninteressen sachlich zutreffende Informationswerbung durch den Rechtsanwalt, verstößt ein weitergehendes Werbeverbot gegen Art 12 I GG.[85] Allein daß dieselbe Rechtsfrage u. U. von den Kartellbehörden anders als von der Kammer oder den Berufsgerichten (der Körperschaftsaufsicht) beurteilt wird, führt nicht dazu, daß die zusätzliche Kompetenz der Kartellbehörden begründet wird. Wollte man so verfahren, wäre die gesamte Kompetenzordnung hinfällig.[86]

(b) Verbot der quota litis

Gleiches läßt sich am Beispiel des quota-litis-Verbots verdeutlichen. Das Verbot der quota litis findet seine Rechtfertigung in der Stellung des Rechtsanwaltes als *partei*unabhängigem Organ der Rechtspflege.[87] Es soll einer Verquickung mit Parteiinteressen vorbeugen.[88] Wie auch beim Werbeverbot läßt sich darüber streiten, ob der Gemeinwohlbelang (Unabhängigkeit des Rechtsanwaltes) eine so weitgehende Beschneidung der Parteiinteressen rechtfertigt. Indessen ist dies Gegenstand der Rechtsfindung durch die Kammern bzw. der entsprechenden Rechtskontrolle durch Körperschaftsaufsicht oder Berufsgerichte. Notwendigerweise muß sich ein Ehrengericht, wenn es einen Verstoß gegen § 52 III RiliRA ahndet, mit dieser Frage auseinandersetzen. Nur wenn die Funktionsfähigkeit der Rechtspflege eine Beschränkung der Klienteninteressen (beliebige Einflußnahme auf den Anwalt) rechtfertigt, kann es zulässig sein, dem Rechtsanwalt entsprechende Handlungsverbote aufzuerlegen.

(c) Gebührenunterschreitungsverbote

In derselben Weise finden die Belange der Marktgegenseite bei der Rechtfertigung von

[82] vgl. *Ahrens,* Die Stellung des Rechtsanwaltes, in: *Gerhard,* Professional Ethics, 94 (123).

[83] BGH NJW 1974, 1865 (1866 sub II. 2. a.).

[84] Davon zu trennen ist die Frage, ob dem einzelnen Klienten ein subjektives Recht auf Durchführung der Standesaufsicht zusteht; verneinend VGH Mannheim NJW 1981, 2011 (2011 f), s. dazu auch unten § 6 C.II.

[85] vgl. BVerfG AnwBl 1992, 182 (182 f.) – Anwaltssuchservice; vgl. auch BVerfGE 76, 196 (208 ff.).

[86] zum Zusammenhang von Rechtswidrigkeit und Zuständigkeit s.u.

[87] RGZ 115, 141 (142) zu § 138 BGB; *Ahrens,* Die Stellung des Rechtsanwalts, in: *Gerhard,* Professional Ethics, 89 (113); *Lingenberg/Hummel/Zuck/Eich* § 52 RiliRA Rn. 13.

[88] RG a.a.O.

Gebührenunterschreitungsverboten Berücksichtigung. So werden unter anderem[89] als allgemeine Gesichtspunkte die Konzentration auf den Leistungswettbewerb[90] bzw. das Werbeverbot[91] wie auch allgemein der Schutz des Mandanten, der zur Leistungsbewertung nicht in der Lage ist,[92] bzw. der Schutz des Vertrauensverhältnisses zwischen Klient und Freiberufler[93] angeführt.

Die angeführten Beispiele zeigen, daß gerade Interessen der Marktgegenseite Handlungsverbote legitimieren bzw. daß übergeordnete Gemeinwohlbelange die Interessen der Marktgegenseite beschneiden, woraus sich wiederum Beschränkungen der Handlungsfreiheit des Freiberuflers ergeben (vgl. z. B. oben b.).

Die Wahrnehmung der Belange der Klientel ist der Kammerkompetenz also notwendig zugehörig. Die Kompetenz der Kammern, Berufspflichten zu normieren, umfaßt auch die Kompetenz, die Interessen der Klientel wahrzunehmen, wobei Wahrnehmung in dem Sinne zu verstehen ist, daß die Kammern einen gemeinwohlorientierten Ausgleich zwischen den Belangen der Freiberufler, der Klienten und übergeordneten Gemeinwohlbelangen zu suchen haben.

Der Eingriff in die hoheitliche Tätigkeit der Kammern, der mit der Untersagung rechtswidriger hoheitlicher Wettbewerbsbeschränkungen verbunden ist, läßt sich also nicht damit begründen, daß den Kammern keine Kompetenz zur Wahrnehmung der Interessen der Marktgegenseite zukäme. Da den Kammern erst recht die Kompetenz zukommt, die Handlungsfreiheit der Standesangehörigen zu beschränken, hat die Rechtswidrigkeitsformel insoweit kompetenznegierenden Charakter, als sie bewirkt, daß die Kartellbehörden zu Oberbehörden im Hinblick auf das Marktverhalten der Freiberufler werden, weil insoweit eine umfassende Eigenzuständigkeit der Kammern besteht.

Wenn demgegenüber eingewandt würde, daß die Kartellbehörden nach der Rechtswidrigkeitsformel nur dann tätig werden, wenn die Kammern jenseits der Ermächtigung tätig geworden sind, also außerhalb ihrer »Zuständigkeit«, so ist das nicht richtig. Ein Hoheitsakt kann rechtswidrig sein, weil die handelnde Behörde nicht zuständig war. Dies ist der Fall, wenn eine Behörde eine Maßnahme trifft, die der Sache nach nur von einer anderen Behörde hätte getroffen werden dürfen.[94] Genauso kann eine Behörde aber zuständig sein und gleichwohl rechtswidrig handeln. Sie verliert deswegen nicht ihre Befassungskompetenz und würde quasi unzuständig.[95] Handelt eine zuständige Behörde rechtswidrig, so hat die Oberbehörde (Körperschaftsaufsicht) für die Einhaltung der Rechtmäßigkeitsanforderungen zu sorgen. Die materielle Rechtswidrigkeit einer Behördenhandlung führt nicht zum Wechsel des Behördenstrangs. Wollte man die materielle Rechtswidrigkeit mit formeller Unzuständigkeit gleichset-

---

89 zur Rechtfertigung von Gebührenordnungen allgemein, vgl. Bericht der BReg über die Lage der freien Berufe, BT-Drucks. 8/3139, S. 22.

90 *Harms,* NJW 1976, 1289 (1294 sub 4.); *Messer,* FS f. Pfeiffer, S. 973 (976).

91 *Peter,* § 4 StBerGebVO Anm. III (Gr.40 S.115).

92 vgl. z.B. Rili B.6.4. zu § 6 Brem BO für Architekten, Anh.VII.2.; vgl. auch Deregulierungskommission, Marktöffnung und Wettbewerb, S. 105 Ziff. 432.

93 *Harms* NJW 1976, 1289 (1293 f. sub 1.); *Martinek,* Gesellschafts- und Kartellrecht, S. 413 a.E. f.

94 *Forsthoff,* Allgemeines Verwaltungsrecht, § 12 1.a.bb., S. 231.

95 *Forsthoff* a.a.O.; für die vorliegende Konstellation so auch: *Messer,* FS f. Pfeiffer, 972 (982).

zen, könnten z.B. die Polizeibehörden gegen jede rechtswidrig handelnde Fachbehörde vorgehen. Die Kompetenzordnung wäre hinfällig.Danach gilt für die Fälle hoheitlicher Wettbewerbsbeschränkung durch die Kammern, daß ihr Handeln gemessen an den Ermächtigungsnormen zwar rechtswidrig sein kann. Da die Kammern mit der (rechtswidrigen) Beschränkung des Wettbewerbs aber keine Handlung vornehmen, die der Sache nach einer anderen Behörde zukommen könnte,[96] handeln sie in keinem Fall als unzuständige Behörde.

Die Handhabung der Rechtswidrigkeitsformel durch die h.M. hat also kompetenznegierenden Charakter, weil die Kammerkompetenz zur Regelung des Marktverhaltens des Freiberuflers überlagert wird durch die kartellbehördliche Kompetenz, den Wettbewerb zu gewährleisten. Ihre Handhabung stellt also verwaltungslenkendes Sonderrecht dar, weil sie einen Großteil kammerbehördlicher Kompetenzen (Handlungsverbote mit Wettbewerbsbezug) negiert.

(3) Kartellbehördliche Zuständigkeit aus Schutzzweckerwägungen

Fraglich ist, ob gleichwohl eine kartellbehördliche Zuständigkeit unter Schutzzweckgesichtspunkten geboten ist.

Sowie die Wahrnehmung der wettbewerblichen Interessen der Klientel notwendiger Bestandteil der Kompetenz, Berufspflichten zu normieren, ist, sind die Klienteninteressen notwendiger Bestandteil der berufsgerichtlichen und körperschaftsaufsichtlichen Kontrolle. Wie oben beispielhaft gezeigt, stellt sich für Körperschaftsaufsicht wie für die gegebenenfalls zugreifende Kartellbehörde die gleiche Rechtsfrage: Entweder rechtfertigt ein Gemeinwohlbelang (z.B. die Unabhängigkeit des Rechtsanwalts als Organ der Rechtspflege) die Beschränkung von Interessen der Marktgegenseite (beliebiger Einfluß des Mandanten auf den Rechtsanwalt) oder nicht. Bejaht man diese Frage, hat § 52 III RiliRA (Verbot der quota litis) Bestand, verneint man dies, wäre § 52 III RiliRA rechtswidrig. Demnach besteht unter Schutzzweckgesichtspunkten angesichts bestehender Rechtskontrolle eigentlich kein Anlaß die Wahrnehmung der Interessen der Marktgegenseite den Kartellbehörden zu überantworten.

(a) Materielle Schutzstandards

Jedoch wird von den Verfechtern der Rechtswidrigkeitsformel geltend gemacht, es gehe darum, kartellrechtliche Freiräume oder einen zu weitgehenden Vorrang des Berufsrecht vor dem Kartellrecht zu vermeiden.[97] Dieses Argument verfängt jedoch nicht, weil es die Frage der Zuständigkeit unzulässigerweise mit den materiellen Schutzstandards verknüpft und so einen Zusammenhang behauptet, den es in dieser Weise nicht gibt.

Zum einen ist bereits abstrakt zwischen der formellen Zuständigkeit und den materiellen Rechtmäßigkeitsanforderungen zu unterscheiden. Es ist keinesfalls zwingend –

---

[96] vgl. *Forsthoff* a.a.O.

[97] *Oesterle* WRP 1993, 456 (457); *Taupitz* ZHR 153 (1989), 681 (698).

selbst wenn es um die Anwendung kartellrechtlicher Einzeltatbestände ginge –, daß dies durch die Kartellbehörden erfolgen müßte.

Zum anderen geht es vorliegend bezogen auf die materielle Rechtmäßigkeit nie um die eindimensionale Frage, ob Einzeltatbestände des GWB Anwendung finden, sondern immer um die Harmonisierung beider Regelungskomplexe. Wie bereits gezeigt, handelt es sich um einen den Einzeltatbeständen vorgelagerten Normkonflikt.[98] Das GWB als Ganzes begrenzt die Kompetenz des Gesetzgebers und der Kammern. Seine Auswirkungen unterscheiden sich nicht von sonstigen Gesetzen, die als Element der Gesamtrechtsordnung Behördenkompetenzen begrenzen. Im übrigen ließe sich umgekehrt in gleicher Weise argumentieren, daß es vorliegend um die Bestimmung der kompetentiellen Grenzen des GWB geht, die sich aus den Berufsgesetzen ergeben. Beide Gesetzeskomplexe beeinflussen sich gegenseitig.[99] Daß Interdependenzen zwischen den Normkomplexen bestehen, gibt für die Frage, welchem Behördenstrang die Grenzziehung in diesem Bereich zukommen soll, nichts her. Daher ist es auch unzutreffend in diesem Zusammenhang davon zu sprechen, die Kartellbehörden überwachten die Einhaltung einer abweichenden Verhaltensordnung. Wie beispielhaft dargestellt, geht es bei der Rechtsetzung durch die Kammer (bei der aufsichtlichen Kontrolle) um dieselbe Rechtsfrage, die sich den zugreifenden Kartellbehörden stellte.

Diese Frage stellt sich für Kammern, Berufsgerichte, Körperschaftsaufsicht und Kartellbehörden in gleicher Weise, ohne daß mit der Zuweisung an einen Behördenstrang bereits eine Entscheidung zugunsten irgendwelcher materieller Schutzstandards gefallen wäre. Aus der Sicht der zugreifenden Kartellbehörde, ist zu fragen, ob die formelle Wettbewerbsbeschränkung durch eine entsprechende (wirksame) berufsgesetzliche Ermächtigung legitimiert ist. Aus der Sicht berufsrechtlicher Kontrolle stellt sich die Frage, ob die kammergesetzliche Ermächtigung, die (auch) im Hinblick auf das GWB auszulegen ist[100], die ergriffene Maßnahme (Vorschrift) deckt. Mit der Zuweisung dieser Aufgabe an einen Behördenstrang ist daher materiellrechtlich nichts präjudiziert.

Da also die Belange der Marktgegenseite typischerweise von der Kammerkompetenz und der entsprechenden Rechtskontrolle umfaßt werden und auch keine minderen Schutzstandards damit impliziert sind, könnte höchstens der Gesichtspunkt der Sachnähe für eine Zuständigkeit der Kartellbehörden sprechen.

In diesem Zusammenhang werden zwei Argumente für eine kartellbehördliche bzw. kartellgerichtliche Zuständigkeit vorgebracht.

(b) Kontrolle des marktwirtschaftlichen Leistungsaustauschs

Hitzler[101] hat geltend gemacht, daß kartellrechtliche Kontrolle darauf ausgerichtet sei, den marktwirtschaftlichen Leistungsaustausch sicherzustellen, während die Körperschaftsaufsicht vor allem auf den Schutz der Handlungsfreiheit der Mitglieder ziele,

---

[98] s.o. § 4 B.II.1; vgl. auch *Taupitz*, Standesordnungen, S. 911 noch (b).
[99] vgl. *Taupitz*, Standesordnungen, S.914 ff zu den Gesetzgebungskompetenzen.
[100] s.o. § 4 B. II. 1.
[101] *Hitzler* GRUR 1981, 110 (120); ähnlich *Taupitz* ZHR 153 (1989), 681 (696).

und deshalb eine Doppelkontrolle geboten sei. Soweit damit angedeutet werden soll, es ginge deshalb bei Körperschaftsaufsicht und Kartellaufsicht um die Anwendung unterschiedlicher Verhaltensordnungen ist dem aus den oben angeführten Gründen entgegenzutreten. Aber auch soweit damit eine größere Sachnähe der Kartellbehörden behauptet werden soll, überzeugt diese Argumentation nicht. Bei der Grenzziehung zwischen Kartellrecht und Berufsrecht geht es darum, inwieweit marktwirtschaftlicher Leistungsaustausch mit den öffentlichen Aufgaben, die den Kammern übertragen sind, zu vereinbaren ist. Wenn das Berufsbild des Anwalts nach § 1 BRAO dadurch gekennzeichnet ist, daß er als Organ der Rechtspflege anzusehen ist, ergibt sich daraus, daß er parteiunabhängig zu sein hat. Daraus wiederum folgt, daß ein rein marktwirtschaftlicher Leistungsaustausch wegen der Gefahr der Interessenverquickung dysfunktional ist. Es gibt keinen einseitigen Vorrang der Kartellbehörden wegen etwaiger Sachnähe bezogen auf das Sachthema marktwirtschaftlicher Leistungsaustausch, soweit es um die Beurteilung jener Dienstleistungen geht, um derentwillen die Verkammerung erfolgte. Wie schon unter § 4 B. II. 2. dargestellt, sprechen Sachnähegesichtspunkte gegen eine umfassende kartellbehördliche Zuständigkeit, weil sich die Unabdingbarkeit der Beschränkung des marktwirtschaftlichen Leistungsaustauschs jeweils nach den Besonderheiten des Standes richtet und nicht einheitlich beantwortet werden kann. Die Kammern, die ohnehin Berufspflichten nur insoweit normieren können, als diese zur Zielerreichung geeignet und erforderlich sind, müssen im Falle der Kartellrechtsberührung die Unabdingbarkeit der Beschränkung des Wettbewerbs prüfen. Dies ist im Vergleich zur Rechtmäßigkeitsprüfung bei fehlendem Kartellrechtsbezug lediglich ein gradueller kein qualitativer Unterschied. Demgegenüber stellt sich für die zugreifenden Kartellbehörden eine qualitativ abweichende Frage. Sie müssen im Gegensatz zur sonstigen Befassung prüfen, welche öffentlichen Aufgaben den verkammerten Freiberuflern übertragen sind, um dann eine Verhältnismäßigkeitsprüfung anzustellen. Erst nach Beantwortung dieser öffentlich-rechtlichen »Vorfrage« gelangen die Kartellbehörden zur Anwendung kartellrechtlicher Einzeltatbestände.

Es besteht also keine Sachnähe der Kartellbehörden, nur weil es um die Frage des marktwirtschaftlichen Leistungsaustauschs ginge.

(c) Abwehr zünftischen Verhaltens

Schwerer wiegt jedoch der Einwand, die Kartellbehörden seien deshalb die berufenen Behörden, weil damit der Gesichtspunkt des »Konkurrenzschutzes« ihrer »sensiblen Kontrolle« überantwortet sei[102]. Damit ist das *rechtstatsächliche* Problem angesprochen, daß bei Kammern – auf Grund ihrer körperschaftlichen Organisationsform – die gesteigerte Gefahr zünftisch motivierten Handelns besteht. Weil die Kammerversammlung Gesetzgeber in eigener Sache ist, liegt die Möglichkeit nahe, daß Klienteninteressen in Wahrnehmung vorgeblicher Gemeinwohlbelange beschränkt werden,

---

102 *Taupitz* ZHR 153 (1989), 681 (697 a.E.); *ders.*, Standesordnungen, S. 910 noch (a); für Berufsgerichte so auch *Emmerich* in I/M § 98 Abs. 1 GWB Rn. 60.

obwohl der reklamierte Gemeinwohlbelang die entsprechende Restriktion nicht rechtfertigt. An dieser Stelle soll den Kammern kein vorsätzlicher Rechtsbruch unterstellt werden. Indessen ist zu konzedieren, daß die Kammer – trotz ihres öffentlich-rechtlichen Status – nicht unparteiisch ist. Es ist nicht zu leugnen, daß die Beschneidung fremder Interessen in Verfolgung übergeordneter Belange leicht fällt, wenn damit auch förderliche Konsequenzen für die Mehrheit der Standesgenossen (Schutz vor Wettbewerb) verbunden sind. Dieser Vermutung entspricht der in § 1 festgestellte Befund. Fraglich ist, ob wegen dieser nicht zu leugnenden Gefahr ein Zugriffsrecht der (unparteiischen) Kartellbehörde geboten ist.

Dem ist entgegenzuhalten, daß das Kammerverhalten praeventiver unabhängiger Kontrolle durch die Körperschaftsaufsichtsbehörden unterliegt. Diese haben die Berufsordnungsvorschriften zu genehmigen. Es besteht also eine präventive, unabhängige, gegen zünftische Erwägungen gefeite Rechtskontrollinstanz.

Es ließe sich jedoch argumentieren, daß es angesichts der vielfach unbestimmt formulierten Berufsordnungsvorschriften an einer nachträglichen unabhängigen Kontrolle der Rechtsanwendung mangelte.Dagegen spricht, daß das Kammerverhalten ehrengerichtlicher Kontrolle unterliegt bzw. im Falle der verkammerten Heilberufe sich die Kammerkompetenz zum Teil sogar auf die Einleitung eines berufsgerichtlichen Verfahrens beschränkt. Das bedeutet, daß unabhängige Gerichte über die Rechtmäßigkeit des Kammerverhaltens entscheiden.

Nun ist allerdings gegen die Berufsgerichte der gleiche Einwand wie gegen die Kammern erhoben worden, daß diese sich nämlich traditionell wettbewerbsfeindlich verhielten. Dieser Einwand mag rechtstatsächlich zutreffend sein. Fraglich ist jedoch, welche Konsequenzen daraus zu ziehen sind. Wenn *Emmerich*[103] meint, daß deshalb ein allgemeines Zugriffsrecht der Kartellbehörden geboten sei, so wird Rechtspolitik im Gewande der Rechtsdogmatik betrieben. Es erscheint ausgesprochen zweifelhaft, ob es Aufgabe der Dogmatik ist, mißliebige Gerichte durch Auslegung von Zuständigkeitsnormen zu umgehen. Soweit die Vertreter dieser Auffassung insinuieren, daß auch die Berufsgerichte – von zünftischen Interessen motiviert – handelten (und daher falsche Urteile fällten), läuft dies auf den Vorwurf hinaus, daß die Rechtmäßigkeitskontrolle durch die Berufsgerichte versagt. Dieser Vorwurf, der einen gesamten Gerichtszweig diskreditiert, wird jedoch lediglich damit begründet, daß die Urteile (aus der Sicht der Verfechter der Rechtswidrigkeitsformel) materiellrechtlich falsch sind. Mit dieser Argumentation läßt sich jede gerichtliche Zuständigkeit beseitigen. Richtigerweise ist nach formellen objektiven Anhaltspunkten zu suchen, die dafür sprechen könnten, daß das berufsgerichtliche Verfahren derart unzureichend ausgestaltet ist, daß die Rechtmäßigkeitskontrolle durch die Berufsgerichte versagt, soweit es um den Schutz der Marktgegenseite vor zünftisch motivierten Einschränkungen geht.

Eine solche Unzuträglichkeit könnte darin gesehen werden, daß die Berufsgerichte typischerweise neben einem hauptberuflichen Richter mit zwei Standesgenossen als

---

[103] I/M-*Emmerich* § 98 Abs. 1 GWB Rn. 60.

ehrenamtlichen Richtern besetzt sind (vgl. z. B. § 62 Nds. HKG[104]). Es ließe sich daher argumentieren, im berufsgerichtlichen Verfahren bestünde eine der Kammerversammlung vergleichbare Gefahrenlage, daß ständische Interessen den Interessen der Marktgegenseite rechtswidrig vorangestellt würden. Indessen verkennt diese Sichtweise die unterschiedlichen Pflichtenbindungen. Der ehrenamtliche Richter genießt richterliche Unabhängigkeit (§ 45 I 2 DRiG) und wird auf die unabhängige Wahrung der Gesetze vereidigt (§ 45 III DRiG); er ist zur *gemeinwohlorientierten* Rechtsfindung verpflichtet. Die Verfahrensordnungen enthalten darüber hinaus Vorschriften, die das berufsgerichtliche Verfahren gegen faktisch zünftischen Einfluß sichern. So entscheidet über die Einleitung des berufsgerichtlichen Verfahrens der hauptberufliche Richter allein (§ 73 I Nds.HKG)[105]. Mitglieder von Kammerorganen oder deren Untergliederungen (§ 64 III Ziff. 2–4 Nds.HKG) wie auch Bedienstete der Kammern oder deren Einrichtungen (§ 64 III Ziff. 5 Nds.HKG) dürfen nicht zu ehrenamtlichen Richtern berufen werden.[105] Weiterhin ist die Berufungsinstanz mit drei hauptberuflichen Richtern und nur zwei Standesgenossen als ehrenamtlichen Richtern besetzt (vgl. z.B. § 62 II Nds.HKG)[107], so daß spätestens in zweiter Instanz die faktische Gefahr zünftisch orientierter Rechtsprechung vollends gebannt ist. Hinzu kommt, daß die Körperschaftsaufsichtsbehörde am Verfahren beteiligt ist und dementsprechend die Möglichkeit hat, Urteile die mit einem entsprechenden Fehler behaftet wären, in die zweite Instanz zu bringen (vgl. z. B. § 76 I Nds.HKG).[108]

Dies zeigt, daß das berufsgerichtliche Verfahren zahlreiche Sicherungen enthält, die eine gemeinwohlorientierte Rechtsfindung gewährleisten.

Daß die Berufsgerichtsbarkeit (und damit auch das BVerwG[109]) in der Sache vielfach »wettbewerbsfeindlicher« entschieden hat, als dies den Kartellbehörden lieb ist, ist nicht Folge eines Systemfehlers bei der Ausgestaltung des berufsgerichtlichen Verfahrens, sondern (vermutlich) Konsequenz eines anderen rechtlichen Vorverständnisses, das zu abweichenden Rechtsansichten geführt hat.[110] Dies ist aber eine hinzunehmende Konsequenz unterschiedlicher Gerichtszweige. Unterschiedliche Rechtsansichten sind gegebenenfalls dem Gemeinsamen Senat der Obersten Bundesgerichte zur Entschei-

---

[104] Niedersächsisches Kammergesetz für die Heilberufe (HKG) i.d.F. vom 30.5.1980; so auch: § 67 HeilBerG Meckl.-Vorp.; § 50 I HeilBerG Thü; § 51 HeilBerG NW; § 9 BerufsgerichtsG Hamb.; § 52 I Hess. HeilBerG; § 21 II KammerG Ba.-Wü.; Art 58 Bay KammerG; § 49 HeilBG Rh.-Pf.; § 67 Brem. HeilBerG; ; Verhältnis 2 : 3 in Berlin, vgl. § 19 KammerG Bln.; Nachw. der Gesetzesfundstellen oben S. 107, Fn. 6.

[105] so auch: § 77 I Brem. HeilBerG; § 63 I Hess. HeilBerG; § 61 I HeilBerG Thü; § 76 I HeilBerG Meckl.-Vorp,; Art 68 Bay KammerG; § 30 I i.V.m. § 19 S. 3 KammerG Bln.; anders: § 25 BerufsgerichtsO Ba.-Wü.; § 64 HeilberG NRW; § 19 II BerufsgerichtsG Hamb.

[106] vergleichbar: § 21 S.2 KammerG Bln; § 53 II Hess HeilBerG; § 51 IV HeilBG NRW; § 6 II BerufsgerichtsG Hamb; § 21 III KammerG Ba-Wü; Art 60 II Bay KammerG; § 52 HeilBG Rh-Pf; § 68 IV Brem HeilBerG; § 40 I 4 Saarl ÄrztekammerG; § 68 II Ziff.1 f. HeilBerG Meckl.-Vorp.; § 51 II 2 HeilBerG Thü.

[107] so auch: § 19 S.2 KammerG Bln; § 51 II HeilBerG NRW; § 9 II BerufsgerichtsG Hamb; § 52 II Hess HeilBerG; § 67 II HeilBerG Meckl.-Vorp.; § 50 II HeilBerG Thü; § 67 II HeilBerG Brem; § 49 II HeilBG Rh-Pf; anders: § 39 Saarl. ÄrztekammerG; Art 58 Bay KammerG; § 21 II KammerG Ba-Wü.

[108] so auch: §§ 87, 60 HeilBerG NRW; § 70 I HeilBerG Thü; §§ 26 I, 15 I BerufsgerichtsG Hamb; § 72 I Hess HeilBerG; § 87 I HeilBerG Meckl-Vorp; §§ 83, 74 I Brem HeilBerG;etwas abweichend: Art 79 I, Art 66 I Ziff. 2; keine Möglichkeit nach § 85 I HeilBG Rh-Pf.

[109] vgl. z.B. BVerwG NJW 1992, 994 ff.

[110] zum unterschiedlichen Vorverständnis der Gerichtsbarkeiten so auch *Taupitz* NJW 1992, 937 (938 f.)

dung zu unterbreiten. In keinem Fall kommt es der Dogmatik zu, mißliebige Rechtsansichten, die Ergebnis eines systemfehlerfrei ausgestalteten, von unabhängigen Richtern durchgeführten Verfahrens sind, im Wege der Auslegung einfachen Rechts zu unterminieren.

Es ist daher zusammenfassend festzustellen, daß die Wahrnehmung der Interessen der Klientel notwendiger Bestandteil der Kammerkompetenz ist. Eine Kontrolle des Kammerverhaltens unter dem Gesichtspunkt des Schutzes der Marktgegenseite ist aus Schutzzweckerwägungen nicht geboten. Insoweit erfüllen Körperschaftsaufsicht und Berufsgerichte hinreichend diese Funktion. Erkennt man an, daß Doppelzuständigkeiten auf das notwendige Mindestmaß zu reduzieren sind, folgt daraus, daß den Kartellbehörden ein Zugriffsrecht jedenfalls nicht aus dem Gesichtspunkt des Schutzes der Marktgegenseite zusteht, soweit damit die Interessen der Klienten freiberuflicher Dienstleistung gemeint sind. Die Handhabung der Rechtswidrigkeitsformel durch die herrschende Meinung ist daher abzulehnen. Sie hat in ihrer tatbestandlichen Weite kompetenznegierenden Charakter, weil sie bewirkt, daß die Kartellbehörden im Hinblick auf das Marktverhalten der Freiberufler zu Oberbehörden werden, ohne daß dies aus sachlichen Gründen geboten wäre. In dieser Weise wird die Kompetenz der Kammern zur Regelung des Marktverhaltens verletzt.

cc) Schutz gewerblicher Konkurrenz gegen Behinderung

Demgegenüber ist der herrschenden Meinung zuzustimmen, soweit sie Kammern an wettbewerblichen Normen mißt, wenn sie durch (rechtswidriges) hoheitliches Handeln, die wettbewerbliche Handlungsfreiheit standesexterner gewerblicher Konkurrenz beeinträchtigen. Von der Rechtsprechung waren bislang die Fälle zu entscheiden, daß eine Ärztekammer (und eine kassenärztliche Vereinigung) die standesangehörigen Ärzte zum Boykott gewerblicher Blutanalyselabors aufforderte[111] und daß die niedersächsische Zahnärztekammer den Kammermitgliedern die Beteiligung an einem sogenannten Dental-Hygiene-Institut untersagte.[112] Die Anwendung des Wettbewerbsrechts auf diese Handlungen verdient Zustimmung.

Der maßgebliche Unterschied zu der vorher behandelten Konstellation einer bloßen Beschränkung des Binnenwettbewerbs ist vorliegend darin zu sehen, daß die Kammer den ihr zugewiesenen Bereich verläßt und zielgerichtet in den nicht regulierten Wettbewerb zu standesexterner Konkurrenz eingreift. Man könnte demgegenüber einwenden, daß die Kammer deswegen nicht ihre Zuständigkeit verlöre, in dieser Weise auf die Kammermitglieder einzuwirken. Dies trifft zwar zu, jedoch ist im Gegensatz zu jenen Fällen, in denen lediglich die Handlungsfreiheit der Standesmitglieder beeinträchtigt wird, vorliegend eine originäre Eigenzuständigkeit der Kartellbehörden gegeben. Anknüpfungspunkt für die Zuständigkeit der Kartellbehörde ist nicht der Schutz der wettbewerblichen Handlungsfreiheit des Standesangehörigen, sondern der Schutz der wettbewerblichen Handlungsfreiheit des in dieser Weise Behinderten. Kartellbehördliche Verfügungen gegen standesaufsichtliche Maßnahmen wären nicht auf

[111] OLG München WuW/E OLG 1427 – Auto-Analyzer.

[112] OLG Celle NJW-RR 1989, 555 f.; vgl. auch § 13 I MuBO 1993, s. Anh.V.1., sowie oben § 1 D. II. 3.

§ 25 II sondern auf § 26 I GWB zu stützen. In diesen Fällen kollidieren Kammer- und kartellbehördliche Zuständigkeit nicht auf der Tatbestandsseite, sondern lediglich in der Rechtsfolge.[113] Die Kartellbehörde setzt nicht ihre Einschätzung, in welcher Weise, die wettbewerbliche Handlungsfreiheit des Kammermitgliedes beschränkt werden darf, an die Stelle derjenigen der Kammer, sondern beurteilt eine davon zu trennende Frage.

In diesem Zusammenhang (Behinderung externer Konkurrenz) ist es auch zutreffend, von der Überwachung einer anderen Verhaltensordnung zu sprechen. Während es in den Fällen bloßer Regulierung des Binnenwettbewerbs um dieselbe Rechtsfrage ging, unterscheidet sich bei der Behinderung externer Konkurrenz die Fragestellung. Bei der Durchführung eines auf § 13 I MuBO[114] gestützten berufsgerichtlichen Verfahrens steht die Frage im Vordergrund, ob der Schutz des Patienten (freie Arztwahl) die Beschränkung der Handlungsfreiheit des Kammermitgliedes rechtfertigt. Demgegenüber stellt sich aus der Sicht der zugreifenden Kartellbehörde die abweichende Frage, ob eine solchermaßen motivierte Maßnahme, die Beschränkung der wettbewerblichen Handlungsfreiheit des Konkurrenten rechtfertigt.

Daher ist eine kartellbehördliche Zuständigkeit im Sinne einer Befassungskompetenz für die Fälle zu bejahen, in denen die Kammern mit den Mitteln der Standesaufsicht die wettbewerbliche Handlungsfreiheit externer Konkurrenten beeinträchtigen.

Inwieweit eine solche Zuständigkeit die Kartellbehörden berechtigt, den Kammern in der Rechtsfolge eine hoheitliche Handlung zu untersagen, ist zu erörtern, wenn geklärt ist, ob noch andere Befassungskompetenzen der Kartellbehörden denkbar sind.

dd) Schutz des Wettbewerbs in übergreifendem Zusammenhang

Fraglich ist, ob darüber hinausgehend auch eine Zuständigkeit der Kartellbehörden zum Schutze des Wettbewerbs »in übergreifendem Zusammenhang«[115] anzunehmen ist.

Der BGH hat in dieser Weise die Zuständigkeit der Kartellbehörden im Hinblick auf das in den Berufsordnungen der Apotheker enthaltene Warenprobenverbot für Randsortimentartikel angenommen. Indem die Apothekerkammer ein Warenprobenverbot für Artikel aus dem Randsortiment normiert, beschränkt sie den Wettbewerb auf diesem Markt. Stellt man für die Abgrenzung der Zuständigkeiten ausschließlich darauf ab, wessen wettbewerbliche Handlungsfreiheit beeinträchtigt wird, müßte man eine kartellbehördliche Zuständigkeit ablehnen. Indem die Apothekerkammer ein Warenprobenverbot normiert, beschränkt sie ausschließlich die Handlungsfreiheit der Kammerangehörigen, die gegen diese Beschränkung der Handlungsfreiheit berufsgerichtlichen Schutz genießen. Auch die Belange der Marktgegenseite (sachgemäße und streng fachbezogene Versorgung der Bevölkerung, Vertrauensverlust seitens der Klientel[116]) bilden notwendigerweise einen Bestandteil der Rechtmäßigkeitsprüfung. Dies spricht dafür, eine Kompetenz der Kartellbehörden zur Gewährleistung des Wettbewerbs in übergreifendem Zusammenhang zu verneinen.

---

[113] dazu unten III. 2.
[114] s. Anh. V. 1.
[115] BGH GRUR 1991, 622 (625) – Warenproben in Apotheken.
[116] BGH GRUR 1991, 622 (624) – Warenproben in Apotheken.

Wenn demgegenüber darauf abgestellt wird, ob die Kartellbehörde in übergreifendem Zusammenhang tätig geworden ist, so liegt dem eine marktbezogene Abgrenzung zugrunde. Ausgehend davon, daß den Kartellbehörden unproblematisch die Kompetenz zukommt, den Wettbewerb der Drogisten zu überwachen, wird daraus der Schluß gezogen, ihr komme auch die Kompetenz zu, das Wettbewerbsverhalten der Apotheker zu überwachen, soweit diese an jenem Wettbewerb teilnehmen.

Bei einer derartigen Abgrenzung knüpft die kartellbehördliche Zuständigkeit tatbestandlich an ein Verhalten an, dessen Regelung auch den Kammern zukommt. Eine kartellbehördliche Zuständigkeit in übergreifendem Zusammenhang überlagerte also tatbestandlich die Kammerzuständigkeit zur Regelung des Marktverhaltens im Hinblick auf gewerbliche Leistungen.

Dies ist jedoch sachgerecht, weil Anknüpfungspunkt der kartellbehördlichen Zuständigkeit in diesem Fall der Schutz des Wettbewerbs als Institution und nicht der Schutz des Binnenwettbewerbs zwischen den Apothekern ist. Man könnte einwenden, daß Wettbewerb als reales Phänomen nichts anderes ist als die Folge von Handlungsfreiheiten der Marktteilnehmer, so daß dem tatbestandlichen Anknüpfungspunkt »Schutz des Wettbewerbs als Institution« keine eigenständige Bedeutung zukäme. Diese Sichtweise verkennt jedoch, daß die Folgen von Selbstbeschränkungen der Apotheker auf dem Binnenmarkt zu Beschränkungen der wettbewerblichen Handlungsfreiheit standesexterner Marktteilnehmer führen können (z.B. gewerbliche Lieferanten, die Randsortimentartikel selektiv über Apotheken vertreiben und bewerben). Im Hinblick auf jenen nicht regulierten Markt handelt die Kartellbehörde jedoch in eigener Kompetenz.

Entscheidender Gesichtspunkt ist, daß sich die marktwirtschaftliche Sonderbehandlung der verkammerten freien Berufe nicht aus einem wie auch immer gearteten Status der Berufsangehörigen ableitet, sondern aus den Besonderheiten, die mit der ihnen übertragenen Aufgabe (z.B. fachbezogene Versorgung der Bevölkerung mit Arzneimitteln) zusammenhängen. Dies legt nahe, nicht danach zu differenzieren, ob ein Freiberufler betroffen ist, sondern danach zu unterscheiden, welche Dienstleistung betroffen ist. Geht es um die Funktionalität des marktwirtschaftlichen Leistungsaustauschs im Hinblick auf die Tätigkeit, um deretwillen der Berufsstand verkammert und die Kammern mit Rechtsetzungsgewalt ausgestattet wurden (Arzneimittelvertrieb, Heilkunde, Rechtspflege), handelt die Kammer in ureigener Kompetenz. Geht es demgegenüber um die Frage, inwieweit der marktwirtschaftliche Leistungsaustausch im Hinblick auf jene Tätigkeiten funktional ist, die mit der Kammeraufgabe unmittelbar nichts zu tun haben, spricht eine Vermutung für eine grundsätzliche Funktionalität des marktwirtschaftlichen Leistungsaustauschs. Die Kammern können daher gegenüber den Kartellbehörden auch keine gesteigerte Sachnähe reklamieren. Der berufsrechtliche Bezug reduziert sich auf die Beantwortung der Frage, ob marktwirtschaftliche Prinzipien mit dem Berufsbild vereinbar sind, ob der Beruf des Apothekers teilbar ist. Weil der Gesetzgeber solchen Wettbewerb in standesübergreifendem Zusammenhang zugelassen hat, spricht eine Vermutung für diese Funktionalität.

Besteht demnach eine Kompetenz der Kartellbehörden zur Gewährleistung des Wettbewerbs in standesübergreifendem Zusammenhang, ist noch zu klären, ob neben dem Berufsstand der Apotheker weitere Konstellationen denkbar sind, in denen eine kartellbehördliche Zuständigkeit anzunehmen wäre.

Dies ist zu verneinen.

In diesem Zusammenhang ist in erster Linie an den Berufsstand der Architekten zu denken. Der Architekt sieht sich der Konkurrenz durch gewerbliche Planer ausgesetzt. Man könnte daher annehmen, den Kartellbehörden käme auch insoweit eine Kompetenz zu, den Wettbewerb in übergreifendem Zusammenhang zu gewährleisten. Indessen läßt sich die gesetzgeberische Entscheidung nicht in diesem Sinne deuten, weil es insoweit um jene Dienstleistung geht, die Anlaß der Verkammerung des Berufsstandes war. Der marktwirtschaftliche Leistungsaustausch im Hinblick auf die Erbringung planerischer Leistungen ist in Teilen dysfunktional (Informationsgefälle zwischen Dienstleister und Leistungserbringer[117]). Insoweit gilt, daß die Kammer in ureigener Kompetenz handelt. Es besteht insoweit kein Unterschied zur Behandlung jener Märkte, die bei einem Berufsstand ausschließlich monopolisiert sind.

Damit ist auch klargestellt, daß keinesfalls eine kartellbehördliche Zuständigkeit zur Gewährleistung des Wettbewerbs in übergreifendem Zusammenhang im Hinblick auf das Verhältnis von Ärzten und Heilpraktikern besteht. Erst recht besteht kein Wettbewerb in übergreifendem Zusammenhang zwischen den verschiedenen verkammerten Berufsständen (z.B. zwischen Rechtsanwälten, Steuerberatern und Wirtschaftsprüfern).

Eine kartellbehördliche Zuständigkeit in übergreifendem Zusammenhang kommt daher ausschließlich für den im Bereich des Nebensortiments zwischen Apothekern und Drogisten bestehenden Wettbewerb in Betracht.

Zu klären ist noch, ob die genannten Zuständigkeiten (Befassungskompetenzen) die Kartellbehörden berechtigen, in der Rechtsfolge hoheitliche Tätigkeiten der Kammern zu untersagen (unten III. 2.).

III. Konsequenzen

1. Zuständigkeit der Kartellbehörden

Die Kartellbehörden sind zur Kontrolle von Kammerverhalten berechtigt, wenn die Kammer privatrechtlich handelt. In erster Linie ist in diesem Zusammenhang an die Fälle zu denken, daß die Kammer unmittelbar gegen Personen vorgeht, die ihrer Hoheitsgewalt nicht unterworfen sind.[118]

Hinsichtlich hoheitlicher Handlungen (Standesaufsicht) ist zu differenzieren. Sofern lediglich die Handlungsfreiheit der Kammermitglieder und/oder der Klientel beeinträchtigt wird, ist die Kartellbehörde nicht zuständig. Die Kammer handelt insoweit in eigener Kompetenz. Beeinträchtigt eine hoheitliche Kammerhandlung dagegen auch externe Interessen, ist die Kartellbehörde zuständig. Die Zuständigkeit der Kartell-

[117] vgl. z.B. Rili B.6. 4. zu § 6 Brem BO für Architekten, Anhang VII. 2.

[118] vgl. BGH WuW/E BGH 1474 – Architektenkammer (gegen Nds. Kommunen); KG WuW/E OLG 1687 – Laboruntersuchungen (gegen gewerbliche Blutanalyselabors).

behörden bildet bezogen auf die Standesaufsicht daher die Ausnahme. Als Gegenstand kartellbehördlicher Verfügungen kommen in erster Linie standesrechtlich normierte Marktzutrittsschranken in Betracht (§ 4 II RiliRA, § 13 I MuBO). Darüber hinaus ist auch die direkte Behinderung von Konkurrenten mit den Mitteln des Standesrechts denkbar. Ein solcher Fall läge vor, wenn das Standesrecht mißbraucht würde, um Konkurrenten gezielt aus dem Markt zu drängen, etwa in der Weise, daß Kammerangehörige dazu verpflichtet würden, ihre Preise so zu bilden, daß sie die der ansässigen gewerblichen Konkurrenten regelmäßig unterschritten, oder wenn Kammerangehörige dazu verpflichtet würden, ihre Waren nur von solchen Lieferanten zu beziehen, die nicht auch die gewerbliche Konkurrenz beliefern. Denkbar wäre es auch, daß die Beauftragung gewerblicher Konkurrenz als unkollegial im Sinne der standesrechtlichen Kollegialitätsgebote angesehen würde.[119]

Weiterhin ist eine kartellbehördliche Zuständigkeit zum Schutz des Wettbewerbs als Institution in den Fällen anzunehmen, in denen der Gesetzgeber standesübergreifenden Wettbewerb zugelassen hat. Indessen ist die kartellbehördliche Zuständigkeit auf jene Fälle zu beschränken, in denen es um den Wettbewerb im Hinblick auf solche Dienstleistungen geht, deren Regelung nicht den Kernbestand der Kammerkompetenz ausmacht. Eine kartellbehördliche Zuständigkeit scheidet also aus, soweit es um die Beurteilung jener Dienstleistungen geht, um deretwillen die Verkammerung erfolgte. Damit kommt einzig der zwischen Apothekern und Drogisten im Bereich des Nebensortiments bestehende standesübergreifende Wettbewerb als zuständigkeitsbegründender Tatbestand in Betracht.

Bezogen auf den funktionalen Unternehmensbegriff bedeutet dies eine zweistufige Prüfung.

Die Kammern können hinsichtlich der Standesaufsicht überhaupt nur dann als Unternehmensvereinigungen anzusehen sein, wenn sie durch eine ambivalente Handlung die wettbewerbliche Handlungsfreiheit externer Gewerbetreibender verletzen oder den standesübergreifenden Wettbewerb beschränken. Insoweit dient der Unternehmensbegriff der Kompetenzabgrenzung. Es darf aber nicht übersehen werden, daß der Unternehmensbegriff weiterhin auch eine materielle Funktion zu erfüllen hat. Er ist tatbestandlicher Anknüpfungspunkt für die materiellrechtliche Harmonisierung von Berufs- und Kartellrecht. Diese Funktion übernimmt nach wie vor die Rechtswidrigkeitsformel.[120] Indem die Anwendung kartellrechtlicher Tatbestände von der Berufsrechtswidrigkeit der Maßnahme abhängig gemacht wird, ist sichergestellt, daß den Kammern nicht von den Kartellbehörden untersagt wird, was ihnen berufsrechtlich gestattet ist, wobei allerdings im Rahmen der materiellrechtlichen Prüfung der Berufsrechtswidrigkeit stets zu beachten ist, daß das GWB seinerseits Auswirkungen auf die Auslegung der Kammerermächtigungen hat.[121]Die Kammer, die Wettbewerbsbeschränkungen standesaufsichtlich durchsetzt, ist also dann als Unternehmensvereinigung anzusehen, wenn sie durch diese Maßnahme, ohne dazu ermächtigt zu sein, die Interessen externer Konkurrenten verletzt oder den standesübergreifenden Wettbe-

---

[119] vgl. OLG München WuW/E OLG 1427 – Auto-Analyzer; BGHZ (GS) 67, 81 ff. – Auto-Analyzer.

[120] vgl. § 3 und Einführung 1., S. 2 ff.

[121] s.o.§ 4 B. II. 1.

werb beschränkt. Das bedeutet für die konkret anzustellende Prüfung, daß im Rahmen der kartellrechtlichen Kontrolle weiterhin die berufsrechtliche Wirksamkeit der inkriminierten Normen, die durchgesetzt werden sollen, umfassend zu prüfen ist. Ergibt sich z.B., daß die entsprechende wettbewerbsbeschränkende Berufsordnungsnorm rechtswidrig ist, weil sie nicht schlechthin unerläßlich zur ordnungsgemäßen Erfüllung der den Kammern überantworteten Aufgaben ist[122], ist die Vorschrift unwirksam, die Wettbewerbsbeschränkung daher nicht durch eine öffentlich-rechtliche Aufgabenzuweisung legitimiert. Wird durch die entsprechende Norm auch die wettbewerbliche Handlungsfreiheit externer Gewerbetreibender oder der standesübergreifende Wettbewerb beeinträchtigt, sind die Kartellbehörden neben den ohnehin zuständigen Behörden der Körperschaftsaufsicht zuständig. Die Kammer stellt dann insoweit eine Unternehmensvereinigung i.S. des GWB dar.

Ist eine solche Zuständigkeit der Kartellbehörden gegeben, besteht kein Anlaß darüber hinausgehend noch eine gesteigerte Rechtswidrigkeit der Kammerhandlung zu verlangen, wie dies der BGH in der Entscheidung »Warenproben in Apotheken«[123] andeutet, wenn er verlangt, daß die Kammer den Aufgabenbereich deutlich erkennbar überschritten haben müsse. Für das Zugriffsrecht der Kartellbehörden kann es keinen Unterschied machen, ob die Maßnahme der Kammer im Verhältnis zum Kammerangehörigen evident rechtswidrig oder nur rechtswidrig ist. Entweder bejaht man eine Sachnähe der Kartellbehörden im Hinblick auf die Überwachung des Wettbewerbs in übergreifendem Zusammenhang oder nicht. In Wirklichkeit handelt es sich bei der Frage, ob die Kartellbehörde zuständig ist und ob die Kammer eine Unternehmensvereinigung darstellt, um ein und dieselbe Frage. Dies deutet auch der BGH an, wenn er die Zuständigkeit der Kartellbehörden wie auch die Qualifikation der Kammern als Unternehmensvereinigungen von einer Gesamtbewertung der Umstände abhängig macht.[124] Beschränken die Kammern in rechtswidriger Weise den Wettbewerb externer Konkurrenten oder den Wettbewerb im übergreifendem Zusammenhang, haben sie in einem solchen Fall ihren Aufgabenbereich (Regelung des Verhältnisses Freiberufler-Klient im Hinblick auf die überantwortete gemeinwohlbezogene Tätigkeit) deutlich erkennbar überschritten.

2. *Zulässigkeit von Verfügungen*

Fraglich ist, ob eine solchermaßen begründete Zuständigkeit der Kartellbehörden im Einzelfall eine Durchbrechung des Grundsatzes rechtfertigt, daß eine Behörde nicht mittels Verfügungen in den Hoheitsbereich einer anderen Behörden eingreifen darf (Die Alternative besteht darin, daß die Kartellbehörde zur Durchsetzung ihrer Rechtsauffassung auf die Möglichkeit verwiesen wäre, die Kammern formlos zu einem entsprechenden Verhalten anzuhalten, bzw. daß ein Ausgleich der widerstreitenden Behördenauffassungen innerbehördlich auf Regierungsebene zu erzielen wäre.).

---

[122] zu diesem materiellrechtlichen Kriterium vgl. oben § 4 B. II. 1.; I/M-*Emmerich* § 98 Abs. 1 Rn. 59 c m.w.Nachw.

[123] BGH GRUR 1991, 622 (625) – Warenproben in Apotheken.

[124] BGH GRUR 1991, 622 (625 sub I. 1. und I. 2.).

Daß keiner der herkömmlichen Ausnahmetatbestände in Betracht kommt, wurde oben bereits dargestellt. Andererseits wurde gezeigt, daß es einen Grundsatz der Einheit der Verwaltung, der ein so weitgehendes Verfügungsverbot trüge, nicht gibt. Durch die vorgeschlagene Differenzierung würde auch die Kompetenzordnung weitestgehend gewahrt. Indessen ist nicht zu verkennen, daß auch nach der hier vertretenen Auffassung einer Untersagungsverfügung in der Rechtsfolge kompetenznegierende Wirkung zukommen kann, wenn der Kammer eine ambivalente Maßnahme mit Wirkungen auf externe Gewerbetreibende oder auf den Wettbewerb im übergreifendem Zusammenhang untersagt wird.[125]

Diese Sonderbehandlung rechtfertigt sich letztlich aus der körperschaftlichen Organisationsform der Kammern. Die Kammern sind insoweit Mittelding zwischen unmittelbarer Staatsverwaltung und Privatrechtssubjekten. Während der wettbewerbsbeschränkende Beschluß eine hoheitliche Handlung darstellt, erfolgt sein Vollzug durch das privatrechtliche Wirken der Mitglieder. Befolgen die kammerangehörigen Freiberufler jene Berufsordnungsvorschrift z.B. in der Weise, daß sie keine Warenproben aus dem Randsortiment gewähren, so führen sie den wettbewerbsbeschränkenden Beschluß aus (§ 37a I GWB). Die Kartellbehörden wären daher jedenfalls nicht wegen der Adressatenqualität gehindert, den Freiberuflern jene Verhaltensweise nach § 37a I GWB zu untersagen. Diese Situation wäre evident rechtsstaatswidrig. Während die Kammer mit dem hoheitlichen Instrument der Standesaufsicht auf Befolgung drängen könnte, sähe sich der kammerangehörige Freiberufler der gegenläufigen Verhaltensanweisung der Kartellbehörde ausgesetzt. Dieser Widerspruch läßt sich nur in zweierlei Weise beseitigen. Entweder stellt man diejenigen Freiberufler, die Berufsordnungsvorschriften befolgen, von der Anwendung des GWB frei,[126] auch wenn es sich um eine rechtswidrige Vorschrift handelt und eine Befassungskompetenz der Kartellbehörden eigentlich gegeben wäre (Schutz Externer, Schutz des Wettbewerbs in übergreifendem Zusammenhang) oder man räumt den Kartellbehörden in diesen Fällen eng begrenzter Zuständigkeit die Kompetenz ein, unmittelbar gegen die Kammer vorzugehen, um auf diese Weise widersprüchliche behördliche Verhaltensanweisungen zu vermeiden. Letzteres ist vorzuziehen.

Zum einen gibt es schon keinen Grundsatz, der Privatrechtssubjekte gegen die Anwendung allgemeiner Gesetze immunisierte. Für ein solches Prinzip ist kein Grund ersichtlich. Richtig ist, daß den Kammerangehörigen kartellrechtlich nicht untersagt werden kann, was ihnen berufsrechtlich vorgeschrieben ist. Wettbewerbshandlungen, die in Befolgung materiellrechtlich wirksamer Berufsordnungsvorschriften vorgenommen werden, sind nicht kartellrechtswidrig.[127] Soweit die Kammerangehörigen jedoch rechtswidrige wettbewerbsbeschränkende Berufsordnungsvorschriften befolgen, kann ihr Verhalten grundsätzlich an Tatbeständen des GWB gemessen werden.

Zum anderen ist bereits gezeigt worden, daß auch der Grundsatz, wonach eine Behörde keine Verfügungen gegen die andere erlassen darf, nicht durchgehend gilt. Dies spricht dafür, in der vorliegenden Konstellation, in denen eine Eigenzuständig-

---

[125] vgl. nur BGH GRUR 1991, 622 ff – Warenproben in Apotheken.

[126] so *Harms* NJW 1976, 1289 (1295 sub 2. a.E.).

[127] *Michalski*, Gesellschafts- und Kartellrecht, S. 421.

keit der Kartellbehörden besteht, diesen Grundsatz zu durchbrechen, statt ihn noch im Sinne von *Harms* dahingehend zu erweitern, daß auch Privatrechtssubjekte von der Anwendung des GWB freigestellt wären. Insoweit ist die kartellbehördliche Kompetenz, mit Verfügungen in den hoheitlichen Tätigkeitsbereich der Kammern einzugreifen, Konsequenz der ambivalenten Rechtsnatur der Kammern. Letztlich dient diese Vorgehensweise dem Schutz der Standesangehörigen vor widersprüchlichen behördlichen Weisungen.

Nicht zu verkennen ist jedoch, daß damit die Gefahr widersprüchlichen Behördenverhaltens nicht vollends gebannt ist. Gemäß § 72 II Nds.HKG ist auch die Körperschaftsaufsichtsbehörde zur Einleitung berufsgerichtlicher Verfahren befugt.[128] Auch die Einleitung ehrengerichtlicher Verfahren im Bereich der rechts- und wirtschaftsberatenden Berufe bleibt von Untersagungsverfügungen gegen die Kammern unberührt, weil das Anklagerecht der Staatsanwaltschaft und nicht der Kammer zukommt.[129] Auf dieses Problem ist im Zusammenhang mit der Frage zurückzukommen, ob und gegebenenfalls wie die verschiedenen Aufsichten miteinander zu koordinieren sind (unten 4.).

3. Zwangs- und Bußgelder gegen Kammern

Gemäß § 17 VwVG (Bd.)[130] ist die Durchsetzung von Verfügungen im Wege des Verwaltungszwangs gegen Behörden und juristische Personen des öffentlichen Rechts unzulässig. Dieses Verbot gilt unabhängig von der Tätigkeitsform des Hoheitsträgers.[131] Auch fiskalisches Handeln einer Behörde darf nach § 17 VwVG nicht mit Zwang unterbunden werden. Der insoweit klare Wortlaut ist einer restriktiven Auslegung nicht zugänglich. Es ist daher – soweit ersichtlich – im kartellrechtlichen Schrifttum nicht umstritten, daß eine Vollstreckung von Duldungsverfügungen gegen Unternehmen i.S.v. § 98 I GWB ausscheidet.[132] Die Festsetzung eines Zwangsgeldes gegen die Kammern zur Durchsetzung einer Untersagungsverfügung kommt daher nicht in Betracht.Unbenommen bleibt den Kartellbehörden jedoch die Festsetzung eines Bußgeldes im Ordnungswidrigkeitenverfahren. Als einschlägige Tatbestände kommen § 38 I Nr.1, 4, 11 GWB in Betracht. Nach herrschender Meinung ist der Erlaß von Bußgeldern gegen Körperschaften des öffentlichen Rechts zulässig.[133] Die Vertreter

---

[128] so auch: § 76 I 2 Brem HeilBerG; § 60 I HeilBG NRW; § 74 I HeilBerG Meckl-Vorp; § 17 II BerufsgerichtsG Hamb; Art 66 I Ziff. 2 Bay Kammer G;anders: § 58 HeilBerG Thü; § 60 I Hess HeilBerG; § 29 KammerG Bln; § 64 I HeilBG Rh-Pf.

[129] § 116 S.2 BRAO i.V.m. § 152 StPO; § 115 StBerG; § 85 WPO.

[130] inhaltlich entsprechende Vorschriften in folgenden Landesvollstreckungsgesetzen: § 73 Hess.VwVG vom 4.7.1966, GVBl. I, S. 151; § 22 VVG Ba.-Wü. vom 12.5.1974, GBl. S. 93; § 17 Saarl.VwVG vom 27.3.1974, AmtsBl. S. 430; § 5 II Berl.VerwVG vom 8.12.1976, GVBl. S. 2735; § 7 VwVG Rh.-Pf. vom 8.7.1957, GBl. S. 101; Art 29 IV Bay VwZVG vom 11.11.1970, GVBl.1971 S. 1; § 22 LVwG S.-H. i.d.F. 19.3.1979, GVBl. S. 181.

[131] *Sadler* § 17 VwVG Rn.3.

[132] *Autenrieth* im Gemeinschaftskommentar § 98 Abs. 1 Rn. 124; I/M-*Emmerich* § 98 Abs. 1 Rn. 110 a.E.; *Schwarz,* Die wirtschaftliche Betätigung der öffentlichen Hand, S. 250.

[133] *Cramer* im Karlsruher Kommentar, § 30 OWiG Rn. 45; *Göhler/Buddendiek* § 30 OWiG Rn. 2; *E. Müller,* Die Stellung der juristischen Person im Ordnungswidrigkeitenrecht, S. 51 ff.; *Rebmann/Roth/Herrmann,* § 30 OWiG Rn. 3; *Schwarz,* Die wirtschaftliche Betätigung, S. 247.

der Gegenauffassung[134] berufen sich zum einen auf den bereits angesprochenen Grundsatz der Einheit der Verwaltung[135] und weiterhin darauf, daß den Gerichten keine Kompetenz zukomme, strafrechtliche Sanktionen gegen Untergliederungen des Staates zu verhängen.[136]

Die Auffassung der herrschenden Meinung ist jedenfalls für das Kartellrecht vorzuziehen. § 30 OWiG, der den Erlaß von Bußgeldbescheiden gegen juristische Personen regelt, enthält keine Ausnahme zugunsten juristischer Personen des öffentlichen Rechts. Auch die historische Auslegung spricht eher dafür, daß das OWiG auch Körperschaften des öffentlichen Rechts erfassen soll.[137]

Soweit geltend gemacht wird, den Gerichten komme nicht die Verhängung von Strafen gegenüber Körperschaften des öffentlichen Rechts in ihrer Eigenschaft als Untergliederungen des Staates zu, ist dem entgegenzuhalten, daß jedenfalls dem GWB diese Vorstellung nicht zugrundeliegt. Gemäß § 44 I Ziff. 1 lit e GWB ist das Bundeskartellamt zur Durchsetzung des GWB gegenüber der Deutschen Bundesbahn zuständig. Da das Gesetz weder in § 38 noch in § 44 GWB irgendwelche Einschränkungen im Hinblick auf die Verhängung von Bußgeldern enthält, ist anzunehmen, daß die Kartellbehörden und Gerichte zur Verhängung von Bußgeldern gegen die Bundesbahn berechtigt sind, obwohl die Bundesbahn bis vor kurzem rechtsfähiges Sondervermögen des Bundes darstellte, die Verhängung von Geldbußen ihr gegenüber also den gleichen Bedenken ausgesetzt sein müßte wie gegenüber juristischen Personen des öffentlichen Rechts. Ebenso läßt sich im Hinblick auf §§ 102, 44 II GWB argumentieren. Wenn in § 44 II GWB die Verhängung von Bußgeldern gegen »Unternehmen, die (....) Sparkassengeschäfte betreiben«, nur vom Einvernehmen der Fachaufsicht abhängig gemacht wird, ohne daß eine sonstige Sonderbehandlung für die Sparkassen reklamiert wird, spricht dies eher dafür, daß insoweit keine Sonderregeln gelten sollen. Letztlich hat *Schwarz*[138] darauf aufmerksam gemacht, daß man angesichts der Tatsache, daß an verbotenen Demarkationsverträgen i.S.v. § 103 II GWB häufig Kommunen beteiligt sind, ein klärendes Wort des Gesetzgebers in § 38 I Ziff. 1 GWB (Verbot, sich über die Nichtigkeit nach § 103 II GWB hinwegzusetzen) hätte erwarten dürfen, wenn dieser die Verhängung von Bußgeldern gegen Körperschaften des öffentlichen Rechts für nicht zulässig gehalten hätte.

Daher ist die Verhängung von Bußgeldern gegen die Kammern zulässig.

4. *Koordination der Aufsichten*

Fraglich ist letztlich noch, ob Körperschaftsaufsicht und Kartellaufsicht in irgendeiner Weise zu koordinieren sind. Denkbar sind drei Modelle. Entweder stehen Körperschaftsaufsicht und Kartellaufsicht selbständig nebeneinander, vergleichbar dem Verhältnis Kreditaufsicht und Sparkassenaufsicht (Anstaltsaufsicht), oder sie sind in der

[134] *Pohl-Sichtermann,* Geldbuße gegen Verbände, S. 72 f.; *Wohlfahrt* NJW 1980, 2237 (2238).
[135] *Wohlfahrt* a.a.O. 2238 sub VI., VII.; *Pohl-Sichtermann* a.a.O. S. 72.
[136] *Pohl-Sichtermann* a.a.O. S. 73.
[137] vgl. *Müller,* Die Stellung der juristischen Person im Ordnungswidrigkeitenrecht, S. 52.
[138] *Schwarz,* Die wirtschaftliche Betätigung der öffentlichen Hand, S. 248.

Weise miteinander verknüpft, daß kartellbehördliche Verfügungen vom Benehmen oder sogar Einvernehmen der Körperschaftsaufsicht abhängig sind.

Eine gesetzliche Regelung existiert nicht. Es käme daher höchstens eine analoge Anwendung von Vorschriften des GWB in Betracht.

a) Regelungslücke

Dies setzt voraus, daß eine Regelungslücke besteht, die durch wertungsgleiche Normen auszufüllen wäre. Eine Norm, die das Verhältnis von Körperschafts- und Kartellaufsicht regelt, existiert nicht. Fraglich ist, ob das Fehlen einer entsprechenden Regelung Folge einer systemgerechten Entscheidung des Gesetzgebers ist oder ob es sich um eine Regelungslücke handelt.

Schwarz[139] zieht aus den Regelungen in § 99, 102, 103, 44 GWB den Schluß, daß der Gesetzgeber das Problem der Aufsichtskonkurrenz gesehen hat, woraus für alle anderen denkbaren Konstellationen zu folgern sei, daß die kartellbehördliche Zuständigkeit alle anderen Aufsichten verdränge, so daß auch kein Einvernehmen oder Benehmen zu verlangen sei. Dies wird man ohne weiteres bejahen können für die allgemeine Rechtsaufsicht über fiskalisch handelnde Unternehmen der öffentlichen Hand. Das ergibt sich aus § 98 I GWB, der diese Rechtsträger unzweifelhaft dem GWB unterwirft, ohne daß irgendwelche Vorbehalte zugunsten der bestehenden allgemeinen Staatsaufsicht normiert würden.[140]

Indessen sprechen Gesetzesgeschichte und Gesetzessystematik bezogen auf das Verhältnis von Kartell- zu Körperschaftsaufsicht für eine Regelungslücke. Wie die Entstehungsgeschichte des GWB zeigt[141], war bereits die materielle Erfassung der Freiberufler umstritten, ohne daß sich der Gesetzgeber zu einer eindeutigen gesetzlichen Regelung entschließen konnte (§ 1 III GWB-Bundesratsentwurf oder Streichung des Merkmals »gewerblich« in § 1 I 1 GWB).[142] Das GWB wurde bereits im Hinblick auf die materielle Kartellpflicht des einzelnen Freiberuflers offen gestaltet. Daher kann man aus dem Schweigen des Gesetzgebers bezogen auf die Koordination der Aufsicht bei materieller Kartellpflicht der *Kammern* keine Rückschlüsse auf die Zuständigkeitsverteilung ziehen.

Denkbar wäre es, der Untätigkeit des Gesetzgebers zum Zeitpunkt der zweiten GWB-Novelle eine solche Bedeutung beizumessen. Es ist zuzugeben, daß die Erfassung der Freiberufler Gegenstand der Beratung war und der Gesetzgeber bewußt auf Regelungen verzichtete.[143] Jedoch war wiederum nur die Frage Beratungsgegenstand, ob Anlaß zu einer generellen Freistellung der Freiberufler bestand. Der Ausschuß erachtete dies nicht für notwendig, weil er der Meinung war, daß das GWB ohnehin nur insoweit auf die Freiberufler Anwendung finde, wie deren Vertragsfreiheit nicht durch staatliches oder auf staatlicher Ermächtigung beruhendes Berufsrecht beschränkt wird. Die Äußerungen beziehen sich also zum einen nur auf die materielle

---

139 *Schwarz*, Die wirtschaftliche Betätigung der öffentlichen Hand, S. 247.

140 s.o. § 2.

141 s.o. § 1 A.

142 s.o. § 1 A.

143 vgl. Bericht des wirtschaftspolitischen Ausschusses zur 2. GWB-Novelle, S. 13, BT-Drucks. 7/765.

Kartellpflicht zum anderen nur auf das Marktverhalten der Kammermitglieder. Daß die Konsequenzen der Rechtswidrigkeitsformel (weitgehende Kontrolle des Kammerverhaltens) in ihrem Ausmaß gesehen worden und somit Grundlage der gesetzgeberischen Entscheidung geworden wären, läßt sich aus dieser knappen Äußerung nicht ableiten. Dagegen spricht auch, daß die erste Untersagungsverfügung gegen hoheitliches Kammerhandeln erst Jahre später erfolgte.[144] Allerdings hat die Bundesregierung 1979 am Vorgehen der Kartellbehörden keinen Anstoß genommen, sondern im Bericht über die Lage der freien Berufe ausgeführt, daß zu einer generellen Herausnahme der Angehörigen der freien Berufe aus dem Anwendungsbereich des GWB kein Anlaß bestehe.[145] Indessen bezieht sich diese Aussage wiederum lediglich auf die Frage der materiellen Kartellpflicht der Angehörigen der freien Berufe. Im übrigen deutet die Äußerung der Bundesregierung, daß sie in Zukunft darauf hinwirken werde, daß die berufsständischen Besonderheiten bei der Handhabung des Kartellrechts angemessen Berücksichtigung finden, auf eine insoweit für dogmatische Entwicklungen offene Haltung hin.

Spricht die Gesetzesgeschichte also nicht dagegen, eine Regelungslücke anzunehmen, ist letztlich zu prüfen, ob wegen des Gesetzesplans, der dem GWB zugrunde liegt, eine Regelungslücke abzulehnen ist.

Ob eine Regelungslücke vorliegt, ist daher im Hinblick auf den Gesetzeszweck und Sinnzusammenhang zu ermitteln.[146] Die zahlreichen Vorschriften, die eine Kooperation (Benehmen oder Einvernehmen) der Kartellbehörden mit anderen Aufsichtsbehörden vorschreiben, sprechen dafür, das Schweigen des Gesetzes zum Verhältnis Kammer- Kartellaufsicht als Regelungslücke zu deuten. Der Gesetzgeber hat dort, wo die Kartellaufsicht erkennbar (Bereichsausnahmen gemäß §§ 99ff. GWB) mit anderen Fachaufsichten in Berührung kommen muß, eine Regelung getroffen. Dies spricht dafür, daß die Kollision von Kartell- und Körperschaftsaufsicht mangels ausdrücklicher materieller Regelung (Bereichsausnahme) übersehen wurde. Der Koordinationsgedanke ist dem GWB jedenfalls nicht fremd.

Eine Kooperationsregelung für das Verhältnis Körperschafts- zu Kartellaufsicht widerspricht nicht dem Gesetzesplan, der in den §§ 99ff. GWB. Ausdruck gefunden hat.[147] Kennzeichnend für die Benehmensregelungen ist, daß sie bei den Bereichsausnahmen vorgesehen sind. Dort wo gegenständlich abgegrenzte Bereiche eine (begrenzte) materielle Freistellung erfahren und ihrerseits einer Sonderaufsicht unterliegen, welche die Verfolgung der dem GWB vorrangigen Ziele überwacht, sollen diese Aufsichten koordininiert werden. Dem entspricht die Konstellation bei den Kammern der freien Berufe. Indem der materielle Normanwendungskonflikt mittels der Rechtswidrigkeitsformel[148] gelöst wird, hat die Dogmatik (mit Billigung des Gesetzgebers[149]) faktisch einen begrenzten Ausnahmebereich geschaffen. Die Freiberufler sind nur inso-

---

[144] LKartB Nds. Untersagungsverfügung vom 13.1.1975, WuW/E LKartB 169 – Architektenkammer Niedersachsen.

[145] BT-Drucks. 8/3139, S. 23.

[146] vgl. *Larenz*, Methodenlehre, S. 358 ff.

[147] a.A. *Schwarz*, Die wirtschaftliche Betätigung, S. 247.

[148] vgl Einführung 1., S. 2 ff.; § 3, S. 139 f.

[149] vgl. Bericht des Wirtschaftsausschusses, S. 13, BT-Drucks. 7/765.

weit am GWB zu messen, wie nicht staatliches oder auf staatlicher Ermächtigung beruhendes Recht der Vertragsfreiheit Grenzen setzt (vgl. § 99 I Ziff. 3 GWB). Dies stellt eine im Wege der Dogmatik entwickelte Bereichsausnahme dar, die notwendigerweise auch die Kammern mitumfaßt. Innerhalb dieses Bereichs besteht eine Aufsicht, die auf Aufgabenwahrnehmung und Rechtskontrolle ausgerichtet ist. Dieser Sachverhalt entspricht denjenigen Konstellationen, die der Gesetzgeber zum Anlaß genommen hat, Koordinationsvorschriften zu erlassen. Der Gesetzesplan spricht also für eine Regelungslücke.

Indessen ist nicht zu verkennen, daß der Gesetzgeber ausschließlich für das Verhältnis Kartellaufsicht zu Sonderaufsicht Kooperationsvorschriften normiert hat. Dort wo auch eine allgemeine Rechtsaufsicht mitbetroffen ist, ist eine Koordinierung nicht vorgesehen. So wird in § 102 V GWB das Benehmen mit dem Bundesaufsichtsamt für das Kreditwesen als Verfügungsvoraussetzung normiert, wie in § 44 II GWB das Einvernehmen des Bundesamtes für das Kreditwesen für die Verhängung einer Geldbuße verlangt wird, während eine Kooperation mit der allgemeinen Sparkassenaufsicht für entbehrlich gehalten wird. Gleiches gilt für Demarkations- und Konzessionsverträge im Sinne von § 103 I Nr. 1 und Nr. 2 GWB. Das Recht der Kartellbehörden, nach § 103 V, VI GWB gegen die Vertragspartner vorzugehen, ist gemäß § 103 IV GWB ausschließlich an das Benehmen der Fachaufsichtsbehörden, also der Energieaufsichtsbehörden der Länder[150], gebunden. Die Kommunalaufsicht, die eine allgemeine Rechtsaufsicht über die Gemeinden darstellt, findet keine Erwähnung, obgleich in § 103 I Nr. 1 und Nr. 2 ausdrücklich die Gebietskörperschaften als Vertragspartner genannt werden und daher als Verbotsadressaten in Betracht kommen. Fraglich ist, ob dies Ausdruck eines allgemeinen, dem GWB immanenten Prinzips ist, daß nämlich die kartellbehördliche Fachaufsicht nicht mit den in erster Linie institutsspezifisch ausgerichteten Körperschaftsaufsichten zu koordinieren ist bzw. daß sie einen allgemeinen Vorrang genießt.

Dieser Gedanke liegt der Regelung im KWG zugrunde. Der Gesetzgeber hat bei der Neufassung des KWG bewußt davon abgesehen, die Aufsicht durch das Bundesamt für Kreditwesen vom Einvernehmen der Sparkassenaufsicht abhängig zu machen.[151] Ein Einvernehmen gefährde die Einheit der Bankenaufsicht, die eine gleichmäßige Behandlung aller Kreditinstitute bezweckt.[152] Eine Benehmensregelung war im Entwurf ursprünglich vorgesehen.[153] Daraus folgt zweierlei. Zum einen sind Kompetenzkonflikte, die zu einer entsprechenden Regelung Anlaß geben können, auch zwischen Anstaltsaufsicht und Fachaufsicht denkbar. Zum anderen gibt es keinen Grund, eine prinzipielle Nachrangigkeit der Körperschafts- oder Anstaltsaufsicht anzunehmen. Entscheidend ist vielmehr, ob die jeweilige Regelungsmaterie eine einheitliche Wahrnehmung gebietet.

Überprüft man in dieser Hinsicht das GWB, so ist festzustellen, daß es im Grundsatz zwar von einer einheitlichen Wahrnehmungskompetenz (Ausnahme: § 44 II

---

[150] vgl. I/M-*Klaue* § 103 GWB Rn. 83.
[151] vgl. RegBegr. zu § 57 KWG-E 1959, BT-Drucks. III/1114 S. 45.
[152] vgl. RegBegr. a.a.O.
[153] vgl. § 57 I 2 KWG-E, BT-Drucks. III/1114 S. 14.

GWB) der Kartellbehörden ausgeht, gleichwohl aber (im Gegensatz zum KWG) Benehmensregeln vorsieht, wo Zuständigkeitsbereiche anderer Aufsichtsbehörden berührt werden. Daß in diesem Zusammenhang aber lediglich andere Fachaufsichtsbehörden genannt werden, ist nicht Ausdruck einer grundsätzlichen Unbeachtlichkeit der allgemeinen Körperschafts-, Kommunal- oder Anstaltsaufsicht, sondern notwendige Konsequenz der Tatsache, daß in den Berührungsbereichen (Energiewirtschaft, Kreditwesen) eine Sonderaufsicht besteht, die ihrerseits die allgemeine Rechtsaufsicht als speziellere verdrängt. Notwendigerweise hat das Bundesamt für das Kreditwesen Ansprechpartner für die Kartellbehörden zu sein, soweit es um Verträge geht, die »im Zusammenhang mit Tatbeständen stehen, die auf Grund eines Gesetzes der Genehmigung oder Überwachung durch das Bundesaufsichtsamt für das Kreditwesen (...) unterliegen« (§ 102 I Nr. 1 GWB); denn nach dem Sinn und Zweck des KWG entscheidet insoweit ausschließlich das Bundesaufsichtsamt für das Kreditwesen.[154]

Es ist daher zusammenfassend festzuhalten: Das GWB geht von einer einheitlichen Wahrnehmungskompetenz der Kartellbehörden aus. Nur in § 44 II wird die behördliche Kompetenz an ein Einvernehmen anderer Behörden gebunden. Es liegt ihm aber (im Gegensatz zum KWG) erkennbar die Vorstellung zugrunde, daß Kompetenzkonflikte durch Benehmensregelungen zu vermeiden sind. Aus der Tatsache, daß im GWB nur Fachaufsichten genannt werden, darf nicht geschlossen werden, daß Körperschafts-, Anstalts- oder Kommunalaufsicht unbeachtlich wären. Daß der Gesetzgeber diese Behörden, dort wo er Regelungen getroffen hat, nicht nennt, liegt daran, daß in diesen Bereichen (Kreditwesen, Energiewirtschaft), die allgemeine Anstalts- oder Körperschaftsaufsicht nach dem erkennbaren Willen des Gesetzgebers von der jeweiligen Fachaufsicht verdrängt wird, so daß die Kartellbehörde in diesem Zusammenhang notwendigerweise im Benehmen mit diesen Behörden handeln muß.

Liegt demnach im Hinblick auf das Verhältnis Körperschafts- zu Kartellaufsicht eine Regelungslücke vor, ist noch zu klären, ob die Vorschriften § 102 V GWB und § 44 II GWB auf das genannte Verhältnis analog anzuwenden sind.

Dies ist teilweise zu bejahen.

b) Benehmen analog § 102 V GWB

Die Benehmensregelung in § 102 V oder § 103 IV GWB dient dazu, daß aufsichtliche Belange im Rahmen des kartellrechtlichen Verfahrens zu Gehör gebracht werden können.[155] Es geht also in erster Linie um die Einbringung externen Sachverstands. Diesen Gesichtspunkt kann die Körperschaftsaufsicht für sich ebenfalls in Anspruch nehmen. Soweit es um die berufsrechtliche Regulierung des Binnenmarktes aus berufsspezifischen Erwägungen geht, ist sie die sachnähere Behörde. Wenn die Kartellbehörde standesaufsichtliches Kammerverhalten wegen externer, standesübergreifender Wirkungen zum Gegenstand einer Untersagungsverfügung macht, spricht diese Sachnähe dafür, die Kartellbehörden an ein Benehmen der Körperschaftsaufsicht zu binden. Will die Kartellbehörde zum Beispiel das Werbeverbot im Bereich des Apotheken-

---

[154] vgl. RegBegr. zu § 57 KWG-E 1959, BT-Drucks. III/1114 S. 45.
[155] I/M-*Möschel* § 102 Rn. 48; I/M-*Klaue* § 103 GWB Rn. 83.

randsortiments aufgreifen, weil in dieser Weise externe, standesübergreifende Interessen verletzt werden, wäre das Benehmen der Körperschaftsaufsicht einzuholen, um zu klären, welche Folgen eine Untersagung auf das Berufsbild des Apothekers im Hinblick auf den Arzneimittelverkauf haben würde. Es läßt sich also nach Sachnähegesichtspunkten differenzieren. Bereits dies spricht dafür, der Körperschaftsaufsicht die Möglichkeit zu geben, eigenen Sachverstand in das Kartellverfahren einzubringen.Entscheidender Gesichtspunkt ist jedoch, daß im Verhältnis Kartell- zu Körperschaftsaufsicht ein gesteigertes Bedürfnis nach Koordination besteht. Im Verhältnis Bundesaufsichtsamt für das Kreditwesen zu Bundeskartellamt ist äußerstenfalls die Konstellation denkbar, daß Bundesaufsichtsamt und Bundeskartellamt unterschiedlicher Auffassung über die Genehmigungsfähigkeit eines Vertrages oder das Vorliegen eines Mißbrauchs (vgl. § 103 IV i. V. m. §§ 12, 38 III GWB) sind. Dies zeitigt jedoch keine weiteren Konsequenzen, weil mit der Nichtgenehmigung bzw. der Mißbrauchsverfügung dieser Komplex endgültig geregelt ist. Dem Bundesaufsichtsamt kommen insoweit keine sonstigen Kompetenzen zu, deren Wahrnehmung zu Friktionen mit der kartellbehördlichen Entscheidung führen könnten. Ganz anders ist demgegenüber die Situation im Verhältnis von Kartell- und Körperschaftsaufsicht. Hält die Kartellbehörde eine Berufsordnungsvorschrift für kartellrechtswidrig und untersagt sie daher der Kammer nach § 37a GWB die standesaufsichtliche Durchsetzung dieses Beschlusses, bedeutet dies in der Sache, daß der Kammer (Heilberufe) die Einleitung berufsgerichtlicher Verfahren (vgl. § 72 I Nds.HKG) zur Durchsetzung des Beschlusses untersagt wird. Genau dies aber könnte der Kammer von der Körperschaftsaufsicht (im Bereich der Heilberufe vgl. z. B. § 83 III 1 Nds.HKG) vorgeschrieben werden.[156] Es besteht die (theoretische) Möglichkeit widersprechender behördlicher Weisungen. Die Körperschaftsaufsicht könnte bei abweichender Rechtsauffassung darüber hinausgehend die kartellbehördliche Verfügung vollends konterkarieren, indem sie entsprechende berufsgerichtliche Maßnahmen selbst einleitet, weil nach zahlreichen Heilkammergesetzen auch die Aufsichtsbehörde zur Einleitung des berufsgerichtlichen Verfahrens berechtigt ist (§ 72 II Nds. HKG).[157] Für die Rechtsanwaltschaft gilt ähnliches. Zwar könnte die Kartellbehörde der Kammer z.B. die Praktizierung standesaufsichtlicher Maßnahmen untersagen (vgl. z. B. § 74 BRAO: Rüge). Gleichwohl bliebe die Einleitung ehrengerichtlicher Verfahren, die der Staatsanwaltschaft überantwortet ist (vgl. §§ 116 BRAO i. V. m. 152 StPO), davon unberührt.

Es ist nicht zu verkennen, daß die aufgezeigten Konfliktsituationen theoretischer Natur sind. Es dürfte eher unwahrscheinlich sein, daß das Gesundheitsministerium die Ärztekammer zur Durchführung der Standesaufsicht anwiese, wenn eine entgegengesetzte Verfügung der Kartellbehörden ergangen wäre, wie es auch unwahrscheinlich ist, daß das Ministerium berufsgerichtliche Verfahren einleitete, deren Durchführung den Kammern von den Kartellbehörden untersagt worden wäre. Aber gerade diese

---

[156] vgl. auch § 25 HeilBerG NRW i.V.m. § 20 I 1 LandesorganisationsG NRW vom 10.7.1962 [GV S.421] i.V.m. § 109 GO NRW i.d.F. vom 13.8.1984 [GV S.475]; entspr.auch z.B. § 18 I HeilBerG Rh-Pf; § 20 III Hess HeilBerG.

[157] so auch: § 76 I 2 Brem HeilBerG; § 60 I HeilBG NRW; § 74 I HeilBerG Meckl-Vorp; § 17 II BerufsgerichtsG Hamb; Art 66 I Ziff. 2 Bay KammerG; anders: § 58 HeilBerG Thü; § 60 I Hess HeilBerG; § 29 KammerG Bln; § 64 I HeilBG Rh-Pf.

faktische Bindung der Körperschaftsaufsicht, die rechtstatsächlich zu einer Beschneidung, der ihr eigentlich zustehenden Kompetenzen (vgl. § 83 III, 72 II Nds. HKG) führt, läßt es geboten erscheinen, die Körperschaftsaufsicht jedenfalls analog § 102 V 1 GWB im Wege des Benehmens in das kartellbehördliche Verfahren zu integrieren. Wenn die Kartellbehörden erwarten dürfen, daß die in ihrer Zuständigkeit getroffenen Verfügungen nicht durch gegenläufige Verfügungen der Körperschaftsaufsicht konterkariert werden, erscheint es angemessen, den Körperschaftsaufsichtsbehörden, von denen solche Selbstbeschränkung erwartet wird, das Recht einzuräumen, zumindest die eigene Rechtsansicht vorzutragen, um in dieser Weise am Rechtsfindungsprozeß teilzuhaben bzw. ihn zu steuern.

c) Einvernehmen analog § 44 II 1 GWB

Demgegenüber erscheint eine analoge Anwendung von § 44 II GWB nicht möglich. Dem GWB in der neuen Fassung liegt erkennbar der Grundsatz einer einheitlichen Durchsetzungskompetenz der Kartellbehörden zugrunde. Diejenigen Vorschriften, die ein Eingreifen der Kartellbehörden vom Einvernehmen anderer Behörden abhängig machten, sind zwischenzeitlich geändert worden.[158] Gegenwärtig wird lediglich noch in § 44 II GWB das Einvernehmen anderer Aufsichtsbehörden im Zusammenhang mit der Verhängung von Bußgeldern verlangt. Dies spricht dagegen, kartellbehördliche Untersagungsverfügungen (§ 37a GWB) analog § 44 II GWB vom Einvernehmen der Körperschaftsaufsicht abhängig zu machen. § 44 II stellt insoweit eine Sondervorschrift dar.

Erwägenswert ist jedoch, ob nicht jedenfalls für die Verhängung von Bußgeldern im Ordnungswidrigkeitenverfahren (§ 38 GWB) analog § 44 II GWB das Einvernehmen der Körperschaftsaufsicht zu verlangen ist. Dies hängt davon ab, welche Bedeutung man der Regelung in § 44 II GWB beimißt. Entweder deutet man die gegenwärtige Unterschiedlichkeit der Regelung in § 102 V GWB (Benehmen) und § 44 II GWB (Einvernehmen) als bewußte gesetzgeberische Entscheidung[159] oder man versteht § 44 II GWB als systemwidrige und daher nicht analogiefähige Ausnahmenorm, deren gegenwärtige Fassung dann wohl auf ein Redaktionsversehen zurückzuführen wäre.[160] Letzteres ist der Fall. Um dies zu verdeutlichen, ist kurz auf die Entstehungsgeschichte von §§ 102 V und § 44 II GWB einzugehen. Im Rahmen der 5. GWB-Novelle ist § 102 wesentlich geändert worden. Unter anderem ist die in § 102 VI GWB a.F. enthaltene Einvernehmensregelung durch die gegenwärtige in § 102 V GWB enthaltene Benehmensregelung ersetzt worden. Hintergrund war, daß sich die alte Einvernehmensregelung wegen der Gefahr des Behördenpatts als in Teilen dysfunktional erwiesen hatte.[161] Demgegenüber ist § 44 II 1 GWB nicht geändert worden. Diese Regelungsdifferenz erscheint systemwidrig. Es ist jedenfalls kein Unterschied zwischen dem Kartellverwaltungsverfahren und dem Ordnungswidrigkeitenverfahren ersichtlich, der zu einer derartigen Differenzierung Anlaß gäbe. Dies spricht dafür in § 44 II

---

[158] vgl. zuletzt § 102 VI GWB a.F., § 102 V GWB n.F., RegBegr. BT Drucks. 11/4610, S. 30.

[159] so I/M-*Möschel* § 102 GWB Rn. 49.

[160] die Systemwidrigkeit deutet *Klaue* an, I/M-Klaue § 44 Rn. 40.

[161] vgl. I/M-*Möschel* § 102 GWB Rn. 48.

GWB eine nicht analogiefähige Ausnahmenorm zu sehen. Allerdings meint *Möschel*[162], daß die unterschiedliche Regelung in § 102 V GWB einerseits und in § 44 II 1 GWB andererseits sich daraus erkläre, daß in § 44 II 2 GWB ein Weisungsrecht des BMWi vorgesehen ist, welches das fehlende Einvernehmen ersetzen kann, so daß innerhalb von § 44 II die Pattsituation, welche zur Änderung des § 102 VI GWB a.F. Anlaß gegeben hatte, nicht auftreten könne. Dies ist zutreffend, wenn § 44 II 2 GWB die von *Möschel* beigelegte Bedeutung hat. Nach der von *Möschel* 1981 in der 1. Auflage des GWB-Kommentares von Immenga und Mestmäcker vertretenen Auffassung[163] ist § 44 II 2 GWB so verstehen, daß die Weisung des BMWi auch dann das Einvernehmen ersetzt, wenn es sich um das Einvernehmen einer ressortfremden Behörde handelt. Da Kredit- und Versicherungsaufsicht zwischenzeitlich (seit 1972) nicht mehr in die Ressortzuständigkeit des BMWi fallen, sondern dem Finanzministerium zugeordnet sind, wäre nach seiner Auffassung der BMWi nach § 44 II 2 GWB zur Weisung berechtigt, ohne auf das Einvernehmen des BMF angewiesen zu sein.[164] Versteht man § 44 II 2 GWB in diesem Sinne, so ist jene Pattsituation, die Anlaß zur Änderung des § 102 VI GWB a.F. gab, in der Tat ausgeschlossen, so daß die Einvernehmensregelung in § 44 II 2 GWB als systemgerecht anzusehen wäre. Die Gesetzesgeschichte des § 44 II GWB und des § 102 GWB spricht jedoch dafür, daß § 44 II 2 nicht so verstehen ist, daß die Weisung auch das Einvernehmen ressortfremder Behörden ersetzen sollte. Ursprünglich waren Banken- und Kreditaufsicht dem Ressort des BMWi zugehörig. In ihrer ursprünglichen Fassung[165] haben §§ 44 II 2 GWB und § 102 GWB also nur ein ressortinternes Weisungsrecht vorgesehen. Das Weisungsrecht des BMWi war sachgerecht, weil er die nächsthöhere gemeinsame Behörde darstellte. Mit der Änderung der Ressortverteilung im Jahre 1972 wurde das Bundesfinanzministerium für die Banken- und Kreditaufsicht zuständig. Weil man der Ansicht war, daß § 102 a.F. und § 44 II GWB den BMWi nicht zu einem Eingriff in das fremde Ressort ermächtigen sollten, haben BMWi und BMF seinerzeit ein Verwaltungsabkommen geschlossen, wonach die Weisung des BMWi intern vom Einvernehmen des BMF abhängig war.[166] Diese Regelung wurde vom Gesetzgeber 1978 in § 102 VI GWB aus dem genannten Grund übernommen.[167] *Möschel* meint nun aus der Tatsache, daß 1978 nur § 102 VI GWB und nicht auch § 44 II GWB geändert wurde, die Schlußfolgerung ziehen zu können, daß § 44 II 2 eine ressortübergreifende Ermächtigung enthalte.[168] Dies ist nicht zutreffend. Die Gesetzesmaterialien geben für eine solche Differenzierung zwischen § 102 VI a.F. und § 44 II GWB nichts her. Insbesondere hätte man eine Äußerung des Gesetzgebers erwarten können, wenn § 44 II GWB plötzlich ressortübergreifende Wirkung entfalten sollte. Dementsprechend wurde § 44 II seinerzeit (nach 1978) in der sonstigen Kommentarliteratur in dem hier vertretenen Sinne verstanden, daß er nämlich nach wie vor nicht vom ressortfremden Einvernehmen

---

[162] I/M-*Möschel* § 102 Rn. 49.
[163] I/M-*Möschel*, 1. Aufl., § 102 GWB Rn. 54.
[164] I/M-*Möschel*, 1. Aufl., § 102 GWB Rn. 54.
[165] GWB vom 27.7.1957, BGBl. I S. 1081.
[166] vgl. Regierungsbericht über die Ausnahmebereiche, S. 19 Ziff. 64, BT-Drucks. 7/3206.
[167] RegBegr. 1978, BT-Drucks. 8/2138 S. 32 a.E.f.
[168] I/M-*Möschel*, 1.Aufl., § 102 GWB Rn. 54.

dispensierte.[169] Zutreffender dürfte es sein, darin, daß § 44 II 2 GWB im Jahre 1978 unverändert beibehalten wurde, ein Redaktionsversehen zu sehen.[170] Dies ist um so wahrscheinlicher, als es bislang noch zu keinen Bußgeldverfahren im Sektor Versicherungen und Banken gekommen ist[171], § 44 II GWB also eine wesentlich geringere praktische Relevanz als § 102 GWB hat. Versteht man § 44 II 2 GWB jedoch in diesem Sinne, daß er nämlich keine Ermächtigung zu einer ressortübergreifenden Weisung enthält, haben für ihn die gleichen Bedenken zu gelten, die 1990 die Änderung des § 102 VI GWB a.F. veranlaßt haben, daß nämlich die vorgesehene Einvernehmensregelung dysfunktional ist, weil sie zu einem Behördenpatt und daraus folgenden umständlichen Abstimmungsprozessen zwischen den zuständigen Ministerien führen kann. Die Beibehaltung der Einvernehmensregelung in § 44 II 1 GWB ist daher systemwidrig. Ihre Beibehaltung kann nur als ein Redaktionsversehen erklärt werden, das sich aus der untergeordneten tatsächlichen Bedeutung der Norm ergibt. § 44 II GWB ist daher nicht analogiefähig.

Eine analoge Anwendung des § 44 II 1 auf die Durchführung von Bußgeldverfahren gegen Freiberuflerkammern scheidet daher aus.

D. Berufsgerichtsbarkeit und Kartellaufsicht

I. Problemstellung

Gestattet man den Kartellbehörden, mit Verfügungen im Einzelfall in den hoheitlichen Tätigkeitsbereich der Kammern einzugreifen, ergibt sich jedoch ein Folgeproblem im Hinblick auf die verkammerten Heilberufe.

BRAO, StBerG und WPO sehen im Hinblick auf die Einleitung ehrengerichtlicher Verfahren kein Antragsrecht der Kammern vor. Die Einleitung des ehrengerichtlichen Verfahrens ist vielmehr der Staatsanwaltschaft (vgl. § 116 S. 2 BRAO i.V.m. § 152 StPO; § 114 StBerG; § 85 WPO) überlassen. Die standesaufsichtlichen Maßnahmen, welche die Kammern ergreifen können, sind von der Einleitung eines ehrengerichtlichen Verfahrens unabhängig (vgl. z.B. § 69 I WPO). Eine Untersagung durch die Kartellbehörden ließe die Durchführung eines ehrengerichtlichen Verfahrens also unberührt.[172]

Anders verhält es sich demgegenüber bei den Heilberufen. So besteht die Kompetenz der Ärztekammern und der Apothekerkammer nach dem Nds. Kammergesetz für die Heilberufe darin, den Standesverstoß zu ermitteln (§ 71 Nds.HKG) und die Einleitung eines berufsgerichtlichen Verfahrens zu beantragen (§ 72 I Nds. HKG).[173]

---

[169] so *Junge* im Gemeinschaftskommentar, § 44 GWB Rn. 13; *Langen/Niederleithinger/Ritter/Schmidt* § 44 GWB Rn. 15; I/M-*Klaue,* 1. Aufl., § 44 GWB Rn. 45; *Loewenheim* in Loewenheim/Belke (6. Lieferung: 1981) § 44 GWB Rn. 18.

[170] so *Langen/Niederleithinger/Ritter/Schmidt* § 44 GWB Rn. 15 a.E.

[171] vgl. I/M-*Möschel* § 102 GWB Rn. 49.

[172] zur Vermeidung widersprüchlichen Behördenverhaltens analog § 102 V GWB, s.o.

[173] so auch in sämtlichen anderen Heilberufsgesetzen; darüber hinausgehend ist in manchen Kammergesetzen zusätzlich ein Rügerecht der Kammern vorgesehen, so z.B. Art 33 Bay KammerG oder § 59 III Hess HeilberufsG.

Dementsprechend haben Kartellbehörden und Gerichte betroffenen Apothekerkammern mehrfach sowohl die Androhung[174] wie auch die Einleitung[175] berufsgerichtlicher Verfahren untersagt. Diese Vorgehensweise ist unter mehreren rechtlichen Gesichtspunkten zweifelhaft.

Es stellt sich die Frage, ob die Androhung bzw. die Einleitung eines rechtlich geordneten Verfahrens als rechtswidrige Handlung angesehen werden kann (unten II.).

Weiterhin ist problematisch, ob in dieser Vorgehensweise nicht eine Entziehung des gesetzlichen Richters im Sinne von Art 101 I 2 GG gesehen werden könnte (unten III.).

Letztlich ist gegen derartige Untersagungsverfügungen vorgebracht worden, daß sie gegen das Gewaltentrennungs- und Rechtsstaatsprinzip verstießen (unten IV.).

II. Androhung und Einleitung berufsgerichtlicher Verfahren als rechtswidrige Handlungen i.S. des GWB

In der Absicht, Kompetenzübergriffe zu vermeiden, hat das OLG Stuttgart[176] die Auffassung vertreten, die Anrufung der Berufsgerichte könne keine unerlaubte Handlung darstellen. Das OLG Bremen[177] hat aus vergleichbaren Erwägungen den Anwendungsbereich des § 25 II GWB insoweit teleologisch reduziert, als den Kammern nur die bösgläubige Anrufung der Berufsgerichte soll untersagt werden können.

1. Bezugspunkt für das Rechtswidrigkeitsurteil

Herkömmlicherweise wird im Rahmen von § 25 II GWB wie bei § 240 II StGB zwischen dem gewählten Mittel, dem verfolgten Zweck und der Zweck-Mittel-Relation unterschieden.[178] Jedes dieser drei Elemente kann das Rechtswidrigkeitsurteil begründen.[179]

Es wird im Zusammenhang mit der Frage, ob die Androhung oder Einleitung berufsgerichtlicher Verfahren eine rechtswidrige Handlung darstellt, darauf verwiesen, daß sich das Rechtswidrigkeitsurteil hier aus der Verfolgung kartellrechtswidriger Zwecke ergebe.[180] Diese Argumentation ist im Hinblick auf die Kammern – anders bei Privatrechtssubjekten[181]– zweifelhaft, weil die Wettbewerbsregulierung den Kammern als Kompetenz zugewiesen ist. Die Verfolgung dieses Zieles kann – für sich genom-

---

174 BGH WRP 1987, 310 – Guten Tag-Apotheke II.

175 BGH GRUR 1991, 622 (624 a.E.f.) – Warenproben in Apotheken; KG WuW/E OLG 4008 (4016) – Apothekerkammer Bremen; LKartB Bay WuW/E LKartB 315 (325).

176 OLG Stuttgart WuW/E OLG 3703 (3706 f.) – Guten Tag-Apotheke.

177 OLG Bremen WuW/E OLG 4367 (4372 f.) – Proben apothekenüblicher Waren.

178 FK-*Huber* § 25 Rn. 54.

179 *Huber* a.a.O.

180 BGH WuW/E BGH 1474 (1478) – Architektenkammer; BGH GRUR 1991, 622 (624 a.E.f., 626 sub 3.a.) – Warenproben in Apotheken; zustimmend I/M-*Immenga* § 25 Rn. 60; *Riesenkampff* in Loewenheim/Belke § 25 Rn. 37 a.E.

181 daher insoweit zutreffend BGH GRUR 1991, 622 (624 a.E.f.) – »Warenproben in Apotheken« hinsichtlich des Bremer Apothekervereins.

men – daher nicht die Rechtswidrigkeit begründen.[182] Es ist aber auch nicht erforderlich, das Rechtswidrigkeitsurteil in dieser Weise zu gewinnen. Es ergibt sich in den Fällen der vorliegenden Art bereits aus der Rechtswidrigkeit der Handlung. Wenn die Kammer im Sinne der Rechtswidrigkeitsformel[183] (im Hinblick auf standesaufsichtliche Maßnahmen) als Unternehmensvereinigung anzusehen ist, wird sie per definitionem im Verhältnis zu ihren Mitgliedern rechtswidrig tätig. Sie ist nämlich nur dann als Unternehmensvereinigung zu qualifizieren, wenn sie die berufsrechtliche Ermächtigung überschreitet, also Maßnahmen ergreift, die im Verhältnis zu den Mitgliedern bereits nach berufsrechtlichen Maßstäben rechtswidrig sind.

Der kammerangehörige Freiberufler kann sich auch im Vorfeld des berufsgerichtlichen Verfahrens gegen formlose Mißbilligungen durch die Kammer zur Wehr setzen.[184] Es entspricht der berufsrechtlichen Dogmatik, daß die Kammer im Verhältnis zum Mitglied zur Unterlassung rechtswidriger formloser Mißbilligungen verpflichtet ist. Es spricht also grundsätzlich nichts dagegen, ein solches Kammerverhalten ebenfalls als rechtswidrig im Sinne von § 25 II GWB zu qualifizieren. Davon zu trennen, ist die Frage, in welchem Verfahren die Rechtswidrigkeit geltend zu machen ist. Daß sich das Kammermitglied nicht gemäß §§ 25 II, 35 GWB gegen Maßnahmen der Standesaufsicht zur Wehr setzen kann, wurde bereits erläutert (s.o. § 4). Indessen hindert dies nicht, Kammerhandlungen als rechtswidrig im Sinne von § 25 II GWB zu qualifizieren, weil sie berufsrechtswidrig sind.

Zusammenfassend ist festzuhalten, daß die Androhung und Einleitung berufsgerichtlicher Verfahren rechtswidrige Handlungen darstellen können. Es ist insbesondere nicht notwendig, zur Gewinnung des Rechtswidrigkeitsurteils auf die verfolgten Zwecke abzustellen. Die Rechtswidrigkeit ergibt sich vielmehr schon aus der Berufsrechtswidrigkeit der ergriffenen Maßnahme.

2. *Rechtswidrigkeit trotz subjektiv redlichen Verhaltens*

Das OLG Bremen hat im vorliegenden Zusammenhang die Auffassung vertreten, die subjektiv redliche Anrufung der Berufsgerichte könne keine rechtswidrige Handlung darstellen. § 25 II sei insoweit teleologisch zu reduzieren.[185]

Diese These mutet befremdlich an, weil herkömmlich das Rechtswidrigkeitsbewußtsein als ein Schuldelement verstanden wird[186], § 25 II GWB aber nur objektive Rechtswidrigkeit voraussetzt, so daß die Frage der Redlichkeit für § 25 II GWB keine Rolle spielen dürfte[187] (Schadensersatzansprüche gemäß § 35 I, II GWB wären möglicherweise anders zu beurteilen.). Das OLG beruft sich jedoch zur Stützung seiner These auf zwei Entscheidungen des BGH zu der Frage, inwieweit die Einleitung einer

---

[182] vgl. in etwas anderem Zusammenhang OLG Bremen WuW/E OLG 4367 (4374 a.E.f.) – Proben apothekenüblicher Waren.

[183] vgl Einführung 1., S. 2 f.f; § 3.

[184] s.o. § 4 B.III.1.

[185] OLG Bremen WuW/E OLG 4367 (4372 ff. sub 3.) – Proben apothekenüblicher Waren.

[186] vgl. nur MünchKomm-Hanau § 276 Rn. 58, 117 ff.

[187] in der Sache so: *Riesenkampff* in Loewenheim/Belke § 25 GWB Rn. 37.

(fehlerhaften) Zwangsvollstreckung als unerlaubte Handlung i.S. von § 823 I bzw. § 826 BGB angesehen werden kann.[188]

Der BGH führt aus, daß eine Verletzung der in § 823 I genannten Rechte oder Rechtsgüter die Rechtswidrigkeit dann nicht indiziere, wenn die Verletzung durch »das zunächst formal gebilligte Betreiben eines gesetzlich geregelten Streitverfahrens eintritt«.[189] Das schadensursächliche Verhalten genieße wegen seiner verfahrensrechtlichen Legalität die Vermutung der Rechtmäßigkeit.[190] Die Rechtswidrigkeit ist nach der Auffassung des BGH in diesem Fall demnach positiv festzustellen. In der Sache formuliert der BGH also Verkehrspflichten. In concreto nimmt er an, daß den Vollstreckungsgläubiger gegenüber dem Vollstreckungsschuldner keine Pflicht trifft, die materielle Berechtigung des eigenen Begehrens sorgfältig zu prüfen, weil der Schuldner diese Rechte in dem entsprechenden Verfahren selbst geltend machen kann.[191] Die Begrenzung auf subjektiv redliches Verhalten ist wohl so zu verstehen, daß den Vollstreckungsgläubiger gleichwohl die allgemeine Pflicht trifft, den Schuldner durch vorsätzliches (sittenwidriges) Verhalten nicht zu schädigen (vgl. § 826 BGB), was im Einzelfall bedeuten kann, daß die mißbräuchliche Inanspruchnahme »gesetzlich geregelter Streitverfahren« pflichtwidrig und damit rechtswidrig ist.

Steffen[192] und *Teichmann*[193] haben an der dogmatischen Begründung Kritik geäußert. Sie stellen den Gesichtspunkt der Spezialität in den Vordergrund. Soweit ein Verfahren prozessuale Rechtsbehelfe für den Betroffenen vorsehe, werde der allgemeine materiellrechtliche Rechtsschutz (§ 823 I BGB) verdrängt.

Dem OLG Bremen ist insoweit zuzustimmen, als die vorliegende Konstellation eine entsprechende Behandlung nahelegt. Auch das berufsgerichtliche Verfahren kann – trotz gelegentlich geäußerter Bedenken –[194] die vom BGH angeführte Legalitätsvermutung für sich in Anspruch nehmen[195], so daß die Androhung und Einleitung des Verfahrens durch die Kammer grundsätzlich nicht als rechtswidrige Handlung angesehen werden dürfte, wie auch die Verfolgung »kartellrechtswidriger« Ziele (s.o. 1.) das Rechtswidrigkeitsurteil nicht trägt. Allerdings bestehen zwei wesentliche Unterschiede zu den Fällen, die der BGH zu entscheiden hatte, die eine abweichende Behandlung rechtfertigen.

a) Rechtspflichten der Kammern

Das Verhältnis der Kammern zu ihren Mitgliedern unterscheidet sich von dem Verhältnis beliebiger Bürger zueinander. Wenn der BGH meint, den klagenden Bürger treffe gegenüber dem Beklagten keine (Verkehrs-) Pflicht, die eigene Rechtsansicht

---

188 BGH NJW 1979, 1351 (1352 f.); BGH NJW 1985, 1959 (1961).
189 BGH NJW 1979, 1351 (1352).
190 BGH a.a.O.
191 BGH a.a.O. S. 1353 sub ee).
192 RGRK-*Steffen* Vorb. z. § 823 Rn. 53.
193 *Teichmann,* LM § 823 (Ac) BGB Nr. 56 Bl. 3 (4 a. E.f.).
194 I/M-*Emmerich* § 98 Abs. 1 GWB Rn. 60.
195 In diesem Sinne OLG Bremen WuW/E OLG 4367 (4373) – Proben apothekenüblicher Waren; vgl. auch oben C. II. 2. b. bb. (3) (c).

sorgfältig zu prüfen, läßt sich dies nicht auf das Verhältnis Kammer-Mitglied übertragen. Die Aufgabe der Kammer besteht darin, die Berufsausübung der Mitglieder zu kontrollieren. Die Kammer ist also berufener Spezialist auf dem Gebiet des Berufsrechts. Während man vom Bürger im Hinblick auf die Wahrnehmung seiner Rechte keine korrekte Rechtmäßigkeitsprüfung erwarten darf, erscheint es angemessen, dies von der Kammer im Verhältnis zum Mitglied zu verlangen, soweit sie hoheitlich tätig wird. Abgesehen davon, daß die Kammern zur Einschätzung der Berufsrechtslage in wesentlich höherem Maße qualifiziert ist, als der Bürger im Hinblick auf beliebige andere Rechtsstreitigkeiten dies ist, kommt hinzu, daß die Kammer mit dem Anspruch staatlicher Autorität gegenüber dem Mitglied auftritt, wenn sie den Standesangehörigen zur Beachtung der Berufspflichten anhält. Die Kammer nimmt für sich von Rechts wegen in Anspruch, zu wissen was Recht ist. Aus diesem Grund erscheint es angemessen, die Pflichten der Kammern weiter zu fassen als die Pflichten im Verhältnis beliebiger Privatrechtssubjekte zueinander. Daher trifft die Kammer im Verhältnis zum Mitglied die (Verkehrs-) Pflicht, die Rechtmäßigkeit des geltend gemachten Begehrens sorgfältig zu prüfen. In der Terminologie des BGH kommt der hoheitlich handelnden Kammer kein »Recht auf Irrtum«[196] zu.

Zusammenfassend ist festzuhalten, daß die Kammer, wenn sie standesaufsichtlich tätig wird, die Pflicht zur sorgfältigen Rechtmäßigkeitsprüfung trifft. Daher kann die subjektiv redliche, unberechtigte Androhung oder Einleitung berufsgerichtlicher Verfahren dogmatisch als rechtswidrige Handlung erfaßt werden.

Allerdings ist oben bereits ausgeführt worden, daß nach der hier vertretenen Auffassung die Anwendung des § 25 II GWB letztlich ausscheiden muß, weil den Kartellbehörden nicht die Zuständigkeit zukommt, die Handlungsfreiheit der Standesangehörigen zu gewährleisten. Kartellbehördliche Untersagungsverfügungen kommen nur insoweit in Betracht als externe Interessen verletzt werden oder der Wettbewerb in übergreifendem Zusammenhang beschränkt wird. Untersagungsverfügungen gegen standesaufsichtliches Handeln der Kammer können demnach nur auf §§ 1, 38 I Ziff. 1 oder § 26 GWB gestützt werden. Demnach kann es für die Rechtswidrigkeit der Kammerhandlung konsequenterweise nicht auf die Pflichten der Kammer im Verhältnis zu den Mitgliedern ankommen. Abzustellen ist vielmehr darauf, ob die Androhung und Einleitung im Verhältnis zu Externen rechtswidrig ist.

Es ist zweifelhaft, ob sich die oben angestellten Erwägungen auf das Verhältnis der Kammer zu Externen übertragen lassen. Dies ist aber auch nicht erforderlich, weil sich die Rechtswidrigkeit im Verhältnis zu Externen aus einem weiteren Gesichtspunkt ergibt [s.u. b)].

b) Spezialität des Verfahrens

Der BGH hat für die Rechtmäßigkeitsbeurteilung weiterhin darauf abgestellt, ob das Verfahren interne Rechtsbehelfe vorsieht, mit denen sich derjenige, der sich mit materiellrechtlichen (verfahrensexternen) Ansprüchen gegen das Verfahren wehren will,

---

[196] BGH NJW 1979, 1351 (1353 sub ee.).

innerhalb des Verfahrens hätte zur Wehr setzen können.[197] Dies entspricht dem von *Steffen* und *Teichmann* angesprochenen Gesichtspunkt der Spezialität. Dem Recht des Klägers auf irrtümliche Fehleinschätzung der Rechtslage korreliert das Recht des Geschädigten, diesen Irrtum im Verfahren zu bekämpfen.[198] Das bedeutet, daß die (unberechtigte) subjektiv redliche Einleitung eines gerichtlichen Verfahrens dann eine rechtswidrige Handlung darstellt, wenn sie die Interessen nicht am Verfahren Beteiligter verletzt.[199] Daraus folgt, daß die subjektiv redliche Einleitung und Androhung berufsgerichtlicher Verfahren im Verhältnis zum Kammermitglied keine rechtswidrige Handlung darstellt, es sei denn, man formulierte zu Gunsten der Betroffenen weitergehende Rechtspflichten der Kammer (s.o. lit a.). Im Ergebnis ist dies ohne Belang, weil der Kammerangehörige sich ohnehin nicht nach § 35 I,II GWB gegen Maßnahmen der Standesaufsicht zur Wehr setzen kann (s.o. § 4). Anders ist die Situation jedoch zu beurteilen, wenn die Kartellbehörden als Sachwalter externer Interessen – also bei der unmittelbaren Behinderung gewerblicher Konkurrenz oder in »übergreifendem Zusammenhang«[200]– tätig werden. Beeinträchtigt eine ambivalente Kammerhandlung die Interessen externer Gewerbetreibender, sei es unmittelbar (Behinderung), sei es mittelbar (Lieferanten und Hersteller von Artikeln des Nebensortiments), so ist man nach den oben angeführten Grundsätzen nicht gehindert, die Handlung als rechtswidrig zu qualifizieren, auch wenn sie in der subjektiv redlichen Androhung oder Einleitung berufsgerichtlicher Verfahren besteht. In der vom BGH gewählten Terminologie fehlt es an einer verfahrensrechtlichen Sicherung zugunsten der Betroffenen, die es gebieten würde, die unberechtigte – wenn auch subjektiv redliche – Verfahrensandrohung oder -einleitung als rechtmäßig zu beurteilen.

Demnach stellt die (unberechtigte) Androhung oder Einleitung berufsgerichtlicher Schritte eine rechtswidrige Handlung im Sinne von §§ 1, 38 I Ziff.1, 26 GWB dar, soweit externe oder standesübergreifende Interessen beeinträchtigt werden. Wie oben bereits dargestellt, sind die Kartellbehörden überhaupt nur insoweit zuständig, als die Wahrung standesexterner Interessen (unmittelbare Behinderung, Gewährleistung des Wettbewerbs in übergreifendem Zusammenhang) dies gebietet. Für die hier vertretene Lösung ergeben sich also unter dem Gesichtspunkt der Rechtswidrigkeit keine Einschränkungen hinsichtlich des Gegenstandes der Untersagungsverfügung.

III. Entziehung des gesetzlichen Richters (Art 101 I 2 GG)

Zum Teil ist erwogen worden, die Untersagung berufsgerichtlicher Verfahren stelle eine Entziehung des gesetzlichen Richters dar.[201] Der BGH hat dem in der Entscheidung »Warenproben in Apotheken« entgegengehalten, daß Art 101 I 2 GG deswegen nicht einschlägig sei, weil gemäß § 62 IV GWB die Kartellgerichte zur Aufhebung von

---

[197] vgl. zuletzt BGH NJW 1992, 2014 (2015 sub II. 3.).
[198] BGH a.a.O. S. 2015.
[199] BGH a.a.O.
[200] BGH GRUR 1991, 622 (625 sub II. 1 .a.E.) – Warenproben in Apotheken.
[201] OLG Bremen WuW/E OLG 4367 (4373) – Proben apothekenüblicher Waren; zu § 35 III GWB so auch OLG Stuttgart WRP 1991, 571 (573).

Kartellverfügungen zuständig seien und daher die Durchführung eines kartellgerichtlichen Verfahrens keine Entziehung des gesetzlichen Richters darstelle.[202] Er konzediert aber, daß diese Erwägung für die Frage der Zuständigkeit des BKartAmtes eine Rolle spielen könne.

In der Tat kann die Durchführung des kartellgerichtlichen Verfahrens wegen § 62 IV GWB keine Entziehung des gesetzlichen Richters bedeuten. Im übrigen wird durch das kartellgerichtliche Verfahren die Anrufung der Berufsgerichte nicht verhindert. Diese Wirkung kommt vielmehr dem Kartellverwaltungsverfahren, also der kartellbehördlichen Untersagungsverfügung, zu. Es stellt sich demnach die vorgelagerte Frage, ob es von Verfassungs wegen (Art 101 I 2 GG) geboten ist, die Zuständigkeit des Kartellamtes im Hinblick auf die Untersagung berufsgerichtlicher Verfahren zu verneinen.

Art 101 I 2 GG gebietet dies nicht.

Es ist schon zweifelhaft, ob Art 101 I 2 GG überhaupt herangezogen werden muß. Art 101 I 2 GG ist ein grundrechtsgleiches Recht, das den Betroffenen vor einer willkürlichen Entziehung seines gesetzlichen Richters schützen soll. Nun kann aber bereits aus rechtstatsächlichen Gründen bezweifelt werden, daß das mit einem berufsgerichtlichen Verfahren bedrohte Kammermitglied die Untersagung jenes Verfahrens als einen Eingriff in seine Rechte empfinden müßte. Ebenso kann bezweifelt werden, daß sich die Kammer ihrerseits auf Art 101 I 2 GG berufen kann. Zwar ist insoweit unstreitig, daß sich Körperschaften des öffentlichen Rechts zumindest auf die Justizgewährungsrechte berufen können.[203] Jedoch erscheint fraglich, ob die Durchführung des berufsgerichtlichen Verfahrens überhaupt der Wahrnehmung von spezifischen Rechten der Kammer dient, die verletzt würden, wenn auf dieses Verfahren verzichtet würde. Bejaht man die letzte Frage im Hinblick auf die bestehenden Teilhaberechte der Kammern (Antragsrecht [§ 72 I NHKG], Beteiligtenstatus im Verfahren [§ 70 I NHKG]), ist gleichwohl ein Verstoß gegen Art 101 I 2 GG zu verneinen.

Art 101 I 2 GG ist eine Ausprägung des sog. Willkürverbotes. Das bedeutet, daß nicht bereits die (fehlerhafte) Anwendung des einfachen Rechts einen Verfassungsverstoß darstellt.[204] Eine Maßnahme stellt erst dann eine Entziehung des gesetzlichen Richters i.S.v. Art 101 I 2 GG dar, wenn sich die Entscheidung »völlig vom gesetzlichen Maßstab löst«[205], also auf unsachlichen Erwägungen beruht,[206] offensichtlich unhaltbar ist oder ohne Bezug auf den gesetzlichen Maßstab erfolgt.[207]

Dies läßt sich von der vorgeschlagenen differenzierenden Lösung nicht sagen. Weder beruht die oben begründete Zuständigkeit der Kartellbehörden auf sachfremden Erwägungen noch erfolgt sie ohne jeden Bezug auf den gesetzlichen Maßstab. Art 101 I 2 GG nötigt daher zu keiner abweichenden Beurteilung.

---

202 BGH GRUR 1991, 622 (626) – Warenproben in Apotheken.

203 *Maunz/Dürig/Herzog/Scholz-Dürig* Art 19 Abs. III GG Rn. 54.

204 *Maunz/Dürig/Herzog/Scholz-Maunz* Art 101 Rn. 50.

205 *Maunz* a.a.O. Rn. 51.

206 BVerfGE 7, 327 (329).

207 BVerfGE 6, 45 (53).

Es handelt sich vorliegend also um kein auf Verfassungsebene angelegtes Problem, sondern um die Kollision zweier einfacher Gesetze.

IV. Gewaltenteilungsprinzip

Harms[208] meint, aus dem Rechtsstaats- und dem Gewaltenteilungsprinzip folge, daß den Kammern seitens der Kartellbehörden nicht die Anrufung der Berufsgerichte untersagt werden dürfe.

Warum die genannte Vorgehensweise gegen das Rechtsstaatsprinzip verstoßen soll, ist nicht erkennbar. Daß in ihr kein Verstoß gegen Art 101 I 2 GG zu sehen ist, wurde bereits dargelegt. Sie verstößt auch nicht gegen das Gewaltenteilungsprinzip. Weder führen die Kartellbehörden materielle Rechtsprechungstätigkeit durch, wenn sie eine Untersagungsverfügung erlassen, noch »verlegen«[209] sie den Weg zu den Gerichten. Gemäß § 62 IV GWB bleibt den Kammern die Anrufung der dritten Gewalt unbenommen.

Es ist demnach daran festzuhalten, daß es sich um einen auf einfachgesetzlicher Ebene angelegten Normkonflikt handelt.

Ergebnis zu D.

Die oben (s. C.) vorgeschlagene Abgrenzung berücksichtigt die Belange beider Behörden und reduziert die Eingriffe in den Kompetenzbereich der Kammern auf einige bestimmte Sonderfälle, in denen ein Zugriffsrecht der Kartellbehörden aus systematischen Gründen (Vermeidung widersprüchlicher Verhaltensanweisungen) sachgerecht erscheint. Daß diese Abgrenzung im Hinblick auf die Heilberufe weiterhin einen Eingriff in die einfachgesetzlich normierte Zuständigkeit der Berufsgerichte mit sich bringt, ist notwendige Konsequenz der Ausgestaltung der heilberuflichen Kammergesetze, in denen die Anrufung der Berufsgerichte den Kammern überantwortet ist. Diese Folge ist hinzunehmen, weil sie sachgerecht ist und auch keinen dogmatischen Bedenken ausgesetzt ist.

Die Untersagung berufsgerichtlicher Verfahren im Falle der Drittbetroffenheit externer Gewerbetreibender oder externer Märkte führt zu einer Ersetzung der Berufsgerichte durch die Kartellgerichte bzw. zu einer Vorkontrolle durch die Kartellgerichte. Auf diese Weise wird ermöglicht, daß mitbetroffene Externe, die am berufsgerichtlichen Verfahren nicht teilhaben, am Rechtsfindungsprozeß partizipieren, und zwar im Falle einer Klage aus § 35 GWB unmittelbar, im Falle einer Untersagungsverfügung nach § 37a GWB mittelbar.

Gegen diese Verfahrensweise sprechen keine dogmatischen Bedenken. Die subjektiv redliche Einleitung von rechtsförmig ausgestalteten Verfahren kann rechtswidrig sein, wenn dadurch in die Interessen von Personen eingegriffen wird, die nicht am Verfahren beteiligt sind. In der Untersagung berufsgerichtlicher Verfahren ist keine Entzie-

---

[208] *Harms* NJW 1976, 1289 (1296 sub VIII.); ihm folgend *Ring*, Wettbewerbsrecht der freien Berufe, S. 211 f. sub 2. für den Fall der Drohung mit einer wettbewerbsrechtlichen Unterlassungsklage seitens der Kammer.

[209] *Harms* a.a.O.

hung des gesetzlichen Richters zu sehen, wie sich aus Art 101 I 2 GG auch keine Beschränkung für die Zuständigkeit der Kartellbehörden ableiten läßt. Letztlich verstößt die Vorgehensweise der Kartellbehörden auch nicht gegen das Gewaltenteilungsprinzip.

E. Folgen für den Begriff der Unternehmensvereinigung

Aus dem Grundsatz der Wahrung der Kompetenzordnung folgt, daß es einer Behörde grundsätzlich verwehrt ist, mit hoheitlichen Mitteln in die hoheitliche Tätigkeit anderer Behörden einzugreifen, sofern dem Eingriff kompetenznegierende Wirkung zukommt und sich der Vollzug eines allgemeinen Gesetzes in Wirklichkeit als verwaltungslenkendes Sonderrecht darstellt. Dies gilt grundsätzlich auch für das Verhältnis von Kammer und Kartellbehörde. Daher ist die Rechtswidrigkeitsformel, wie sie der BGH in der Entscheidung »Architektenkammer« verwendet hat, bereits tatbestandlich zu weit. Sie begründet bezogen auf die Standesaufsicht ein nahezu umfassendes Kontrollrecht, ohne daß dies unter Schutzzweckgesichtspunkten geboten wäre.

Eine kartellbehördliche Eigenzuständigkeit läßt sich nur für solche Wettbewerbsbeschränkungen begründen, die unmittelbar die wettbewerbliche Handlungsfreiheit Externer verletzen oder den gesetzlich zugelassenen standesübergreifenden Wettbewerb beschränken. In diesen Fällen ist aus Gründen der Rechtssicherheit (Schutz vor widersprüchlichem Behördenverhalten) eine Durchbrechung des Grundsatzes, daß eine Behörde nicht mit Verfügungen in den Hoheitsbereich einer anderen Behörde eingreifen darf, geboten.

Dies bedeutet für den funktionalen Unternehmensbegriff, daß eine Kammer im Verhältnis zu den Kartellbehörden dann keine Unternehmensvereinigung darstellt, wenn sie – sei es auch rechtswidrig – nur zur Beschränkung des Binnenwettbewerbs tätig wird. Erst wenn die Wirkung der Regulierung des Binnenwettbewerbs die Interessen von nicht der Hoheitsgewalt unterworfenen Dritten beeinträchtigt oder gesetzlich zugelassenen Wettbewerb in standesübergreifendem Zusammenhang beschränkt, ist die Kammer im Hinblick auf diese Wirkungen als Unternehmensvereinigung anzusehen. In der Terminologie der Entscheidung »Warenproben in Apotheken« hat die Kammer dann durch diese Maßnahme deutlich den ihr zugewiesenen Aufgabenbereich (Regulierung des Binnenwettbewerbs im Hinblick auf die gemeinwohlbezogene Tätigkeit) überschritten.

Berechtigt eine solche Beeinträchtigung externer Interessen die Kartellbehörde zum Einschreiten, so steht ihr ein umfassendes Prüfungsrecht zu.

Dies ergibt sich schon aus der Notwendigkeit, öffentlich-rechtliche Aufgabenzuweisung und privates Wettbewerbsrecht materiellrechtlich zu koordinieren. Nur die nach berufsrechtlichen Kriterien rechtmäßige Aufgabenwahrnehmung kann überhaupt eine Beeinträchtigung der vom GWB gewährten Freiheiten legitimieren. Daraus folgt, daß die Kartellbehörden im Falle des Zugriffs die Rechtmäßigkeit nach berufsrechtlichen Kriterien zu prüfen haben. Ergibt diese Prüfung bereits, daß die Maßnahme rechtswidrig ist, z.B. weil die fachbezogene Versorgung der Bevölkerung mit Arzneimitteln keinen derartigen Eingriff in die von Art 12 I GG gewährte Berufsausübungsfreiheit rechtfertigt, ist die Maßnahme schon aus diesem Grund kartellrechtswidrig. Führt die Prüfung zu dem Ergebnis, daß eine solche Beeinträchtigung dem Berufsangehörigen zuzumuten ist, z.B. weil dem Satzungsgeber eine Einschätzungsprärogative im Hinblick auf die Berufsbildentwicklung zukommt und die damit verbundene Beeinträchtigung des einzelnen Apothekers hinzunehmen ist wegen der wirtschaftlich betrachtet geringen Bedeutung des Nebensortiments, ist die Prüfung damit nicht beendet. Es ist dann zu prüfen, ob diese nach berufsrechtlichen Kriterien rechtmäßige Aufgabenwahrnehmung mit dem Kartellrecht vereinbar ist. Dies kann ein eigenständiger Wertungsgesichtspunkt sein, so z.B. wenn die Prognose der Kartellbehörde ergibt, daß angesichts des Warenprobenverbots die Gefahr besteht, daß der standesübergreifende Wettbewerb im ganzen zum Erliegen käme, oder wenn die Selbstbeschränkung der Apotheker bewirkt, daß Hersteller aus dem Markt ausscheiden müssen. Es ist dann zu fragen, ob die eigentlich zulässige Aufgabenwahrnehmung seitens der Kammer auch angesichts dieser kartellrechtswidrigen Folgen noch hinzunehmen ist.

Ergebnis zu § 5:

Die Kammern stellen dann Unternehmensvereinigungen dar, wenn sie privatrechtlich handeln, also wenn sie z.B. unmittelbar gegen Konkurrenten oder die Marktgegenseite vorgehen, um rechtswidrige Wettbewerbsbeschränkungen durchzusetzen.

Handeln sie hoheitlich, beschließen sie also Berufsordnungsvorschriften oder setzen sie diese standesaufsichtlich gegen die Kammerangehörigen durch, sind sie grundsätzlich nicht als Unternehmensvereinigungen anzusehen. Der Kartellbehörde steht ausnahmsweise ein Zugriffsrecht zu, wenn durch die Kammerhandlung gezielt standesexterne Gewerbetreibende behindert werden. Die Kartellbehörden handeln in diesem Fall in eigener Kompetenz. Desweiteren ist eine kartellbehördliche Zuständigkeit zum Schutz des Wettbewerbs in übergreifendem Zusammenhang anzunehmen. Die Kammern handeln also dann als Unternehmensvereinigungen, wenn sie durch rechtswidrige Selbstbeschränkung den standesübergreifenden Wettbewerb beschränken. Ein solcher schützenswerter Wettbewerb besteht zwischen Drogisten und Apothekern im Bereich des Nebensortiments.

In den genannten Konstellationen haben die Kammern ihren Aufgabenbereich, nämlich das Marktverhalten der Freiberufler bezogen auf die übertragene gemeinwohlbezogene Dienstleistung zu regeln, deutlich überschritten.

In diesen Fällen eigener Zuständigkeit darf die Kartellbehörde mit Verfügungen in den hoheitlichen Tätigkeitsbereich der Kammer eingreifen, indem sie ihr hoheitliches Handeln untersagt. Diese Durchbrechung des Grundsatzes, wonach eine Behörde nicht in den hoheitlichen Tätigkeitsbereich einer anderen Behörde eingreifen darf, folgt aus der körperschaftlichen Struktur der Kammern und dient dem Schutz der Kammerangehörigen vor widersprüchlichem Behördenverhalten.

Die Kartellbehörde ist in diesen Fällen analog § 102 V GWB gehalten, im Benehmen mit der Körperschaftsaufsicht zu handeln.

Daß den Kammern der Heilberufe in der Rechtsfolge die Anrufung der Berufsgerichte untersagt wird, ist unschädlich. Die subjektiv redliche Anrufung der Gerichte kann dogmatisch als rechtswidrige Handlung erfaßt werden, wie die Untersagung auch keine Entziehung des gesetzlichen Richters im Sinne von Art 101 GG darstellt und nicht gegen das Gewaltenteilungsprinzip verstößt.

§ 6 Kartellrechtliche Klagen Standesexterner

Zu klären bleibt, inwieweit kartellrechtliche Klagen Standesexterner möglich sind, die Kammer im Verhältnis zu ihnen also als Unternehmensvereinigung anzusehen ist. Als denkbare Anspruchsinhaber kommen externe Konkurrenten (A.), Verbände im Sinne von § 35 III GWB (B.) und Nachfrager freiberuflicher Dienstleistungen (C.) in Betracht.

A. Klagen standesexterner Konkurrenz

Das Rechtsverhältnis zwischen der Kammer und standesexterner Konkurrenz ist nicht sonderrechtlich normiert, insbesondere kommt der Kammer keine Kompetenz zu, die wettbewerblichen Belange der Konkurrenz wahrzunehmen, so daß das Kammerverhalten im Verhältnis zu ihnen am GWB gemessen werden kann.

I. Unmittelbare Einflußnahmen

Unproblematisch ist der Fall, daß die Kammer unmittelbar (privatrechtlich) gegen externe Konkurrenten vorgeht. Ein Konflikt mit hoheitlichem Verhaltensrecht ist ausgeschlossen. Droht z.B. eine Ärztekammer gewerblichen Analyselabors, die von Arzneimittelherstellern gegründet worden sind, mit einem Boykott der pharmazeutischen Produkte der Gründer, um die Labors zu veranlassen, keine Leistungen am Markt anzubieten, die auch von Laborfachärzten erbracht werden können, können sich die Labors nach §§ 35, 25 II GWB zur Wehr setzen.[1]

II. Mittelbare Einflußnahmen

Etwas komplizierter sind die Konstellationen, in denen die Kammern Außenstehende mittelbar behindern, indem sie direkten Einfluß ausschließlich auf die Kammerangehörigen nehmen und sich zu diesem Zweck hoheitlicher Mittel bedienen.

Nach den dargestellten Grundsätzen zum relativen Unternehmensbegriff hindert die Hoheitlichkeit der ergriffenen Maßnahme nicht die Anwendung des GWB. Ob die Kammer zu der Maßnahme im Einzelfall berechtigt ist, stellt eine Frage der Klagebegründetheit dar.[2]

Als Gegenstand kartellrechtlicher Abwehrklagen externer Konkurrenten kommen nach dem gegenwärtigen Inhalt der Berufsordnungen nur monopolisierend wirkende Vorschriften in Betracht, die den Marktzutritt beschränken.

---

[1] vgl. z.B. KG WuW/E OLG 1678 f. – Laboruntersuchungen, sowie oben § 1 D.I.

[2] BGHZ (GS) 67, 81 (88) – Auto-Analyzer.

Im Hinblick auf die kartellrechtliche Erfassung dieser Normen ist zu unterscheiden zwischen den (seltenen) Normen, in denen dem Freiberufler die Erbringung von Dienstleistungen gegenüber Externen untersagt wird (unten a.) und jenen Normen, mittels derer dem Freiberufler die Kooperation mit Externen untersagt wird (Standesrechtliche Kooperationsverbote, unten b.).

1. Boykott i.S.v. § 26 I GWB

Die Durchsetzung von Standesnormen, die dem Freiberufler die Erbringung von Dienstleistungen untersagen, erfüllt formal[3] den Tatbestand des § 26 I GWB.

So wäre z.B. der Fall denkbar, daß eine Rechtsanwaltskammer Rechtsanwälten wegen Verstoßes gegen § 4 II RiliRA[4] bzw. zukünftig wegen Verstoßes gegen das in § 6 BORA-E[5] vorgesehene allgemeine Verbot der Mitwirkung bei unerlaubter Rechtsberatung eine Rüge erteilte, weil diese für eine Zeitung in einer Kolumne einen Rechtsberatungsservice für die Zeitungsleser anböten. Diese Maßnahme läßt sich im Verhältnis zur Zeitung als Boykott i.S.v. § 26 I GWB erfassen.

Wie bereits oben erläutert[6], sind einige Ärztekammern dazu übergegangen, den Arzt standesrechtlich zu verpflichten, ambulante Tätigkeiten ausschließlich in eigener Praxis auszuüben (§ 13 I MuBO). Diese Norm richtet sich in erster Linie gegen sog. »Medical-Centers«, die in der Rechtsform einer GmbH betrieben werden.[7] Die Besonderheit dieser Zentren besteht darin, daß sie ambulante heilkundliche Behandlung anbieten, die durch angestellte Ärzte erbracht wird. Vertragspartner des Patienten ist aber die GmbH, die sich der Ärzte als Erfüllungsgehilfen bedient.

Ginge z.B. die niedersächsische Ärztekammer nach § 9 I Nds.BO (1988)[8] standesaufsichtlich gegen einen solchermaßen angestellten Arzt vor, ließe sich diese Handlungsweise ebenfalls als Aufforderung zum Boykott der GmbH verstehen, was diese zu einer Klage aus §§ 35 I, 26 I GWB berechtigen würde.[9] In gleicher Weise kann die Ermahnung der Kammer, sich nicht mit Kapital an diesen Zentren zu beteiligen, erfaßt werden.[10]

Ebenso erfüllte es formal den Tatbestand des Boykotts, wenn dem standesrechtlichen Kollegialitätsgebot die Bedeutung beigelegt würde, daß die Beauftragung gewerblicher Konkurrenz als unkollegial zu gelten habe.[11]

Zusammenfassend ist festzuhalten, daß sich externe Konkurrenten mit Klagen aus §§ 35 i.V.m. 26 I GWB gegen standesaufsichtliche Maßnahmen wehren können, die

[3] Unberührt bleibt davon die im Einzelfall zu klärende Frage, ob die standesrechtliche Maßnahme rechtmäßig ist und die Aufforderung daher nicht »unbillig« wäre.

[4] s. Anh. I.

[5] BRAK-Entwurf einer BO für Rechtsanwälte, MDR 1990, 753 (757).

[6] vgl. oben § 1 D. II. 3.

[7] vgl. dazu ausführlich *Taupitz* NJW 1992, 2317 ff.

[8] abgedr. in NÄBl 1989, Beilage zu Heft 15; die BO ist zwischenzeitlich (1991) geändert worden; die dem § 13 I MuBO [s. Anh. V. 1.] entsprechende Formulierung ist wieder herausgenommen worden, vgl. § 9 I Nds.BO 1991, abgedr. in: Arztrecht in Niedersachsen, 9. Sonderheft.

[9] vgl. OLG Celle NJW-RR 1989, 555 (556 sub 3.) zur nds. Zahnärztekammer.

[10] a.A. offenbar OLG Celle NJW-RR 1989, 555 (555).

[11] vgl. OLG München WuW/E OLG 1427 – Auto-Analyzer.

den Kammerangehörigen die Erbringung von Dienstleistungen untersagen. Wie bereits ausgeführt, ist es unschädlich, daß eine solche Klage unter Umständen darauf gerichtet wäre, den Kammern die Anrufung der Berufsgerichte zu untersagen.[12]

2. *Konkurrentenbehinderung*

Problematischer ist demgegenüber die Erfassung der standesrechtlichen Kooperationsverbote. Unzweifelhaft werden durch sie die gewerblichen Interessen externer Gewerbetreibender tangiert. So ist es z. B. Heilpraktikern versagt, mit Medizinern zu praktizieren (§§ 23, 29 MuBO)[13]. Die standesrechtlichen Kooperationsverbote verhindern die Entstehung eines Marktes für »gemischte« Leistungserbringung. In diesem Sinne stellen sie eine Marktzutrittschranke dar.

Indessen lassen sich diese Maßnahmen im Verhältnis zum externen Gewerbetreibenden nicht als Boykott i. S. v. § 26 I GWB erfassen, weil dem Freiberufler nicht die Leistungserbringung im Verhältnis zum kooperationswilligen Gewerbetreibenden untersagt wird, sondern lediglich die gemeinschaftliche Leistungserbringung. Seitdem die Bezugnahme auf § 1 GWB in § 26 II GWB gestrichen worden ist[14], scheidet auch die Anwendung von § 26 II GWB auf eine so geartete Behinderung der wettbewerblichen Entfaltungsfreiheit externer Gewerbetreibender aus.

Damit hängt die Klagemöglichkeit von der Beantwortung der Frage ab, inwieweit sich Konkurrenten auf den Schutz von § 1 GWB berufen können. Unabhängig davon, ob man § 1 GWB als bloße »Rechtsschutzverweigerungsnorm«[15] oder demgegenüber als Ausdruck eines allgemeinen Verbots vertikal abgestimmten Verhaltens[16] ansieht, ist im Ergebnis gegenwärtig nicht mehr umstritten, daß Konkurrenten, die durch den Vollzug eines kartellrechtswidrigen Vertrages oder Beschlusses behindert werden, die Behinderung u. U. aus § 35 GWB abwehren können. Soweit der Verbotscharakter von § 1 GWB bestritten wird, wird auf die Sanktionsnorm des § 38 I Nr.1 GWB rekurriert.[17] Problematisch ist jedoch, in welchen Fällen § 1 GWB im Sinne von § 35 GWB als Schutzgesetz zugunsten externer Konkurrenten anzusehen ist. Der Schutzgesetzcharakter ist im Einzelfall im Hinblick auf den betroffenen Personenkreis und die Art der Schädigung zu ermitteln.[18]

Der BGH hat in der Entscheidung »Zusatzversicherung«[19] erstmals zu der Frage Stellung genommen, inwieweit § 1 GWB Schutzwirkungen zugunsten von Konkurrenten der Kartellisten entfaltet. Er hat sie in concreto bejaht, weil die Wettbewerbsbeschränkung im Verhältnis zu den Außenseitern die Wirkung einer unüberwindbaren

---

12 s.o. § 5 D.
13 s. Anhang V. 1.; vgl. auch z.B. § 84 RiliRA oder Ziff. 30 RiliStB.
14 kritisch dazu *K.Schmidt*, FS f. Benisch, 293 (308 a.E.f.).
15 *Benisch* im Gemeinschaftskommentar § 35 GWB Rn. 6.
16 so *Schmidt*, Kartellverfahrensrecht, S. 8 ff., S. 33 f.; FK-*Huber/Baums* § 1 GWB Rn. 3; *Möschel*, Wettbewerbsbeschränkungen Rn. 158 f., 230; I/M-*Emmerich* § 35 GWB Rn. 27.
17 vgl. *Benisch* im Gemeinschaftskommentar, § 35 GWB Rn. 6 und § 26 Abs. 2 und 3 Rn. 17.
18 v. *Gamm* § 1 GWB Rn. 4.
19 BGH NJW 1975, 1223 (1225).

Marktzutrittsschranke hatte und den Betroffenen auch keine anderen Rechtsbehelfe zur Verfügung standen, um diese Behinderung abzuwehren.[20]

Diese Überlegungen lassen sich nicht auf die vorliegende Konstellation übertragen. Die Beeinträchtigung der Interessen externer Gewerbetreibender ist unwesentlich.Im Gegensatz zu üblichen Marktzutrittschranken, wie z.B. gegenseitigen Ausschließlichkeitsbindungen, ist mit den standesrechtlichen Kooperationsverboten eine Beschränkung der Handlungsfreiheit der externen Gewerbetreibenden nicht bezweckt. Die Kooperationsverbote dienen in erster Linie der Wahrung von Schutzstandards im Verhältnis Freiberufler-Klient;[21] die Beschränkung der Handlungsfreiheit Externer ist nur reflexhafte Folge.

Hinzu kommt, daß sie nicht die Qualität einer Marktzutrittschranke im eigentlichen Sinne haben. Dem externen Gewerbetreibenden wird die Tätigkeit auf seinem Markt nicht erschwert, wie auch nicht die Tätigkeit auf dem regulierten Markt verhindert wird. Die Kooperationsverbote haben nur in dem vergeistigten Sinne die Wirkung einer Marktzutrittschranke, daß die Entstehung eines Marktes für gemischte Leistungen verhindert wird. Diese Folge erscheint angesichts der gesetzgeberischen Entscheidung für unterschiedliche Berufsbilder hinnehmbar.

Gewerbliche Konkurrenten von Freiberuflern können daher standesrechtliche Kooperationsverbote nicht mit kartellrechtlichen Abwehrklagen angreifen.

Als Gegenstand einer kartellrechtlichen Abwehrklage externer Gewerbetreibender kommen nur die unmittelbare (privatrechtliche) Behinderung oder der durch standesrechtliche Marktzutrittschranken (§ 13 I MuBO) vermittelte Boykott in Betracht.

B. Verbandsklagen (§ 35 III GWB)

Weiterhin problematisch ist die Behandlung von Verbandsklagen aus § 35 III GWB. Diesen Klagen kommt vor allem im Berufsrecht der Apotheker eine gewisse Bedeutung zu.

I. Vertretung der Interessen der Freiberufler

So klagte in dem der Entscheidung »Guten Tag – Apotheke II«[22] zugrundeliegenden Sachverhalt ein eingetragener Verein gegen standesaufsichtliche Maßnahmen der Apothekerkammer. Zu seinen satzungsmäßigen Aufgaben gehörte es, »die beruflichen Interessen seiner Mitglieder zu wahren, sie zu beraten, zu informieren und ihre Leistungsfähigkeit durch gemeinsame Bemühungen auch auf dem Gebiet der Werbung zu fördern«.[23] Zu diesem Zweck überließ der Verein seinen Mitgliedern das geschützte Warenzeichen »Guten Tag – Apotheke«.

---

[20] BGH a.a.O.

[21] *Michalski,* Gesellschafts- und Kartellrecht, S. 84, 141 ff., 159 f.; zum Rechtsanwalt: *Kleine-Cosack,* BRAO Einl. Rn. 31.

[22] BGH WRP 1987, 310 f.

[23] BGH a.a.O. S. 310.

In der Entscheidung »Landesapothekerkammer« des OLG Düsseldorf[24] klagte ein Verein, der sich aus Apothekern zusammensetzte, aus § 35 III GWB dagegen, daß die Kammer standesaufsichtlich gegen seine Mitglieder vorging. Als eine satzungsmäßige Aufgabe des Vereins wurde genannt, »die Apotheke als vorsorge- und gesundheitsförderndes Fachgeschäft ... zur Abdeckung aller Bedürfnisse nach Gesundheitsgütern in der Form »Haus der Gesundheit« durchzusetzen«.[25] In ähnlicher Weise hatte sich das OLG Stuttgart mit einer auf § 35 III GWB gestützten Klage eines Vereins zur Förderung gewerblicher Interessen und zur Bekämpfung unlauteren Wettbewerbs, der auch Apotheker als Mitglieder hatte, zu befassen.[26]

Fraglich ist, ob solche auf § 35 III gestützte Klagen zulässig sind. Der BGH verurteilte die Landesapothekerkammer zur Unterlassung aus §§ 35 I, III, 25 II GWB.[27] Dies ist zweifelhaft. Wie bereits festgestellt, sind Klagen der Kammerangehörigen aus § 35 I GWB gegen Maßnahmen der Standesaufsicht unzulässig. Konsequenterweise müßte man daher auch auf § 35 III GWB gestützte Klagen von Apothekerwerbegemeinschaften als unzulässig abweisen, soweit sie sich darauf gründen, daß durch hoheitliches Handeln der Kammern Schutzgesetze zu Gunsten ihrer Mitglieder (z.B. § 25 II) verletzt worden seien.[28]

Allerdings ist zu berücksichtigen, daß der Anspruch aus § 35 III GWB dem Anspruch aus § 13 UWG nachgebildet ist und auch entsprechend ausgelegt wird.[29] Daraus folgt, daß es sich um einen selbständigen Anspruch aus eigenem Recht des Verbandes handelt.[30] Das bedeutet, daß der Anspruch davon unabhängig ist, ob die Verbandsmitglieder im Einzelfall verletzt oder klagebefugt sind.[31] Es reicht vielmehr aus, wenn der Verband durch einen Eingriff in seinem satzungsgemäßen Aufgaben- und Interessenbereich verletzt wird.[32]

Durch Maßnahmen der Standesaufsicht, die ansonsten keine Auswirkungen auf den Verband haben, wird eine Werbegemeinschaft jedoch nicht in ihrem satzungsmäßigen Aufgaben- oder Interessenbereich betroffen. Das Innenverhältnis zwischen Kammer und Mitglied ist, soweit es hoheitliches Handeln der Kammer und den Schutz der Handlungsfreiheit der Mitglieder betrifft, öffentlich-rechtlich geregelt und besonderen Gerichten zugewiesen. Diese gesetzliche Regelung ist privatautonomer Regelung nicht zugänglich. Würde man anders verfahren, so könnten die Kammerangehörigen durch Vereinsgründung die mißliebigen Berufsgerichte durch ordentliche Gerichte austauschen.[33] Die gerichtlichen Zuständigkeiten würden »ohne Not durcheinandergebracht«.[34] Im übrigen besteht die Gefahr, daß externe Interessenverbände auf diese

[24] OLG Düsseldorf WuW/E OLG 4998.

[25] OLG Düsseldorf a.a.O. 4999 – Landesapothekerkammer.

[26] OLG Stuttgart WRP 1991, 531 (531).

[27] BGH WRP 1987, 310 (311) – Guten Tag-Apotheke II.

[28] so ausdrücklich OLG Stuttgart WRP 1991, 310 (311).

[29] vgl. z.B. I/M-*Emmerich* § 35 GWB Rn. 105.

[30] vgl. für UWG z.B. *Ahrens*, Wettbewerbsverfahrensrecht, S.110 m.w.Nachw.

[31] für UWG vgl. RGZ 120, 47 (49); BGH GRUR 1957, 606 (607) – Heilmittelvertrieb; *Baumbach/Hefermehl* § 13 UWG Rn. 23; *Erdmann* im Großkommentar, § 13 UWG Rn. 75; für § 35 III GWB vgl. OLG Koblenz WuW/E OLG 3263 (3265) – Apothekerverein; I/M-*Emmerich* § 35 GWB Rn. 109.

[32] *Baumbach-Hefermehl* § 13 UWG Rn. 27; I/M-*Emmerich* § 35 GWB Rn. 109.

[33] OLG Stuttgart a.a.O.

[34] OLG Düsseldorf WuW/E OLG 4998 (5001) – Landesapothekerkammer.

Weise maßgeblichen Einfluß auf die Standesrechtsetzung nehmen könnten. Dies machte die Apothekerkammer Westfalen-Lippe in dem Verfahren vor dem OLG Düsseldorf geltend.[35]

Demnach können Werbegemeinschaften und andere Verbände nicht aus § 35 III GWB gegen Maßnahmen der Standesaufsicht vorgehen, sofern sie geltend machen, satzungsmäßig die Interessen der kammerangehörigen Freiberufler wahrzunehmen.

II. Vertretung sonstiger Interessen

Fraglich ist, ob Freiberuflerverbände gleichwohl gegen Kammermaßnahmen aus § 35 III GWB vorgehen können, wenn sie satzungsmäßig auch die Interessen der Marktgegenseite wahrnehmen. Hier ist zu differenzieren.

Ein Schutz der privaten Kunden kommt nicht in Betracht, weil es sich um Verbraucher- und nicht um gewerbliche Interessen handelt, zu deren Durchsetzung die Verbände i.S. des § 35 III GWB nicht berufen sind. Dies ergibt ein systematischer Vergleich von § 13 UWG und § 35 III GWB. In § 13 II UWG, dessen Ziff. 2 mit § 35 III wortgleich ist, wird der Verbraucherschutz in Ziff. 3 gesondert aufgeführt. Daraus wird von der h.M. der Schluß gezogen, daß Verbraucherverbände nicht aus § 35 III GWB berechtigt werden.[36] Dann können Verbraucherschutzinteressen aber auch keine gewerblichen Verbände berechtigen.

Anders ist der Fall zu beurteilen, daß eine Kammerhandlung die Interessen eines Lieferanten oder gewerblichen Abnehmers betrifft und der Verband auch deren Interessen satzungsgemäß verfolgt. Soweit eine Wettbewerbsbeschränkung den Bereich des Nebensortiments in Apotheken betrifft, sind Klagen aus § 35 III GWB unter den genannten Voraussetzungen zulässig. Dies ergibt sich aus folgender Überlegung. Beschränkt eine Apothekerkammer insoweit die wettbewerbliche Handlungsfreiheit der kammerangehörigen Apotheker, so hat dies auch Rückwirkungen auf die wettbewerblichen Interessen der Hersteller und Lieferanten. Sofern die Wahrnehmung dieser Interessen zum Aufgaben- und Tätigkeitsbereich des Verbandes gehört, sind die Voraussetzungen des § 35 III GWB erfüllt. Daß die Beeinträchtigung der Interessen der gewerblichen Abnehmer nicht die Schwelle eines eigenständigen Kartellverstoßes (der sie zur Klage aus § 35 I GWB berechtigen würde) erreichen muß, ergibt sich daraus, daß § 35 III – wie § 13 II UWG – im öffentlichen Interesse an einer effektiven Rechtsdurchsetzung weit ausgelegt wird und keine eigenständige Verletzung der Verbandsmitglieder voraussetzt.[37] Daß die Wettbewerbsbeschränkung vorliegend durch eine Beschränkung der Handlungsfreiheit der Kammermitglieder vermittelt wird, ist im Gegensatz zu der unter I. behandelten Konstellation unbeachtlich, weil es im Bereich des Nebensortiments um die Durchsetzung des Wettbewerbs im standesübergreifenden Zusammenhang geht und insoweit auch ein kartellbehördliches Zugriffsrecht anzunehmen war.

---

[35] vgl. OLG Düsseldorf a.a.O. 5000.

[36] I/M-*Emmerich* § 35 Rn. 108; *Großkomm./Erdmann* § 13 UWG Rn. 11; *Teplitzky*, 13. Kap. Rn. 17 in Fn. 36; a.A.: *Wolf*, Die Klagebefugnis der Verbände, S. 41 sub 1; wohl auch *Fricke* GRUR 1976, 680 (684 ff.).

[37] I/M-*Emmerich* § 35 GWB Rn. 109; i.ü. s.o. Fn. 28.

Auf § 35 III gestützte Klagen kommen nur insoweit in Betracht, als sie sich gegen Wettbewerbsbeschränkungen im Bereich des Apothekenrandsortiments richten und auf die satzungsgemäße Verfolgung der Interessen der gewerblichen nichtkammerangehörigen Marktteilnehmer gestützt werden.

Insoweit stellt die Kammer, auch wenn sie im Verhältnis zu den Kammermitgliedern hoheitlich handelt, eine Unternehmensvereinigung dar, sofern sie den standesübergreifenden Wettbewerb rechtswidrig beschränkt.

C. Klagen der Klientel

Letztlich ist noch zu klären, ob kartellrechtliche Abwehr- oder Schadensersatzklagen der Freiberuflerklientel denkbar sind. Unproblematisch berechtigt die unmittelbare Druckausübung auf Nachfrager den Bedrohten zur kartellrechtlichen Abwehrklage.[38] Die Kammer handelt bei einem solchen Vorgehen in jedem Fall jenseits der Aufgabenzuweisung und Ermächtigung. Fraglich ist, ob sich Nachfrager freiberuflicher Dienstleistung auch gegen (rechtswidrige) wettbewerbsbeschränkende Berufsordnungsbeschlüsse bzw. entsprechende Maßnahmen der Standesaufsicht zu Wehr setzen können, ob die Kammern also im Verhältnis zu ihnen als Unternehmensvereinigungen anzusehen sind.

I. Kartellrechtliche Zulässigkeit

Die kartellrechtliche Dogmatik schließt eine solche Klagemöglichkeit nicht aus. Anerkanntermaßen setzt § 35 GWB nicht voraus, daß es sich bei dem Anspruchsinhaber um ein Unternehmen i.S.d. GWB handeln muß;[39] daraus wird gefolgert, daß auch private Endverbraucher aus § 35 GWB aktivlegitimiert sein können, soweit der jeweilige GWB-Tatbestand ihren Schutz bezweckt.[40]

Allerdings ist bezogen auf § 35 GWB umstritten, inwieweit § 1 GWB den Schutz der Marktgegenseite bezweckt. Während z.T. jede Schutzwirkung zugunsten der Marktgegenseite geleugnet wird[41], wollen andere die Marktgegenseite gegen jede Verschlechterung der Konditionen durch Kartelle schützen.[42] Während nach der erstgenannten Auffassung kartellrechtliche Abwehrklagen der Klientel ausscheiden, könnten nach der von *Emmerich* vertretenen extensiven Auslegung Verbraucher einen Berufsordnungsbeschluß, der ein Werbe- oder ein Gebührenunterschreitungsverbot betrifft, zum Gegenstand einer kartellrechtlichen Unterlassungsklage bzw. im Falle eines nachweisbaren Schadens zum Gegenstand einer Schadensersatzklage machen.

---

[38] vgl. Sachverhalt von BGH WuW/E BGH 1474 (1475) – Architektenkammer: Architektenkammer – Niedersächsische Kommunen.

[39] *Benisch* im Gemeinschaftskommentar § 35 GWB Rn. 22.

[40] I/M-*Emmerich* § 35 GWB Rn. 77; *Müller/Gießler/Scholz* § 35 GWB Rn. 43.

[41] *Benisch* in FS f. Hartmann, 38 (41 ff.).

[42] I/M-*Emmerich* § 35 Rn. 31 a.E.

Die Rechtsprechung[43] und ein Teil des Schrifttums[44] gewähren der Marktgegenseite jedenfalls dann Schutz nach § 35 GWB, wenn sich der Kartellbeschluß gezielt gegen Abnehmer richtet, um deren Konditionen zu verschlechtern.

Sofern man für die Anwendung von § 35 GWB eine individualisierte Betroffenheit der Marktgegenseite verlangt[45], wären Berufsordnungsbeschlüsse nicht nach § 35 GWB angreifbar. Dagegen könnte eine konkrete standesaufsichtliche Maßnahme, die sich z.B. gegen einen im Einzelfall gewährten (standeswidrigen) Preisnachlaß richtet, nach §§ 1, 38 I Ziff. 1, 35 GWB vom Klienten, dem der entsprechende Vorteil zukommen sollte, abgewehrt werden.

Stellt man demgegenüber darauf ab, ob sich der Beschluß gezielt gegen potentielle Folgevertragspartner richtet, ohne daß es auf eine individualisierte Betroffenheit ankäme[46], können Preis- und Konditionenabsprachen (nicht aber Absprachen, die lediglich eine allgemeine Verschlechterung der Marktbedingungen zur Folge haben) von jedem potentiellen Folgevertragspartner mit der Klage aus § 35 GWB angegriffen werden.[47] Danach müßten jedenfalls Berufsordnungsbeschlüsse, welche die Gebührenberechnung betreffen, einer entsprechenden Klage zugänglich sein.

Auf der Grundlage der Kartellrechtsdogmatik sind Klagen der Klientel, die sich gegen den Beschluß von Berufsordnungsvorschriften oder zumindest gegen ihren standesaufsichtlichen Vollzug im Einzelfall richten, möglich.

II. Anwendbarkeit des Kartellrechts

Allerdings ist die Anwendung kartellrechtlicher Einzeltatbestände im Verhältnis Kammer-Klientel abzulehnen, sofern die Kammer Berufsordnungsvorschriften beschließt oder standesaufsichtliche Maßnahmen zu deren Durchsetzung ergreift. Die Kammer ist insoweit im Verhältnis zur Klientel nicht als Unternehmensvereinigung anzusehen.

Nach den Grundsätzen, die der Gemeinsame Senat der Obersten Bundesgerichte zur Rechtswegabgrenzung und zur Anwendung des Wettbewerbsrechts auf hoheitliches Handeln formuliert hat, kommt es darauf an, ob das zu überprüfende Rechtsverhältnis maßgeblich durch Normen des öffentlichen Rechts oder des Privatrechts geregelt ist.[48]

Stellte man vorliegend lediglich darauf ab, ob die Klientel der *Hoheitsgewalt* der Kammer im Sinne der Subordinationstheorie unterworfen ist, müßte man das Rechtsverhältnis mangels entsprechender Ermächtigung als privatrechtlich qualifizieren. Weil die Kammern nicht ermächtigt sind, mit hoheitlichen Mitteln gegen die Marktgegenseite vorzugehen, wäre das GWB anwendbar.

---

[43] BGHZ 86, 324 (330) – Familienzeitungen.

[44] *Bechtold* § 35 GWB Rn. 3; *v. Gamm* § 1 GWB Rn. 4; *Langen/Niederleithinger/Ritter/Schmidt* § 35 GWB Rn. 6 a.E.; *Möschel,* Wettbewerbsbeschränkungen, Rn. 232; *Rittner,* Wettbewerbs- und Kartellrecht, § 14 A III. 1. (2), S. 481.

[45] so BGHZ 86, 324 (330) – Familienzeitung; Bechtold § 35 GWB Rn. 3; *v. Gamm* § 1 GWB Rn. 4.

[46] so *K. Schmidt,* Kartellverfahrensrecht, S. 395 f.

[47] so *K. Schmidt* a.a.O.

[48] GmS-OGB BGHZ 108, 284 (286 ff.) – öffentlich-rechtliche Krankenkassen.

Diese Betrachtungsweise greift jedoch zu kurz. Zwar sind die Kammern nicht zur unmittelbaren Einflußnahme auf die Marktgegenseite ermächtigt. Daher ist eine unmittelbare Druckausübung[49] in jedem Fall jenseits der Aufgabenzuweisung und Ermächtigung angesiedelt und daher als privatrechtlich zu qualifizieren. Daraus, daß die Kammer nicht ermächtigt ist, mit hoheitlichen Mitteln unmittelbar gegen die Klientel vorzugehen, folgt jedoch nicht, daß deswegen das Verhältnis nicht jedenfalls insoweit maßgeblich durch öffentlich-rechtliche Normen geprägt wäre, als es um die Beurteilung der hoheitlichen Einflußnahme auf die Kammermitglieder geht.

Das Wettbewerbsverhältnis zwischen den Allgemeinen Ortskrankenkassen und den Ersatzkassen ist vom Gemeinsamen Senat der Obersten Bundesgerichte als öffentlich-rechtlich qualifiziert worden, obwohl selbstverständlich keine Kasse gegen die andere mit hoheitlichen Mitteln vorgehen kann.[50]

Richtigerweise kommt es nur darauf an, durch welche Normen das Rechtsverhältnis geprägt wird und welchem Rechtskreis die entsprechenden Normen zuzuordnen sind. Es ist also zu klären, nach welchen Normen sich die Berechtigung der Kammer (bezogen auf ihr hoheitliches Handeln) im Verhältnis zur Marktgegenseite richtet. Eine berufsrechtliche Norm, die ausdrücklich die Rechtmäßigkeitsanforderungen und Rechtsschutzmöglichkeiten in jenem Verhältnis regelt, fehlt. Dies spricht für die Anwendung kartellrechtlicher Tatbestände im Verhältnis zwischen Kammer und Klientel.

Indessen kommt den Kammern die Kompetenz zu, mit hoheitlichen Mitteln auf die Kammermitglieder einzuwirken, um deren Marktverhalten zu beeinflussen. Diese Kompetenz umfaßt notwendigerweise (s.o.) die Wahrnehmung der Interessen der Klientel mit. Die Normierung wettbewerbsbezogener Handlungsverbote rechtfertigt sich entweder aus dem Schutz der Klientelinteressen (z.B. Schutz vor Desinformation) oder ihrer Unterordnung unter Gemeinwohlbelange (z.B. Rechtsanwalt als parteiunabhängiges Organ der Rechtspflege). In jedem Fall sind die (wettbewerblichen) Interessen der Marktgegenseite unmittelbarer Gegenstand der öffentlich-rechtlichen Verwaltungskompetenz der Kammern wie auch der öffentlich-rechtlichen Rechtskontrolle durch Körperschaftsaufsicht und Berufsgerichte. Das Verhältnis der Kammer zur Klientel der Freiberufler ist daher maßgeblich durch berufsrechtliche Normen geprägt.

Darin besteht der Unterschied zu den sonstigen, von den Gerichten bislang entschiedenen Fällen, in denen Personen aus wettbewerblichen Normen gegen eine hoheitlich handelnde Behörde vorgingen, deren Hoheitsgewalt sie im Sinne der Subordinationstheorie nicht unterworfen waren.[51] In jenen Fällen war die Wahrnehmung der wettbewerblichen Belange nicht Gegenstand der Verwaltungskompetenz des Hoheitsträgers. Bietet eine Krankenkasse ihren Mitgliedern Rollstühle an,[52] kommt sie damit ihrer Kompetenz im Verhältnis zu den Krankenkassenmitgliedern nach. Wenn

[49] vgl. BGH WuW/E BGH 1474 (1475) – Architektenkammer: Drohung der Architektenkammer gegenüber niedersächsischen Kommunen.

[50] GmS OGB-BGHZ 108, 284 (286 ff.) – öffentlich-rechtliche Krankenkassen.

[51] z.B. BGHZ 66, 229: Verhältnis private Krankenkasse zu gesetzlicher Ersatzkasse; BGHZ 67, 81 : Verhältnis Kammer/Kassenärztliche Vereinigung zu Konkurrenten der Mitglieder; BGHZ 82, 375: Verhältnis Optiker zu Krankenkasse; BGHZ 102, 280: Verhältnis Krankenkassen zu orthopädischem Fachhandel.

[52] vgl. GmS-OGB BGHZ 102, 280 f. – Rollstühle.

dieses Vorgehen daneben die tatsächliche Folge hat, daß die Kasse damit in Wettbewerb zu Anbietern des Fachhandels tritt und deren wettbewerbliche Belange beeinträchtigt, so ist dies eine reflexhafte Folge, aber nicht Gegenstand ihrer Verwaltungskompetenz. Die Krankenkasse hat keinen Auftrag, die wettbewerblichen Belange von Anbietern des Fachhandels wahrzunehmen. Dementsprechend fehlt es an Normen des öffentlichen Rechts, die regeln, ob und inwieweit die Beeinträchtigung der wettbewerblichen Belange mit der Aufgabenwahrnehmung zu vereinbaren sind. Die Anwendung wettbewerbsrechtlicher Tatbestände in diesem Verhältnis dient dazu, diese Belange zur Geltung zu bringen. Sie übernehmen also eigenständige Funktionen.

Soweit die Kammer standesaufsichtlich handelt, ist dies jedoch im Verhältnis von Kammer und Klient gerade nicht der Fall, weil die Kammer aufgabengemäß auch die wettbewerblichen Belange der Marktgegenseite wahrnimmt, wenn sie das Marktverhalten der Freiberufler regelt. Konkret bedeutet dies, daß eine Rechtsanwaltskammer, die z.B. eine Gebührenunterschreitung rügt, in dieser Weise unter anderem dem aus § 1 BRAO abgeleiteten Grundsatz der Parteiunabhängigkeit Geltung verschafft. Unabhängig davon, ob dieser Grundsatz im Einzelfall die von der Kammer intendierte Beschneidung der wettbewerblichen Interessen des Klienten rechtfertigt, ist die Wahrnehmung der Klienteninteressen in dieser Hinsicht unmittelbarer Bestandteil der Kammerkompetenz. Für die Anwendung von § 35 GWB ist daher kein Raum.

Deshalb macht es auch keinen Unterschied, ob die Kammer lediglich den Binnenwettbewerb reguliert, oder ob sie durch die Maßnahme den Wettbewerb in übergreifendem Zusammenhang beschränkt. Auch die Regulierung des Wettbewerbsverhaltens des Apothekers im Hinblick auf den Nebensortimentsvertrieb ist unmittelbar durch die Wahrnehmung der wettbewerblichen Belange der Klientel legitimiert (fachbezogenen Versorgung der Bevölkerung mit Arzneimitteln). Daß in diesen Fällen ein Zugriffsrecht der Kartellbehörden anzunehmen war, rechtfertigte sich aus der Erwägung, daß der standesübergreifende Wettbewerb als Institution zu schützen ist und daß eine kartellbehördliche Oberzuständigkeit deswegen anzunehmen war, weil Beschränkungen des Binnenwettbewerbs immer Rückwirkungen auf den von den Kartellbehörden in ausschließlicher Zuständigkeit zu überwachenden Markt haben. Daraus folgt aber nicht, daß die Kammern im Hinblick auf die Regelung des Marktverhaltens und damit auch die Wahrnehmung der wettbewerblichen Belange der Klientel ihre Befassungskompetenz verlören.

In diesem Zusammenhang könnte man allerdings noch erwägen, die Anwendung kartellrechtlicher Tatbestände damit zu begründen, daß es im Verhältnis von Kammer zu Klient an vorgreiflichen Rechtsbehelfen fehlte, die der Durchsetzung seiner wettbewerblichen Interessen dienten. Diese Erwägung darf jedoch für die Frage, ob privates oder öffentliches Recht Anwendung findet, letztlich keine Rolle spielen. Ob dem Betroffenen die Rechtsmacht zukommt, materielle Schutzstandards durchzusetzen, ist eine nachgeordnete Frage, die sich unabhängig von der Rechtsnatur des anzuwendenden Rechts stellt. Im Zivilrecht stellt sie sich beispielsweise im Zusammenhang mit der Frage, ob eine Norm Schutzgesetz (z.B. i.S.v. §§ 35 GWB, 823 II BGB) ist, im öffentlichen Recht stellt sich dieses Problem z.B. im Zusammenhang mit der Frage nach der drittschützenden Funktion von Amtspflichten oder auch bei der Konkurrentenklage oder der Nachbarklage im Baurecht. Ohne die Frage in diesem Zusammenhang klären zu können, spricht die Ausrichtung des Standesrechts auf Klientenschutz dafür, den Berufsordnungsvorschriften entgegen der herrschenden Meinung[53] in gewissem Umfang drittschützende Wirkung im Hinblick auf die Klientel beizumessen.[54] Die Beantwortung dieser Frage hat jedoch nichts mit der vorgreiflichen Frage zu tun, welche Normen das Verhältnis zwischen Kammer und Klienten prägen. Diesbezüglich ist daran festzuhalten, daß das Verhältnis Kammer–Klient maßgeblich durch die hoheitliche Kompetenz der Kammer geprägt ist, so daß Klagen aus § 35 GWB nicht in Betracht kommen.

Diese Einordnung steht auch nicht im Widerspruch zur bisherigen Rechtsprechung zum relativen Unternehmensbegriff. Gegenstand der Rechtsprechung war bislang lediglich das Verhältnis des Hoheitsträgers zu Konkurrenten. So ist das Verhältnis von Krankenkassen zu orthopädischen Betrieben als privatrechtlich qualifiziert worden,[55] wie auch das Verhältnis der Kammer zu Konkurrenten der Kammermitglieder als privatrechtlich eingeordnet worden ist.[56] Dem entspricht die hier entwickelte Differenzierung. Während die Kammer eine Wahrnehmungskompetenz gegenüber den Klienten der Freiberufler hat, kommt ihr eine solche gegenüber externen Konkurrenten nicht zu. Dementsprechend ist das Verhältnis zwischen Kammer und externen Gewerbetreibenden (Konkurrenten und gewerbliche Lieferanten) nicht maßgeblich durch Rechtssätze des öffentlichen Rechts geprägt, so daß in diesem Verhältnis das Kartellrecht Anwendung finden kann.

Zusammenfassend ist festzuhalten, daß das Rechtsverhältnis zwischen Kammer und Klientel maßgeblich durch die öffentlich-rechtliche Kompetenz der Kammer, Berufspflichten zu normieren, geprägt wird. Die Interessen der Marktgegenseite sind notwendiger Bestandteil der öffentlich-rechtlichen Rechtskontrolle. Für die Anwendung des GWB ist daher kein Raum.

Ergebnis zu § 6:

Konkurrenten und Nachfrager können sich mit kartellrechtlichen Abwehr- und Schadensersatzklagen gegen unmittelbare Druckausübung seitens der Kammer zur Wehr setzen. Sie handelt insoweit als Unternehmensvereinigung.

Bezogen auf ambivalente Maßnahmen ist zu differenzieren. Konkurrenten können sich gegen Behinderungen mit einer auf § 35 GWB gestützten Klage wehren. Für die Nachfrager freiberuflicher Dienstleistung scheidet diese Möglichkeit aus. Das Verhältnis zwischen Kammer und Klientel ist, soweit es um Standesrechtssetzung und -aufsicht geht, maßgeblich durch die öffentlich-rechtliche Kammerkompetenz geprägt.

Klagen aus § 35 III GWB können nicht auf die Wahrnehmung der Interessen der Freiberufler gestützt werden. Zulässig sind jedoch Verbandsklagen gegen Wettbewerbsbeschränkungen im Nebensortiment, soweit die Wahrnehmung der betroffenen

[53] zu § 73 II Nr. 4 BRAO a. F. so: BVerwG NJW 1993, 2066 (2067); VGH Mannheim NJW 1982, 2011 (2011 f.); *Feuerich* § 73 BRAO Rn. 34; *Jessnitzer/Blumberg* § 73 BRAO Rn. 9; *Kleine-Cosack* § 73 BRAO Einl. Rn. 8.
[54] so auch *Brohm*, FS f. Unruh, 777 (807).
[55] vgl. BGHZ 82, 375 (382 ff.) – Brillenselbstabgabestellen; GmS-OGB BGHZ 102, 280 (284 ff.) – Rollstühle.
[56] vgl. BGHZ (GSZ) 67, 81 ff. – Auto-Analyzer.

standesexternen Interessen zu den satzungsmäßigen Aufgaben des klagenden Verbandes gehört.

Gesamtergebnis:

1. Im Innenverhältnis zwischen Kammer und Kammermitglied ist für die Anwendung kartellrechtlicher Einzeltatbestände kein Raum, soweit es um die Kontrolle hoheitlichen Verhaltens geht. Das Kammermitglied kann sich nicht mit einer Klage aus § 35 GWB gegen standesaufsichtliche Maßnahmen wehren. Als Gegenstand kartellrechtlicher Abwehrklagen kommt nur privatrechtliches Handeln der Kammer in Betracht. Die Kammer stellt also nur dann im Verhältnis zum Standesangehörigen eine Unternehmensvereinigung dar, wenn sie zur Durchsetzung rechtswidriger Wettbewerbsbeschränkungen mit der Vornahme einer privatrechtlichen Handlung droht.
2. Den Kartellbehörden kommt keine allgemeine Kompetenz zu, rechtswidriges wettbewerbsbeschränkendes Kammerverhalten zum Gegenstand einer Untersagungsverfügung zu machen. Eine solche weitgefaßte Kompetenz verletzte die gesetzliche Zuständigkeitsordnung. Die konkrete Anwendung des GWB stellte de facto verwaltungslenkendes Sonderrecht dar.
a) Soweit die Kammer privatrechtlich handelt, also unmittelbar auf die Marktgegenseite oder Konkurrenten der Freiberufler Druck ausübt, ist sie Unternehmensvereinigung.
b) Im Hinblick auf hoheitliches Handeln der Kammern ist danach zu differenzieren, welche wettbewerblichen Interessen durch die jeweilige Maßnahme verletzt werden.
aa) Die Verletzung der wettbewerblichen Handlungsfreiheit der Kammermitglieder wie auch die Beschränkung der Alternativen der Klientel rechtfertigen kein Zugriffsrecht der Kartellbehörden. Insoweit sind Kammerkompetenz, Körperschaftsaufsicht und berufsgerichtliches Verfahren vorgreiflich. Damit ist keine Verschiebung materiell-rechtlicher Schutzstandards verbunden.
bb) Soweit die wettbewerbliche Handlungsfreiheit externer Gewerbetreibender (Konkurrenten) durch hoheitliches Kammerhandeln verletzt wird, kommt den Kartellbehörden ein Zugriffsrecht zu. Sie sind insoweit die sachnäheren Behörden, weil sie eine originäre Eigenzuständigkeit zum Schutz der wettbewerblichen Handlungsfreiheit nicht standesangehöriger Gewerbetreibender besitzen.
cc) Desweiteren sind die Kartellbehörden zuständig zur Gewährleistung des Wettbewerbs in standesübergreifendem Zusammenhang. Die damit verbundene Verdrängung der Kammerkompetenz ist jedoch nur insoweit zu rechtfertigen, als es um die Erbringung solcher Leistungen geht, deren Regelung und Überwachung nicht den Kern der Kammerkompetenz ausmacht. Daher kommt ein solcher kartellbehördlich zu schützender Wettbewerb in standesübergreifendem Zusammenhang nur dort in Betracht, wo die Freiberufler mit solchen Leistungen am Markt auftreten, die nicht Anlaß der Verkammerung waren. Soweit es dagegen um die Erbringung jener Leistungen geht, derentwegen die Verkammerung erfolgte (Rechtspflege, Arzneimittelversorgung, Heilkunde etc.), überwachen die Kammern den entsprechenden Wettbewerb in ureigener Kompetenz. Daher besteht z.B. kein zuständigkeitsbegründender Wettbewerb

im standesübergreifendem Zusammenhang zwischen Architekten und standesexterner Konkurrenz, zwischen Ärzten und Heilpraktikern oder zwischen Rechtsanwälten, Steuerberatern und Wirtschaftsprüfern. Damit verbleibt als einzige Konstellation des Wettbewerbs in standesübergreifendem Zusammenhang der Wettbewerb zwischen Apothekern und Drogisten im Bereich des Nebensortiments. Die damit verbundene Verdrängung der Kammerkompetenz rechtfertigt sich aus der gesetzlichen Entscheidung für den freien Wettbewerb in diesem Bereich und der daraus folgenden Vermutung für eine grundsätzliche Funktionalität des marktwirtschaftlichen Leistungsaustauschs. In den Kernbereich der Kammerkompetenz (Marktverhalten im Hinblick auf Arzneimittelverkauf) wird insoweit nicht eingegriffen.

Beschränken die Kammern in den genannten Konstellationen rechtswidrig den Wettbewerb, haben sie in der Terminologie der Entscheidung »Warenproben in Apotheken« den ihnen zugewiesenen Aufgabenbereich (Regelung des Verhältnisses Freiberufler-Klient im Hinblick auf die gemeinwohlbezogene Dienstleistung) deutlich erkennbar überschritten und sind daher in diesen Fällen als Unternehmensvereinigungen anzusehen.

4. Ist insoweit die Zuständigkeit der Kartellbehörden gegeben, ist es der Kartellbehörde nicht verwehrt, mit hoheitlichen Mitteln in den öffentlich-rechtlichen Tätigkeitsbereich der Kammern einzugreifen. Diese Ausnahme von dem Grundsatz, daß eine Behörde nicht mit hoheitlichen Mitteln in den hoheitlichen Tätigkeitsbereich einer anderen Behörde eindringen darf, folgt aus der körperschaftlichen Organisationsform der Kammern und rechtfertigt sich aus dem Schutz der Kammermitglieder vor widersprüchlichem Behördenverhalten.

5. Daß durch eine solche Verfügung in den Fällen der verkammerten Heilberufe der Weg zu den Berufsgerichten verlegt wird, ist rechtlich unbedenklich. Die Anrufung der Berufsgerichte kann ebenso wie die Drohung mit diesem Verhalten eine rechtswidrige Handlung darstellen. Die Untersagungsverfügung stellt weder eine Entziehung des gesetzlichen Richters noch einen Verstoß gegen das Gewaltenteilungsprinzip dar.

6. In den Fällen kartellbehördlicher Untersagungsverfügungen gegen hoheitliches Handeln der Freiberuflerkammern ist analog § 102 V GWB das Benehmen mit der Körperschaftsaufsichtsbehörde herzustellen. Die Ausübung von Verwaltungszwang ist unzulässig, die Verhängung von Bußgeldern demgegenüber unbedenklich. § 44 II GWB findet keine analoge Anwendung.

7. Kartellrechtliche Klagen externer Gewerbetreibender (§ 35 I GWB) gegen ambivalente Kammerhandlungen sind zulässig. Als Gegenstand solcher Klagen kommen in erster Linie standesrechtliche Marktzutrittschranken in Betracht. In diesem Zusammenhang ist die in § 13 MuBO normierte Bindung ambulanter Heilbehandlung an die Niederlassung in eigener Praxis zu nennen, die sich gegen die sog. »Medical-centers« richtet. Die zahlreichen standesrechtlichen Kooperationsverbote können demgegenüber nicht mit einer kartellrechtlichen Klage angegriffen werden.

Kartellrechtliche Klagen der Freiberuflerklientel gegen Kammerbeschlüsse und standesaufsichtliche Maßnahmen sind unzulässig. Das Rechtsverhältnis zwischen Klient und Kammer ist, soweit es um die Ausübung der Standesaufsicht geht, maßgeblich durch die öffentlich-rechtliche Aufgabenzuweisung geprägt. Die Kammern stellen in diesem Verhältnis, soweit sie hoheitlich handeln, niemals Unternehmensvereinigungen dar.

Klagen von Verbänden i.S. des § 35 III GWB können nicht darauf gestützt werden, daß der Verband satzungsgemäß die Interessen der kammerangehörigen Freiberufler wahrnimmt. Denkbar sind allerdings auf § 35 III gestützte Klagen gegen Wettbewerbsbeschränkungen im Bereich des Apothekenrandsortiments, soweit sie auf die satzungsmäßige Verfolgung der Interessen externer Gewerbetreibender gestützt werden.

Abkürzungsverzeichnis

ABDA	Arbeitsgemeinschaft der Bundesverbände deutscher Apotheker (Mitglieder: Bundesapothekerkammer, Deutscher Apothekerverein)
ÄM	Ärztliche Mitteilungen (Jahrgang, Seite)
AMStB	Amtliche Mitteilungen der Bundessteuerberaterkammer, Beilage zu StB
BAK	Bundesapothekerkammer (privatrechtlicher Zusammenschluß aller Landesapothekerkammern)
BÄK	Bundesärztekammer (privatrechtlicher Zusammenschluß aller Landesärztekammern)
BArchK	Bundesarchitektenkammer (privatrechtlicher Zusammenschluß aller Landesarchitektenkammern)
BDA	Bund Deutscher Architekten
BFB	Bundesverband der freien Berufe
BJM	Bundesminister der Justiz
BNotK	Bundesnotarkammer
BORA-E	Berufsordnung für Rechtsanwälte, Entwurf der Bundesrechtsanwaltskammer von 1990
BRAK	Bundesrechtsanwaltskammer
BRAK-Mitt	Mitteilungen der Bundesrechtsanwaltskammer (Jahrgang, Seite)
BStBK	Bundessteuerberaterkammer
BO	Berufsordnung
DAT	Deutscher Apothekertag
DÄBl	Deutsches Ärzteblatt (Jahrgang, Ausgabe, Seite)
DÄT	Deutscher Ärztetag
DAV	Deutscher Anwaltsverein
DAZ	Deutsche Apothekerzeitschrift (Jahrgang, Seite)
HÄBl	Hamburger Ärzteblatt (Jahrgang, Seite)
HV	Hauptversammlung
FA	Fachanwalt/Facharzt
NÄBl	Niedersächsisches Ärzteblatt (Jahrgang, Seite)
MuBO	Musterberufsordnung der Bundesärztekammer
PZ	Pharmazeutische Zeitschrift (Jahrgang, Seite)
RA	Rechtsanwalt
RAK	Rechtsanwaltskammer
RiliRA	Grundsätze des anwaltlichen Standesrechts; Richtlinien gemäß § 177 II Nr. 2 BRAO a.F. festgestellt von der Bundesrechtsanwaltskammer

RiliStB	Richtlinien für die Berufsausübung der Steuerberater und Steuerbevollmächtigten; festgestellt von der Bundessteuerberaterkammer gem. § 86 II Nr. 2 StBerG a. F.
RiliWP	Richtlinien für die Berufsausübung der Wirtschaftsprüfer und der vereidigten Buchprüfer (RiliWP); festgestellt von der Wirtschaftsprüferkammer gem. § 57 II Nr. 5 WPO a. F.
RLNot	Allgemeine Richtlinien für die Berufsausübung der Notare; festgestellt von der Bundesnotarkammer gem. § 78 Nr. 5 BNotO
StB	Der Steuerberater (Jahrgang, Seite)
StBv	Steuerbevollmächtigter
WP	Wirtschaftsprüfer
WPG	Wirtschaftsprüfungsgesellschaft
WPg	Die Wirtschaftsprüfung (Jahrgang, Seite)
WPK	Wirtschaftsprüferkammer

Alle sonstigen verwendeten Abkürzungen sind aus sich heraus verständlich oder dem Verzeichnis von Kirchner (Kirchner, Hildebert, Abkürzungsverzeichnis der Rechtssprache, 4. Aufl., Berlin, New York 1993) entnommen.

Anhang: Auszüge einiger zitierter Berufsordnungen

I. Grundsätze des anwaltlichen StandesrechtsRichtlinien gemäß § 177 II Nr.2 BRAO (RiliRA)Festgestellt von der Bundesrechtsanwaltskammer

(...)

§ 2 Werbeverbot

(1) Der Anwalt handelt standeswidrig, wenn er um Praxis wirbt. Er darf eine ihm verbotene Werbung auch durch andere nicht dulden.

(2) Bei seinem Auftreten vor Gericht und im Umgang mit der Presse, Rundfunk und Fernsehen hat er den Anschein zu vermeiden, er wolle sich oder die von ihm bearbeitete Sache sensationell herausstellen.

§ 3 Tätigkeit in der Öffentlichkeit

(1) Der Rechtsanwalt darf seine Berufsbezeichnung auch dann benutzen, wenn er als Schriftsteller, Redner oder in anderer Weise an die Öffentlichkeit tritt. Dabei muß er sachlich bleiben und schon den Anschein einer Werbung für seine anwaltliche Tätigkeit vermeiden.

(2) Liegt eine solche Tätigkeit außerhalb seines Berufs, so hat er zu beachten, daß er das Ansehen der Rechtsanwaltschaft nicht beeinträchtigt.

§ 4 Unerlaubte Rechtsbesorgung

(1) Es ist dem Anwalt untersagt bei unerlaubter Rechtsberatung mitzuwirken.

(2) Insbesondere darf er sich bei der Erteilung von Rechtsauskünften durch Presse, Rundfunk und Fernsehen nicht betätigen, auch nicht in Sprechstunden oder durch Beantwortung von Fragen aus dem Publikum.

(...)

§ 18 Grundsätzliche Kollegialitätspflichten

(1) Der Rechtsanwalt hat sich kollegial zu verhalten und auf die berechtigten Interessen der Kollegen die gebotene Rücksicht zu nehmen.

(2) Dazu gehört die Pflicht, Anfragen von Kollegen unverzüglich zu beantworten oder Hinderungsgründe mitzuteilen.

(3) Unsachliche Angriffe gegen die Person eines Kollegen in Wort oder Schrift sind ein Verstoß gegen die Pflicht zur Kollegialität.

(...)

§ 21 Interessen des Auftraggebers und Kollegialität

Bei einem Widerstreit zwischen kollegialer Rücksichtnahme und den Interessen des Auftraggebers gebührt den Interessen des Auftraggebers der Vorrang.

(...)

§ 23 Versäumnisurteil

(1) Es ist unzulässig, gegen eine vom Kollegen desselben Landesgerichtsbezirks vertretene Partei ein Versäumnisurteil zu erwirken, wenn dies nicht rechtzeitig vorher angedroht ist.

(2) Das gleiche gilt, wenn ein Kollege aus einem anderen Landesgerichtsbezirk sein Erscheinen im Termin angekündigt hat.

(...)

§ 28 Gemeinschaftliche Berufsausübung und Bürogemeinschaft von Rechtsanwälten

(1) Die Sozietät zwischen Rechtsanwälten erfordert eine gemeinsame Kanzlei und grundsätzlich die gemeinschaftliche Entgegennahme der Aufträge und Entgelte.

(...)

§ 36 Aktenführung

Der Rechtsanwalt hat Handakten anzulegen. Sie sollen ein Bild der von ihm entfalteten Tätigkeit geben. (...)

(...)

§ 39 Unterrichtung des Auftraggebers

Der Rechtsanwalt muß den Auftraggeber über alle wichtigen Maßnahmen und Vorgänge in seiner Sache unverzüglich unterrichten, ihm insbesondere von allen wesentlichen Schriftstücken, die er erhält oder absendet, Kenntnis geben. Anfragen des Auftraggebers hat er alsbald zu beantworten.

(...)

§ 48 Vermögensschadenhaftpflichtversicherung

Es ist unbeschadet der Regelung in § 31, Standespflicht des Rechtsanwalts, für sich und seine Mitarbeiter eine Vermögensschadenhaftpflichtversicherung in angemessener Höhe zu unterhalten. Als angemessen ist in der Regel eine Versicherungssumme von mindestens 100.000,- DM anzusehen.

(...)

§ 50 Grundsatz der Gebührenbemessung

Bei der Bemessung des Entgelts für eine berufliche Tätigkeit muß sich der Rechtsanwalt grundsätzlich an die gesetzlichen Bestimmungen halten.

§ 51 Abweichende Gebührenbemessung

(1) Es ist unzulässig, geringere Gebühren und Auslagen zu vereinbaren, als sie die Bundesgebührenordnung für Rechtsanwälte vorsieht. Dieses Verbot betrifft grundsätzlich auch den Verzicht auf Tage-, Reise- und Übernachtungs- sowie Abwesenheitsgelder, soweit sie im Falle des Obsiegens erstattungsfähig wären.

(2) Wenn Abreden zwischen berufenen Vertretern der Anwaltschaft und beteiligten Wirtschaftsgruppen Pauschalhonorare vorsehen, ist es nicht standeswidrig, auf dieser Grundlage abzurechnen.

(3) Ausnahmsweise darf der Rechtsanwalt im Einzelfall besonderen Umständen, etwa der Bedürftigkeit eines Auftraggebers, durch Ermäßigung oder Streichung von Gebühren oder Auslagen nach Erledigung des Auftrags Rechung tragen. Er hat jedoch darauf zu achten, daß der Anschein unzulässiger Werbung vermieden wird.

(4) Es ist zulässig, eine höhere Vergütung zu vereinbaren, als sie das Gesetz vorsieht (vgl. § 3 BRAGO).(...)

(5) Bei der Vertretung eines Kollegen, einer Kollegenwitwe oder eines Mitarbeiters in dessen eigenen Sachen darf der Rechtsanwalt auf seine Gebühren verzichten.

(6) Für die Gebührenberechnung in Beitreibungssachen wird auf die Anlagen 1 und 2 verwiesen.

§ 52 Erfolgshonorar und quota litis

(1) Vereinbarungen, durch die die Höhe der Vergütung vom Ausgang der Sache oder vom sonstigen Erfolg der anwaltlichen Tätigkeit abhängig gemacht wird, sind unzulässig.

(2) Nur in Ausnahmefällen kann eine solche Vereinbarung standesrechtlich zulässig sein. Bei Vereinbarungen dieser Art ist aber mit besonderer Sorgfalt und Gewissenhaftigkeit zu prüfen, ob der Rechtsanwalt nicht Gefahr läuft, hierdurch seine Unabhängigkeit zu verlieren.

(3) Vereinbarungen, durch die sich der Rechtsanwalt im voraus einen Teil des erstrittenen Betrages als Honorar ausbedingt (quota litis), sind unzulässig.

§ 53 Pauschalvergütung

(1) Es ist standesrechtlich zulässig, mit einem Auftraggeber eine Pauschalvergütung für die laufende Beratungstätigkeit zu vereinbaren. Diese Pauschalvergütung muß in angemessenem Verhältnis zur Leistung des Rechtsanwalts stehen.

(2) Bei Prozeßführung und Zwangsvollstreckung hat der Rechtsanwalt jedoch die Sätze der Bundesgebührenordnung für Rechtsanwälte zu fordern, abgesehen von den Ausnahmen in den Anlagen 1 und 2.

(3) Handelt es sich bei dem Auftraggeber um einen Verband oder einen Verein, so darf auch die Beratung der Mitglieder dieser Organisation eine Pauschalvergütung vereinbart werden, soweit sich die Beratung auf Fragen des Fachgebiets der Organisation bezieht.

(...)

§ 55 Gebührenteilung

(1) Die Abgabe eines Teils der Gebühren oder die Gewährung sonstiger Vorteile für die Vermittlung von Aufträgen, gleichgültig ob an Rechtsanwälte oder andere Personen, ist standeswidrig; auch eine solche Vereinbarung ist standeswidrig.

(...)

§ 57 Maß der Sorgfalt

Der Rechtsanwalt ist verpflichtet, den Prozeßkostenhilfe-Sachen und Pflichtverteidigungen die gleiche Sorgfalt zu widmen, die er bei der Erledigung der sonstigen Aufträge anzuwenden hat.

(...)

(4) Die Mitwirkung des Rechtsanwalts bei der Aufnahme in Auswahlverzeichnisse, die ausschließlich dem internationalen Rechtsverkehr dienen, ist nicht standeswidrig, wenn dabei der Anschein der unzulässigen Werbung vermieden wird.

(...)

§ 76 Bezeichnung als Fachanwalt

Die Bezeichnung »Fachanwalt für ...« darf ein Rechtsanwalt nur führen, wenn es sich um Sondergebiete handelt, die die Bundesrechtsanwaltskammer bestimmt hat, und wenn die zuständige Rechtsanwaltskammer es ihm gestattet hat. Als Sondergebiete werden von der Bundesrechtsanwaltskammer Verwaltungsrecht, Steuerrecht, Arbeitsrecht und Sozialrecht bestimmt. Die Fachanwaltsbezeichnungdarf nur für höchstens zwei Gebiete geführt werden. Das Nähere wird in den Fachanwalts-Richtlinien der Bundesrechtsanwaltskammer geregelt.

(...)

§ 78 Akademische Grade, Amts- und Berufsbezeichnungen, Titel

(1) Der Rechtsanwalt darf bei der Ausübung seines Berufs nur die in diesem Beruf erworbenen Titel führen, ferner den von einer deutschen Behörde verliehenen Professortitel, die Amtsbezeichnung als Notar und akademische Grade, die durch eine an einer deutschen Universität oder Hochschule abgelegte Prüfung erworben sind; sowie die Bezeichnung als Wirtschaftsprüfer und als Steuerberater, ferner die Bezeichnung »Doktor ehrenhalber« (Dr. h.c.).

(2) Die gleichzeitige Bezeichnung als »Steuerberater« und als »Fachanwalt für Steuerrecht« ist nicht zulässig.

(3) Ausländische akademische Grade und der im Ausland verliehene Professortitel dürfen auch bei Ausübung des Rechtsanwaltsberufs geführt werden, wenn die nach den deutschen gesetzlichen Bestimmungen erforderliche Genehmigung erteilt ist.

(4) Solange Rechtsanwälte von der Residenzpflicht befreit sind und im Ausland wohnen, dürfen sie in ihren Drucksachen neben ihrer inländischen Anschrift auch ihre ausländische Anschrift sowie der anwaltlichen Berufsbezeichnung gleichwertige, im Ausland zu Recht geführte Berufsbezeichnungen führen.

§ 79 Zweigstelle und Sprechtage

(1) Der Rechtsanwalt darf eine Zweigstelle nur mit Erlaubnis der Landesjustizverwaltung einrichten (vgl. § 28 Abs.1 BRAO).

(...)

II. Richtlinien für die Berufsausübung der Steuerberater und Steuerbevollmächtigten (Standesrichtlinien, RiliStB); festgestellt von der Bundessteuerberaterkammer gemäß § 86 II Nr. 2 StBerG

(...)

5. Schriftstellerische Vortrags- und Lehrtätigkeit

(1) Schriftstellerische Tätigkeiten, andere Veröffentlichungen und Vortragstätigkeiten müssen sachlich und würdig sein. Jeder Anschein einer berufswidrigen Werbung in Form und Inhalt ist zu vermeiden.

(...)

(5) Zusätze, die auf die Stellung im Beruf hinweisen (z.B. Geschäftsführer einer Steuerberatungsgesellschaft) sowie die Nennung des Arbeitgebers sind unzulässig.

(...)

9. Mitwirkung bei unbefugter Hilfeleistung in Steuersachen

(1) Es ist Steuerberatern und Steuerbevollmächtigten untersagt, bei unbefugter Hilfeleistung in Steuersachen mitzuwirken.

(2) Jede Art der Erteilung von Fachauskünften mit Name und Berufsbezeichnung in Zeitungen und Zeitschriften, in Rundfunk und Fernsehen, insbesondere auch die Beantwortung von Fragen aus dem Leser-, Hörer- und Zuschauerkreis, ist berufswidrig.

(...)

22. Vergütung (Gebühren und Auslagenersatz)

(1) Steuerberater und Steuerbevollmächtigte sind an die Steuerberatergebührenverordnung gebunden. Für die Vergütung von Tätigkeiten nach § 57 Abs. 3 Nrn.2 und 3 StBerG gelten die allgemeinen gesetzlichen Vorschriften.

(2) Eine Unterschreitung der angemessenen Vergütung ist berufswidrig. Ausnahmsweise darf besonderen Umständen, etwa der Bedürftigkeit eines Auftraggebers, durch Ermäßigung oder Streichung von Gebühren oder Auslagenersatz nach Erledigung des Auftrages Rechnung getragen werden. Es ist jedoch darauf zu achten, daß der Anschein unzulässigen Werbens vermieden wird.

(...)

23. Erfolgsvergütung und Erfolgsbeteiligung

(1) Eine Vereinbarung, die den Erfolg der Tätigkeit des Steuerberaters oder Steuerbevollmächtigten zum Gegenstand der Bemessung der Vergütung macht (Erfolgsvergütung), ist grundsätzlich unzulässig. Nur in Ausnahmefällen kann eine solche Vereinbarung zulässig sein. In solchen Ausnahmefällen ist jedoch mit besonderer Sorgfalt und Gewissenhaftigkeit zu prüfen, ob der Steuerberater oder Steuerbevollmächtigte nicht Gefahr läuft, hierdurch seine Unabhängigkeit zu verlieren.

(2) Eine Vereinbarung, durch die als Entgelt für eine Hilfeleistung in Steuersachen ein Teil der zu erzielenden Steuerermäßigung, Steuerersparnis oder Steuervergütung ausbedungen wird (Erfolgsbeteiligung; quota litis) ist berufswidrig.

24. Kollegialität

(1) Steuerberater und Steuerbevollmächtigte haben sich kollegial zu verhalten. Die Verpflichtung zur Kollegialität verbietet es, das Ansehen eines Kollegen oder des Berufes zu gefährden. Unsachliche Angriffe und leichtfertige Anschuldigungen gegen einen Kollegen in Wort oder Schrift sind berufswidrig. Zurückhaltung ist bei der Würdigung der Arbeit eines Kollegen und seiner Honorargestaltung zu üben.

(...)

(4) Vertritt ein Steuerberater oder Steuerbevollmächtigter die Interessen seines Auftraggebers gegenüber den erkennbar entgegengesetzten Interessen eines Beteiligten, der durch einen anderen Steuerberater oder Steuerbevollmächtigten vertreten wird, soll er mit diesem Verbindung aufnehmen. (...)

25. Auftragsschutz

(1) Jede Maßnahme, die geeignet ist, einen anderen Steuerberater oder Steuerbevollmächtigten

aus einem Auftrag zu verdrängen, ist berufswidrig. Unzulässig ist dabei insbesondere auch die Ausnutzung der Position eines Dritten.

(2) Steuerberater und Steuerbevollmächtigte haben sich vor Annahme eines Auftrages über bestehende Auftragsverhältnisse zu unterrichten. Ein Auftrag in derselben Sache darf erst angenommen werden, wenn das bisherige Auftragsverhältnis gekündigt ist oder nicht mehr besteht, es sei denn, der Auftraggeber wünscht die Tätigkeit mehrer Berater nebeneinander.

(3) Der neu beauftragte Steuerberater oder Steuerbevollmächtigte hat den Kollegen zu verständigen; diese Verpflichtung entfällt nur dann, wenn der Auftraggeber widerspricht.

(4) Es ist berufswidrig, Aufträge aus der Praxis eines anderen Berufsangehörigen zu übernehmen, wenn diese dem Steuerberater oder Steuerbevollmächtigten durch derzeitige oder frühere Angestellte und freiberufliche Mitarbeiter des anderen Berufsangehörigen zugeführt werden; entsprechendes gilt für die Zuführung durch Praxisvertreter und Praxistreuhänder.

(5) Besondere Zurückhaltung ist bei der Übernahme von Aufträgen geboten, die einem verstorbenen Kollegen erteilt waren. Der Steuerberater oder Steuerbevollmächtigte hat sich vor Übernahme mit der Berufskammer in Verbindung zu setzen.

26. Ausscheiden aus einer Gesellschaft und Beendigung anderer Vertragsverhältnisse

(1) Steuerberater und Steuerbevollmächtigte, die aus einer Steuerberatungsgesellschaft, einer Bürogemeinschaft, einem freien Mitarbeitsverhältnis oder einem Anstellungsverhältnis ausscheiden, haben alles zu unterlassen, was darauf abzielt, ihre früheren Partner oder Arbeitgeber aus einem Auftrag zu verdrängen.

(2) Entsprechendens gilt für einen ehemaligen Gehilfen, der nach der Bestellung zum Steuerberater oder Steuerbevollmächtigten seinen Beruf selbständig oder im Anstellungsverhältnis nach § 58 StBerG ausübt.

(3) (...)

27. Interessen des Auftraggebers und Kollegialitätspflicht

Bei einem Widerstreit zwischen kollegialer Rücksichtnahme und den Interessen des Auftraggebers gebührt unter Abwägung aller Umstände den berechtigten Interessen des Auftraggebers der Vorrang.

28. Berufliche Niederlassung

(1) Die berufliche Niederlassung des Steuerberaters oder Steuerbevollmächtigten ist eine ständige Einrichtung, von der aus der Beruf ausgeübt wird (Geschäftsstelle). Als berufliche Niederlassung eines ausschließlich nach § 58 StBerG angestellten Steuerberaters oder Steuerbevollmächtigten gilt seine regelmäßige Arbeitsstätte.

(2) Die berufliche Niederlassung von selbständig tätigen Steuerberatern und Steuerbevollmächtigten soll nach außen durch Praxisschild, Aufnahme im amtlichen Fernsprechbuch und muß durch Hinweis auf den Geschäftspapieren kenntlich gemacht werden. Am Ort der beruflichen Niederlassung (politische Gemeinde) darf nur eine Geschäftstelle unterhalten werden. Weitere Arbeitsräume, auch gelegentliche, außerhalb der beruflichen Niederlassung dürfen nach außen nicht kenntlich gemacht werden.

(...)

29. Auswärtige Beratungsstellen

(1) Außerhalb des Ortes der beruflichen Niederlassung können weitere Beratungsstellen nur unterhalten werden, soweit dadurch die Erfüllung der Berufspflichten nicht beeinträchtigt

wird (auswärtige Beratungsstellen im Sinne des § 34 StBerG). Zweigniederlassungen von Steuerberatungsgesellschaften sind auswärtige Beratungsstellen im Sinne des Gesetzes.

(2) Jede auswärtige Beratungsstelle muß durch einen anderen Steuerberater oder Steuerbevollmächtigten geleitet werden, der seine berufliche Niederlassung am Ort der auswärtigen Beratungsstelle hat. Eine auswärtige Beratungsstelle ist auch dann ordnungsgemäß besetzt, wenn ein Steuerberater oder Steuerbevollmächtigter ausnahmsweise zwei Beratungsstellen anderer Berufsangehöriger leitet, sofern ein äußerer Zusammenhang besteht. Dies gilt jedoch nur, wenn der betreffende Berufsangehörige nicht auch noch in eigener Praxis tätig ist.

(3) (...)

30. Sozietäten und Bürogemeinschaften

(1) Steuerberater und Steuerbevollmächtigte können sich zur gemeinschaftlichen Berufsausübung in Sozietäten oder in Bürogemeinschaften nur mit Angehörigen der steuerberatenden, wirtschaftsprüfenden oder rechtsberatenden Berufe zusammenschließen, die einer Berufskammer angehören.

(2) (...)

(...)

32. Berufsbezeichnung

(1) Im beruflichen Verkehr ist die Bezeichnung »Steuerberater« oder »Steuerbevollmächtigter« zu führen.

(2) Die Führung weiterer Berufsbezeichnungen ist nur gestattet, wenn sie amtlich verliehen worden sind. Unzulässig sind hiernach z.B. die Bezeichnung Betriebsberater, Wirtschaftsberater, Unternehmensberater, Treuhänder, Wirtschaftstreuhänder, beratender Betriebs- oder Volkswirt, Revisor, Syndikus.

(3) Es ist unzulässig, zum Hinweis auf die steuerberatende Tätigkeit andere Bezeichnungen zu verwenden (§ 43 StBerG) z.B. »Steuerkanzlei«, »Steuerbüro«, »zugelassen bei allen Finanzbehörden und Finanzgerichten«.

(4) Zusätze, die auf einen akademischen Grad, eine staatlich verliehene Graduierung oder auf die Befähigung zum Richteramt hinweisen, sind erlaubt.

(5) Der Hinweis auf eine ehemalige Beamteneigenschaft (z.B. Regierungsdirektor a.D.) oder auf frühere Tätigkeiten (z.B. Bankdirektor i.R.) sowie andere Zusätze (z.B. Wirtschaftsberatung, Treuhandbüro) sind unzulässig. Unzulässig ist auch die Aufzählung besonderer Fachgebiete oder Fähigkeiten sowie der Hinweis auf die Mitgliedschaft in Kammern, Verbänden und dergleichen.

(6) Der Hinweis auf das Bestehen einer Buchstelle, die ein Steuerberater oder Steuerbevollmächtigter im Rahmen seiner Berufstätigkeit unterhält, ist unzulässig. § 44 StBerG (»Landwirtschaftliche Buchstelle«) bleibt unberührt.

(7) Der Hinweis auf eine öffentliche Bestellung als Sachverständiger ist zulässig, wenn sie nur im Rahmen der Sachverständigentätigkeit verwandt wird. Ein Hinweis auf die Sachverständigeneigenschaft auf Fachgebieten, die zum Inhalt der Tätigkeit des Steuerberaters oder Steuerbevollmächtigten gehören, ist stets unzulässig.

33. Berufswidrige Werbung

Steuerberater und Steuerbevollmächtigte haben ihren Beruf unter Verzicht auf berufswidrige Werbung auszuüben. Als berufswidrige Werbung gilt jedes eigene oder geduldete fremde Verhalten, insbesondere jeder unmittelbare oder mittelbare Hinweis auch in Veröffentlichungen und bei

Veranstaltungen jeder Art, das bei verständiger Würdigung als direkte oder indirekte Anregung oder Aufforderung zur Auftragsanbahnung verstanden werden kann.

34. Anzeigen

(1) Anzeigen in der Tagespresse sind nur gestattet, wenn sie sachlich veranlaßt sind und sich in dem durch die Veranlassung bedingten Umfang halten.

(2) Unter Beachtung dieses Grundsatzes dürfen bekanntgegeben werden:

a) Begründung oder Wiederbegründung einer beruflichen Niederlassung ,

b) Verlegung von Praxisräumen,

c) Begründung und Veränderung von Sozietätsverhältnissen,

d) Errichtung einer auswärtigen Beratungsstelle,

e) Erwerb einer weiteren Berufsqualifikation (z.B. Wirtschaftsprüfer, Rechtsanwalt),

f) Praxisnachfolge

g) Einrichtung oder Änderung von Fernsprech- und Fernschreibanschlüssen.

Bei anderen Anlässen bedarf die Bekanntmachung der Einwilligung der Berufskammer. Die Anzeige darf in jeder Zeitung dreimal innerhalb von drei Monaten nach Eintritt der Veranlassung erscheinen.

(...)

36. Aufnahme in Verzeichnisse

(1) Steuerberater und Steuerbevollmächtigte dürfen sich in Anschriftenverzeichnissen, Adreß- und Fernsprechbüchern, Branchenteilen usw. unter Vermeidung aller berufswidrigen Werbung dienenden Angaben aufführen lassen. Es ist zulässig, neben der Anschrift der beruflichen Niederlassung auch die Wohnung aufführen zu lassen. Dies gilt für Angestellte, die ausschließlich nach § 58 StBerG tätig sind mit der Maßgabe, daß sie nur mit Anschrift und Telefonnummer der Wohnung aufgeführt werden dürfen.

(...)

(3) Steuerberater und Steuerbevollmächtigte dürfen nicht dulden, daß ihr Name in nichtamtliche Adreßbücher, Geschäftskalender, Zeitschriften oder ähnliche Verzeichnisse aufgenommen wird, die nur eine beschränkte Anzahl der Steuerberater und Steuerbevollmächtigten aufführen, die in dem erfaßten Bereich ihre berufliche Niederlassung haben.

(...)

(5) Die Mitwirkung des Steuerberaters oder Steuerbevollmächtigten bei der Aufnahme in Auswahlverzeichnisse ist nicht berufswidrig, wenn die Verzeichnisse ausschließlich der internationalen Steuerberatung dienen und von der Bundessteuerberaterkammer oder einer internationalen Organisation herausgegeben werden, bei der die Bundessteuerberaterkammer Mitglied ist.

37. Praxisschild

(...)

(2) Berufsangehörige, die Lohnsteuerberatung betreiben, können einen Hinweis mit Sprechzeiten auf dem Praxisschild anbringen. Der Hinweis »Lohnsteuerberatung« ohne Sprechzeiten ist nicht zulässig.

(...)

43. Mitarbeiter

(...)

(3) Ein Steuerberater oder Steuerbevollmächtigter darf Mitarbeiter eines anderen Steuerberaters oder Steuerbevollmächtigten nicht abwerben.

(...)

52. Besondere Berufspflichten bei der Errichtung, Ausgestaltung und Tätigkeit von Steuerberatungsgesellschaften

(1) Steuerberatungsgesellschaften müssen von Steuerberatern verantwortlich geführt werden. Mindestens ein Vorstandsmitglied, ein Geschäftsführer oder ein vertretungsberechtigter persönlich haftender Gesellschafter, der Steuerberater ist, muß seinen Wohnsitz am Sitz der Gesellschaft oder in dessen Nahbereich haben.

(...)

53. Firma der Steuerberatungsgesellschaft

(1) Als Firmenbestandteile können Namen von Gesellschaftern geführt werden. Ferner können in der Regel allgemein gehaltene Tätigkeitsbezeichnungen oder freigestaltete Bezeichnungen geführt werden, soweit dies auch handelsrechtlich zulässig ist. Die Grundsätze über das Verbot der berufswidrigen Werbung sind zu beachten.

(...)

(3) Firmenbestandteile, die auf Tätigkeiten hinweisen, die in das Aufgabengebiet des Steuerberaters fallen, sind nur zulässig, wenn sie allgemein gehalten sind (z.B. »Treuhandgesellschaft«, »Revisionsgesellschaft«). Auf eine steuerberatende Tätigkeit wird bereits durch die Bezeichnung »Steuerberatungsgesellschaft« hingewiesen; andere Hinweise sind nach § 43 Abs.4 Satz 2 StBerG unzulässig. Firmenbestandteile, die auf Unternehmen, Unternehmensgruppen, Wirtschafts- und Berufszweige hinweisen, sind unzulässig. § 44 Abs.3 StBerG (Zusatz »Landwirtschaftliche Buchstelle«) bleibt unberührt. Ist eine Tätigkeitsbezeichnung nach den vorstehenden Grundsätzen unzulässig, so gilt dies auch für die entsprechende fremdsprachige Bezeichnung.

(...)

Quelle: Peter, Karl, SteuerberatungsG, Gruppe 231

III. Richtlinien für die Berufsausübung der Wirtschaftsprüfer und der vereidigten Buchprüfer (RiliWP)Festgestellt von der Wirtschaftsprüferkammer gem. § 57 II Nr. 5 WPO

(...)

III. Eigenverantwortlichkeit (...)

Richtungsweisende Feststellungen

1. In einer WPG muß mindestens ein WP, der Mitglied des Vorstandes, Geschäftsführer oder persönlich haftender Gesellschafter ist, seinen Wohnsitz am Sitz der Gesellschaft haben; zur Vermeidung von Härten kann die Wirtschaftsprüferkammer ihm gestatten, an einem anderen Ort zu wohnen.Der Ortsansässigkeit ist in der Regel Genüge getan, wenn der Wohnsitz im Nahbereich der Niederlassung liegt.
2. Jede weitere Niederlassung ist eine Zweigniederlassung (§ 47 WPO); sie muß von einem am Ort der Niederlassung ansässigen WP fachlich geleitet werden. (...)Bei einer WPG müssen alle Niederlassungen von einem ortsansässigen WP geleitet sein (Sitz nach § 28 Abs.1 WPO; Zweigniederlassungen nach § 47 Abs.2 WPO). Jede berufliche kundgemachte Anschrift (z.B. durch Briefbogen oder Türschilder) -unter welcher Bezeichnung auch immer (z.B. als Geschäftsstelle)- begründet eine Zweigniederlassung im Sinne von §§ 3 und 47 WPO.

3. Übt ein WP seinen Beruf in mehreren Funktionen -z.B. in eigener Praxis und in einer WPG- aus, so erhöht sich auch seine Verantwortlichkeit. Der Grundsatz der Eigenverantwortlichkeit ist nur gewahrt, wenn er jede dieser Funktionen tatsächlich wahrnehmen und übersehen kann. (...)
6. Sozietäten zwischen WP und/oder vBP sind örtlich und überörtlich zulässig. Die Partner haben sich hierbei der gegenseitigen Verantwortung, auch bezüglich des beruflichen Verhaltens, bewußt zu sein.Sozietäten von WP mit vBP sowie von WP mit Rechtsanwälten und Steuerberatern sind gestattet, wenn der WP befugt bleibt, im eigenen Namen Vorbehaltsaufgaben durchzuführen.Die Zulässigkeit einer Sozietät oder einer Zusammenarbeit mit ausländischen Berufsangehörigen oder Prüfungsgesellschaften innerhalb oder außerhalb des Geltungsbereiches der WPO bestimmt allgemein oder im Einzelfall die Wirtschaftsprüferkammer. (...)

(...)

VI. Berufswidriges Verhalten

(...) Im Verkehr mit Wirtschaftsprüfern hat er sich kollegial zu verhalten.

Richtungsweisende Feststellungen

(...)

2. Verhalten gegenüber Berufskollegen

a) Erhebt ein WP gegen einen Kollegen Vorwürfe, so sind sie schlüssig vorzutragen sowie sachgerecht und unter geeignetem Beweisantritt zu begründen. Leichtfertige Anschuldigungen stellen eine Verletzung der Berufspflichten dar. Es gilt ferner als gute Berufsübung, vor Erstattung einer Strafanzeige -auch gegenüber dem Berufsgericht- die Wirtschaftsprüferkammer einzuschalten.

(...)

d) Es ist zulässig, die Praxis oder Teilpraxis zu veräußern. Der WP hat sich beim Erwerb und bei der Veräußerung seiner Praxis kollegial zu verhalten; die Bedingungen müssen angemessen sein (...). Die unbillige Schlechterstellung eines Sozietätspartners ist berufsunwürdig.
e) Der WP ist bei der Entgegennahme neuer Aufträge zu berufswürdigem Verhalten verpflichtet und hat sich, wenn bekannt oder zu vermuten ist, daß der Auftraggeber von einem anderen WP betreut wurde oder wird, kollegial zu verhalten. Soweit sich aus den Umständen des Einzelfalles nichts anderes ergibt, ist dem Mandatsvorgänger die Beauftragung anzuzeigen (...). Werden WP nebeneinander tätig, so ist eine Zusammenarbeit anzustreben.Führt ein WP einen Spezialauftrag oder einen Auftrag auf Empfehlung staatlicher Stellen (z.B. Enqueten, Aufsichtsprüfungen, Kreditwürdigkeitsprüfungen) durch, so hat er sich unter Beachtung des Gebots der Gewissenhaftigkeit bei der Durchführung des Auftrags so zu verhalten, daß das Vertrauensverhältnis zu dem ständigen Prüfer oder Berater nicht unnötig beeinträchtigt wird. Die Gebote der Unbefangenhheit und der Kollegialität erfordern es im Regelfall, eine Sperrfrist von wenigstens zwei Jahren vor der Übernahme von Aufträgen des Unternehmens, bei dem ein Auftrag im Sinne von Satz 1 durchgeführt wurde, einzuhalten.

(...)

g) Es ist berufsunwürdig, Angestellte eines WP abzuwerben.
h) Der Mitarbeiter eines WP, der als WP eine neue Praxis errichtet, darf nicht Auftraggeber seines bisherigen Dienstherrn veranlassen, ihm Aufträge zu übertragen. Entsprechendes gilt für den Übergang zu einem anderen WP. Die Vereinbarung von Mandatsschutzklauseln ist zulässig und üblich.Ubernimmt ein ausscheidender Mitarbeiter unmittelbar oder mittelbar Manda-

te aus der bisherigen Praxis, so bestehen aus berufsständischer Sicht keine Bedenken, wenn hierfür im Dienstvertrag ein angemessenes Entgelt vereinbart ist.(...)

VIII. Kundmachung, WerbeverbotWirtschaftsprüfer sind zu berufswürdigem Verhalten bei der Kundmachung verpflichtet.Werbung ist verboten (§ 52 WPO)

Richtungsweisende Feststellungen

1. Berufsbezeichnungen

a) Wirtschaftprüfer und vereidigte Buchprüfer WP bzw. vBP haben im beruflichen Verkehr die Berufsbezeichnung »Wirtschaftsprüfer« bzw.. »vereidigter Buchprüfer« zu führen. Akademische Grade (z.B. Dr., Dr.habil), akademische Titel (z.B. Dipl.-Kfm, Dipl.-Volksw., Dipl.-Ing., Assessor) sowie Zusätze, die auf eine staatliche verliehene Graduierung hinweisen, können neben der Berufsbezeichnung geführt werden. Weitere Bezeichnungen dürfen bei Erklärungen aufgrund gesetzlicher Vorschriften (Bestätigungsvermerk, Prüfungsvermerk) sowie bei sonstiger Verwendung des Berufssiegels nicht geführt werden.Im sonstigen beruflichen Verkehr sind Amtsbezeichnungen und Berufsbezeichnungen, die amtlich für eine nach § 43 Abs.4 WPO vereinbarte Berufsausübung (z.B. Steuerberater, Rechtsanwalt) verliehen sind, statthaft. Dies gilt auch für amtlich verliehene ausländische Berufsbezeichnungen (z.B. chartered accountant, expert comptable).Bloße Tätigkeitsbezeichnungen (z.B. Treuhandbüro, Wirtschaftsberater, beratender Ingenieur) dürfen ebensowenig geführt werden wie Hinweise auf eine frühere Beamteneigenschaft (z.B. Reg.Rat a.D.) oder auf eine frühere Berufstätigkeit (z.B. Bankdirektor).

(...)

b) Sozietäten (...)

c) Wirtschaftsprüfungsgesellschaften und Buchprüfungsgesellschhaften

(...) Die Firma darf keine Hinweise auf eine bestimmte Branche, eine Unternehmensgruppe oder ein Unternehmen enthalten sowie keine fachliche Spezialisierung hervorheben. Bezeichnungen von Unternehmensarten (wie Wirtschaft, Industrie, Handel, Handwerk) fallen nicht unter diese Einschränkung, ebensowenig die üblichen Berufsangaben (wie Prüfung, Beratung, Revision, Treuhand). (...)

d) Niederlassungen und Auslandsbeziehungen

Der WP ist berechtigt, eine Zweigniederlassung auf dem Geschäftsbogen zu nennen. Vertragliche Beziehungen mit ausländischen Berufsangehörigen im Sinne von Abschnitt III. Nr.6 der Richtlinien können in zurückhaltender Form genannt werden.

(...)

12. Werbeverbot

Werbung um Aufträge, z.B. durch gezieltes Ansprechen möglicher Auftraggeber oder durch Zeitungsanzeigen, ist verboten.

Schriftliche Angebote oder persönliche Besuche zur Erlangung von Aufträgen sind nur gestattet, wenn hierzu eine klare Aufforderung des möglichen Auftraggebers vorliegt.

Der WP handelt berufswidrig, wenn er Dritte veranlaßt zu seinen Gunsten Werbung zu betreiben, oder wenn er duldet, daß er in einer den Anschein der Werbung erweckenden Weise in Veröffentlichungen Dritter oder in Verbandsrundschreiben genannt wird. (...)

(...)

Quelle: Mutze/Schöne, StB/StBv Handbuch, Band II, Anhang, Kennzahl 1650

IV. Allgemeine Richtlinien für die Berufsausübung der Notare (RLNot); festgestellt von der Bundesnotarkammer gemäß § 78 Nr. 5 BNotO

Von einem Abdruck der RLNot wurde abgesehen. Diese sind veröffentlicht in:
DNotZ 1963, 131 ff; DNotZ 1971, 3; DNotZ 1981, 721 f.

V. Humanmediziner

1. Musterberufsordnung der Bundesärztekammer (MuBO)

(...)

§ 1: Berufsausübung

(...)

(8) Der Arzt darf seinen Beruf nicht im Umherziehen ausüben. Er darf individuelle ärztliche Beratung oder Behandlung weder brieflich noch in Zeitungen oder Zeitschriften noch im Fernsehen oder Tonrundfunk durchführen.

(...)

§ 10: Fortbildung

(1) Der Arzt, der seinen Beruf ausübt, ist verpflichtet, sich beruflich fortzubilden und sich dabei über die für seine Berufsausübung jeweils geltenden Bestimmungen zu unterrichten.

(2) Geeignete Mittel der Fortbildung sind insbesondere:
a) Teilnahme an allgemeinen oder besonderen Fortbildungsveranstaltungen (...)

(3) Der Arzt hat in dem Umfang von den aufgezeigten Fortbildungsmöglichkeiten Gebrauch zu machen, wie es zur Erhaltung und Entwicklung der zur Ausübung seines Berufes erforderlichen Fachkenntnisse notwendig ist.

(4) Der Arzt muß eine den Absätzen (1) bis (3) entsprechende Fortbildung gegenüber der Ärztekammer in geeigneter From nachweisen können.

§ 11: Qualitätssicherung

Der Arzt ist verpflichtet, die von der Ärztekammer eingeführten Maßnahmen zur Sicherung der Qualität der ärztlichen Tätigkeit durchzuführen.

§ 12: Haftpflichtversicherung

Der Arzt ist verpflichtet, sich hinreichend gegen Haftpflichtansprüche im Rahmen seiner beruflichen Tätigkeit zu versichern.

§ 13: Ausübung der Praxis

(1) Die Ausübung ambulanter ärztlicher Tätigkeit außerhalb des Krankenhauses einschließlich konzessionierter Privat-Krankenanstalten ist an die Niederlassung in eigener Praxis gebunden, soweit gesetzliche Vorschriften nicht etwas anderes zulassen.

(...)

(3) Dem Arzt ist es nicht gestattet, an mehreren Stellen Sprechstunden abzuhalten. Die Ärztekammer kann, soweit es die Sicherstellung der ärztlichen Versorgung der Bevölkerung erfordert, die Genehmigung für eine Zweigpraxis (Sprechstunde) erteilen.

(...)

§ 14: Verträge

(1) Anstellungsverträge dürfen von Ärzten nur abgeschlossen werden, wenn die Grundsätze dieser Berufsordnung gewahrt sind. Sie müssen insbesondere sicherstellen, daß der Arzt in seiner ärztlichen Tätigkeit keinen Weisungen von Nichtärzten unterworfen wird. Sofern Weisungsbefugnis von Ärzten gegenüber Ärzten besteht, sind die Empfänger dieser Weisung dadurch nicht von ihrer ärztlichen Verantwortung entbunden.

(2) Der Arzt soll alle Verträge über seine ärztliche Tätigkeit vor ihrem Abschluß der Ärztekammer vorlegen, damit geprüft werden kann, ob die beruflichen Belange gewahrt sind.

(...)

§ 16: Ausstellung von Gutachten und Zeugnissen

Bei der Ausstellung ärzlicher Gutachten und Zeugnisse hat der Arzt mit der notwendigen Sorgfalt zu verfahren und nach bestem Wissen seine ärztliche Überzeugung auszusprechen. (...)

§ 17: Ausbildung von Mitarbeitern

(...)

§ 18: Ärztliches Honorar

(1) Die Honorarforderung des Arztes muß angemessen sein. Für die Berechnung ist die Gebührenordnung die Grundlage. (...) Hierbei darf er die üblichen Sätze nicht in unlauterer Weise unterschreiten.

(...)

(4) Der Arzt darf ein Gutachten über die Angemessenheit der Honorarforderung eines anderen Arztes nur im amtlichen Auftrag oder mit Genehmigung der Ärztekammer abgeben. Auf Antrag eines Beteiligten gibt die Ärztekammer eine gutachterliche Äußerung über die Angemessenheit der Honorarforderung ab.

§ 19: Kollegiales Verhalten

(1) Ärzte haben sich untereinander kollegial und rücksichtsvoll zu verhalten. Die Verpflichtung des Arztes nach § 16 Satz 1, in einem Gutachten, auch soweit es die Behandlungweise eines anderen Arztes betrifft, nach bestem Wissen seine ärztliche Überzeugung auszusprechen, bleibt unberührt. Unsachliche Kritik an der Behandlungsweise oder dem beruflichen Wissen eines Arztes sowie herabsetzende Äußerungen über seine Person sind berufsunwürdig.

Es ist berufsunwürdig, einen Kollegen aus seiner Behandlungstätigkeit oder als Mitbewerber durch unlautere Handlungsweise zu verdrängen.

Es ist insbesondere berufsunwürdig, wenn ein »Arzt im Praktikum«, ein Assistent oder Vertreter zur Ableistung der Vorbereitungszeit auf kassenärztliche Tätigkeit oder ein Weiterbildungsassistent sich innerhalb eines Zeitraumes von zwei Jahren ohne Zustimmung des Praxisinhabers im Einzugsbereich derjenigen Praxis niederläßt, in welcher er die bezeichneten Tätigkeiten mindstens drei Monate ausgeübt hat.

Der Arzt darf nicht die Notlage stellensuchender Kolleginnen und Kollegen (insbesondere in der Weiterbildung) dadurch ausnutzen, daß unter seiner Mitwirkung unter Umgehung oder Bruch geltender Tarifverträge und anderer Rechtsnormen Arbeitsplätze angeboten werden (zum Beispiel Mißbrauch von Gastarztverträgen). Dasselbe gilt für das Anbieten oder Fördern von Arbeitsverhältnissen , durch die mehrere Ärzte in einen Verdrängungswettbewerb hineingezogen werden.

(2) Ärzte, die andere Ärzte zu ärztlichen Verrichtungen bei Patienten heranziehen, denen

gegenüber nur sie einen Liquidationsanspruch haben, sind verpflichtet, diesen Ärzten eine angemessene Vergütung zu gewähren.

(3) In Gegenwart von Patienten oder Nichtärzten sind Beanstandungen der ärztlichen Tätigkeit und zurechtweisende Belehrungen zu unterlassen. Das gilt auch für Ärzte als Vorgesetzte und Untergebene und für den Dienst in Krankenanstalten.

(4) (...)

§ 20: Behandlung von Patienten anderer Ärzte (...)

§ 21: Vertreter und ärztlicher Mitarbeiter

(1) Der Arzt muß seine Praxis persönlich ausüben.

(...)

(6) Die Beschäftigung eines ärztlichen Mitarbeiters setzt die Leitung der Praxis durch den niedergelassenen Arzt voraus. Sie ist der Ärztekammer anzuzeigen.

§ 22: Verbot der Zuweisung gegen Entgelt

Dem Arzt ist es nicht gestattet, für die Zuweisung von Patienten oder Untersuchungsmaterial ein Entgelt oder andere Vorteile sich versprechen oder gewähren zu lassen oder selbst zu versprechen oder zu gewähren.

§ 23: Gemeinsame Ausübung ärztlicher Tätigkeit

Der Zusammenschluß von Ärzten zur gemeinsamen Ausübung des Berufes, zur gemeinschaftlichen Nutzung von Praxisräumen, diagnostischen und therapeutischen Einrichtungen ist der Ärztekammer anzuzeigen.Bei allen Formen gemeinsamer Berufsausübung muß die freie Arztwahl gewährleistet bleiben.

§ 24: Ärztlicher Notfalldienst

(...)

§ 25: Werbung und Anpreisung

(1) Dem Arzt ist jegliche Werbung für sich oder andere Ärzte untersagt. Er darf eine ihm verbotene Werbung durch andere weder veranlassen noch dulden. Dies gilt auch für Ärzte, deren Person oder Tätigkeit in Ankündigungen von Sanatorien, Kliniken, Institutionen oder anderen Unternehmen anpreisend herausgestellt wird.

(2) Der Arzt darf nicht dulden, daß Berichte oder Bildberichte mit werbendem Charakter über seine ärztliche Tätigkeit unter Verwendung seines Namens, Bildes oder seiner Anschrift veröffentlicht werden.

§ 26: Informationen unter Ärzten

(1) Ärzte dürfen andere Ärzte über ihr Leistungsangebot informieren. Die Information muß räumlich auf ein angemessenes Einzugsgebiet um den Ort der Niederlassung begrenzt und auf eine Ankündigung der eigenen Leistungsbereitschaft sowie des Leistungsangebotes beschränkt sein. Die Information darf sich auch auf die Mitteilung von solchen Qualifikationen erstrecken, die nach dem maßgeblichen Weiterbildungsrecht erworben worden sind, jedoch nicht geführt werden dürfen (fakultative Weiterbildung, Fachkunde). Bei der Information ist jede werbende Herausstellung der eigenen Tätigkeit untersagt.

§ 27: Berufliches Wirken in der Öffentlichkeit

Veröffentlichungen medizinischen Inhalts oder die Mitwirkung des Arztes an aufklärenden Veröffentlichungen in Presse, Funk und Fernsehen sind zulässig, wenn und soweit die Veröffentlichung und die Mitwirkung des Arztes auf sachliche Information begrenzt und die Person sowie das Handeln des Arztes nicht werbend herausgestellt wird.Dabei ist der Arzt zu verantwortungsbewußter Objektivität verpflichtet. Dasselbe gilt für öffentliche Vorträge medizinischen Inhalts.

§ 28: Patienteninformation

Sachliche Informationen medizinischen Inhalts und organisatorische Hinweise zur Patientenbehandlung sind in den Praxisräumen des Arztes zur Unterrichtung der Patienten zulässig, wenn eine werbende Herausstellung des Arztes und seiner Leistung unterbleibt.

§ 29: Arzt und Nichtarzt

(1) Dem Arzt ist es nicht gestattet, zusammen mit Personen, die weder Ärzte sind noch zu seinen berufsmäßig tätigen Mitarbeitern gehören, zu untersuchen oder zu behandeln. Er darf diese auch nicht als Zuschauer bei ärztlichen Verrichtungen zulassen. (...)

(2) Ein unzulässiges Zusammenwirken im Sinne von Absatz 1 liegt nicht vor, wenn der Arzt zur Erzielung des Heilerfolges am Patienten nach den Regeln der ärztlichen Kunst die Mitwirkung des Nichtarztes für notwendig hält und die Verantwortungsbereiche von Arzt und Nichtarzt klar erkennbar voneinander getrennt bleiben.

(3) Der Arzt darf sich durch einen Nichtarzt weder vertreten lassen noch eine Krankenbehandlung oder Untersuchung durch einen Nichtarzt mit seinem Namen decken.

§ 30: Verordnungen und Empfehlungen von Arznei-, Heil- und Hilfsmitteln

(1) Dem Arzt ist es nicht gestattet, für die Verordnung von Arznei-, Heil oder Hilfsmitteln von dem Hersteller oder Händler eine Vergütung oder sonstige wirtschaftliche Vergünstigung zu fordern oder anzunehmen.

(2) Der Arzt darf Ärztemuster nicht gegen Entgelt weitergeben.

(3) Der Arzt darf einer mißbräuchlichen Verwendung seiner Verschreibungen keinen Vorschub leisten.

(4) Dem Arzt ist es nicht gestattet, Patienten ohne hinreichenden Grund an bestimmte Apotheken oder Geschäfte zu verweisen oder mit Apotheken oder Geschäften zu vereinbaren, daß Arznei-, Heil- oder Hilfsmittel unter Decknamen oder unklaren Bezeichnungen verordnet werden. Der Arzt soll bei der Verordnung von Heil- oder Hilfsmitteln ohne sachlich gebotenen Grund keine Erzeugnisse bestimmter Hersteller nennen.

(5) Der Arzt soll an der Bekämpfung des Heilmittelschwindels mitwirken.

(6) Die Tätigkeit ärztlich-wissenschaftlicher Mitarbeiter der Industrie soll sich auf eine fachliche Information von Ärzten über Wirkung und Anwendungsweise von Arznei-, Heil- und Hilfsmitteln beschränken. Es ist diesen Ärzten nicht gestattet, bei Apothekern, Händlern oder anderen Nichtärzten um Bestellungen zu werben.

(7) (...)

§ 31: Begutachtung von Arznei-, Heil- und Hilfsmitteln

(1) Dem Arzt ist es nicht gestattet, über Arznei-, Heil- und Hilfsmittel, Körperpflegemittel oder ähnliche Waren, Werbevorträge zu halten, Gutachten oder Zeugnisse auszustellen, die zur Werbung verwendet werden sollen. Der Arzt hat eine solche Verwendung seiner Gutachten und Zeugnisse dem Empfänger zu untersagen.

(2) Dem Arzt ist es verboten, seinen Namen in Verbindung mit einer ärztlichen Berufsbezeichnung in unlauterer Weise für gewerbliche Zwecke, zum Beispiel für einen Firmentitel oder zur Bezeichnung eines Mittels herzugeben.

§ 32: Arzt und Industrie

(1) Soweit Ärzte Leistungen für die Hersteller von Arznei-, Heil-, Hilfsmittel oder medizinisch-technischen Geräten erbringen (zum Beispiel bei der Entwicklung, Erprobung und Begutachtung), darf das hierfür bestimmte Honorar einen angemessenen Umfang nicht überschreiten und muß der erbrachten Leistung entsprechen.

(2) Dem Arzt ist es untersagt, Werbegaben aller Art von solchen Herstellern entgegenzunehmen. Dies gilt nicht für solche Gegenstände, welche lediglich einen geringen Wert darstellen.

(3) Bei Informationsveranstaltungen solcher Hersteller hat der Arzt zu beachten, daß alleine der Informationszweck im Vordergrund bleibt und ihm keine unangemessene Aufwendung für Bewirtung und vergleichbare Vorteile (zum Beispiel Reiseaufwendungen) gewährt werden.

§ 33: Anzeigen und Verzeichnisse

(1) Anzeigen in Zeitungen über die Niederlassung oder Zulassung dürfen außer der Anschrift der Praxis nur die für die Schilder des Arztes gestatteten Angaben enthalten und nur dreimal in der gleichen Zeitung innerhalb der ersten drei Monate nach der Niederlassung oder nach der Aufnahme der Kassenpraxis veröffentlicht werden. Weitere Veröffentlichungen über die Niederlassung oder Zulassung sind untersagt.

(2) Im übrigen sind Anzeigen nur in den Zeitungen bei Praxisaufgabe, Praxisübernahme, längerer Abwesenheit von der Praxis oder Krankheit sowie bei der Verlegung der Praxis und bei der Änderung der Sprechstundenzeit oder der Fernsprechnummer gestattet. Derartige Anzeigen dürfen höchstens zweimal veröffentlicht werden.

(3) Form und Inhalt dieser Zeitungsanzeigen müssen sich nach den örtlichen Gepflogenheiten richten.

(4) Ärzte dürfen sich in für die Öffentlichkeit bestimmte Informationsmedien eintragen lassen, wenn diese folgenden Anforderungen gerecht werden: 1. Sie müssen allen Ärzten zu denselben Bedingungen gleichermaßen mit einem kostenfreien Grundeintrag offenstehen; 2. die Eintragungen müssen sich auf ankündigungsfähige Bezeichnungen beschränken (§ 34); 3. in dem Verzeichnis oder seinen für die Eintragung der Ärzte vorgesehenen Teilen müssen ausschließlich Ärzte aufgenommen werden. Der Arzt darf an der Erstellung von Verzeichnissen, die nicht diesen Anforderungen entsprechen, nicht mitwirken.

§ 34: Praxisschilder

(1) Der Arzt hat auf seinem Praxisschild seinen Namen und die Bezeichnung als Arzt oder eine führbare Arztbezeichnung nach der Weiterbildungsordnung (Facharzt-, Schwerpunkt- oder Zusatzbezeichnung) anzugeben und Sprechstunden anzukündigen. Eine erworbene Facharzt-, Schwerpunkt-, und Zusatzbezeichnung darf nur in der nach der Weiterbildungsordnung zulässigen Form und nur dann geführt werden, wenn der Arzt im entsprechenden Fachgebiet, Schwerpunkt oder Bereich tätig ist.

(2) Ärzte, welche nicht unmittelbar patientenbezogen tätig werden, können von der Ankündigung ihrer Niederlassung durch ein Praxisschild absehen, wenn sie dies der Ärztekammer anzeigen.

(3) Das Praxisschild darf über die Angaben nach Absatz 1 hinaus Zusätze über medizinische akademische Grade, ärztliche Titel, Privatwohnung und Telefonnummern enthalten. Andere akademische Grade dürfen nur in Verbindung mit der Fakultätsbezeichnung genannt werden.

(4) Folgende weitere Angaben dürfen, sofern die Voraussetzungen vorliegen, auf dem Praxisschild genannt werden: a) Zulassung zu den Krankenkassen, b) Durchgangsarzt.

(5) Die Bezeichnung »Professor« darf geführt werden, wenn sie auf Vorschlag der medizinischen Fakultät (Fachbereich) durch das entsprechende Landesministerium verliehen worden ist. Dasselbe gilt für die von einer ausländischen medizinischen Fakultät einer wissenschaftlichen Hochschule verliehene Bezeichnung, wenn sie nach Beurteilung durch die Ärztekammer der deutschen Bezeichnung »Professor« gleichwertig ist.

(6) Die nach Abs.5 Satz 2 führbare, im Ausland erworbene Bezeichnung ist in der Fassung der ausländischen Verleihungsurkunde zu führen.

(7) Ärzte, die ihren Beruf in einer Gemeinschaftspraxis ausüben, haben dies mit dem Zusatz »Gemeinschaftspraxis« anzuzeigen.

(8) Das Führen anderer Zusätze ist untersagt.

§ 35: Anbringung der Schilder

(1) Das Praxisschild soll der Bevölkerung die Praxis des Arztes anzeigen. Es darf nicht in aufdringlicher Form gestaltet und angebracht sein und das übliche Maß (etwa 35 x 50 cm) nicht übersteigen.

(...)

§ 36: Ankündigung auf Briefbögen, Rezeptvordrucken,
Stempeln und im sonstigen Schriftverkehr

Für die Ankündigung auf Briefbögen, Rezeptvordrucken, Visitenkarten und Stempeln sowie im sonstigen Schriftverkehr gelten die Bestimmungen des § 34 entsprechend. Ärztliche Dienstbezeichnungen dürfen im Schriftverkehr angegeben werden; das gleiche gilt auch für Bezeichnungen, die nach der Weiterbildungsordnung nur am Ort der Tätigkeit geführt werden dürfen.

§ 37: Freier Dienstleistungsverkehr im Rahmen der Europäischen Gemeinschaft

Diese Berufsordnung gilt auch für Ärzte, die im Geltungsbereich dieser Berufsordnung nur vorübergehend Dienstleistungen in ihrem Beruf erbringen und Staatsangehörige eines anderen Mitgliedstaates der Europäischen Gemeinschaft sind.

§ 38: Übergangsbestimmungen

(...)

Quelle: DÄBl 1994, A-53 ff; B-39 ff; C-38 ff

2. *Richtlinien über die Mitwirkung bei Publikationen (Empfehlungen der Bundesärztekammer)*

(...)

(6) Vor Veröffentlichungen soll sich der Arzt das Recht vorbehalten (auch bei Funk- und Fernsehsendungen), Einsicht zu nehmen und Korrekturen anzubringen. Die endgültige Form der Veröffentlichung ist nach Möglichkeit zu überprüfen.

(...)

Quelle: DÄBl 1979, 112 f.

VI. Apotheker

1. *Berufsordnung für Apotheker des Landes Niedersachsen*

(...)

§ 5

Der Apotheker ist verpflichtet, sich gegenüber den Angehörigen seines Berufes kollegial zu verhalten. Die Verpflichtung zu kollegialem Verhalten erstreckt sich auch auf die Einhaltung von Pachtverträgen nach § 9 ApoG. Der Apotheker hat das Ansehen des Betriebs, in dem er tätig ist, zu wahren.

(...)

§ 8

Wettbewerb ist verboten, wenn er unlauter ist oder eine Werbung zum Inhalt hat, die irreführend oder übertrieben ist bzw. einen Mehrverbrauch oder Fehlgebrauch von Arzneimitteln begünstigt.Das nähere regeln Werberichtlinien, die von der Kammerversammlung als Bestandteil dieser Berufsordnung beschlossen werden. Verboten sind darüber hinaus folgende Wettbewerbs- und Werbehandlungen:

1. Das Vortäuschen einer bevorzugten oder besonderen Stellung der eigenen Apotheke, der eigenen Person oder des Apothekenpersonals.
2. Das Anwenden oder Dulden von Bezeichnungen beim Vertrieb oder Anpreisen von Arzneimitteln zu dem Zweck, die Bevorzugung einer bestimmten Apotheke zu erreichen.
3. Verträge, Absprachen und Maßnahmen, die bezwecken oder zur Folge haben können, andere Apotheken von der Belieferung oder der Abgabe von Arzneimitteln, apothekenüblichen Waren oder Informationsmaterial ganz oder teilweise auszuschließen.
4. Das Überlassen von Ausstellungs- und Verkaufsflächen der Apotheke gegen Entgelt oder sonstige Leistungen.
5. Der Verzicht auf das Einbehalten des Kostenteils nach § 182a RVO und der Hinweis darauf.
6. Das Gewähren von Zugaben und Zuwendungen jeglicher Art oder das Mitwirken hierbei. Ausnahmen im Bagatellbereich bestimmt die Kammerversammlung.
7. Zuwendungen und Geschenke, insbesondere an Kunden, Angehörige anderer Heilberufe oder Heilhilfsberufe, Kostenträger, Kurheime, Altenheime, Krankenanstalten und ähnliche Einrichtungen sowie deren Leiter und Mitarbeiter, soweit damit der Wettbewerb beeinflußt werden kann.
8. Das Abgehen von den sich aus der Verordnung über Preisspannen für Fertigarzneimittel ergebenden Festpreisen, insbesondere das Gewähren von Rabatten und sonstigen Preisnachlässen bei apothekenpflichtigen Fertigarzneimitteln sowie die Werbung hierfür.
9. Ortsfeste Hinweise auf die Apotheke, soweit sie nicht zum Aufsuchen der nächstgelegenen Apotheke erforderlich sind und von der Apothekenkammer genehmigt worden sind.

(...)

2. *Werberichtlinien zu § 8 der Berufsordnung für Apotheker des Landes Niedersachsen*

I. Leitsätze

1.1 (...)

1.2 Der Apotheker hat in der Ausübung seines Berufs alles zu unterlassen, was zu einem Mehrverbrauch, Fehlgebrauch oder Mißbrauch von Arzneimitteln führen könnte. Seine öffentlich-rechtliche Pflichtenstellung und seine Vertrauensstellung in der Bevölkerung bedingen eine Zurückhaltung in Fragen des Wettbewerbs und der Werbung.

1.3 Das Berufsbild des Apothekers ist nicht teilbar in einen Arzneimittelfachmann mit öffentlich-rechtlichen Pflichten und einen Verkäufer von Waren des Nebensortiments. Das Berufsbild schließt deshalb ein übersteigertes kaufmännisches Verhalten aus.

1.4 Die Werbung für Arzneimittel ist im Interesse einer umfassenden Information und Beratung auf den Apothekenbetrieb zu begrenzen.

1.5 Gemäß § 3 der Berufsordnung sind diese Richtlinien als verbindliche Regelungen im Bereich des Wettbewerbs und der Werbung zu beachten. Die nachstehend ausgeführten Tatbestände stellen keine abschließende Behandlung der Materie dar, sie bilden vielmehr nur eine beispielhafte und nicht erschöpfende Aufzählung von Werbemaßnahmen.

II. Tatbestände

1. Werbung innerhalb der Apotheke

Zulässig sind Werbemaßnahmen, sofern sie nicht- nach Form und Inhalt irreführend sind- oder nach Häufigkeit übertrieben wirken- oder einen Mehrverbrauch, Fehlgebrauch oder Mißbrauch von Arzneimitteln begünstigen.Diese Erfordernisse sind bei der Gestaltung der Schaufenster- und Fassadenwerbung sowie von Preisschildern, Preislisten, Handzetteln, Werbe- und Hauszeitschriften, Kalendern und ähnlichem zu beachten.

2. Einzelwerbung außerhalb der Apotheke

2.1 Unzulässig ist die Werbung durch Versendung bzw. Verteilung von Werbeprospekten, Werbebriefen (z.B. Postwurfsendungen), Aufklebern und Handzetteln.

2.2 Unzulässig sind Werbemaßnahmen in öffentlichen Gebäuden und Einrichtungen (z.B. Postämtern, Telefonzellen), auf Verkehrsmitteln, in Vereinseinrichtungen etc.

2.3 Unzulässig ist die Werbung in Kino, Funk, Fernsehen und durch Bildschirmtext.

2.4 Unzulässig ist die Beteiligung an Werbeveranstaltungen (z.B. der Werbegemeinschaften des Einzelhandels), wenn die Apotheke bei Sonderveranstaltungen in Form von Preisausschreiben, Verlosungen etc. einbezogen wird.

2.5 Unzulässig ist die Werbung in Zeitungen, Zeitschriften, Telefonbüchern, Fahrplänen, Stadtplänen, Theaterprogrammen etc., wenn sie mehr als die Firmierung der Apotheke und einen neutralen Text enthält und größer als 40 cm^2 ist.

2.6 Eröffnungs- und Jubiläumsanzeigen sind jeweils nur zweimal zulässig. Als Jubiläumsanzeigen gelten nur solche, in denen die Jahreszahl durch 25 teilbar ist.

Quelle: Höcklin, Apothekenvorschriften in Niedersachsen, B I f

3. Sonstiges

a) Werberichtlinien der Apothekerkammer Bayern

(...)

3. Werbung außerhalb der Apotheke

(...) Unzulässig ist die Einzelwerbung in Zeitungen, Zeitschriften, Telfonbüchern, Fahrplänen, Stadtplänen, Theaterprogrammen usw., wenn sie mehr als Namen und Adresse der Apotheke sowie den Namen des Inhabers enthält und größer als 40 cm^2 ist. (...)

Quelle: PZ 1983, 2795 (2796)

b) Berufsordnung Schleswig-Holstein

(...) § 8

Wettbewerb ist verboten, wenn er unlauter ist. (...) Verboten sind insbesondere: (...) Ziff. 6: das Gewähren von Zugaben und Zuwendungen jeglicher Art sowie die kostenlose Abgabe von Arzneimitteln.

Ausnahmen bestimmt die Kammerversammlung.

[Beschluß der Kammerversammlung vom 27.11.1985 zu § 8 Ziff.6 der Berufsordnung: Ausgenommen vom Verbot des § 8 Ziff.6 der Berufsordnung der Apothekerkammer Schleswig-Holstein sind: 1. Apothekenübliche Kundenzeitschriften; 2. Apothekenübliche Kalender zum Jahreswechsel; 3. Erprobungsmuster von Kosmetika im Rahmen einer kosmetischen Beratung]

Quelle: Amtsbl.Schl.-H./AAz.1986 S.43

VII. Architekten

1. Berufsordnung der Architektenkammer der Freien Hansestadt Bremen

(...)

§ 2 Berufsbezeichnung

Der Architekt führt die Berufsbezeichnung, die das Gesetz für ihn vorschreibt.

§ 3 Urheberrecht

Der Architekt achtet das geistige Eigentum anderer. Er darf nur solche Pläne und Bauvorlagen mit seiner Unterschrift kennzeichnen, die von ihm selbst oder unter seiner eigenen Verantwortung gefertigt worden sind.

§ 4 Verbot unlauterer Vorteile

Der Architekt unterläßt es, sich bei der Ausübung seines Berufs auf unlautere Weise Vorteile zu verschaffen.

§ 5 Kollegiales Verhalten

Der Architekt verhält sich kollegial.

§ 6 Werbung

Der Architekt wirbt durch seine Leistung. Er enthält sich jeder unlauteren oder aufdringlichen Bewerbung oder Werbung.

§ 7 Honorar

Der Architekt berechnet sein Honorar nach der gültigen Honorarordnung. Wenn der Architekt gewerblich tätig ist, weist er das Honorar gesondert aus.

§ 8 Haftpflichtdeckung (...)

§ 9 Unabhängigkeit des freischaffenden Architekten(...)

§ 10 Wettbewerbe

Der Architekt nimmt an Architektenwettbewerben nur teil, wenn sie mit der gültigen Wettbewerbsordnung übereinstimmen.(...)

Quelle: Amtsblatt Bremen 1979 S. 475 f.

2. *Richtlinien zur Berufsordnung der Architektenkammer der Freien Hansestadt Bremen*

(...)

zu § 2

2.1. Die gesetzlich vorgeschriebene Berufsbezeichnung darf nicht durch Hinweise auf fachliche Spezialisierungen ergänzt werden. Ausgenommen sind akademische und berufsbezogene Grade.

2.2. Die abgekürzte Bezeichnung eines Berufsverbandes der Architekten darf der Berufsbezeichnung beigefügt werden.

(...)

zu § 3

(...)

3.3. Der Architekt unterläßt es, Pläne eines nicht in die Architektenliste eingetragenen Planverfassers, der nicht sein Mitarbeiter ist, zu unterschreiben.

(...)

zu § 5

5.1. Der Architekt verhält sich seinem Kollegen gegenüber rücksichtsvoll. Kritik sollte objektiv und maßvoll abgegeben und aufgenommen werden. Herabsetzende Äußerungen über die Arbeitsweise oder die beruflichen Fähigkeiten eines Architekten sind unkollegial.

5.2. Der Architekt darf vorvertragliche oder vertragliche Bindungen zwischen einem anderen Architekten und dessen Auftraggeber nicht dadurch stören, daß er von sich aus in gleicher Sache tätig wird. Wird er vom Auftraggeber zu einer Leistung aufgefordert, über die zwischen diesem und einem anderen Architekten schon vorvertragliche oder vertragliche Bindungen bestehen, so muß er, wenn er dies weiß, den anderen Architekten schriftlich davon unterrichten, bevor er selbst eine vertragliche Verbindung mit dem Auftraggeber eingeht.

5.3. Der Architekt soll bei Streitigkeiten mit Kollegen, die sich aus der Berufsausübung ergeben, vor anderen Stellen den Schlichtungsausschuß anrufen.

zu § 6

A Als zulässig gelten unter Beachtung der Richtlinien über das »Verbot unlauterer Vorteile« folgende Möglichkeiten des Hinweises auf das eigene Architektenbüro:

A 6.1 Bezahlte Anzeigen in der Tageszeitung, in sachlichen Inhalt und der Form weder aufdringlich noch anpreisend wie: neue Anschrift, neue Telefonnummmer, einmaliger Hinweis auf die Niederlassung, Hinweis auf die Gründung einer Bürogemeinschaft oder Sozietät.Der Architekt darf seine Eintragungen in Telefon- und Adreßverzeichnissen nur im Normaldruck ohne Hervorhebung zulassen.

A 6.2 Namensnennung im redaktionellen Teil oder, zusammen mit einer Abbildung des Bauwerkes, in Firmenanzeigen in einer Zeitschrift, Tageszeitungen oder sonstigen Veröffentlichungen.

A 6.3 Die Namensnennung an dem ausgeführten Werk.

A 6.4 Veröffentlichungen, Sonderdrucke, Präsentationen von eigenen Werken, auch wenn diese dazu dienen, der gezielten Bewerbung um den Auftrag beigefügt zu werden.

A 6.5 Das Anbieten von freien Arbeitskapazitäten durch einen Architekten im offiziellen

Publikationsorgan der Architektenkammer oder berufsständischen Verbandsorganisation ist zulässig.

B Formen einer unzulässigen Werbung sind:

B 6.1 Anzeigen oder Beilagen in Zeitungen, Zeitschriften und sonstigen Veröffentlichungen oder Rundschreiben, in denen unmittelbar oder mittelbar um Aufträge geworben wird bzw. Architektenleistungen angeboten werden.

B 6.2 Werbung eines Architekten für einen Gewerbetrieb, an dem er beteiligt ist, unter gleichzeitig werbender Verwendung der Berufsbezeichnung »Architekt«.

B 6.3 Das Anbieten von Gebührennachlässen.

B 6.4 Der Architekt darf einen Bauherren nicht dadurch für einen Auftrag gewinnen, daß er Kostenschätzungen vorsätzlich niedrig hält.

zu § 7

7.1 Jede auftragsbezogene Leistung des Architekten ist aufgrund der honorarrechtlichen Vorschriften vertraglich zu vereinbaren und abzurechnen.Die geltende Honorarordnung ist einzuhalten. Sie darf nicht umgangen werden, um unlautere Wettbewerbsvorteile zu erlangen. Die erbrachte Leistung muß dem geforderten Honorar entsprechen.

7.2 Nur in begründeten Ausnahmefällen können die Mindestsätze der Honorarordnung durch schriftliche Vereinbarung unterschritten werden. Der Architekt ist gehalten, der Architektenkammer zum Zwecke der Feststellung von Ausnahmen im Sinne des § 4 Abs. 2 HOAI im Einzelfall Auskünfte über seine Honorarpraxis zu erteilen.

7.3 Es ist zulässig, mit dem Auftraggeber für laufende Beratungstätigkeit eine Pauschalvergütung zu vereinbaren; diese muß in angemessenem Verhältnis zur Leistung des Architekten stehen.

7.4 Der Architekt lehnt es ab, Leistungen kostenlos anzubieten oder auf Wunsch zu erarbeiten, um einen Auftrag zu erhalten. Auch Untersuchungen über die Bebaubarkeit von Grundstücken sind hiervon nicht ausgeschlossen.

(...)

zu § 10

10.1 Architektenwettbewerbe sind Wettbewerbe geistiger Leistungen. Ihre ordnungsgemäße Durchführung dient dazu, die besten Lösungen einer Planungsaufgabe durch unabhängige fachkundige Entscheidung zu finden. Die notwendige zweckentsprechende Ordnung ist in den Wettbewerbsrichtlinien niedergelegt. Die gültige Wettbewerbsordnung sind die GRW 1977, wie sie am 1.März 1979 in Bremen eingeführt worden sind.

Quelle: AmtsBl. Bremen 1980 S.842 f.

Literaturverzeichnis

Achterberg, Norbert / Püttner, Günter — (Hrsg.) Besonderes Verwaltungsrecht, Band II, Heidelberg 1992

Ahrens, Hans-Jürgen — Wettbewerbsverfahrensrecht, Köln, Berlin, Bonn, München 1983

– Die Stellung des Rechtsanwaltes – Berufspflichten und prozessuale Fairness, in: Walter, Gerhard (Hrsg.), Professional Ethics and Procedural Fairness, Bern, Stuttgart 1990, S. 89–172

– Praxisgemeinschaften in Ärztehäusern mit Fremdgeschäftsführung – Voraussetzungen und Grenzen ärztlichen Unternehmertums, MedR 1992, 141 ff.

– Deregulierung für rechtsberatende Berufe ? – Zur Sonderstellung des Freiberuflers gegenüber den Gewerbetreibenden –, AnwBl 1992, 247 ff.

Arndt, Herbert — Bundesnotarordnung, erläutert anhand der Rechtsprechung des Bundesgerichtshofes, 2.Aufl., Köln, Berlin, Bonn, München 1982

Bachof, Otto — Über öffentliches Recht, in: Verwaltungsrecht zwischen Freiheit, Teilhabe und Bindung, Festgabe aus Anlaß des 25jährigen Bestehens des Bundesverwaltungsgerichts, München 1978, S.1–21

Baumbach, Adolf / Hefermehl, Wolfgang — Wettbewerbsrecht, Gesetz gegen den unlauteren Wettbewerb, Zugabeverordnung, Rabattgesetz und Nebengesetze, 17. Aufl., München 1993

Bechtold, Rainer — Kartellgesetz, Gesetz gegen Wettbewerbsbeschränkungen, Kommentar, München 1993

Beck, Heinz — Gesetz über das Kreditwesen, Kommentar nebst Materialien und ergänzenden Vorschriften, Hauptband, Wiesbaden, Heidelberg, Stand: Oktober 1993

Beck'sches Rechtsanwaltshandbuch — hrsg. v. Büchting, Hans-Ulrich/ Heussen, Bruno, 2. Aufl., München 1991

Benisch, Werner — Private Verfolgung von Wettbewerbsbeschränkungen und Allgemeininteresse, in: Wettbewerbsordnung im Spannungsfeld von Wirtschafts- und Rechtswissenschaft, Festschrift für Gunther Hartmann, Köln, Berlin, Bonn, München 1976, S.37–50

Benkard, Georg — Patentgesetz, Gebrauchsmustergesetz, 9.Aufl., München 1993

Berger, Victor — Freizügigkeit und Simultanzulassung, JW 1913, Zugabe zu Heft 13

Bettermann, Karl August — Anm. zu BGHZ 67, 81 ff. – Auto-Analyzer in: DVBl 1977, 180 ff.

– Vom Rechtsschutz und Rechtsweg des Bürgers gegen Rundfunk-Rufmord – Bemerkungen zu BGHZ 66, 182 = NJW 1976, 1198, in: NJW 1977, 513 ff.

Boele, Andreas — Die Organisation von Rechtsanwaltssozietäten Heute und Morgen, Frankfurt a.M. 1992, zugl. jur.Diss. Regensburg 1992

Bohrer, Michael — Das Berufsrecht der Notare, München 1991

Brandi, Ernst — Die Kartellbehörden und die freien Berufe, Das geistige Kapital 1959, 65 ff.

Brandstetter, Arnulf — Der Erlaß von Berufsordnungen durch die Kammern freier Berufe, Berlin 1971, zugl. Diss.jur. München 1970

Brangsch, Heinz — Spezialisierung und Werbung im Bereich des Anwaltsberufs, NJW 1980, 1817 ff.

Breyer, Martin — Gesetz über das Apothekenwesen, Köln, Berlin, München, Bonn 1961

Buxbaum, Richard M. — Die private Klage als Mittel zur Durchsetzung wirtschaftspolitischer Rechtsnormen, Karlsruhe 1972

Cüppers, Josef — Rechtsanwaltsordnung für die Britische Zone, München und Berlin 1949

Deneke, F.J. Volrad — Die freien Berufe, Stuttgart 1956

Deregulierungskommission — Marktöffnung und Wettbewerb, Berichte 1990 und 1991, Stuttgart 1991

Doepner, Ulf — Standesrechtliche Grenzen der Werbung für Ärzte, WRP 1977, 318 ff.

Drews, Bill / Wacke, Gerhard / Vogel, Klaus / Martens, Wolfgang — Gefahrenabwehr, 9. Aufl., Köln, Berlin, Bonn, München 1985

Dünisch, Friedrich — Standesrechtliche Werbebeschränkungen bei freien Berufen und Wettbewerbsordnung, BayVBl 1982, 102 ff.

Eidenmüller, Horst — Deregulating the market for legal services in the European Comunity: Freedom of establishment and freedom to provide services for EC law-yers in the Federal Republic of Germany, The Modern Law Review 1990, 604 ff.

Ehlers, Dirk — Verwaltung in Privatrechtsform, Berlin 1984

Emmerich, Volker — Das Wirtschaftsrecht der öffentlichen Unternehmen, Bad Homburg v.d.H., Berlin, Zürich 1969

– — Freier Beruf und Kartellrecht – zum sogenannten Behandlungsmonopol der Ärzte, Recht und Wirtschaft in Geschichte und Gegenwart, Festschrift für Johannes Bärmann, München 1975, S. 285–298

– — Kartellrecht, 6. Aufl., München 1991

Erichsen, Hans-Uwe/ Martens, Wolfgang — Allgemeines Verwaltungsrecht, 9. Aufl., Berlin, New York 1992

Erichsen, Hans-Uwe — Gemeinde und Private im wirtschaftlichen Wettbewerb, Heidelberg 1987

– — Öffentliches und privates Recht, Jura 1982, 537 ff.

Ewers, Hans — Das Verhältnis des deutschen Anwaltsvereins zu der Arbeitsgemeinschaft der Anwaltskammervorstände, AnwBl 1950/1951, 92 ff.

Feuerich, Wilhelm E. — Bundesrechtsanwaltsordnung, 2. Aufl., München 1992

Fischer, Friedrich-Wilhelm — Teamarbeit der Ärzte, jur. Diss. Freiburg, München 1971

Fleiner, Fritz — Institutionen des Deutschen Verwaltungsrechts, 8. Aufl., Tübingen 1928

Forsthoff, Ernst — Allgemeines Verwaltungsrecht, Band 1, Allgemeiner Teil, 10. Aufl., München 1973

Frankfurter Kommentar — Frankfurter Kommentar zum Gesetz gegen Wettbewerbsbeschränkungen, hrsg. v. Glassen, Helmut / v. Hahn, Helmuth / Kersten, Hans-Christian / Kolvenbach, Walter / Lehmann, Jürgen, 3. Aufl., Köln 1993, Band 2, §§ 1–22 GWB, Stand: Januar 1993 (zitiert: FK-Bearbeiter)

Franzki, Harald Arzthaftung – ein neues Aufgabenfeld für den Gesetzgeber?, DRiZ 1978, 257 ff.

Fricke, Friedrich Wilhelm Verbraucherschutz – Klagerechte des Verbrauchers und der Verbraucherverbände aus UWG und BGB, GRUR 1976, 680 ff.

Friedlaender, Adolf / Friedlaender, Max Kommentar zur Rechtsanwaltsordnung vom 1. Juni 1878, 3. Aufl., München, Berlin, Leipzig 1930

Führen, Karl-Heinz Rechtsschutz gegen Immissionen von öffentlichen Einrichtungen, VR 1986, 5 ff.

Ganten, Hans Erlaubter »Preiskampf« unter Architekten, ZHR 139 (1975), 401 ff.

Gamm, Otto-Friedrich Frhr. v. Verfassungs- und wettbewerbliche Grenzen des Wettbewerbs der öffentlichen Hand, WRP 1984, 303 ff.

– Kartellrecht, Kommentar zum Gesetz gegen Wettbewerbsbeschränkungen und zu Art 85, 86 EWGV, 2. Aufl., Köln, Berlin, Bonn, München 1990

– Gesetz gegen den unlauteren Wettbewerb, 3.Aufl., Köln, Berlin, Bonn, München 1993

Gebhard, Hugo Die Polizeipflichtigkeit der Hoheitsträger, DÖV 1986, 545 ff.

Gehre, Horst Steuerberatungsgesetz, 2. Aufl., München 1991

Gelhausen, Reinhard Die staatlich gebundenen Berufe und das Kartellgesetz, Diss. jur. Göttingen 1973

Gemeinschaftskommentar Gesetz gegen Wettbewerbsbeschränkungen, Gemeinschaftskommentar, begr.v. Müller-Henneberg, Hans / Schwartz, Gustav / hrsg.v. Benisch, Werner / Axter, Oliver, 4. Aufl., Köln, Berlin, Bonn, München; 2. Lieferung 1981, §§ 25–33 GWB; 4. Lieferung 1981, §§ 44–75 GWB. 6. Lieferung 1982, §§ 34–39 GWB 10. Lieferung 1985, §§ 98–101 GWB,

Gesetz gegen Wettbewerbsbeschränkungen und Europäisches Kartellrecht, Gemeinschaftskommentar, 3.Aufl., 1.Lieferung, §§ 1–4 GWB, Köln, Berlin, Bonn, München 1972

Gloy, Wolfgang (Hrsg.) Handbuch des Wettbewerbsrechts, München 1986

Göhler, Erich / Buddendiek, Hans Gesetz über Ordnungswidrigkeiten, 10. Aufl., München 1992

Gönnenwein, Otto Gemeinderecht, Tübingen 1963

Götz, Volkmar Polizeirecht, 11. Aufl., Göttingen 1993

Großkommentar zum UWG Großkommentar UWG, hrsg. v. Jacobs, Reiner / Lindacher, Walter F./ Teplitzky, Otto, 2. Lieferung: Vor § 13 Abschnitt E; §§ 13, 13a, Berlin, New York 1991

Grote, Helga / Neswadba, Roland Architekten und beratende Ingenieure – Freie Berufe zwischen Berufsordnung und Wettbewerb –, Göttingen 1974

Gütebier, Friedrich Wilhelm Der unlautere Wettbewerb der öffentlichen Hand, Diss. jur. Berlin 1934

Habscheid, Walther J. Freiwillige Gerichtsbarkeit, 7. Aufl., München 1983

Hahn, Gustav-Adolf Ist die ambulante Heilbehandlung durch GmbHs zulässig? in: Der Arzt und sein Recht 1991, 14 ff.

Harms, Wolfgang Gebührenwettbewerb unter Architekten und Rechtsanwälten, NJW 1976, 1289 ff.

– Unlauterer Wettbewerb durch wirtschaftliche Aktivitäten öffentlicher Hände, Beilage 17/1986 zu BB Heft 32/1986

Hartmann, Peter / Albers, Jan Kostengesetze, Kurzkommentar, 24.Aufl., München 1991

Hartstang, Gerhard	Anwaltsrecht, Köln, Berlin, Bonn, München 1991
Heck, Martina	Untersuchungen über Verstöße gegen die Berufsordnung der Landestierärztekammer Hessen im Zeitraum 1958 bis 1985, Diss.med.vet. Gießen 1987
Heinrich, H.	Einige Grundsatzfragen zur Steuerberatergebührenverordnung, StB 1982, 241 ff.
Hempfing, Walter G. / Röhm, Eberhard	Werbeverbot für Rechtsanwälte verstößt in den USA seit dem 27. Juni gegen Meinungsäußerungsfreiheit, JZ 1977, 710 ff.
Henckel, Dietrich	Die berufsständischen Organisationen der Architekten – Eine ökonomische Analyse, ORDO 28 (1977), 203 ff.
Hettinger, Gerhard	Für und wieder den Lokalisierungsgrundsatz, BRAK-Mitt 1988, 98 ff.
Hitzler, Gerhard	Berufsrechtliche Maßnahmen der Berufsvertretungen der freien Berufe als Problem der Wettbewerbsbeschränkung, GRUR 1981, 110 ff.
–	Kartellrechtsweg gegen berufsrechtliche Maßnahmen einer Landesapothekerkammer, GRUR 1982, 474 ff.
Hofstetter, Ludwig	Arztrecht, Erlangen 1991
Horn, Wilhelm	Pflicht zur Anwendung der Steuerberatergebührenverordnung oder Vertragsfreiheit, StB 1983, 158 ff.
Huber, Ernst Rudolf	Wirtschaftsverwaltungsrecht, Erster Band, 2. Aufl., Tübingen 1953
Immenga, Ulrich / Mestmäcker, Ernst-Joachim (Hrsg.)	Gesetz gegen Wettbewerbsbeschränkungen, Kommentar, 2. Aufl., München 1992 (zitiert: I/M-Bearbeiter)
– (Hrsg.)	Gesetz gegen Wettbewerbsbeschränkungen, 1. Aufl., München 1981 (zitiert: ... 1. Aufl. ...)
Ipsen, Hans Peter	Apothekenerrichtung und Art 12 des Grundgesetzes, Frankfurt a.M. 1957
–	Berufsausbildungsrecht für Handel, Gewerbe und Industrie, Tübingen 1967
Isele, Walter	Bundesrechtsanwaltsordnung, Kommentar, Essen 1976
Jarras, Hans D.	Die freien Berufe zwischen Standesrecht und Komunikationsfreiheit, NJW 1982, 1833 ff.
Jessnitzer, Kurt / Blumberg, Hanno	Bundesrechtsanwaltsordnung, Kommentar, 6. Aufl., Köln, Berlin, Bonn, München 1992
Kalsbach, Werner	Bundesrechtsanwaltsordnung, Köln 1960
Karlsruher Kommentar	Karlsruher Kommentar zum Gesetz über Ordnungswidrigkeiten, hrsg. v. Boujong, Karlheinz, München 1989
Kirchhof, Paul	Rechtsquellen und Grundgesetz, in: Bundesverfassungsgericht und Grundgesetz, Festgabe aus Anlaß des 25jährigen Bestehens des Bundesverfassungsgerichts, hrsg. v. Starck, Cristian, Band II, Tübingen 1976, S. 50–107
Kleine-Cosack, Michael	Berufsständische Autonomie und Grundgesetz, Baden-Baden 1986
–	Kurzkommentar zu BGH Urt. v. 27.9.1990 – VII ZR 135/90, ZIP 1990, 1628 = NJW 1991, 42, in: EWiR § 43 BRAO 1/91, 57 f.
–	Vom Universalanwalt zum Spezialanwalt, NJW 1992, 785 ff.
–	Bundesrechtsanwaltsordnung, München 1993

Kleist, Holde / Albrecht, Gertrud / Hoffmann, Hans-Georg — Heilmittelwerbegesetz, Kommentar zu den Bestimmungen des Gesetzes über die Werbung auf dem Gebiete des Heilwesens, 2. Aufl., Frankfurt a.M., Stand: Juni 1992

Klöcker, Reinhold / Mittelsteiner, Karl-Heinz / Gehre, Horst — Handbuch der Steuerberatung, Bonn, Stand: Juli 1978

Koch, Angelika W. — Werbeverbot der Ärzte – Patientenschutz oder Eigennutz ?, WuW 1986, 983 f.

Köhler, Karl-Heinz v. — Behördenkonkurrenz im Kartellrecht, DVBl 1964, 214 ff.

Köhler, Stefan A. — Das Werbeverbot für Rechtsanwälte und Steuerberater – eine kritische Analyse aus betriebswirtschaftlicher Sicht, Baden-Baden 1988

Kötz, Hein — Anwaltsberuf im Wandel: Rechtsvergleichender Generalbericht, in: Anwaltsberuf im Wandel, hrsg. v. F. Kübler, Frankfurt a.M. 1982, S. 79–101

Kopp, Ferdinand O. — Verwaltungsgerichtsordnung, 9. Aufl., München 1992

Kornblum, Udo — Zum Werbeverbot der rechts- und wirtschaftsberatenden akademischen freien Berufe, BB 1985, 65 ff.

Kramm, Dietrich — Rechtsschutz gegen wettbewerbsbeschränkende Eingriffe von Apothekerkammern, WRP 1992, 365 ff.

Kresse, Hermann — Wettbewerbs-, kartell- und verfassungsrechtliche Grenzen der Werbebeschränkungen im Berufsrecht der Apotheker, WRP 1986, 524 ff.

Ladda, Uwe — Wirtschaftspolitische Tätigkeit von Anwaltskammern, NJW 1974, 1692 ff.

Lammel, Siegbert — Wettbewerbsrecht contra Standesrecht, WuW 1984, 853 ff.

Langen, Eugen / Niederleithinger, Ernst / Ritter, Lennart / Schmidt, Ulrich — Kommentar zum Kartellgesetz, 6. Aufl., Neuwied, Darmstadt 1982

Larenz, Karl — Methodenlehre der Rechtswissenschaft, 5. Aufl., Berlin, Heidelberg, New York, Tokyo 1983

Laufs, Adolf / Uhlenbruck, Wilhelm — Handbuch des Arztrechts, München 1992

Lehwald, Klaus-Jürgen — Zur Anwendung der Steuerberatergebührenverordnung in der Praxis der steuerberatenden Berufe, DStZ 1982, 311 ff.

Linder, Ludwig — Privatklage und Schadensersatz im Kartellrecht, Baden-Baden 1980

Lingenberg, Joachim / Hummel, Fritz / Zuck, Rüdiger / Eich, Alexander — Kommentar zu den Grundsätzen des anwaltlichen Standesrechts, 2. Aufl., Köln 1988

Loebell, Wilhelm v./ Wansleben, Rudolf/ Becker, Ernst/ Kirchhof, Roland/ Krämer, Franz/ Decker, Heinrich — Gemeindeordnung für das Land Nordrhein-Westfalen, Kommentar, Wiesbaden, Stand: November 1992

Loewenheim, Ulrich/ Belke, Rolf (Hrsg.) — Gesetz gegen Wettbewerbsbeschränkungen, Kommentar, 4. Aufl., Herne, Berlin 1977, Stand: 1.3.1993

Lüersen, Karl / Neuffer, Martin — Niedersächsische Gemeindeordnung (NGO), Kommentar, Wiesbaden, Stand: August 1991

Mandt, Peter — Dokumentation zur Bundesgesetzgebung über das Apothekenwesen von 1949 bis 1960, Frankfurt a.M. 1962

Martens, Wolfgang — Öffentlich als Rechtsbegriff, Bad Homburg v.d.H., Berlin, Zürich 1969

Maunz, Theodor / Dürig, Günther / Herzog, Roman / Scholz, Rupert — Grundgesetz, Kommentar, München 1993, Stand: Dezember 1992 Band I, Art 12a – 37Band IV, Art 91a – 146

Mees, Hans-Kurt — Die staatliche Beschaffungstätigkeit und das GWB, WuW 1961, 541 ff.

Melullis, Klaus Jürgen — Handbuch des Wettbewerbsprozesses – unter besonderer Berücksichtigung der Rechtsprechung, Köln 1991

Menger, Christian-Friedrich — Zur Frage des Rechtswegs bei Wettbewerbsstreitigkeiten zwischen Privaten und öffentlicher Hand, VerwArch 68 (1977), 293 ff.

Meng, Dietrich — Kurzstellungnahme zu dem Beitrag von Prof. Kornblum in StB Heft 6/88, S. 189 ff., in: StB 1988, 303 ff.

Messer, Herbert — Standesrechtliches Wettbewerbsverbot des Rechtsanwaltes und Kartellrecht, in: Strafrecht, Unternehmensrecht, Anwaltsrecht, Festschrift für Gerd Pfeiffer, Köln, Berlin, Bonn, München 1988, S. 973–984

Mestmäcker, Ernst-Joachim — Die Abgrenzung von öffentlich-rechtlichem und privatrechtlichem Handeln im Wettbewerbsrecht, NJW 1969, 1 ff.

Meyer-Ladewig, Jens — Zweifelsfragen über den richtigen Rechtsweg in sozialrechtlichen Streitigkeiten in der Rechtsprechung der obersten Gerichtshöfe des Bundes, SGb 1979, 401 ff.

Michalski, Lutz — Das Gesellschafts- und Kartellrecht der berufsrechtlich gebundenen freien Berufe, Köln 1989

– — Kurzkommentar zu BGH Beschl. vom 19.3.1991 – KVR 4/89, ZIP 1991, 539, in: EWiR § 25 GWB 1/91, 789 f.

Möschel, Wernhard — Recht der Wettbewerbsbeschränkungen, Köln, Berlin, Bonn, München 1983

Müller, Heinz/Gießler, Peter/ Scholz, Ulrich (Hrsg.) — Wirtschaftskommentar, Kommentar zum Gesetz gegen Wettbewerbsbeschränkungen, Kartellgesetz, Band 1, 4. Aufl., Frankfurt a.M. 1981

Müller, Ekkehard — Die Stellung der juristischen Person im Ordnungswidrigkeitenrecht, Köln 1985

Münch, Ingo v. / Schmidt-Aßmann, Eberhard (Hrsg.) — Verwaltungsrecht Besonderer Teil, 9.Aufl., Berlin, New York 1992

Münchener Kommentar — Münchener Kommentar zum Bürgerlichen Gesetzbuch, hrsg. v. Rebmann, Kurt / Säcker, Franz Jürgen, Schuldrecht Allgemeiner Teil, §§ 241–432, 2. Aufl., München 1985

Mutze, Otto / Schöne, Wolf-Dieter — StB/StBv-Handbuch, Band II, Bielefeld, Stand: 4/92

Nake, Klaus / Hoch, Franz Xaver / Mühlhäußer, Otto / Haaga, Eberhard — Kommentar zum Steuerberatungsgesetz, Stuttgart, Stand: Mai 1969

Narr, Helmut — Ärztliches Berufsrecht, 2. Aufl., Köln 1977, Stand: September 1989; Band 1: Ausbildung, Weiterbildung; Band 2: Berufsausübung

Niederleithinger, Ernst — Die Stellung der Versorgungswirtschaft im Gesetz gegen Wettbewerbsbeschränkungen, Düsseldorf 1968

Odersky, Walter — Untersagungsverfügungen der Kartellbehörde – Zur Frage der »Zuständigkeit«, AG 1991, 281 ff.

OECD (Wettbewerbsauschuß) Competition Policy and Deregulation, Paris 1991

Oesterle, Fritz — Werbung? Oder: Wettbewerb ist gut, kein Wettbewerb ist besser?, DAZ 1985, 1123 ff.

– — Kartellrecht auf dem Rückzug vor standesrechtlicher Selbstdisziplinierung, WRP 1993, 456 ff.

Opelz, Heinz — Die Verhandlungen über Dienstleistungen im Rahmen der Uruguay-Runde, NZ 1991, 278 ff.

Ostler, Fritz — Die deutschen Rechtsanwälte, Essen 1971

Papier, Hans-Jürgen — Fälle zum Wahlfach Wirtschaftsverwaltungsrecht, 2. Aufl., München 1984

Peter, K.F. / Charlier, R. (Hrsg.) — Steuerberatungsgesetz, Kommentar mit Berufsrecht und Praxis der Steuerberatung, 2 Bände, 3. Aufl., Herne, Berlin 1981, Stand: 1992

Pietzke, Rudolf — Standesrechtliche Wettbewerbsverbote des Rechtsanwalts in den USA und der Bundesrepublik Deutschland, GRUR Int 1979, 147ff.

Pinger, Winfried — Der Rechtsweg bei Wettbewerbsverstößen der öffentlichen Hand, GRUR 1973, 456 ff.

Piper, Henning — Zum Wettbewerb der öffentlichen Hand, GRUR 1986, 574 ff.

Pohl-Sichtermann, Rotraut — Geldbuße gegen Verbände – § 26 OWiG, Diss.jur. Bochum 1984

Prelle, Albert Friedrich — Ein Beitrag zur berufsrechtlichen Situation des Tierarztes in Niedersachsen und anderen Ländern der Bundesrepublik Deutschland, Diss. med.vet. Hannover 1968

Ratzel, Rudolf — Ärztliches Standesrecht, Neuwied, Frankfurt 1990

Rebmann, Kurt / Roth, Werner / Herrmann, Siegfried / Förster, Hans-Jürgen — Gesetz über Ordnungswidrigkeiten, 2. Aufl., Stuttgart, Berlin, Stand: April 1993

Redeker, Konrad — Bürger und Anwalt im Spannungsfeld von Sozialstaat und Rechtsstaat, NJW 1973, 1153 ff.

– — Grenzen für Aufgaben und Tätigkeit öffentlich-rechtlicher Zwangsverbände, NJW 1982, 1266 ff.

– — Vom Sinn unseres anwaltlichen Standesrechts, NJW 1987, 304 f.

Redeker, Konrad / v. Oertzen, Hans-Joachim — Verwaltungsgerichtsordnung, Kommentar, 9. Aufl., Stuttgart, Berlin, Köln 1988

Reichelt, Thomas — Neuere Tendenzen im Wettbewerbsrecht der Apotheker, WRP 1992, 287 ff

– — Die Unternehmenswerbung der Apotheke, WRP 1993, 448 ff

Reichsgerichtsrätekommentar — Das Bürgerliche Gesetzbuch mit besonderer Berücksichtigung der Rechtsprechung des Reichsgerichts und des Bundesgerichtshofs, Kommentar, 12. Aufl., Band II 5. Teil, §§ 812–823, Berlin, New York 1989

Reinhart, Gert — Änderung privatrechtlicher Begriffe durch Einflüsse des Kartellrechts, GRUR 1976, 517 ff.

Rinck, Gerd / Schwark, Eberhard — Wirtschaftsrecht, 6.Aufl., Köln, Berlin, Bonn, München 1986

Ring, Gerhard — Wettbewerbsrecht der freien Berufe, Baden-Baden 1989, zugl. Diss.jur. Tier 1989

– — Das Standesrecht der freien Berufe – ein antiquiertes Relikt ständischer Vorstellung in modernen Demokratien ? , DÖV 1989, 838 ff.

– — Die Firma der Steuerberatungsgesellschaft, StB 1991, 41 ff.

Rittner, Fritz — Wettbewerbs- und Kartellrecht, 4.Aufl., Heidelberg 1993

– — Wirtschaftsrecht, 2. Aufl., Heidelberg 1987

Robert, Rüdiger — Konzentrationspolitik in der Bundesrepublik – Das Beispiel der Entstehung des Gesetzes gegen Wettbewerbsbeschränkungen, Berlin 1976

Rohwer-Kahlmann — Hoheitliche Aufgaben der Krankenkassen und unlauterer Wettbewerb, SGb 1980, 89 ff.

Roth, Werry / Gaber, Bernhard — Kommentar zum Vertragsrecht und zur Gebührenordnung für Architekten, 6. Aufl., Frankfurt a.M., Berlin 1962

Sadler, Gerhard — Verwaltungsvollstreckungsgesetz, 2. Aufl., Heidelberg 1992

Saipa, Axel — Niedersächsisches Gesetz über die öffentliche Sicherheit und Ordnung (Nds.SOG), Kommentar, Wiesbaden, Stand: November 1992

Schäfer, Herbert — Verfrühter Abschied vom Werbeverbot für Steuerberater, StB 1988, 301 ff.

Schäfke, Erhard — Für ein zeitgerechtes Berufsrecht der Notare, ZRP 1987, 417 ff.

Schmidt, Detlef — Die Unterscheidung von privatem und öffentlichem Recht, Baden-Baden 1985

Schmidt, Karsten — Kartellverfahrensrecht – Kartellverwaltungsrecht – Bürgerliches Recht, Köln, Berlin, Bonn, München 1977

– — Offenhaltung der Märkte durch private Klagen bei Kartellsachverhalten? – Ein Beitrag zur Schutzgesetzdiskussion um § 35 GWB, in: Wettbewerb als Herausforderung und Chance, Festschrift für Werner Benisch, Köln, Berlin, Bonn, München 1989, S. 293–312

Schmidt, Marek — Standesrecht und Standesmoral, Baden-Baden 1993, zugl. Diss. jur. Hamburg 1992

Schmidt, Rudolf — Freie Berufe und Kartellgesetz, Düsseldorf 1969, zugl. Diss. jur. Köln

Schmitt, Günther — Zum Rechtsschutz gegen Hoheitsträger, DVBl 1978, 973 ff.

Schmittat, Karl-Oskar — Rechtsschutz gegen staatliche Wirtschaftskonkurrenz, ZHR 148 (1984), 428 ff.

Schneider, Hans — Autonome Satzung und Rechtsverordnung, in: Festschrift für Philipp Möhring zum 65. Geburtstag, München, Berlin 1965, S. 521–542

Schönfelder, Hermann — Rechtsanwälte in der Werbeklemme, GRUR 1987, 500 ff.

Scholz, Rupert — Zur Polizeipflicht von Hoheitsträgern, DVBl 1968, 732 ff.

–	Wettbewerbsrecht und öffentliche Hand, ZHR 132 (1969), 97 ff.
–	Wettbewerbsrechtliche Klagen gegen Hoheitsträger: Zivil- oder Verwaltungsrechtsweg? NJW 1978, 16 ff.
Schricker, Helmut	Die Wirtschaftliche Tätigkeit der öffentlichen Hand und unlauterer Wettbewerb, 2. Aufl., Köln, Berlin, Bonn, München 1987
Schütte, Wolfgang	Konkurrenzdruck und Monopolisierung als Berufsstrategien, in: Bülow, Margret (Hrsg.), Akademikertätigkeit im Wandel, Frankfurt, New York 1984, S. 166–203
Schulte, Knut	Das standesrechtliche Werbeverbot für Ärzte, Frankfurt a.M., Bern, New York, Paris 1992
Schultes, Stefan	Die Polizeipflicht von Hoheitsträgern, Diss. jur. Tübingen 1984
Schumann, Ekkehard	Die überörtliche Sozietät, München, Wien 1990
Schwarz, Theo	Die wirtschaftliche Betätigung der öffentlichen Hand, Köln, Berlin, Bonn, München 1969
Schweinitz, Wolf Bernhard von	Rechtsberatung durch Juristen und Nichtjuristen, insbesondere durch Wirtschaftsprüfer, Berlin 1975
Seeger, Werner	Die Berufsordnungen der Heilberufe, DVBl 1958, 487 ff.
Seybold, Karl / Hornig, Erich	Bundesnotarordnung, Kommentar, 5.Aufl., München 1976
Spitzbarth, Reimar	Wettbewerbsverbote bei den freien Berufen, NJW 1954, 453 ff.
Steiner, Udo	(Hrsg.) Besonderes Verwaltungsrecht, 4.Aufl., Heidelberg 1992
Sue, Ingrid	Rechtsstaatliche Probleme des anwaltlichen Standesrechts, jur. Diss. Göttingen 1986
Taupitz, Jochen	Anwaltliches Selbstverständnis und anwaltliches Standesrecht im Wandel, MDR 1989, 498 ff.
–	Anwaltliches »Standesrecht« im Konflikt mit zivilrechtlichen Ansprüchen des Mandanten, MDR 1989, 385 ff.
–	Das berufsordnende Kammerrecht der freien Berufe in der freiheitswahrenden Zwangsjacke des Kartellrechts, ZHR 153 (1989), 681 ff.
–	Die Standesordnungen der freien Berufe, Berlin, New York 1991
–	Wettbewerb der Apotheker im Zwiespalt der aktuellen höchstrichterlichen Rechtsprechung, NJW 1992, 937 ff.
–	Die GmbH als Organisationsform ambulanter heilkundlicher Tätigkeit, NJW 1993, 2317 ff.
Teichmann, Arndt	Anmerkung zu BGH LM § 823 (Ac) BGB Nr. 56 Bl. 1 f, in: LM § 823 (Ac) BGB Nr. 56 Bl. 3 ff.
Teplitzky, Otto	Wettbewerbsrechtliche Ansprüche, 6. Aufl., Köln, Berlin, Bonn, München 1993
Tettinger, Peter J.	Zum Tätigkeitsfeld der Bundesrechtsanwaltskammer, München 1985
Theobald, Alfred / Erdle, Helmut	Das Recht der Heilhilfsberufe, Hebammen und Heilpraktiker – Textsammlung mit Erläuterungen, Verweisungen und ergänzenden Vorschriften, München, Stand: 20. Mai 1993
Thümmel, Manfred	Werbung und Wettbewerb der wirtschaftsberatenden sowie steuerberatenden Berufe, jur. Diss. Köln 1960
Ulmer, Peter	Die Anwendung von Wettbewerbs- und Kartellrecht auf die wirtschaftliche Tätigkeit der öffentlichen Hand bei Angebot von Waren und Dienstleistungen, ZHR 146 (1982), 466 ff.

Weimar, Robert	Der polizeiliche Eingriff in den Wirkungsbereich anderer staatlicher Aufgabenträger, DÖV 1960, 114 ff.
Weinbrenner, Eberhard / Jochem, Rudolf	Der Architektenwettbewerb, Wiesbaden, Berlin 1988
Wettmann, Reinhart W. / Jungjohann, Knut	Inanspruchnahme anwaltlicher Leistungen – Zugangsschwellen, Beratungsbedarf und Anwaltsimage, Köln, Essen 1989
Wiesand, Andreas Johannes / Fohrbeck, Karla / Fohrbeck, Dorothea	Beruf Architekt, Stuttgart, Darmstadt 1984
Wirtschaftsprüferhandbuch	Wirtschaftsprüferhandbuch, hrsg. v. Institut der Wirtschftsprüfer in Deutschland e.V., Handbuch 1977, Düsseldorf 1977, Handbuch 1992, 10. Aufl., Band I, Düsseldorf 1992
Wöhler, Jürgen	Anwaltswerbung in den USA nach der neuesten Rechtsprechung des U.S. Supreme Court, AnwBl 1978, 342 ff.
Wohlfahrt, Jürgen	Die Kommune vor dem Strafrichter? , NJW 1980, 2237 ff.
Wolf, Manfred	Die Klagebefugnis der Verbände – Ausnahme oder allgemeines Prinzip?, Tübingen 1971
Wolff, Hans J./Bachof, Otto	Verwaltungsrecht, Band I, 9. Aufl., München 1974
–	Verwaltungsrecht, Band III, 4. Aufl., München 1978
Zuleeg, Manfred	Die Anwendungsbereiche des öffentlichen Rechts und des Privatrechts, VerwArch 73 (1982), 384 ff.

Gesamtübersicht der bisher erschienenen Hefte der FIW-Schriftenreihe

1962

Heft 1 **Steuerliche Wettbewerbsverzerrungen beim grenzüberschreitenden Warenverkehr im Gemeinsamen Markt**
Von Professor Dr. Günter Schmölders
16,2 × 22,9 cm; 52 Seiten; kartoniert DM 4,80

Heft 2 **Der industrielle Mittelstand in der Wettbewerbsordnung**
Von Professor Dr. C.-A. Andreae, Professor Dr. H.-St. Seidenfus, Dr. Wolfgang Passern, Dr. Jens Meier
16,2 × 22,9 cm; 222 Seiten; kartoniert DM 27,50

Heft 3 **Die wirtschaftspolitischen Ordnungsvorstellungen des Neoliberalismus**
Von Dr. E. Nawroth, O. P.
16,2 × 22,9 cm; 45 Seiten; kartoniert DM 5,80

Heft 4 **Die Grenzen der Preisunterbietung in den USA**
Von Assessor Heinz Kröger
16,2 × 22,9 cm; 67 Seiten; kartoniert DM 8,40

Heft 5 **Gedanken zur Errichtung eines Bundeswirtschaftsrates**
Von Professor Dr. Hellmuth-Stefan Seidenfus
16,2 × 22,9 cm; 70 Seiten; kartoniert DM 7,20

Heft 6 **Internationale Wettbewerbsordnung**
Dokumentation zu Grundfragen des Wettbewerbs und der Wettbewerbsbeschränkungen im internationalen Wirtschaftsverkehr
16,2 × 22,9 cm; 152 Seiten; kartoniert DM 18,60

1963

Heft 7 **Zur Problematik einer gesetzlichen Beschränkung von Unternehmenskonzentrationen**
Von Professor Dr. Gunther Hartmann
16,2 × 22,9 cm; 47 Seiten; kartoniert DM 5,70

Heft 8 **Konditionenkartelle und ihre Abgrenzung zu Preisen und Preisbestandteilen**
Von Dr. Walter Giesler
16,2 × 22,9 cm; 138 Seiten; kartoniert DM 16,80

Heft 9 **Beiträge zur Wettbewerbsordnung**
Von Professor Dr. W. Andreae †, Professor D. C.-A. Andreae
16,2 × 22,9 cm; 133 Seiten; kartoniert DM 16,10

Heft 10 **Rechtsformen zulässiger Kartelle**
Von Dr. Günter Held
16,2 × 22,9 cm; 133 Seiten; kartoniert DM 15,80

Heft 11 **Kartellverbot und Einzelvertrag**
Von Dr. Dieter Fuchs
16,2 × 22,9 cm; 120 Seiten; kartoniert DM 14,20

Heft 12 **Die verstaatlichte Industrie in der Marktwirtschaft**
Das österreichische Beispiel
Von Dr. Christian Smekal
16,2 × 22,9 cm; 147 Seiten; kartoniert DM 17,–

Heft 13 **Marktinformation und Wettbewerb**
Wirtschaftliche und rechtliche Grundlegung des Open Price System
Von Rechtsanwalt Dr. Friedrich-Stephan Behrens
16,2 × 22,9 cm; 237 Seiten; kartoniert DM 27,80

Heft 14 **Preisdifferenzierung unter wettbewerbspolitischem Aspekt**
Von Dr. Werner Schultes
16,2 × 22,9 cm; 178 Seiten; kartoniert DM 21,40

Heft 15 **Die vorsätzliche Zuwiderhandlung gegen das Kartellverbot**
Zum Begriff der Ordnungswidrigkeit nach § 38 Abs. 1 Nr. 1 GWB
Von Assessor Gert Reinhart
16,2 × 22,9 cm; 116 Seiten; kartoniert DM 15,40

1964

Heft 16 **Das schweizerische Kartellgesetz**
Entstehungsgeschichte, Grundprinzipien und Inhalt
Von Dr. Jürg Schnegelsberg
16,2 × 22,9 cm; 105 Seiten; kartoniert DM 12,–

Heft 17 **Die Rechtsprechung der sowjetischen Außenhandelsschiedskommission**
Von Dr. Elmar Becker
16,2 × 22,9 cm; X, 185 Seiten; kartoniert DM 22,90

Heft 18 **Die organisierte Nachfrage**
Organisation und Strategie marktbeeinflussender oder marktbeherrschender Nachfrager
Von Dr. Hans Georg Geisbüsch
16,2 × 22,9 cm; 177 Seiten; kartoniert DM 19,80

Heft 19 **Größe und Größenstruktur der Unternehmen**
Ursachen und Auswirkungen ihrer Wandlungen in der modernen Industriewirtschaft
Von Professor Dr. Hermann Gross, Dr. Jens Meier
16,2 × 22,9 cm; 79 Seiten; kartoniert DM 9,80

Heft 20 **Vergleichende Warentests**
Von Professor Dr. Eugen Ulmer, Dr. Cornel J. Bock,
Dipl.-Ing. Albrecht Günter, Dr.-Ing. Hans Kluy
16,2 × 22,9 cm; 60 Seiten; kartoniert DM 6,80

Heft 21 **Zur Anwendung von Art. 85 Abs. 3 des EWG-Vertrages auf Gruppen von Kartellverträgen**
Fragen der Zuständigkeit des Rates und der Kommission
Von Professor Dr. Joseph H. Kaiser
16,2 × 22,9 cm; 44 Seiten; kartoniert DM 8,50

1965

Heft 22 **Vertriebsbindungen**
Ihre Formen, Funktionen sowie wettbewerbs- und kartellrechtliche Bedeutung
Von Rechtsanwalt Dr. Rolf-S. Lehmpfuhl
16,2 × 22,9 cm; 133 Seiten; kartoniert DM 16,80

Heft 23 **Der Preisvergleich mit empfohlenen Endverbraucherpreisen**
Eine Untersuchung der rechtlichen Grenzen preisvergleichender Werbung
Von Dr. Sven Illert
16,2 × 22,9 cm; 159 Seiten; kartoniert DM 24,–

Heft 24 **Die Vertretungsmacht des Gesellschafters und die »Grundlagen der Gesellschaft«**
Von Dr. Wilfried Schlüter
16,2 × 22,9 cm; 107 Seiten; kartoniert DM 22,50

Heft 25 **Nachfragemacht und Kartellgesetz**
Untersuchung am Beispiel der freiwilligen Ketten des Lebensmittelhandels in der Bundesrepublik Deutschland
Von Dr. Paul Nester
16,2 × 22,9 cm; 159 Seiten; kartoniert DM 19,50

Heft 26 **Wettbewerb und Wettbewerbsbeschränkungen bei Ausschreibungen**
Der Markt für Tiefbauleistungen als Beispiel
Von Dr. Hans-Jürgen Herbst
16,2 × 22,9 cm; 132 Seiten; kartoniert DM 16,50

Heft 27 **Probleme und Möglichkeiten der Spezialisierungskooperation**
Untersuchung am Beispiel einer Kooperationsgruppe
von 4 Normteile-Herstellern
Von Dr. Wolfgang Richter
16,2 × 22,9 cm; 78 Seiten; kartoniert DM 8,50

Heft 28 **Ordnungspolitische Probleme der spanischen Wirtschaftspolitik**
Vom Bürgerkrieg bis zum ersten Entwicklungsplan (1936–1964)
Von Dr. Karl-Otto Körber
16,2 × 22,9 cm; 166 Seiten; kartoniert DM 16,50

1966

Heft 29 **Gemeinschaftsunternehmen und Funktionsgemeinschaften im Verhältnis zum Gesetz gegen Wettbewerbsbeschränkungen**
Von Dr. Hans-Helmut Kleim
16,2 × 22,9 cm; 155 Seiten; kartoniert DM 15,–

Heft 30 **Die Interessengemeinschaft**
Eine gesellschafts- und kartellrechtliche Untersuchung
Von Professor Dr. Wolfgang Fikentscher
16,2 × 22,9 cm; kartoniert DM 11,50

Heft 31 **Planification in Frankreich**
Grundlagen, Technik und Erfahrungen
Von Professor Dr. Günther Hedtkamp
16,2 × 22,9 cm; 176 Seiten; kartoniert DM 18,50

Heft 32 **Bindungen von Geschäftsbedingungen in Austauschverträgen nach deutschem und EWG-Wettbewerbsrecht**
Von Dr. Klaus Grüneklee
16,2 × 22,9 cm; 123 Seiten; kartoniert DM 17,50

Heft 33 **Das Gegengewichtsprinzip in der Wirtschaftsordnung (I)**
Band I: Wirtschaftliche Macht und Wettbewerb
Von Professor Dr. C.-A. Andreae, Privatdozent Dr. Werner Glahe
16,2 × 22,9 cm; 148 Seiten; kartoniert DM 16,50

Heft 34 **Das Gegengewichtsprinzip in der Wirtschaftsordnung (II)**
Band II: Machtungleichgewichte und Gegengewichtsbildungen in der Wirtschaftswirklichkeit
Von Professor Dr. Alfred Gutersohn, Dr. Hans Georg Geisbüsch
16,2 × 22,9 cm; 207 Seiten; kartoniert DM 23,50

Heft 35 **Das Gegengewichtsprinzip in der Wirtschaftsordnung (III)**
Band III: Rechtliche Grundlagen der Gegengewichtsbildung
Von Professor Dr. Horst Bartholomeyczik, Dr. Werner Benisch
16,2 × 22,9 cm; 118 Seiten; kartoniert DM 16,–

Heft 36 **Das Gegengewichtsprinzip in der Wirtschaftsordnung (IV)**
Band IV: Kooperation als Gegengewichtsbildung
Von Dr. Margret Schreiber
16,2 × 22,9 cm; 151 Seiten; kartoniert DM 19,–

1967

Heft 37 **Öffentliche Unternehmen im Wettbewerbsrecht der EWG**
Ihre Stellung nach Art. 90 EWGV im Vergleich zu privaten Unternehmen
Von Dr. Klaus Vygen
16,2 × 22,9 cm; 122 Seiten; kartoniert DM 16,–

Heft 38 **Öffentlich-rechtliche Wettbewerbsbeschränkungen**
Von Dr. Ulrich Himmler
16,2 × 22,9 cm; 101 Seiten; kartoniert DM 14,50

Heft 39 **Das Recht der Wettbewerbsbeschränkungen in den nordischen Staaten**
Eine vergleichende Darstellung des Kartellrechts und der Kartellpraxis von Dänemark, Finnland, Norwegen und Schweden
Von Dr. Eberhard Sommer
16,2 × 22,9 cm; 198 Seiten; kartoniert DM 24,–

Heft 40 **Unternehmenskonzentration in der westlichen Welt**
Stand, Entwicklungstendenzen und Vergleiche
Von Dr. Fritz Knauss, Dr. Otto Vogel, Rechtsanwalt Ferdinand Hermanns
16,2 × 22,9 cm; 135 Seiten; kartoniert DM 18,50

Heft 41 **Das japanische Kartellrecht**
Entwicklungsgeschichte, Grundprinzipien und Praxis
Von Joseph Hiroshi Iyori
16,2 × 22,9 cm; 214 Seiten; kartoniert DM 25,50

Heft 42 **Marktinformationsverfahren und § 1 des Gesetzes gegen Wettbewerbsbeschränkungen**
Von Dr. Werner Merle
16,2 × 22,9 cm; 121 Seiten; kartoniert DM 16,50

Heft 43 **Die Oligopole in der Stahlindustrie der Europäischen Gemeinschaft für Kohle und Stahl und ihr Einfluß auf den Wettbewerb**
Von Dieter Fock
16,2 × 22,9 cm; 138 Seiten; kartoniert DM 18,50

Heft 44 **Patentschutz in der Wettbewerbswirtschaft**
Von Prof. Dr. Hans Adolf Weidlich, Bundesrichter Dr. Albrecht Spengler †
16,2 × 22,9 cm; 85 Seiten; kartoniert DM 11,–

1968

Heft 45 **Konzerne im Recht der Wettbewerbsbeschränkungen**
Eine wirtschafts- und gesellschaftsrechtliche Untersuchung
Von Privatdozent Dr. Wolfgang Harms
16,2 × 22,9 cm; 328 Seiten; kartoniert DM 38,–

Heft 46 **Strukturpolitik in der Marktwirtschaft**
2. neubearbeitete Auflage
Von Ministerialdirektor Dr. Otto Schlecht
16,2 × 22,9 cm; 170 Seiten; kartoniert DM 19,50

1969

Heft 47 **Finanzierung durch Factoring – Rechtliche Analyse und Vergleich mit herkömmlichen Finanzierungs- und Sicherungsmethoden**
Von Dr. Georg Peter Glomb
16,2 × 22,9 cm; 148 Seiten; kartoniert DM 19,80

Heft 48 **Völkerrechtliche Grenzen für die Anwendung kartellrechtlicher Verbotsnormen**
Von Rechtsanwalt Dr. Ferdinand Hermanns
16,2 × 22,9 cm; XIII, 93 Seiten; kartoniert DM 24,50

Heft 49 **Ein neues Leitbild für die Wettbewerbspolitik**
Von Wolfgang Kartte
16,2 × 22,9 cm; 123 Seiten; kartoniert DM 27,–

Heft 50 **Qualifizierte Mitbestimmung und Eigentumsgarantie**
Von Dr. Christian-Friedrich von Plessen
16,2 × 22,9 cm; X, 114 Seiten; kartoniert DM 26,–

Heft 51 **Die wirtschaftliche Betätigung der öffentlichen Hand im Kartellrecht**
Von Dr. Theo Schwarz
16,2 × 22,9 cm; VII, 268 Seiten; kartoniert DM 36,–

1970

Heft 52 **Probleme der Fusionskontrolle**
Von Prof. Dr. Eberhard Günther, Präsident des Bundeskartellamtes
16,2 × 22,9 cm; IX, 184 Seiten; kartoniert DM 21,–

Heft 53 **Zur Bedeutung der Unternehmensgrößen für den technischen Fortschritt**
Von Dipl.-Volksw. Lioba Jüttner-Kramny
16,2 × 22,9 cm; X, 146 Seiten; kartoniert DM 27,–

Heft 54 **Europäische Integration im Gesellschaftsrecht**
Von Justizrat Prof. Dr. Johannes Bärmann
16,2 × 22,9 cm; X, 338 Seiten; kartoniert DM 38,–

Heft 55 **Inhalt und Grenzen des Kartellbegriffs in § 1 des Gesetzes gegen Wettbewerbsbeschränkungen**
Von Dr. Armin Jäger
16,2 × 22,9 cm; XVI, 166 Seiten; kartoniert DM 22,–

Heft 56 **Staatliche Preislenkung bei öffentlichen Aufträgen**
Von Dr. Heinz Müller
16,2 × 22,9 cm; IX, 138 Seiten; kartoniert DM 24,50

1971

Heft 57 **Das Recht der Gesellschaftsgruppierungen in Frankreich**
Von Dr. Hartmut Heede
16,2 × 22,9 cm; X, 134 Seiten; kartoniert DM 26,50

Heft 58 **Die mißbräuchliche Ausnutzung einer beherrschenden Stellung nach Art. 86 EWG-Vertrag**
Von Dr. Peter Kreutz
16,2 × 22,9 cm; VIII, 126 Seiten; kartoniert DM 23,–

Heft 59 **Außerkartellrechtliche Einschränkungen des Kartellverbotes**
Von Dr. Klaus Hübner
16,2 × 22,9 cm; X, 83 Seiten; kartoniert DM 15,–

Heft 60 **Ausnahmebereiche des GWB**
Zur rechtlichen und wirtschaftlichen Begründung
Von Prof. Dr. Bodo Börner, Direktor Ernst Meyer
16,2 × 22,9 cm; VIII, 89 Seiten, kartoniert DM 17,–

1972

Heft 61 **Die Wettbewerbsverbote von Handelsvertretern und ihre kartellrechtliche Beurteilung**
Von Dr. Horst Cramer
16,2 × 22,9 cm; XII, 147 Seiten; kartoniert DM 28,–

Heft 62 **Patent und Wettbewerb in der Bundesrepublik Deutschland**
Von Prof. Dr. Alfons Kraft
16,2 × 22,9 cm; VIII, 87 Seiten; kartoniert DM 15,50

1973

Heft 63 **Das deutsch-ausländische paritätische Gemeinschaftsunternehmen im Konzern- und Kartellrecht**
Von Dr. Ulrich Schlewing
16,2 × 22,9 cm; VI, 105 Seiten; kartoniert DM 19,50

Heft 64 **Investitionswettbewerb und Investitionskontrolle**
Von Dipl.-Kfm. Arno Sölter
16,2 × 22,9 cm; X, 220 Seiten; kartoniert DM 24,50

Heft 65 **Wettbewerbsbeschränkung durch Marktinformation?**
Von Prof. Dr. Burkhardt Röper, Prof. Dr. Peter Erlinghagen
16,2 × 22,9 cm; VIII, 165 Seiten; kartoniert DM 29,50

1974

Heft 66 **Auslegungsfragen zur Zweiten GWB-Novelle**
Referate des Ersten FIW-Seminars 1973
16,2 × 22,9 cm; VIII, 162 Seiten; kartoniert DM 24,50

Heft 67 **Die Zulässigkeit horizontaler Empfehlungen nach deutschem und EWG-Kartellrecht**
Von Dr. Alexander Rüdell
16,2 × 22,9 cm; VIII, 88 Seiten; kartoniert DM 16,–

Heft 68 **Die Kontrolle von Marktmacht in Großbritannien**
Von Dr. Peter John
16,2 × 22,9 cm; XV, 288 Seiten; kartoniert DM 48,–

Heft 69 **Rechtsfragen der Ermittlung von Kartellordnungswidrigkeiten**
Referate einer Arbeitstagung der Studienvereinigung Kartellrecht e. V.
16,2 × 22,9 cm; VII, 55 Seiten; kartoniert DM 15,50

Heft 70 **Die Bedeutung des Patentschutzes in der Industriegesellschaft**
Von Prof. Dr. Wolfgang Bernhardt
16,2 × 22,9 cm; VII, 110 Seiten; kartoniert DM 23,50

1975

Heft 71 **Schwerpunkte des Kartellrechts 1973/74**
Referate des Zweiten FIW-Seminars 1974
16,2 × 22,9 cm; VIII, 150 Seiten; kartoniert DM 26,50

Heft 72 **Die rule of reason und das per se-Konzept**
Von Dr. Bernd Sangmeister
16,2 × 22,9 cm; X, 146 Seiten; kartoniert DM 26,50

Heft 73 **Schwerpunkte des Kartellrechts 1974/75**
Referate des Dritten FIW-Seminars 1975
16,2 × 22,9 cm; VII, 148 Seiten; kartoniert DM 29,–

1976

Heft 74 **Für und Wider ein allgemeines Diskriminierungsverbot**
16,2 × 22,9 cm; VII, 97 Seiten; kartoniert DM 18,–

Heft 75 **Wettbewerbsordnung im Spannungsfeld von Wirtschafts- und Rechtswissenschaft**
Festschrift für Gunther Hartmann
16,2 × 22,9 cm; XVII, 384 Seiten; kartoniert DM 69,–

1977

Heft 76 **Verfassungsrechtliche Probleme einer Kriminalisierung des Kartellrechts**
Von Prof. Dr. Peter Selmer
16,2 × 22,9 cm; VIII, 60 Seiten; kartoniert DM 14,50

Heft 77 **Schwerpunkte des Kartellrechts 1975/76**
Referate des Vierten FIW-Seminars 1976
16,2 × 22,9 cm; VII, 133 Seiten; kartoniert DM 29,–

Heft 78 **Mißbräuchliche Preise, Preisbildungssysteme und Preisstrukturen**
Von Dr. Dieter K. Munzinger
16,2 × 22,9 cm; XII, 193 Seiten; kartoniert DM 35,–

Heft 79 **Diversifikation, konglomerate Unternehmen und Gesetz gegen Wettbewerbsbeschränkungen**
Von Dr. Wilko Meinhold
16,2 × 22,9 cm; XV, 242 Seiten; kartoniert DM 42,–

1978

Heft 80 **Gemeinschaftsunternehmen im deutschen und europäischen Wettbewerbsrecht**
Von Prof. Dr. Ulrich Huber, Prof. Dr. Bodo Börner
16,2 × 22,9 cm; VIII, 240 Seiten; kartoniert DM 42,–

Heft 81 **Schwerpunkte des Kartellrechts 1976/77**
Referate des Fünften FIW-Seminars 1977
16,2 × 22,9 cm; VIII, 117 Seiten; kartoniert DM 25,–

Heft 82 **Gefährdungen der Marktwirtschaft**
Referate des XI. FIW-Symposiums
16,2 × 22,9 cm; VIII, 116 Seiten; kartoniert DM 25,–

Heft 83 **Das Kontraktmarketing als Kooperationsmodell**
Von Prof. Dr. Bruno Tietz, Dipl.-Kfm. Günter Mathieu
16,2 × 22,9 cm; XXII, 392 Seiten; kartoniert DM 58,–

Heft 84 **Die »überragende Marktstellung« als Merkmal der Fusionskontrolle**
Von Dr. Stephan Ramrath
16,2 × 22,9 cm; VIII, 154 Seiten; kartoniert DM 32,–

1979

Heft 85 **Das Franchising als Kooperationsmodell für den mittelständischen Groß- und Einzelhandel**
Von Prof. Dr. Bruno Tietz, Dipl.-Kfm. Günter Mathieu
16,2 × 22,9 cm; XX, 386 Seiten; kartoniert DM 58,–

Heft 86 **Schwerpunkte des Kartellrechts 1977/78**
Referate des Sechsten FIW-Seminars 1978
16,2 × 22,9 cm; VIII, 96 Seiten; kartoniert DM 20,–

Heft 87 **Wettbewerbsprobleme der Automobilindustrie**
Von Dr. Johann Heinrich v. Brunn
16,2 × 22,9 cm; XII, 148 Seiten; kartoniert DM 28,50

Heft 88 **Innovationspolitik und Wirtschaftsordnung**
Von Prof. Dr. Erich Kaufer, Dipl.-Volksw. Horst Hinz,
Prof. Dr. Erich Hoppmann
16,2 × 22,9 cm; VIII, 52 Seiten; kartoniert DM 12,50

Heft 89 **Der Begriff »Finanzkraft« im § 22 GWB aus betriebswirtschaftlicher Sicht**
Von Prof. Dr. Günter Sieben, Dr. Wolfgang Goetzke,
Prof. Dr. Manfred J. Matschke
16,2 × 22,9 cm; X, 81 Seiten, kartoniert DM 22,50

1980

Heft 90 **Wettbewerbsverzerrungen durch nachfragemächtige Handelsunternehmen**
Von Dr. Heinrich Hölzler, Horst Satzky
16,2 × 22,9 cm; XVI, 172 Seiten, kartoniert DM 36,50

Heft 91 **Schwerpunkte des Kartellrechts 1978/79**
Referate des Siebten FIW-Seminars 1979
16,2 × 22,9 cm; VIII, 173 Seiten, kartoniert DM 36,50

Heft 92 **Zusammenschlußkontrolle in der Europäischen Gemeinschaft für Kohle und Stahl**
Von Dr. Wolfgang Feuring
16,2 × 22,9 cm; X, 100 Seiten, kartoniert DM 31,–

Heft 93 **Grenzen der Staatstätigkeit in der Marktwirtschaft**
Referate des XIII. FIW-Symposiums
16,2 × 22,9 cm; VIII, 139 Seiten, kartoniert DM 29,50

Heft 94 **Zur Problematik einer Kriminalisierung von Submissionsabsprachen**
Von Prof. Dr. Wernhard Möschel
16,2 × 22,9 cm; IX, 77 Seiten, kartoniert DM 21,50

1981

Heft 95 **Niedrigpreisimporte der Bundesrepublik Deutschland aus Staatshandelsländern**
Von Dr. Hans-Walter Kreiling, Prof. Dr. Günter Hedtkamp
16,2 × 22,9 cm; VIII, 135 Seiten, kartoniert DM 28,–

Heft 96 **Großunternehmen und Wettbewerbsordnung**
Von Dr. Walter Kolvenbach, Dr. Gert-Walter Minet, Dipl.-Kfm. Arno Sölter
16,2 × 22,9 cm; VII, 123 Seiten, kartoniert DM 38,–

Heft 97 **Schwerpunkte des Kartellrechts 1979/80**
Referate des Achten FIW-Seminars 1980
16,2 × 22,9 cm; VII, 111 Seiten, kartoniert DM 29,–

Heft 98 **Kontrolle von Marktmacht nach deutschem, europäischem und amerikanischem Kartellrecht**
Referate eines FIW-Kolloquiums 1980
16,2 × 22,9 cm; VIII, 176 Seiten, kartoniert DM 36,–

Heft 99 **Der Gruppenwettbewerb als Element der Wettbewerbspolitik**
Das Beispiel der Automobilwirtschaft
Von Prof. Dr. Bruno Tietz
16,2 × 22,9 cm; XXIII, 357 Seiten, kartoniert DM 67,–

1982

Heft 100 **Schwerpunkte des Kartellrechts 1980/81**
Referate des Neunten FIW Seminars 1981
16,2 × 22,9 cm; VII, 139 Seiten, kartoniert DM 31,–

Heft 101 **Europäische und marktwirtschaftliche Aspekte der französischen Verstaatlichung**
Von Dr. Jörg Langer, Prof. Dr. Hugo J. Hahn, Gert-Walter Minet
16,2 × 22,9 cm; VIII, 74 Seiten, kartoniert DM 22,–

Heft 102 **Wettbewerbsbeziehungen zwischen Industrie und Handel**
Referate des XV. FIW-Symposiums
16,2 × 22,9 cm; VII, 159 Seiten, kartoniert DM 35,–

1983

Heft 103 **Schwerpunkte des Kartellrechts 1981/82**
Referate des Zehnten FIW-Seminars 1982
16,2 × 22,9 cm; VII, 152 Seiten, kartoniert DM 33,–

Heft 104 **Nachfragermacht gegenüber Zulieferern**
Von Dr. Hinrich-Matthias Geck, Dr. Günther Petry
16,2 × 22,9 cm; XIII, 128 Seiten, kartoniert DM 33,–

Heft 105 **Integration oder Desintegration der europäischen Wettbewerbsordnung?**
Referate des XVI. FIW- Symposiums
16,2 × 22,9 cm; VII, 149 Seiten, kartoniert DM 33,–

1984

Heft 106 **Schwerpunkte des Kartellrechts 1982/83**
Referate des Elften FIW-Seminars 1983
16,2 × 22,9 cm; VII, 85 Seiten, kartoniert DM 23,–

Heft 107 **Kartellvertrag und sonstige wettbewerbsbeschränkende Verträge**
Von Dr. Günter Christian Schwarz
16,2 × 22,9 cm; XVII, 201 Seiten, kartoniert DM 45,–

Heft 108 **Der Staat als Wettbewerber und Auftraggeber privater Unternehmen**
Referate des XVII. FIW-Symposiums
16,2 × 22,9 cm; VII, 143 Seiten, kartoniert DM 36,–

Heft 109 **Die kartell- und wettbewerbsrechtliche Beurteilung der Preisunterbietung**
Von Dr. Claus-Georg Nette
16,2 × 22,9 cm; XI, 158 Seiten, kartoniert DM 34,–

Heft 110 **Dekonzentrationsprozesse in der Bundesrepublik Deutschland**
Von Dr. Michael Krakowski
16,2 × 22,9 cm; XV, 151 Seiten, kartoniert DM 35,–

1985

Heft 111 **Preisbildung und Preiswettbewerb in der Industriewirtschaft**
Von Prof. Dr. Dr. Herbert Jacob
16,2 × 22,9 cm; IX, 191 Seiten, kartoniert DM 52,–

Heft 112 **Schwerpunkte des Kartellrechts 1983/84**
Referate des Zwölften FIW-Seminars 1984
16,2 × 22,9 cm; XVII, 238 Seiten, kartoniert DM 45,–

Heft 113 **Internationale Wettbewerbsfähigkeit und nationale Zusammenschlußkontrolle**
Von Prof. Dr. Hartmut Berg
16,2 × 22,9 cm; X, 204 Seiten, kartoniert DM 48,–

Heft 114 **Strukturanpassung durch Wettbewerb oder Staatshilfen?**
Referate des XVIII. FIW-Symposions
16,2 × 22,9 cm; XII, 166 Seiten, kartoniert DM 40,–

Heft 115 **Arbeit und Soziales in einer marktwirtschaftlichen Ordnungspolitik**
Von Prof. Dr. Armin Gutowski
16,2 × 22,9 cm; V, 56 Seiten, kartoniert DM 21,–

Heft 116 **Wettbewerbsbeschränkungen in der Nachfrage**
16,2 × 22,9 cm; VII, 145 Seiten, kartoniert DM 32,–

1986

Heft 117 **Schwerpunkte des Kartellrechts 1984/85**
Referate des Dreizehnten FIW-Seminars 1985
16,2 × 22,9 cm; VII, 150 Seiten, kartoniert DM 38,–

Heft 118 **Die Stellung von Know-how-Verträgen im Kartellrecht**
Ergebnisse einer internationalen Diskussion des FIW
16,2 × 22,9 cm; VII, 50 Seiten, kartoniert DM 21,–

Heft 120 **Neuorientierung des Wettbewerbsschutzes?**
Jubiläumsschrift 25 Jahre FIW
16,2 × 22,9 cm; VIII, 231 Seiten, kartoniert DM 55,–

1987

Heft 121 **Auskunfts- und Prüfungsverfahren der Kartellbehörden gegen Unternehmen und verfassungsrechtlicher Datenschutz**
Von Dr. Dirk Rudolf Lupberger
16,2 × 22,9 cm; XIII, 262 Seiten, kartoniert DM 54,–

Heft 122 **Gemeinschaftsunternehmen**
Deutsches und EG-Kartellrecht
16,2 × 22,9 cm; VIII, 101 Seiten, kartoniert DM 26,–

Heft 123 **Der sachlich relevante Markt für Energieversorgungsunternehmen**
Von Dr. Jochen Weise
16,2 × 22,9 cm; XII, 190 Seiten, kartoniert DM 44,–

Heft 124 **Schwerpunkte des Kartellrechts 1985/86**
Referate des Vierzehnten FIW-Seminars 1986
16,2 × 22,9 cm; VIII, 224 Seiten, kartoniert DM 58,–

Heft 125 **Teiluntersagung in der Fusionskontrolle**
Von Dr. Burkhard Richter
16,2 × 22,9 cm; XIV, 124 Seiten, kartoniert DM 42,–

Heft 126 **Strukturwandel und Wirtschaftsordnung**
Referate des XX. FIW-Symposions
16,2 × 22,9 cm; VII, 115 Seiten, kartoniert DM 42,–

1988

Heft 119 **Submission und Preisbildung**
Von Dr. Helmut Leitzinger
16,2 × 22,9 cm; VII, 203 Seiten, kartoniert DM 80,–

Heft 127 **Schwerpunkte des Kartellrechts 1986/87**
Referate des Fünfzehnten FIW-Seminars 1987
16,2 × 22,9 cm; VII, 119 Seiten, kartoniert DM 45,–

Heft 128 **Problematik der Ausnahmebereiche im Kartellrecht**
Referate des XXI. FIW-Symposions
16,2 × 22,9 cm; VII, 121 Seiten, kartoniert DM 42,–

Heft 129 **Ressourcenstärke und Abschreckungswirkung in der Fusionskontrolle**
Von Dr. Manfred Dirrheimer
16,2 × 22,9 cm; VIII, 67 Seiten, kartoniert DM 36,–

Heft 130 **Marktzutrittsschranken in der Fusionskontrolle**
Von Dr. Jörg-Martin Schultze
16,2 × 22,9 cm; XII, 144 Seiten, kartoniert DM 52,–

1989

Heft 131 **Kollisionen durch extraterritoriale staatliche Regelungen im internationalen Wirtschaftsrecht**
Von Dr. Alexander Georgieff
16,2 × 22,9 cm; XIV, 133 Seiten, kartoniert DM 52,–

Heft 132 **Schwerpunkte des Kartellrechts 1987/88**
Referate des Sechzehnten FIW-Seminars 1988
16,2 × 22,9 cm; VII, 81 Seiten, kartoniert DM 40,–

Heft 133 **Das EG-Kartellrecht in der Bußgeldpraxis**
Von Dr. Gerhard Dannecker/Jutta Fischer-Fritsch
16,2 × 22,9 cm; XIII, 408 Seiten, kartoniert DM 98,–

Heft 134 **Wettbewerbsrecht an der Schwelle zum europäischen Binnenmarkt**
Referate des XXII. FIW-Symposions
16,2 × 22,9 cm; IX, 121 Seiten, kartoniert DM 52,–

1990

Heft 135 **Schwerpunkte des Kartellrechts 1988/89**
Referate des Siebzehnten FIW-Seminars 1989
16,2 × 22,9 cm; VII, 157 Seiten, kartoniert DM 58,–

Heft 136 **Tarifautonomie und Kartellrecht**
Referate einer FIW-Veranstaltung
16,2 × 22,9 cm; VII, 53 Seiten, kartoniert DM 40,–

Heft 137 **Unternehmensstrukturen im europäischen Binnenmarkt**
Referate des XXIII. FIW-Symposions
16,2 × 22,9 cm; VII, 152 Seiten, kartoniert DM 58,–

Heft 138 **Die Rechtsfolgen der Doppelkontrolle von Gemeinschaftsunternehmen nach dem GWB**
Von Dr. Johannes Wertenbruch
16,2 × 22,9 cm; XI, 68 Seiten, kartoniert DM 40,–

1991

Heft 139 **Entwicklung, Verfahren und Politik der Zusammenschlußkontrolle in Großbritannien**
Von Dr. Gerrit Wenz
16,2 × 22,9 cm; XIII, 153 Seiten, kartoniert DM 68,–

Heft 140 **Schwerpunkte des Kartellrechts 1989/90**
Referate des Achtzehnten FIW-Seminars 1990
16,2 × 22,9 cm; VII, 96 Seiten, kartoniert DM 52,–

Heft 141 **Der räumlich relevante Markt im Rahmen der Fusionskontrolle**
Von Dr. Elke van Arnheim
16,2 × 22,9 cm; X, 150 Seiten, kartoniert DM 68,–

Heft 142 **Mittel- und Osteuropa im marktwirtschaftlichen Umbruch**
Referate des XXIV. FIW-Symposiums
16,2 × 22,9 cm; IX, 82 Seiten, kartoniert DM 52,–

Heft 143 **Die Zulässigkeit der Forschungskooperation im Kartellrecht der EG und der USA**
Von Dr. Jans C. Ziegler
16,2 × 22,9 cm; IX, 169 Seiten, kartoniert DM 72,–

1992

Heft 144 **Kartellfreie Gemeinschaftsunternehmen im europäischen Wettbewerbsrecht**
Von Dr. Andrea Lohse
16,2 × 22,9 cm; VIII, 276 Seiten, kartoniert DM 88,–

Heft 145 **Drittschutz, Akteneinsicht und Geheimnisschutz im Kartellverfahren**
Prof. Dr. Karsten Schmidt
16,2 × 22,9 cm; VII, 120 Seiten, kartoniert DM 62,–

Heft 146 **Schwerpunkte des Kartellrechts 1990/91**
Referate des FIW-Seminars 1991 und der Brüsseler Informationstagung 1991
16,2 × 22,9 cm; X, 150 Seiten, kartoniert DM 72,–

Heft 147 **Beihilfenkontrolle und Wettbewerbspolitik in der EG**
Von Dr. Meinhard Ciresa
16,2 × 22,9 cm; XII, 157 Seiten, kartoniert DM 68,–

Heft 148 **Weiterentwicklung der Europäischen Gemeinschaften und der Marktwirtschaft**
Referate des XXV. FIW-Symposions
16,2 × 22,9 cm; VIII, 192 Seiten, kartoniert DM 80,–

1993

Heft 149 **Die Auslegung des § 1 GWB und die Behandlung der Einkaufsgemeinschaften im Kartellrecht**
Von Dr. Jörg Fritzsche
16,2 × 22,9 cm; XII, 210 Seiten, kartoniert DM 82,–

Heft 150 **Ökonomische Bewertung und kartellrechtliche Zulässigkeit von Marktinformationsverfahren**
Referate einer FIW-Veranstaltung
16,2 × 22,9 cm; V, 63 Seiten, kartoniert DM 58,–

Heft 151 **Das japanische Kartellrecht**
Von HIroshi Iyori, Akinori Uesugi, Christopher Heath
16,2 x 22,9 cm; XIII, 334 Seiten, kartoniert DM 98,–

Heft 152 **Pladoyer für eine Verfassungslehre der Wirtschaft**
Von Dr. Herbert W. Köhler
16,2 x 22,9 cm; IV, 67 Seiten, kartoniert DM 52,–

Heft 153 **Schwerpunkte des Kartellrechts 1991/1992**
Referate des FIW-Seminars 1992 und der Brüsseler Informationstagung 1992
16,2 x 22,9 cm; VIII, 132 Seiten, kartoniert DM 75,–

Heft 154 **EWG-Gruppenfreistellung und nationales Kartellrecht**
Von Dr. Achim Wagner
16,2 x 22,9 cm; XII, 99 Seiten, kartoniert DM 58,–

Heft 155 **Beschränkung des staatlichen Einflusses in der Wirtschaft**
Referate des XXVI. FIW-Symposions
16,2 x 22,9 cm; VII, 121 Seiten, kartoniert DM 68,–

Heft 156 **Harmonisierung des Rechts gegen den unlauteren Wettbewerb**
Referate einer FIW-Veranstaltung
16,2 x 22,9 cm; VII, 78 Seiten, kartoniert DM 62,–

1994

Heft 157 **Kooperative Gemeinschaftsunternehmen im EWG-Kartellrecht unter besonderer Berücksichtigung der Abgrenzungsfrage**
Von Dr. Bernd Gerwing
16,2 x 22,9 cm; XIV, 219 Seiten, kartoniert DM 98,–

Heft 158 **Schwerpunkte des Kartellrechts 1992/93**
Referate des XXI. FIW-Seminars 1993
16,2 x 22,9 cm; VII, 122 Seiten, kartoniert DM 68,–

Heft 159 **Staatliche Wirtschaftsintervention als Verstoß gegen die Wettbewerbsregeln des EG-Vertrages**
Von Dr. Daniela Steinberger
16,2 x 22,9 cm; XXII, 149 Seiten, kartoniert DM 79,–

Heft 160 **Marktwirtschaft und Wettbewerb im sich erweiternden europäischen Raum**
Referate des XXVII. FIW-Symposions
16,2 x 22,9 cm; VII, 104 Seiten, kartoniert DM 68,–

1995

Heft 161 **Die Anwendbarkeit der EG-Fusionskontrollverordnung im Verhältnis zum Fusionskontrollrecht der Mitgliedstaaten**
Von Dr. Thomas Lampert
16,2 x 22,9 cm; VII, 233 Seiten, kartoniert DM 98,–

Heft 162 **Sicherung des Wettbewerbs im kommunalen Bereich**
Referate zweier FIW-Veranstaltungen
16,2 x 22,9 cm; VII, 89 Seiten, kartoniert DM 65,–

Heft 163 **Schwerpunkte des Kartellrechts 1993/1994**
Referate des XXII. FIW-Seminars
16,2 x 22,9 cm; VII, 115 Seiten, kartoniert DM 72,–

Heft 164 **Sicherung des Leistungswettbewerbs durch das Verbot der unbilligen Behinderung in § 26 Abs. 4 GWB**
Von Dr. Jürgen Wuttke
16,2 x 22,9 cm; X, 210 Seiten, kartoniert DM 92,–

Heft 165 **Umbruch der Wettbewerbsordnung in Europa**
Referate des XXVIII. FIW-Symposions
16,2 x 22,9 cm; IX, 133 Seiten, kartoniert DM 78,–

Heft 166 **Die Kammern freier Berufe als Unternehmensvereinigungen**
Von Dr. Hans Oehlers
16,2 x 22,9 cm; XI, 206 Seiten, kartoniert DM 89,–

In Vorbereitung

Heft 167 **Schwerpunkte des Kartellrechts 1994/95**
Referate des XXIII. FIW-Seminars

Heft 168 **EU-Regierungskonferenz '96**
Referate des XXIX. FIW-Symposions

Dokumentationen

Heft 1 **Das Konzept der »Workable Competition« in der angelsächsischen Literatur**
Eingeleitet und bearbeitet von Jürgen Poeche
16,2 x 22,9 cm; 1970; 267 Seiten; kartoniert DM 39,–

Heft 2 **Marktmacht und Recht**
Ein Bericht des Expertenausschusses der OECD für wettbewerbbeschränkende Praktiken
16,2 x 22,9 cm; 1970; X, 198 Seiten; kartoniert DM 27,–

Heft 3 **Multinationale Unternehmen in der Diskussion**
Eingeleitet und bearbeitet von Jürgen Poeche
16,2 x 22,9 cm; 1977; 227 Seiten; kartoniert DM 38,–

Heft 4 **Nachfragemacht. Die Ausübung von Marktmacht durch marktstarke Nachfrager**
Bericht des Wettbewerbsausschusses der OECD
16,2 x 22,9 cm; 1982; V, 170 Seiten; kartoniert DM 33,–

Heft 5 **Neue Entwicklungen des Antitrustrechts zu vertikalen Beschränkungen**
16,2 x 22,9 cm; 1983; VII, 89 Seiten; kartoniert DM 28,–

Heft 6 **US-Fusionsrichtlinien 1984**
16,2 x 22,9 cm; 1985; VII, 83 Seiten; kartoniert DM 30,–

Heft 7 **Vertikale Verträge**
US-Guidelines 1985 und EG-Kartellrecht
Übersetzt und kommentiert von H. Hölzler / H. Wissel
16,2 x 22,9 cm; 1986; VII, 113 Seiten; kartoniert DM 35,–

Heft 8 **Internationale Kartellrechtspraxis 1983/84**
OECD-Länderberichte über Wettbewerbsbeschränkungen
16,2 x 22,9 cm; 1986; VII, 133 Seiten; kartoniert DM 40,–

Heft 9 **Internationale Kartellrechtspraxis 1985**
OECD-Länderberichte über Wettbewerbsbeschränkungen
16,2 x 22,9 cm; 1986; VII, 74 Seiten; kartoniert DM 28,–

Heft 10 **Wettbewerbspolitik und Gemeinschaftsunternehmen**
Bericht des OECD-Ausschusses für Wettbewerbsrecht und Wettbewerbspolitik
16,2 x 22,9 cm; 1988; IX, 119 Seiten; kartoniert DM 45,–

Heft 11 **Internationale Kartellrechtspraxis 1986**
OECD-Länderberichte über Wettbewerbsbeschränkungen
16,2 x 22,9 cm; 1988; VII, 86 Seiten; kartoniert DM 36,–

Heft 12 **Internationale Kartellrechtspraxis 1987**
OECD-Länderberichte über Wettbewerbsbeschränkungen
16,2 x 22,9 cm; 1988; V, 102 Seiten; kartoniert DM 40,–

Heft 13 **Internationale Zusammenschlüsse und Wettbewerbspolitik**
Bericht des OECD-Wettbewerbsausschusses
16,2 x 22,9 cm; 1990; VIII, 59 Seiten; kartoniert DM 36,–

Heft 14 **Internationale Kartellrechtspraxis 1988**
OECD-Länderberichte über Wettbewerbsbeschränkungen
16,2 × 22,9 cm; 1990; V, 118 Seiten; kartoniert DM 42,–

Heft 15 **Marktbeherrschung in der Fusionskontrolle**
Checkliste des Bundeskartellamtes
in deutsch, englisch, französisch
16,2 × 22,9 cm; 1990; VII, 97 Seiten; kartoniert DM 45,–

Heft 16 **Die Anwendung der Antitrust-Gesetze auf internationale Transaktionen**
Richtlinien des US-Justizministeriums
16,2 × 22,9 cm; 1991; IX, 125 Seiten; kartoniert DM 52,–

Heft 17 **Internationale Kartellrechtspraxis 1989**
OECD-Länderberichte über Wettbewerbsbeschränkungen
16,2 × 22,9 cm; 1991; IX, 98 Seiten; kartoniert DM 48,–

Heft 18 **Internationale Kartellrechtspraxis 1990**
OECD-Länderberichte über Wettbewerbsbeschränkungen
16,2 × 22,9 cm; 1992; 120 Seiten; kartoniert DM 52,–